현대미술 들뢰즈·가타리와 마주치다

Art Encounters Deleuze and Guattari

———

Simon O'Sullivan

ART ENCOUNTERS DELEUZE AND GUATTARI

Copyright © 2006 Simon O'Sullivan
Korean Edition Copyright © 2019 by Greenbee Publishing Co.
All rights reserved.
This Korean edition published by arrangement with Palgrave Macmillan, a division of Macmillan Publishers
Limited through Shinwon Agency Co., Seoul.

First published in English under the title Art Encounters Deleuze and Guattari, 1st edition by Simon O'Sullivan
by Palgrave Macmillan, a division of Macmillan Publishers Limited. This edition has been translated and
published under licence from Palgrave Macmillan. The Author has asserted the right to be identified as the
author of this Work.

현대미술 들뢰즈·가타리와 마주치다

발행일 초판1쇄 2019년 7월 10일 | **지은이** 사이먼 오설리번 | **옮긴이** 안구·이규원

펴낸곳 (주)그린비출판사 | **펴낸이** 유재건 | **주소** 서울시 마포구 와우산로 180, 4층

전화 02-702-2717 | **팩스** 02-703-0272 | **이메일** editor@greenbee.co.kr | **신고번호** 제2017-000094호

ISBN 978-89-7682-552-0 04100   978-89-7682-302-1(세트)

이 도서의 국립중앙도서관 출판시도서목록(CIP)은 서지정보유통지원시스템 홈페이지(http://seoji.nl.go.kr)와 국가자료
공동목록시스템(http://www.nl.go.kr/kolisnet)에서 이용하실 수 있습니다.(CIP제어번호: CIP2019022104)

철학이 있는 삶 **그린비출판사** www.greenbee.co.kr

비재현 지대의
미술들

현대미술
들뢰즈·가타리와
마주치다

사이먼 오설리번 지음 | 안구·이규원 옮김

그린비

댄과 헤이즐 오설리번에게

| 일러두기 |

1 이 책은 Simon O'Sullivan, *Art Encounters Deleuze and Guattari*, New York: Palgrave Macmillan, 2006을 완역한 것이다.

2 본문의 주석은 모두 각주로 표시되어 있다. 옮긴이 주는 각주의 앞에 '[옮긴이]'라고 표시했으며, 표시가 없는 것은 모두 지은이 주이다. 옮긴이가 보충하는 간단한 설명은 본문 중에 대괄호([ ])로 표시하고 '―옮긴이'라고 표시했다.

3 이 책에서 인용하거나 참고한 문헌 중 들뢰즈와 가타리의 저작, 그리고 각 장에서 주요하게 다루어지는 문헌은 약어표에 명기된 약어로 표기하고 인용쪽수가 있는 경우 해당 쪽수를 표기했다.(ex. '*ATP* 9'). 그 밖의 문헌들의 출처는 인용 부분의 본문이나 각주에 '저자명, 출간연도: 쪽수' 식으로 표기해 주었으며, 자세한 서지사항은 권말의 '참고문헌'으로 정리했다.(ex. 'Jameson, 1977: 199')

4 이 책에 등장하는 인명의 원어명은 권말의 '찾아보기'에 정리했다.

5 단행본·정기간행물에는 겹낫표(『 』)를, 논문·단편 등에는 낫표(「 」)를 사용했다.

6 외국 인명이나 지명, 작품명은 2002년 국립국어원에서 펴낸 외래어표기법을 따랐다.

시리즈 편집자 서문

'다시 시작하는 철학'(Renewing Philosophy)의 목적은 유럽철학의 전통에 기반을 두면서도 그 전통을 모더니티의 본성이나 현대의 몇몇 중심적 측면과 폭넓은 관계로 동시에 개방될 어떤 비판에 종속시킬 수 있는 작업을 제시하는 것이다. 모더니즘이 20세기 후반에 시각예술의 본성을 심도 깊게 변경한 이후에, 미술과 삶과의 연결은 철학적 반성 안에서 그리고 미술작품 자체의 구체화에서 연속적인 참여의 장소가 되어 왔다. 철학과 예술작품 사이의 마주침은 미학 자체의 지위가 계속해서 문제적이라는 것이 드러났음에도 불구하고 주로 '미학'을 통해서 발생한다.

세계는 미학적 현상으로서만 견딜 수 있다고 니체는 멋있게 제시했다. 그 미학적 현상이 가리키는 것은 삶의 형식이 언제라도 지속 가능한 것으로 간주될 수 있는 방식에서 예술에 대한 응답이 핵심이라는 것이다. 미학적 범주에 의한 사회관계의 비판은 니체보다 먼저 형성되어 실러와 낭만주의 사상가들로 거슬러 올라간다. 또한 그것은 많은 급진적 정치운동에 영향을 미치며, 낭만파들로부터 현재까지 예술적 창조의 자극이 되었다. 바로 그러한 맥락과 사이먼 오설리번이 제시하는 들뢰즈의 감성론적 프로젝트는 관련된다. 아방가르드의 글쓰기와 이론의 전통은 오설리번이 진단하고 여기서 벗어나고자 시도하는 두 가지 중요한 함정에 빠졌다. 첫번째 함정은 그러한 아방가르드적 전통이 비판하는 것과 모방적 관계를 유지하고 또한 전치하고자 시도하는 작품들만큼 추상적이게 되거나 모더니티에 필수적인 '냉담한 것'을 흡수하고 양식으로서 통합을 확실하게 보장하는 관계를 생산하는 것이다. 반대로 두번째는 멜랑콜리아의 함정이다. 이것은 계속해서 비판의 진지함에 전념하고 비판의 수준을 넘어서서 창조할 수 없는 사람들을 기다리는 함정이다. 이 두번째의 함정은 비판받는 것을 확실히 다시 생산함으로써 그것을 넘어서서 가리키는 것에 실패한다.

그와 반대로 사유의 니체적 패턴은 즐거운 학문의 토대인 긍정에 기초한다. 이 작업의 논점은 프랑스 사유의 들뢰즈적 경향이 그 긍정의 노력을 향상시키고 추진할 수 있는가가 될 것이다. 그와 같은 작업은 긍정을 더 고취하는 것의 성공하는 정도에 의해서 그리고 여기서 관련된 미술작품들이 그런 긍정적 저항의 유산을 창조할 수 있게 만들어지는 광휘에 의해서 판단될 것이다. 근대의 유산을 넘어서 단지 과거의 비전을 다시 말하는 것 이상으로 미래를 형성하는 것이 필요하다. 여기서 그 미래가 처음의 초안에 주어지는 것인지를 결정하는 것은 이 책의 독자들에게 달린 문제이다.

게리 밴험
'다시 시작하는 철학' 시리즈 편집자

감사의 말

이 책의 출간에 있어서 많은 분들이 다방면으로 도움을 주었으며 아래와 같이 감사의 말씀을 전한다.

톰 오설리번^{Tom O'Sullivan}은 이 책의 초고 전체를 읽고 많은 유익한 조언들을 해주었으며, 그가 조앤 테이섬^{Joanne Tatham}과 가진 대화와 협동적인 예술실천은 미술과 들뢰즈에 관한 나의 생각들에 지속적인 영감을 불어넣어 주었다. 모든 면에서 진정한 나의 동지이자 이 책의 많은 내용들을 함께 토론하고 더욱 확대해 나갔던 올라 스탈^{Ola Stahl} 역시 초고의 여러 부분들을 검토해 주었다. C. CRED의 다른 구성원들인 카즈사 셸린^{Kajsa Thelin}과 칼 린드^{Carl Lindh} 또한 끊임없는 영감과 우정을 보여 주었다. 브렌던 프렌드빌^{Brendan Prendeville}은 그의 세밀하고도 광범위한 시각으로 본 초고 내용들을 살펴주었다. 마르셀 스위보다^{Marcel Swiboda}와 존 린치^{John Lynch}는 들뢰즈와 아울러 우리들의 리즈^{Leeds} 시절의 예술 세계로 다시 돌아가게 한 우정과 수많은 토론에 응해 주었다. 데이비드 버로우즈^{David Burrows}도 대화와 협력에 참여해 준 분이고 로버트 가닛^{Robert Garnett}은 언제든 들뢰즈와 현대미술에 관한 조예 깊은 의견을 제시해 주었다. 런던대학 골드스미스 칼리지의 시각문화 학과의 나의 동료들 역시 모두가 고마운 사람들이다. 골드스미스 칼리지의 연구 그룹과 아울러 여러 의견들을 제시해 준 분들로 필 러드Phil Rudd, 사이먼 하비Simon Harvey, 어든 코소바Erden Kosova, 그리고 특히 에드거 슈미츠Edgar Schmitz를 기억하고자 한다. 사라 아메드Sara Ahmed, 피터 버즈Pete Buse 그리고 매트 허트Matt Hutt는 카디프Cardiff 시절로 돌아가는 우정을 보여 주고 토론에도 참여해 주었다. 펠리시티 콜먼Felicity Coleman과 닉 소번Nick Thoburn 그리고 앤디 로우Andy Lowe는 자료들과 관련해 도움을 주었다. 리즈와 골드스미스 칼리지의 석사 및 학사 과정의 학생들은 나와 함께 들뢰즈를 연구하거나 또는 그들의 연구 결과들로 나에게 영감을 주기도 하였다(특히 발레리아 그라지아노Valeria Graziano와 디트 빌스럽Ditte Villstrup, 짐 백하우스Jim Backhouse, 카탈리나 로렌초Catalina Lorenzo, 그리고 제임스 헬링스James Hellings에게 고마움을 전한다). 리즈에서의 베르그송 연구 그룹, 그리고 특히 마이클 본Michael Vaughan과 토머스 타일러Thomas Tyler에게 감사하다. 키스 안셀 피어슨Keith Ansell Pearson과 필립 굿차일드Philip Goodchild는 그들 자신의 저작들을 예로 제시하며 이 책에 도움을 주었다. 에이드리언 리프킨Adrian Rifkin 역시 끊임없는 도움을 주었으며, 하워드 케이길Howard Caygill은 적절한 때에 편집과 관련한 조언을 해주었다. 게리 밴험Gary Banham과 폴그레이브Palgrave 출판사의 편집자인 대니얼 번야드Daniel Bunyard의 덕택으로 출판 과정이 아주 매끄럽게 진행될 수 있었다. 책의 많은 부분들을 썼던 파드말로카Padmaloka 수양원에서 본인을 너그러이 대해 주었던 분들, 특히 진정한 친구이자 이름만 다른 들뢰즈주의자라고 할만한 사무드라다카^{Sammudradaka}에게 감사하다. 나가프리야^{Nagapriya}는 여러 대화와 우정, 그리고 그 자신의 저술을 활용하여 나에게 영감을 주었다. 또한 나와 함께 많은 일을 했던 셸리 버전^{Shelley Budgeon}과 지속적으로 모험들을 나와 공유했던 토머스 매니언^{Thomas Mannion}, 한결같은 우정을 보여 주었던 애너 위버^{Anna Weaver}와 조 콜린스^{Joe Collins}, 아낌없는 애정을 보여 주었던 케이티 오설리번^{Katie O'Sullivan}, 그리고 자신의 인생을 한 예로 보여 주고 굳은 의지를 표명했던 조너선 오설리번^{Jonathan O'Sullivan}이 특히 빼놓을 수 없는 분들이다.

이 책을 나의 부모님, 헤이즐^{Hazel}과 댄^{Dan} 오설리번 두 분께 바친다.

이 책의 많은 부분들은 내가 골드스미스 칼리지에서 두 차례의 안식년을 보내는 동안에 쓰여졌다. 2005년 호가트 스콜라십^{Hoggart Scholarship}을 수여해 주고, 또한 2005 AHRC 연구년^{AHRC Research Leave 2005}을 지원해 준 학교에도 감사하다.

이 책 1장의 일부 자료들은 2002년에 발표했던 「리좀으로서의 문화 연구; 문화 연구에서의 리좀」("Cultural Studies as Rhizome; Rhizomes in Cultural Studies", *Cultural Studies and Interdisciplinarity*, Amsterdam: Rodopi, 2002)에 제시되었던 내용이다. 그리고 2장의 일부 내용들은 2001년, 「정서의 감성론: 재현 너머의 미술에 대한 사유」("The Aesthetics of Affect: Thinking Art Beyond Representation", *Angelaki*, vol.6. no.3, 2001, 125~135)의 내용을 소개한 것이다. 한편, 3장의 일부 내용들은 웹사이트(http://www.drainmag.

com)에서 지난 2005년 발표한 글인 「소수 미술실천을 향한 소고」 ("Notes Toward a Minor Art Practice", *Drain Magazine: A Journal of Contemporary Art and Culture*, 5, 2005)를 인용한 것이고, 4장과 5장 각각의 내용들은 2005년의 「지리철학으로부터 지리감성론까지: 잠재적인 것과 내재면 대^對 거울-여행과 '나선형 방파제'」("From Geophilosophy to Geoaesthetics: The Virtual and The Plane of Immanence vs. Mirror-Travel and the Spiral Jetty", *Pli: Warwick Journal of Philosophy*, 16, 2005, 27~55)의 내용, 그리고 2005년의 「(들뢰즈에 따른) 가능세계로부터 미래 주름까지: 리히터의 추상, 상황주의자 도시 및 예술에 있어서의 바로크」("From Possible Worlds to Future Folds(Following Deleuze): Richter's Abstracts, Situationist Cities, and the Baroque in Art", *The Journal of the British Society of Phenomenology*, vol.36, no.3, 2005, 311~329)의 내용들을 소개한 것이다. 이러한 책 내용들이 게재될 수 있도록 허락한 편집자들에게 감사를 드린다(스테판 허브리터^{Stefan Herbrechter}, 펠라지아 굴리마리^{Pelagia Goulimari}, 어반티카 바와^{Avantika Bawa}, 셀리나 제프리^{Celina Jeffery}, 에이드리언 파^{Adrian Parr}, 대런 앰브로즈^{Darren Ambrose} 및 울리히 하스^{Ullrich Haase}). 결론 중 마지막 부분은 원래 2004년 「게릴라 '환상 조형'을 위한 최초의 선언」("First Manifesto for the Guerrilla Plastique Fantastique", *David Burrows: New Life*, Warwick: Mead Gallery, 2004)에 게재된 글로 쓰였던 내용임을 밝혀 둔다.

약어표

질 들뢰즈의 저작들

NT   Deleuze, G. "Nomad Thought", Trans. J. Wallace, *The New Nietzsche*, Ed. D. B. Allison, New York: Dell Publishing, 1977.

NI   Deleuze, G. *Nietzsche and Philosophy*, Trans. H. Tomlinson, London: Athlone Press, 1983.

K   Deleuze, G. *Kant's Critical Philosophy: The Doctrine of the Faculties*, Trans. H. Tomlinson and B. Habberjam, London:Athlone Press, 1984.

DI   Deleuze, G. and C. Parnet. *Dialogues*, Trans. H. Tomlinson and B. Habberjam, London: Athlone Press, 1987.

B   Deleuze, G. *Bergsonism*, Trans. H. Tomlinson and B. Habberjam, New York: Zone Books, 1988a.

FO   Deleuze, G. *Foucault*, Trans. S. Hand, Minneapolis: University of Minnesota Press, 1988b.

PP   Deleuze, G. *Spinoza: Practical Philosophy*, Trans. R. Hurley, San Francisco: City Light Books, 1988c.

C2   Deleuze, G. *Cinema 2: The Time-Image*, Trans. H. Tomlinson and R. Galeta, London: Athlone Press, 1989.

LS   Deleuze, G. *The Logic of Sense*, Trans. M. Lester with C. Stivale, Ed. C. V. Boundas, New York: Columbia University Press, 1990.

H   Deleuze, G. *Empiricism and Subjectivity: An Essay on Hume's Theory of Human Nature*, Trans. C. V. Boundas, New York: Columbia University Press, 1991a.

M   Deleuze, G. *Masochism: Coldness and Cruelty*, Trans. J. McNeil, New York: Zone Books, 1991b.

EX   Deleuze, G. *Expressionism in Philosophy: Spinoza*, Trans. M. Joughin, New York: Zone Books, 1992a.

C1   Deleuze, G. *Cinema 1: The Movement Image*, Trans. H. Tomlinson and B. Habberjam, London: Athlone Press, 1992b.

F   Deleuze, G. *The Fold: Leibniz and the Baroque*, Trans. T. Conley, Minneapolis: University of Minnesota Press, 1993a.

LMM   Deleuze, G. "Language: Major and Minor", *The Deleuze Reader*, Trans. and Ed. C. V. Boundas, New York: University of Columbia Press, 1993b.

DR   Deleuze, G. *Difference and Repetition*, Trans. P. Patton, New York: Columbia University Press, 1994.

N   Deleuze, G. *Negotiations: 1972-1990*, Trans. M. Joughin, New York: Columbia University Press, 1995.

ECC   Deleuze, G. *Essays Critical and Clinical*, Trans. D. W. Smith and M. A. Greco, London: Verso, 1998.

CH   Deleuze, G. "Cold and Heat", Trans. D. Roberts, *Photogenic Painting*, Ed. S. Wilson, London: Black Dog Publishing, 1999.

P   Deleuze, G. *Proust and Signs*, Trans. R. Howard, London: Athlone Press, 2000.

I   Deleuze, G. *Pure Immanence: Essays on A Life*, Trans. J. Rajchman, New York: Zone Books, 2001.

FB   Deleuze, G. *Francis Bacon: The Logic of Sensation*, Trans. D. W. Smith, London: Continuum, 2003.

DES   Deleuze, G. *Desert Islands and Other Texts: 1953-1974*, Trans. M. Taormina, Ed. D. Lapoujade, New York: Semiotext(e), 2004.

펠릭스 가타리의 저작들

CS   Guattari, F. "Cracks in the Street", Trans. A. Gibault and J. Johnson, *Flash Art*, 135(1987).

SC   Guattari, F. "Space and Corporeality: Nomads, Cities, Drawings", Trans. H. and H. Zeitland, *Semiotext(e)/Architecture*, Ed. H. Zeitland, New York: Semiotext(e), 1992.

OM   Guattari, F. "On Machines", Trans. V. Constantinopoulos, *Complexity: Architecture/Art/Philosophy*, Ed. A. Benjamin, London:Academy Editions, 1995a.

C   Guattari, F. *Chaosmosis: An Ethico-aesthetic Paradigm*, Trans. P. Bains and J. Pefanis, Sydney: Power Publications, 1995b.

S   Guattari, F. "Subjectivities: for Better and for Worse", Trans. S. Thomas, *The Guattari Reader*, Ed. G. Genosko, Oxford: Basil Blackwell, 1996a.

SS   Guattari, F. *Soft Subversions*, Trans. D. L. Sweet and C. Wiener, New York: Semiotext(e), 1996b.

PM   Guattari, F. "Pragmatic/Machine: Discussion with Felix Guattari(19 March 1985)", in C. J. Stivale, *The Two-Fold Thought of Deleuze and Guattari: Intersections and Animations*, New York: Guilford Press, 1998.

TE   Guattari, F. *The Three Ecologies*, Trans. I. Pindar and P. Sutton, London: Athlone Press, 2000.

질 들뢰즈와 펠릭스 가타리의 공저

AO   Deleuze, G. and F. Guattari. *Anti-Oedipus: Capitalism and Schizophrenia*, Trans. R. Hurley, M. Seem and H. R. Lane, London: Athlone Press, 1984.

K   Deleuze, G. and F. Guattari. *Kafka: Towards a Minor Literature*, Trans. D. Polan, Minneapolis: University of Minnesota Press, 1986.

ATP   Deleuze, G. and F. Guattari. *A Thousand Plateaus*, Trans. B. Massumi, London: Athlone Press, 1988.

WP   Deleuze, G. and F. Guattari. *What is Philosophy?*, Trans. H. Tomlinson and G. Burchell, London: Verso, 1994.

그 밖의 저작들

MM   Bergson, H. *Matter and Memory*, Trans. N. M. Paul and W. S. Palmer, New York: Zone Books, 1991.

E   Hardt, M. and A. Negri, *Empire*, Cambridge: Harvard University Press, 2000.

LYO   Lyotard, J-F. "Philosophy and Painting in the Age of Their Experimentation: Contribution to an Idea of Postmodernity", Trans. M. Minich Brewer and D. Brewer, *The Lyotard Reader*, Ed. A. Benjamin, Oxford: Basil Blackwell, 1989.

CW   Smithson, R. *Robert Smithson: The Collected Writings*, Ed. J. Flam, Berkeley: University of California Press, 1996.

RIC   Richter, G. "Notes 1996-1990", *Gerhard Ricllter*, London: Tate Gallery, 1991b.

차례

현대미술
들뢰즈·가타리와 마주치다

Art Encounters
Deleuze and Guattari

서론

세 가지의 출발

서론 대신에 세 가지 출발점을 제시한다.

마주침에 관하여

세계에는 사유하도록 강요하는 어떤 사태가 있다.
이 사태는 어떤 근본적인 **마주침**의 대상이지
결코 어떤 재인의 대상이 아니다.

(*DR* 139)

근본적으로 마주침의 대상은 재인의 대상과는 다르다. 재인과 함께 우리의 지식과 믿음 그리고 가치는 재확인된다. 우리 자신과 우리가 살고 있는 이 세계는 이미 우리가 이해하고 있는 것으로 재확인된다. 따라서 재인의 대상은 항상, 이미 제자리에 있는 어떤 사태의 **재현**이다.[1] 그러한 비-마주침과 함께 우리의 습관적인 존재와 행위의 방식은 재확인되고 강화된다. 그리고 그러한 결과로 어떠한 사유도 일어나지 않는다. 엄밀하게 말해서 재현은 사유를 방해한다. 그러나 순수한 마주침과 함께 반대의 상황이 일어난다. 세계에서 우리의 전형적인 존재방식은 도전받고 우리의 지식체계는 무너진다. 우리는 사유하도록 강요된다. 그러므로 마주침은 우리의 습관적인 존재 양태, 요컨대 습관적인 주체성과의 단절로서 작용한다. 그것은 자르기와 금 crack을 생산한다. 그러나 이것이 스토리의 전부가 아니다. 왜냐하면 단절시키는 마주침은 또한 긍정의 계기와 새로운 세계의 긍정 그리고 이 세상과 다르게 보고 생각하는 방법을 포함하기 때문이다. 우리가 달리 사유할 수 있는 것은 마주침의 창조적 계기 때문이다. 진실되게 살았을 때 삶은 이러한 마주침의 역사이고 그것은 항상 필연적으로 재현을 넘어서 발생한다.

단절과 긍정은 같은 마주침의 두 계기이다. 그런데 만약 이 두 계기가 현실적 경험의 바깥에서 추상적인 것으로 간주되면 그것들은 단지 대립적인 것으로 보인다. 미술은 하나의 세계를 파괴하고 다른 세계를 창조하여 이 두 계기들을 통접 속으로 이끈다. 따라서 미술은 마주침의 대상의 이름이고 마주침 그 자체의 이름이며 마주침에 의하여 생산된 것의 이름이다. 미술은 새로운 어떤 사태의 가능성을 수반하는 이러한 복잡한 사건이다.

---

1) 들뢰즈에게 마주침의 대상이 지닌 첫번째 특징은 "단지 감각될 수 있을 뿐"이라는 것이다 (*DR* 139). 반면 재인의 대상은 단지 감각될 수 있을 뿐만 아니라 다른 능력들에 의해 획득될 (상기될, 상상될, 이해될) 수 있는 것이다. "따라서 그것은 공통감각 속에서 감각들의 실행과 다른 능력들을 전제로 한다"(*DR* 139). 바로 공통감각이 전형적인 경험을 미리 규정하거나 제한하는 것이다. 이때 공통감각은 재현의 초석으로서 기능한다.

이 책이 탐구하는 것은 대상의 풍요로움뿐만이 아니라 다양한 사건-마주침이기도 하다. 어떤 의미에서는 내가 선택한 대상이 나를 선택했다. 그런데 대상과 나의 마주침이 내가 누구인가를 형성하도록 했다. 이러한 점에서 이 책은 일종의 개인적인 기록 보관소이고 근현대 미술계의 확장된 영역에서 나의 마주침들의 역사이다. 사건-마주침들을 탐구하는 것은 그러한 기반 위에서 오직 개인적 경험으로부터만 작성될 수 있다. 달리 말해서 나로 하여금 사유하게 하는 작품들의 목록을 제시한다. 그것은 작품들이 영감과 열광의 계기를 제공하고 이미 적절하게 존재했던 것에 문제를 제기하기(도전하기) 때문이다. 다만 그러한 대상들과 실천들을 따르는 대부분은 매우 함축적이다(종종 그것들은 각주에 나타난다). 반면에 그것은 미술에 관한 일반적인 진술이 된다. 나는 마지막 세 개의 장에서 나에게 중요했고 더욱이 재현을 넘어선다고 말할 수 있는 세 개의 특정한 실천들을 심도 깊게 고찰한다. 이 세 개의 실천들은 비구상적이고, 갤러리 바깥에, 곧 실제로는 전형적으로 이해되는 미술계의 바깥에 위치한다. 그것들 모두 이 세상에서 수용된 사실들이라고 생각하는 것에 의문을 제기한다. 그것들 각각은 그것이 회화이건, 대지미술이건 혹은 집단적 공동제작의 형식이건 간에 다른 종류의 세계를 생산한다.

그렇지만 또한 이 책이 추적하는 두번째의 마주침이 있다. 그것은 질 들뢰즈와 펠릭스 가타리 사유와의 마주침이다.[2] 이러한 의미

---

2) 이러한 특별한 마주침과 관련하여 키스 안셀 피어슨의 *Germinal life: The Difference and Repetition of Deleuze*(Ansell Pearson, 1999)와 필립 굿차일드의 *Gilles Deleuze and the Question of Philosophy*(Goodchild, 1996)를 언급해야겠다. 이 두 저작은 본문에서 직접

에서 1장은 여전히 또 하나의 서문으로서 작동하며 실제로 들뢰즈-가타리주의 프로젝트와 관련된 나의 투자와 컨텍스트이다. 들뢰즈-가타리의 글쓰기는 그 자체로 재현을 넘어서 다르게 사유하는 하나의 실험으로 간주된다. 그들 상호간의 프로젝트와 각자 저술된 작품들은 우리에게 새로운 사유의 이미지들을 제공한다. 그리고 이 새로운 사유의 이미지들에게서 과정과 생성, 발명과 창조는 정지와 동일성 그리고 재인에 대해서 우월성을 지닌다.[3] 이러한 사유의 이미지와 나의 마주침은 그 자체로 단절적이면서도 창조적인 결과를 수반한다. 그것은 미술과 철학 그리고 나에 관해서 내가 가진 앞선 관념들에 도전을 했고 그럼으로써 이 세상을 바라보고 그것 안에서 나 자신의 실천들을 자리매김하는 새로운 방식을 생산했다. 이러한 의미에서 중요한 것은 우리가 들뢰즈를 어떻게 마주치고, 그의 사유에 관하여 어떻게 숙고할 것인가를 최전면에 내세우는 것이다. '들뢰즈 연구'가 증대하고 있는 것은 이 때문이다. 나에게서 매우 중요한 것은 들뢰즈의 글쓰기에 대한 지나친 아카데미즘화 없이 그리고 끝없이 그의 표현들을 반복하는 것 없이 들뢰즈 사유의 어떤 스타일들을 생생하게 유지하는 것이다. 우리에게 필요한 것은 들뢰즈의 사유를 단순하게 재현하지

다루지는 않지만 내가 들뢰즈를 이해하는 데 중요한 역할을 했다. 그 외에도 나중에 나왔지만 마찬가지로 영감을 준 존 라이크만의 *The Deleuze Connections*(Rajchman, 2000)이 있다. 또한 1990년대 중반 워릭대학교에서 열린 컨퍼런스 「잠재적 미래들」(Vitural Futures)에서 큰 에너지와 자극을 받았음을 밝혀 두고 싶은데, 무엇보다도 이를 계기로 들뢰즈와의 마주침이 흥미롭고 건설적이게 된 것 같다.

3) 이후 특별히 공동 작업이라고 언급하지 않는 한, 들뢰즈의 단독 저작이나 [가타리와의—옮긴이] 공저 모두에 대해 고유명사 '들뢰즈'를 사용할 것이다.

않고 그의 글쓰기의 에너지와 스타일을 반복하는 것이다. 이 어려운 프로젝트 때문에 나는 들뢰즈 사유의 실용적이고 구축적인 본성에 좀 더 관심을 기울인다. 그리고 동시에 들뢰즈의 그러한 사유본성을 다른 세계와 우리 자신의 프로젝트 그리고 우리의 삶에 창조적으로 접촉하게 한다. 비록 그러한 마주침이 단절되더라도 그 순간 그 마주침은 새로운 세계, 새로운 영역들의 개방을 수반한다.

따라서 첫번째와 두번째로부터 세번째의 마주침이 연속적으로 일어난다. 그것은 들뢰즈의 사유(특히 그가 창조한 개념들)와 확장된 근·현대 미술과의 마주침이다. 진실로, 나의 가장 기본적인 가설은 그러한 실천적인 것들 대부분이 개념적 자원으로의 전환을 필요로 한다는 것이다. 이 개념적 자원 자체는 전통철학의 가설과 과정을 문제시한다(이러한 점에서 나는 들뢰즈의 동료라고 부를 수 있는 몇몇 사람들과 또한 미술을 다르게 사유하는 인물들에 관심을 기울일 것이다——게다가 이러한 비슷한 마주침이 각주에서 종종 나타난다). 우리는 이 세번째 마주침에 내속하는 명백한 모순을 주목할 것이다. 한편 특히 시각예술과 관련된 들뢰즈의 방법론으로 불리는 것의 시도가 세번째 마주침에 의하여 암시된다. 게다가 그것은 배치를 최전면에 내세우는데 이것은 항상 어디에서든지 먼저 확립된 방법과 시스템들을 붕괴시켜서 새로운 조건들을 작동시킨다(들뢰즈의 사유 자체는 새로운 배치들 중의 하나이다).[4] 내 생각에 들뢰즈 방법론의 전체 윤곽을 그려 보고

---

4) 장-프랑수아 리오타르가 철학자와 관리자를 어떻게 구분했는지 여기에 기록한다.
   "좀 더 유심히 살펴본다면, 당신이 생각하는 철학자들이 예술에 대해 말할 때, 작품들을 설명하거나 해석하려는 게 아님을 알 수 있을 것이다. 작품들을 어떤 체계에 맞추거나, 그것들

자 하는 욕망은 다소간 잘못 방향 지어진 것이다. 우리는 하나의 방법과 시스템을 추출할 수 있다. 그러나 그것은 들뢰즈의 사유를 작동하지 못하게 하고 특별한 사유의 이미지로서 그 안에서 꼼짝 못하게 하며 사유의 움직임을 포획한다. 곧 엄밀히 말해서 그것은 들뢰즈의 사유를 재현하는 것이다. 마지막 분석에서 우리는 그러한 자기 확정적인 메커니즘을 붕괴시키는 포텐셜을 가지는 것을 재인의 대상으로 할 것이다. 들뢰즈의 시스템화를 피하기 위해 이 책은 다소 단편적인 방식으로 진행된다. 곧 들뢰즈 사유의 한 측면으로부터 다른 측면으로 건너뛰고 다른 컨텍스트에서 같은 실을 뽑고 다른 강조점과 함께 주요한 개념notion을 반복할 것이다. 이 책은 들뢰즈의 체계적인 개괄서라기보다는 일련의 사유실험을 제공한다. 그것은 들뢰즈를 다른 환경과 접촉하도록 하는 또 다른 시도이다. 사실, 이 책은 (특히 마지막 두 장은) 철학계(특히 들뢰즈주의)와 미술과 미술사의 영역(특히 근대와 현대) 사이의 어떤 **공명**에 집중한다.[5] 이러한 마주침과 통접의 특유한

을 바탕으로 하나의 체계를 구축하려는 건 더더욱 아니다. 그렇다면 무엇이 목적일까. 무어라 확신할 수는 없지만 이것이 우리가 파악해야 하는 것이다. 하지만 우연을 제외한다면, 어떤 경우에도 이 철학자들은 체계의 요청에 거의 관여해 오지 않았다. 대개 그것을 고의적으로 최대한 좌절시켜 온 것이다. 대신에 그 요청은 새로운 층, 곧 예술 기관의 관리직원들, 독서하는 엔지니어들, 그리고 이데올로기, 환상, 구조라는 이름으로 특허 받은 큰 설명-기계의 정비 요원들로부터 나왔다"(*LYO* 182).

"실제로 철학자의 관심을 끄는 것은 바로 예술작품이 어떤 주어진 시스템에도 '들어맞지 않는다'는 것이다. 이는 어떠한 주어진 시스템이라도 '오작동하게' 만드는, 얼버무린다거나 성가시다고도 할 만한 예술의 어느 특정한 특질에 이른다"(*LYO* 182). 리오타르에게, 들뢰즈에게도 마찬가지라고 생각하지만, 이는 예술이 "싸잡혀 의미작용으로 변형되기"(*LYO* 182)를 항상 거부한다는 것을 의미한다.

5) 비슷한 가로지르기를 다루는 다른 책들도 있다. 이 책과 가장 밀접한 것은 세 권짜리 들뢰즈 저작 입문서의 세번째 권인 로널드 보그의 *Deleuze on Music, Painting, and the Arts*

본성은 이들 두 개의 장 안에서 나 자신의 특별한 오리엔테이션과 자리매김의 결과이다. 그러므로 이 책 각각의 장은 재현을 넘어서는 미술을 사유하기를 시도하는 지속적인 프로젝트 안에서의 특별한 발견과 여행의 기록이다.

(Bogue, 2003)이다. 예술에 관한 들뢰즈의 저술 입문서 정도의 역할을 하지만 인상적이다 (그리고 실제 이 책의 주제 중 많은 부분이 보그의 주제와 유사하다). 보그는 또한 에세이 모음집 인 *Deleuze's Wake: Tributes and Tributaries*(Bogue, 2004)를 출판했는데, 이는 세 권짜 리 저작으로부터 탈영토화하는 하나의 계열로서 특징지어질 수 있다. 이 작업에서 보그는 들뢰즈를 끌어들여, 놀랍게도 데스메탈 음악을 비롯하여 들뢰즈 자신이 논의하지 않았던 분 야들과 마주치게 한다. 그레그 램버트의 *The Non-Philosophy of Gilles Deleuze*(Lambert, 2002)는 예술──혹은 비-철학──과 철학 간의 마주침을 통한 또 하나의 대단히 인상적인 사유를 보여 준다. 램버트는 『주름, 라이프니츠와 바로크』의 빈틈없는 독해를 제공할 뿐만 아니라, 보그처럼 들뢰즈를 다른 환경들로 불러들이거나, 예컨대 보르헤스의 문학과 레네 의 영화와 관련하여 들뢰즈 자신의 관심사를 발전시킨다. 이 분야의 또 다른 작업으로 도로 시어 올코우스키의 *Gilles Deleuze and the Ruins of Representation*(Olkowski, 1999) 이 있다. 램버트의 저서처럼 들뢰즈의 주된 철학서들, 특히 『차이와 반복』과 『의미의 논리』 의 독해가 실려 있으며, 또한 앙리 베르그송과 모리스 메를로-퐁티의 현상학에 대한 해석은 주목할 만하다. 이 저작과 관련하여 내게 특별히 흥미로운 것은 재현적 패러다임 너머의 페 미니즘을 재사유하는 올코우스키 자신의 기획에서 메리 켈리의 미술적 실천을 사례연구뿐 만 아니라 일종의 동맹으로서 이용하는 것이다. 꼭 예술 ─ 또는 그 점에 대해서는 들뢰즈 ─ 에 관련된 것은 아니지만 브라이언 마수미의 저서 *Parables for the Virtual: Movement, Affect, Sensation*(Massumi, 2002a)은 긍정과 발명을 강조하고 마수미가 '사례들'이라 부르 는 것을 사용한다는 점에서 본서의 시도와 가장 밀접할 것이다. 실제 이 책에 재수록된 'The Autonomy of Affect'은 들뢰즈 자신의 개념들을 다른 분야들에 효과적으로 적용한, 내가 읽은 최초의 에세이였다. 바로 이런 의미에서 정서의 개념(notion)에 관한 마수미의 컨퍼런 스 논문들 또한 매우 유익했으며, 이후에도 때때로 인용할 것이다. 그가 직접 들뢰즈를 해설 한 *A User's Guide to Capitalism and Schizophrenia: Deviations from Deleuze and Guattari*(Massumi, 1993) 역시 비슷한 영향을 주었다. 만일 본서가 위의 책들과 다른 점이 있다면, 들뢰즈와의 관련성을 근현대미술의 확장된 영역과 전반적인 미술사의 영역에서 구 체적으로 다룬다는 것이다.

인접/의도의 관계들

책의 이상은 이러한 외재성의 면 위에, 단 한 페이지 위에, 단일한 모래사장 위에. 체험된 사건, 역사적 결정물, 사유된 개념, 개인, 집단, 사회 구성체 등…. 이것은 국가 장치로서의 책에 대항하는 전쟁기계로서의 책이다.(*ATP* 9)

진보적인 미술사와 미술이론은 정신분석학과 후기구조주의의 개념notion으로부터 텍스트성과 알레고리의 모델에 집중하고 또한 그것을 이용했다. 여기에는 한편으로는 라캉이 있고 다른 한편으로는 데리다와 폴 드만이 있다. 실로 문학이론의 이러한 언어학적 전환은 그 자체로 미술사의 대상들과 실천들을 급진적으로 재규정했다. 이것은 1980년대 출간된 『새로운 미술사』와 저널 『악토버』(*October*)의 지속적인 논쟁으로 증명된다.[6] 그럼에도 불구하고 이러한 급진성은 여러 면에서 새로운 종류의 정통성이 되었다. 더욱이 그것의 개념적 자원은 그러한 텍스트적인 패러다임과 떨어져서 작동하는 많은 근현대[미술—옮긴이] 실천과는 관계가 없다. 그러므로 이 책의 의도 중 하나는 들뢰즈를 통하여 기표의 지평을 넘어서는, 텍스트성을 넘어서

---

6) 저널 『악토버』에서의 논쟁은 포스트모던 미술 속의 '알레고리적 충동'의 개념을 둘러싸고 일종의 군집을 이루었다. 예컨대 *The Art of Art History: A Critical Anthology*, pp. 315~328에 수록된 크레이그 오웬스의 논문 "The Allegorical Impulse: Towards a Theory of Postmodernism"(Owens, 1998)과, 가장 인상적인 것으로 스티븐 멜빌의 "Notes on the Re-emergence of Allegory, the Forgetting of Modernism, the Necessity of Rhetoric, and the Conditions of Publicity in Art and Art Criticism"(Melville, 1981) 참조.

는, 그렇지만 전통 미학이론과 예술가 중심의 모델로 회귀하지 않고 사유하는 미술의 또 다른 방식을 탐구하는 것이다. 이 책은 언어적인 것으로부터 물질로 전환하면서 물질의 표현적인 잠재력들로 전환하는 것을 포함한다.

그러므로 이 책은 두 분야, 곧 들뢰즈의 저서에 대한 논의가 활발한 이차적인 텍스트와 근현대 미술이론과의 교차점에 위치한다. 첫번째의 맥락을 따라 이 책은 단지 들뢰즈 사유의 철학적 측면과 과학적 측면 그리고 들뢰즈 사유의 함축적인 것에만 초점을 맞춤으로서 종종 가타리가 들뢰즈와 협력한 프로젝트에서 했던 공헌, 특히 우리 자신의 주체성을 생산하는 실천적이고 감성론적인 활동에 초점을 맞춘 것을 격하하는 것에 대해 이의를 제기한다(다시 말해서 부정한다).[7] 두번째의 맥락에서 이 책은 미술사와 미술이론 분야에서 활동 중인 사람들을 위한 들뢰즈·가타리의 안내서로서 작동할 것이다. 또한 미술사 및 미술이론 분야에서의 중재 역할을 함으로써 때때로 논쟁적 성격을 띤다. 그것은 재현을 넘어서는, 미술사와 미술이론 영역의 비판과 위험(그러한 해체적/탈구축적 접근이 거의 그들 자신들임에도 불구

---

7) 예컨대 마누엘 데란다의 *Intensive Science and Virtual Philosophy*(Delanda, 2002) 참조. 이 책은 특히 "가타리와의 공동 작업에서 들뢰즈의 사유를 비틀어 떼어내는" 데 관여하고 있다(Delanda, 2002: 6). 데란다는 그 공동 작업 가운데 들뢰즈의 것, 곧 "들뢰즈의 초기 저작들에 표출된 존재론과 인식론" 부분에 분명한 관심이 있기 때문에 초기 저작들로 직접 추적될 수 있는 부분만을 그의 저작에서 이용한다(Delanda, 2002: 6). 이는 공동 작업의 본질을 잘못 이해한 것이라고 나는 생각한다. 확실히 내게 들뢰즈의 철학은── 그의 철학적 태도나 스타일과 마찬가지로 ── 언제나 가타리와의 마주침에 영향을 받았다고 여겨지며, 공동 작업은 바로 종합적으로 사유하기의 실험이었다(이는 『천 개의 고원』의 서두에서 분명히 드러난다. "우리 둘은 『안티 오이디푸스』를 함께 썼다. 우리들 각각은 여럿이었기 때문에 이미 무수한 이들이 있었던 것이다"[*ATP* 3]).

하고 그것은 사유를 방해할 수 있다)을 넘어서는 미술과 사유를 위한 [새로운―옮긴이] 가능성이 있다는 논변을 제공한다. 그것과 관련된 이 책의 심층적 의도는 들뢰즈에 의해 고려되지는 않았지만 많은 최근의 실천들을(아마도 미술에 관한 들뢰즈의 특별한 취미로는 탐구하지 않았을 실천들을) 사유하기 위해 (미술에 관해서 들뢰즈 자신이 쓴 것이 아닌) 들뢰즈의 일반적인 개념을 사용하는 미술에 전념하는 것이다. 이러한 폭로를 통해서만 확장된 시각 예술계에 대한 들뢰즈의 실제적 관련성은 세밀하게 확립될 수 있다.

그러므로 여기서 추구되는 것은 다른 모험들이 작동되는 것을 허용하는 한에서 일부분 주석과 안내의 역할이다.[8] 그런 측면에서 이 책은 확실히 전형적인 미술사도 아니고 그렇다고 순수하게 철학적인 것도 아니다. 사실 그것은 철학의 흉내를 내는 일종의 사생아로서 작용하고, 어떤 개념적 영역을 손상시키고 흐리게 하는 것을 다른 비개념적 영역 속으로 (엄밀히 말해 사유를 다시 시작하기 위해) 작용하게 한다. 그 점과 관련해서 이 책은 그 자체로 전략적이다. 이 책은 '들뢰즈를 올바르게 이해시키는 것'보다도 오히려 적합성과 연대를 생산하는 것과 관련된다. 들뢰즈·가타리가 말했듯이 책은 세상의 이미지가

---

8) 이런 의미에서 나는 들뢰즈와 가타리의 『철학이란 무엇인가』에 대한 에릭 알리에의 명쾌한 논평에 붙인 강렬한 서문에서 알베르토 토스카노가 다음과 같이 언급한 데에 전적으로 동의한다.
"논평은 그에 수반되는 모든 징계적 효과와 더불어 통설을 구성하는 데 기여하는 것이 아니다. 그것은 한편으로 상세한 발굴의 신중한 조합에 의해 철학에 활기를 불어넣기 위한 필연적으로 부분적인, 아마도 편파적인 노력이며, 다른 한편으로 촉매작용을 가능케 하는 새로운 요소들의 첨가다"(Toscano, 2004: xiv).

아니라 오히려 세상과 함께 리좀을 형성하는 것이다(*ATP* 11). 우리는 이 책이 적어도 일정 부분 그 자체로 다른 환경과 연접된 그리고 어떤 사태구성에, 곧 재현에 반대해서 정향되어진 개념^notion을 정당하게 평가할 수 있기를 희망한다.

개요

> 당신이 어떤 것을 찬양하지 않는다면 또한 사랑하지 않는다면
> 당신은 그것에 관한 하나의 단어라도 쓸 이유가 없다. (*DI* 144)

그러므로 이 책은 들뢰즈의 연구를 통한 여행이고, 들뢰즈와 미술의 통접에 대한 다섯 가지 견해를 포함한다. 그 각각의 것은 서로 다른 본성을 지니고 있고 우리는 상이한 속도로 말할 수 있다. 처음의 두 장은 훨씬 일찍 쓰여졌고 나머지 세 장은 다른 어떤 것보다도 논쟁적이고 탁월하게 주제를 표현한다. 또한 그것들은 내가 처음 들뢰즈를 만났을 때의 흥분들을 포획한다. 나는 그것들을 어떤 미술사의 양식과 내가 점진적으로 포위된 것(1장이 명확하게 한 것처럼) 안에서 (그리고 포위된 것들을 배경으로) 썼다. 모든 미술사조는 재현을 통하여 작동된다고 말할 수 있다(미술사는 그것의 대상을 독해한다). 그것은 나 자신을 발견한 막다른 길을 생산했던 더 높은 해체적/탈구축적 독해였다 —— 재현은 이미 항상 위험 속에 있었다. 그래서 처음의 두 장은 같은 논변을 두 가지 서로 다른 방향으로부터 재현에 반대해서/넘어서 수행한다(그리고 재현의 비판). 3장은 다소간 그 영역과 책의 스

타일을 바꾸며 계속해서 들뢰즈와 미술에 관하여 숙고한다. 그런데 비록 드러나지는 않지만 우리는 더 많은 가로지르는 방식을 말할 수 있다. 마지막 두 장은 다시 스타일을 바꾼다. 그것들은 더욱 철학적이고 토대가 튼튼한 개별연구로 간주될 수 있다. 그것은 각 연구가 들뢰즈의 개념적 자원의 어떤 것과 실천적 미술의 특별한 예들 사이에 마주침의 생산을 시도한다는 점에서 그렇다. 또 하나는 각주에 관한 것이다. 그것은 미술과 들뢰즈 주변에 대한 나의 독해의 기록이다. 또한 그것은 종종 매우 장황하다. 나는 독자들이 각주를 탐닉하기를 요구하고 또한 어떤 감흥을 느낄 때 그 여담에 동행하기를 요청한다.

1장은 나의 들뢰즈의 사유에 대한 출발의 설명으로써 시작한다. 게다가 나는 그 출발에 대해 다음을 언급하는 것 외에는 따로 양해를 구하지 않을 것이다. 들뢰즈의 독자로서 나의 개인적인 투자는 불가피하게 나의 태도를 들뢰즈의 '적용'에 정향시키는 것이고 그것은 최소한 몇몇 전면에 내세우는 어떤 것을 필요로 한다. 1장에서 나는 미술과 들뢰즈 사이의 마주침을 도입한다. 이것을 통하여 리좀 개념의 작동과 그것이 미술의 실천들과 확장된 실천적 미술의 형식으로 이해되는 미술사와 어떻게 관련되는지를 폭넓게 사유한다. 우리는 1장의 원리가 연접성이고 그것은 그 자체로 **브리콜라주**의 형식으로 실천적 미술의 이론화를 포함한다고 말할 수 있다. 특히, 나는 기표화하고 또한 탈기표화하는 다양한 등록기들에 작동하는 미술의 기계적 개념 notion을 발전시키는 데 관심이 있다. 일반적으로 1장은 이미 적절한 실천적 미술의 배열이라기보다는 (미술사의 영역에서의) 중재와 (미래의 실천적 미술과 역사를 위한) 성명서로서 작용한다. 그리고 1장의 나머지 부분은 들뢰즈와 가타리의 연합 프로젝트 곧 『자본주의와 정신분열증』을 다룬다.

2장에서 나는 초점을 들뢰즈의 정서 개념에 맞춘다. 또한 간단하게 들뢰즈의 철학적 선임자인 앙리 베르그송과 스피노자 그리고 들뢰즈와 동시대의 철학자인 바타유, 미셸 세르, 리오타르 등을 고찰할 것이다(사실, 바타유, 미셸 세르, 리오타르는 이 책 전체에 걸쳐 지속적으로 현존한다). 2장에서 정서는 두 가지 방향으로 사유된다. 곧 신체 위에서 미술 효과로서의 정서와 미술 대상을 조성하는 것으로서의 정서이다. 양쪽에서 정서는 제도를 기표화하는 것에 대한 지나친 강조와 습관 그리고 의견에 대해 순응하지 않는다. 전반부의 접근법은 정서의 개념notion을 미술사의 담론 속으로 도입하기 위한 논쟁을 설정하는 것이다. 내가 여기에서 열망하는 것은 우리가 미술경험의 정서적 차원에 전념하여 미술에 대한 이데올로기적 접근과 기호학적 접근을 지나치게 강조하는 것을 수정하는 것이다. 우리는 그것이 특별히 내재적인 것임에도 불구하고 감성론적인 것의 개념notion으로 회귀하는 것으로 볼 수 있다. 후반부의 접근은 초점을 현실적인 미술 대상으로 좁히는 것이다. 특히 그것은 프랜시스 베이컨에 대한 들뢰즈 책의 독해와 『철학이란 무엇인가』에서 미술에 관한 부분들의 작동 그리고 그러한 두 가지 철학적 분석을 좀 더 깊게 논의하는 방법에 관한 몇 가지 아이디어를 포함한다. 그것은 바로 이 책의 마지막 섹션에서 되돌아가는 이상한 사이비 개념 곧 '탐색하는 머리들'의 개념notion에 해당한다. 2장은 미술의 알레고리적인 측면에 관한 하나의 짧은 교정물로 끝을 맺는다.

3장은 실천적인 미술 안에서의 정치적인 것의 관념들과 관련된다. 여기서 나는 소위 전형적인 맑스적 체계를 넘어서 미술의 정치적인 유효성을 이론화한다. 또한 들뢰즈와 가타리의 중요한 관념인 (카프카에 관한 들뢰즈의 책에서) 소수적인 것의 작동과 그것이 현대미술에 어떻게 유용하게 '적용되는'가에 관해서 몇몇 사유와 함께 시작할 것이다. 여기서 나는 관객을 창조하는 실천적 미술에 관심이 있고 그러한 과정에서 다른 종류의 (정치적인) 주체성을 생산한다. 계속해서 마이클 하트와 안토니오 네그리의 『제국』*Empire*과 특히 불찬성과 긍정의 관념들을 간단하게 고찰한다. 후반부는 다소간 방향을 바꾸어서 미술로부터 벗어난 여담을 포함한다. 여기서는 들뢰즈와 가타리의 중요한 개념notion인 전쟁기계 그리고 게릴라전과 적군파의 역사적인 사례들까지 검토한다. 나의 관심은 미술적 전쟁기계를 위하여, 그러한 정치적으로 약속된 구성체에게서 어떤 교훈을 배울 수 있는가에 있다. 그것은 한 번 더 주체성의 생산에 관심을 갖는 것이고 3장의 세번째이자 마지막 섹션이 전환하는 것도 바로 그것이다(가타리의 윤리 감성론적 프로젝트와 타인 없는 세계에 대한 들뢰즈의 사유).

4장과 함께 [논지의―옮긴이] 지대는 더욱 철학적이게 된다. 여기서 나는 들뢰즈의 (베르그송으로부터 차용한) 잠재적인 것과 '내재면'의 개념의 작동에 관심이 있다. 동시에 나는 그러한 것들을 특별한 실천적 미술, 특히 로버트 스미스슨의 작품과 접촉하게 한다. 나에게 스미스슨의 작품은 이 책에서 말하려고 하는 많은 미술의 표본으로서 작용한다. 그것은 스미스슨의 작품이 특별히 미술의 재료(그것이 바위이든지, 단어이든지, 필름이든지 간에)에 관한 상당한 [논의의―옮긴이] 초점을 포함하기 때문이며, 또한 '이야기 만들기'라는 그것의 창조적 역량 때문이기도 하다. 그리고 스미스슨의 작품은 잠재적인 것과 현실적인 것의 가장자리이자 미술 영역의 작동을 적절히 정의해주는 장소에 위치될 수 있다. 게다가 4장은 (스미스슨의) 확장된 실천적 미술과 (들뢰즈의) 사유의 새로운 이미지가 생산되고 있었던 1960년대 말의 한 시기에 관한 것이다. 이번 장에서 내가 미술을 사유하는 철학에 대해서 들뢰즈의 관념을 사용하는 한 내가 들뢰즈를 고의로 오도하는 것으로 비난받을 수도 있다. 어떤 면에서 4장은 들뢰즈의 철학적 개념을 다른 영역, 다른 환경 속으로 데려가고, 또한 그러한 다른 범위들을 들뢰즈에게로 피드백하는 것을 허용하는 실험이다.

마지막 5장은 아마 들뢰즈의 가장 복잡한 저서라고 할 수 있는 『주름』에 관한 것이다. 한 번 더 나는 그러한 가장 어려운 개념과 실천적 미술(이 경우는 게르하르트 리히터의 회화)의 마주침을 생산하고자 한다. 여기서의 나의 관심은 회화의 개념notion과 특히 일종의 주름으로서의 회화의 행위에 있다. 또한 세계와 주체성(바로크 집의 두 개의 층)의 프랙털적 설명으로서 바로크라는 들뢰즈의 관념에도 관심이 있다. 특히, 나는 리히터의 '추상화'를 통하여 바로크의 텍스처학을 사유하고자 한다. 이러한 실험에서 우리는 미래지향적인 리히터 추상화의 본성과 그것의 세계를 근거 짓는 특성으로 볼 수 있는 것에 주의해야 한다. 그것은 리히터의 회화를 애도의 작품으로 규정하는 포획의 우울한 장치로부터 구출하려는 시도이다. 리히터에 대한 글을 쓸 때 나는 [그의—옮긴이] 회화 주위에서 이미 잘 구축된 추론적 영역에 들어서 있음을 느끼고 그럼으로써 나의 의견은 종종 다른 논평들에 대립적으로 언급된다(특히 각주에서 그렇다). 5장은 계속해서 『주름』의 마지막 부분들을 상황주의자 도시의 어떤 관념들과 함께 탐구한다. 왜냐하면 들뢰즈의 새롭고 확장된 바로크의 개념notion이 이반 츠체글로브, 기 드보르와 그 밖의 사람들의 통합적 도시주의에 필적하고, 생산적으로 통접될 수 있을 것으로 생각되기 때문이다. 우리는 5장의 이러한 특별한 마주침 때문에 1장의 영역과 상호연접성의 개념notion으로 되돌아간다. 5장은 『푸코』에서 들뢰즈의 마지막 논평과 관련된 미술과 새로운 과학기술에 관한 매우 짧은 고찰로 끝이 난다. 이 부분은 그 자체로 하나의 책을 필요로 할 것이지만 나는 단지 그것을 미래의 프로젝트를 위한 가능성을 나타내는 것으로 주목하고자 한다.

이 책은 세 가지의 결말로 끝이 난다. 첫번째는 이야기 만들기 또는 특히 현대미술의 신화 만들기의 특성으로 볼 수 있는 것에 대한 짧은 고찰(그리고 두 경우의 연구에 대한 훨씬 더 짧은 시각)을 다룬다. 두번째는 이 책 자체에 관해 그리고 들뢰즈에 대한 책을 쓴다는 것에 관한 반성을 포함한다. 세번째는 글쓰기의 스타일에 있어서 더욱더 창의적인 어떤 것을 시도한다. 곧 그것은 프로그램적이고 경구적이고 각색의 형식이라는 책의 논거를 다시 정의하는 공동의 상상된 미래의 성명서이다.

1장 · 리좀들, 기계들, 다양체들 그리고 지도들
재현을 넘어서 확장된 실천적 미술을 향한 주석들

리좀

컨텍스트-투자

많은 독자들에게 『천 개의 고원』은 너무나 어려운 책이다. 그것은 이상한 은어, 생소한 용어 그리고 기괴한 상호교류로 가득 차 있다. 또 다른 사람들에게는 그것을 읽는다는 것이 놀라울 정도로 쉽지만 그럼에도 불구하고 흥분시킨다. 그리고 어떤 경우에는 그것이 이상하고 생소하고 기괴하기 때문에 흥분시킬 것이다. 『천 개의 고원』은 거의 마치 우리가 이해하거나 오히려 사용하기 위한 어떤 공간에 벌써 존재해야만 하는 것처럼 존재한다. 이 복잡하고 비범한 공동연구의 작품이 말하려는 것은 『천 개의 고원』을 읽는 가장 놀라운 효과는 그것이 지적인 작업과 일반적인 삶의 ─ 스타일이라고 부를 수 있는 ─ 어떤 태도를 요약한다는 것이다. 그 스타일이라는 것은 특히 미술이론에 의하여 이용되어진 아카데믹한 글쓰기와 적대적인 것이다. 왜냐하면 그 스타일은 부정과 비판보다는 긍정과 창조의 **작동방식**이기 때문이다. 마찬가지로 중요한 것은 브라이언 마수미가『천 개의 고원』의 번역자의 서문에서 지적한 바와 같이『천 개의 고원』은 무척이나 실용적인 연구라는 것을 기억하는 것이다.[1] 그러므로『천 개의 고원』을 순수하게 학술적인 텍스트로 읽고 또한 단순히 의미meaning를 위해 그것을 읽는다는 것은 이미, 언제나『천 개의 고원』이 반대하는 영역, 곧 재현에 그것을 자리매김하는 것이다.

그런데 저자들이 주장하는 이 이상한 책에 접근하는 방법은 [의미meaning를 따르는—옮긴이] 하나의 책에 대한 것이 아닌가? 다시 한 번 마수미는『천 개의 고원』그것을 [의미meaning가 단절되는—옮긴이] 하나의 음반처럼 대하라고 넌지시 암시한다. 어떤 트랙들은 아무 흥미도 주지 못하지만 다른 트랙들에서 당신은 계속해서 처음으로 되돌아가고 싶을 것이다(ATP xiii~xiv). 당신을 위해서 그 나머지 트랙들은 '작동한다'. 그것들은 어떤 무언가를 활성화한다. 아마도 그것은 다른 종류의 어떤 사유의 가능성인가? 확실히『천 개의 고원』의 첫번째 장인 '리좀'은 비록 처음부터는 아니었지만 나 자신에게 정말 그러한 효과를 주었다. 나는 1980년대에 처음으로『천 개의 고원』을 읽었다. 그렇지만 내가 깊이 빠져 있었던 것은 비판이론과 후기구조주의이론의 독해 프로그램이었다. 그 당시에『천 개의 고원』은 나에게 아무

---

1) 마수미를 인용한다. "책에 접근하는 가장 좋은 방법은 하나의 도전으로서 독서하는 것이다. 바로 자신과 주변인의 삶을 강도의 고원으로 들일 수 있도록 빈 공간을 비집어 여는 것이다. 강도의 고원은 그 사이에 연결 경로가 얼마든지, 곧 가장 많이 존재할 수 있는 고조된 상태들의 구조를 형성하면서, 여전히 다른 삶에 다시 주입될 수 있는 그 활력의 잔상들을 남긴다"(ATP xv).

런 의미가 없었다. 나는 자크 데리다와 자크 라캉 그리고 그들에 대해서 주해했던 여러 연구가들(들뢰즈와 가타리는 이들을 기표 열광주의자라고 언급했다)을 연구했다. 또한 나는 좀 더 폭넓게 그러한 해체적/탈구축적 모델이 어떻게 미술과 미술사에 적용될 수 있는가를 숙고했다. 그들 연구자들과 비교해서 들뢰즈와 가타리는 절망적으로 혼란스럽고 무정부주의인 것처럼 보였다. 그 당시에 비판이론과 후기구조주의이론은 문학과 미술 이론에 안에서 일반적인 이론이었다. 그렇지만 들뢰즈와 가타리는 그것을 포기했고 아마 실제로도 전혀 관련이 없었다. 또한 그들은 좌파의 대립적인 실천과도 아무 관련이 없었다. 거칠게 표현해서 들뢰즈와 가타리는 어떠한 이데올로기적 비판도 하지 않았던 것 같다(그 당시에 라캉의 정신분석학과 더불어 해체/탈구축은 확장된 이데올로기 비판이라고 할 수 있는 프랑크푸르트학파의 비판이론과 밀접히 관련되어 있었다).[2]

여기서 들뢰즈와 가타리 글쓰기의 특별한 컨텍스트(1968년 이후의 프랑스)와 그들의 정치적인 전략을 구성했던 변화하는 개념notion에 관해 많은 것이 말해질 수 있다. 곧 그것은 들뢰즈 자신의 철학적인

---

2) 분명 들뢰즈와 가타리는 스스로 이데올로기적 비판의 대상이 되려 했다. 프레드릭 제임슨은 이러한 태도를 저서의 후기(Jameson, 1977: 196~213)에서 요약했다. 여기서 재현에 대한 이른바 '공격'은 그것이 재현(곧 이데올로기) 안으로 놓여 있을 때 비로소 '이해될' 것이다.
"한편 후기구조주의는 리얼리즘/모더니즘 논쟁에 또 다른 종류의 파라미터를 더했다. […] 푸코, 데리다, 리오타르, 들뢰즈 같은 작가들에 의해 리얼리즘이 하나의 가치로서 미메시스의 오래된 철학적 개념으로 동화됨으로써 재현의 이데올로기적 효과에 대한 플라톤적 공격과 관련하여 리얼리즘/모더니즘 논쟁이 재편성되었다. […] 그렇지만 나는 이데올로기 그 자체의 이론 영역 안에 재현에 대한 공격의 결과, 그리고 일반적으로 후기구조주의의 결과를 위치 지을 수 있을 때에 비로소 그것들을 온전히 평가할 수 있을 것이라 생각한다"(Jameson, 1977: 199, 강조는 인용자).

비재현적 프로젝트(그의 선임자 철학자들의 '사생아 계보'에 대해 연구했던 전공논문)와 특히 그 중에서도 그의 책과 공동연구의 영어 서문에서 나타난 속도와 순서에 관한 것이다. 동등하게 가타리 자신의 컨텍스트는 정신분석학 내에서의 그의 실천(라캉과의 단절)과 관련된다. 가타리의 급진적인 정치학 및 문제들과 연루된 것은 주체성의 생산과 관련된다. 게다가 내 자신의 컨텍스트도 있었는데 그것은 마음속에 간직하고 있던 해체/탈구축의 헤게모니와 아카데미의 이데올로기적 비판으로서 연구 작업 그리고 나중에 내가 부정적 비판의 프로젝트(일종의 어떤 신경주체성의 생산)로서 인정하였던 것에 대한 나 자신의 투자다.

그보다도 나는 앞으로 지난 6년 동안의 프로젝트였으며 최선을 다했고 막다른 골목이기도 했던 나의 박사논문의 글쓰기로 이동하기를 원한다. 나의 프로젝트는 전통적인 미학이론으로부터 미술의 사회사까지 미술에 대한 다양한 담론의 독해요 해체였다. 요컨대 나는 재현의 지대에 대한 어떤 지도를 생산했다. 논문의 각 장은 미술 대상을 사유하기 위해서 하나의 특별한 모델을 고려했다. 어떤 장들은 긍정적이고 창의적임에도 불구하고 전체적으로는 좀 더 근접된 독해를 통해 사실상 철학적으로 실증된 전형적인 미술사와 미술이론에 중요하다고 생각되는 텍스트에 대해서 부정적 비판을 수행했다. 그런데 나의 논변의 이면은 재현의 그러한 이론들은 항상 위험에 처하는 경향이 있다는 것이었다. 그 이론들은 하나의 (재현의) 시스템을 설치한다. 그러나 재현은 바로 그러한 시스템의 노출 속에서 어떤 것도 이루어지지 못하는 시스템이다. 그것은 나에게 어떠한 진전도 없다는 것을 [인식하는 것을—옮긴이] 제외하고는 어쩔 수 없는 것이었다. 그 프로젝트가 끝날 때쯤 나는 무엇보다도 그렇게 매혹적이고 절박한 재현의 해체/탈구축으로 지쳐 있었다.

들뢰즈와 가타리 사이에서 나는 『천 개의 고원』의 독해를 두 번, 세 번, 네 번 시도했다. 많은 숙고 끝에 나는 비판의 프로젝트를 넘어서서 나의 지적인 프로젝트를 이해하는 어떤 것, 어떤 다른 방법을 찾아야만 했다. 그리고 들뢰즈와 가타리는 그러한 것을 나에게 제시하는 것 같았다. 내가 이미 제시한 바와 같이 그들의 글쓰기에서 내가 발견한 것은 어떤 지적인 작업이 포함할 수 있는 상이한 입장이었다. 곧 그것은 더 이상 앞선 지식의 본체에 대한 끝없는 비판(혹은 단순한 부정)이 아니라 창조적 개념의 발견과 정서와 사건의 강도적인 지도 그리기이다. 그래서 나는 지금 하는 것과 같이 기표의 지평선에서 멀리 떨어져서 미술과 문화를 사유하는 또 다른 가능성과 방법을 인정했다. 나는 또한 들뢰즈와 가타리의 글쓰기의 또 다른 스타일에 공명하였다. 그 다른 스타일은 그 자체로 정서적이고 강도적인 성격을 지녔다. 따라서 『천 개의 고원』은 다른 스타일의 내용을 수행한 내가 목격했던 첫번째 책들 중의 하나였다. 나에게 『천 개의 고원』은 상이한 인물들, 동물들, 식물들 그리고 심지어 생소한 삶/생명의 형식들로 채워진 생생한 풍경화이다. 또한 그것은 더욱 미묘하고 심지어 요소적인 어떤 것이었다. 그것은 상이한 리듬과 반복구, 상이한 강도의 지역 그리고 상이한 흐름의 비율을 지닌 책이었다. 이 모든 것은 이전에 말하여진 것이고 적어도 저자들 자신들에 의하여 언급된 것이다. 그런데 내 생각에 가치가 있다고 여기는 것은 『천 개의 고원』의 스타일에는 몰적molar 포획을 탈출하려는 어떤 종류의 분자성molecularity이 있다는 것을 감지하는 것이다(여기서 몰적 포획은 읽기와 해석의 지배적이고 습관적인 시스템으로 이해되는 것이다). 사실, 수준이 낮은 나의 논변을 가볍게 완전히 파악한다는 것은 바깥, 곧 바깥의 **힘**과 접촉한다는 것이다. 그리고 또한 이 힘은 책에 특별한 성격을 부여한다.

또한 나에게 중요한 것은 『천 개의 고원』에서 세밀히 세워진 세계에 대한 들뢰즈 가타리의 개념이 내 자신의 세계를 통해서 내가 이해하고 감동받은 방법에 더욱더 밀접하게 적합한 것으로 보였다는 것이다. 나는 여러 가지 이유로 또한 여러 가지 전략으로 지나치게 기표화하는 등록기로부터 돌아서고 있었다. 사실 나는 이미 소위 아카데미의 바깥으로 떠날 준비를 하였다. 그것은 나의 박사 프로젝트가 몰아넣은 소외감을 우회하기 위해서였다. 그때 나에게 들뢰즈와 가타리는 이미 가졌던 직관과 벌써 적절하게 부여한 조건들의 긍정으로서 다가왔다. 나는 『천 개의 고원』을 읽을 준비가 되어 있었다.

나는 특이하고 고백적인 서론에서 우리가 어떻게 들뢰즈에게 다가서고 어떻게 그를 독해할 것인가를 설계하는 것이 중요하다고 생각한다. 예를 들어서 다른 주석가들은 들뢰즈의 작품에서 용해의 논리를 강조한다. 그러나 나에게 들뢰즈의 책들은——특히 가타리와 함께 쓴 작품들은—— 항상 창의적이고 기본적으로 구축적인 특징을 나타냈다.[3] 그때 들뢰즈의 책들은 일종의 매뉴얼로서 그리고 그 자체로 일

---

3) 예컨대 피터 홀워드의 *Absolutely Postcolonial: Writing Between the Singular and the Specific*(Hallward, 2001)에는 들뢰즈의 프로젝트가 '반-현실화'의 하나로서 특징지어진다. "따라서 들뢰즈 작업의 중요한 목적은 주어진 것이 반-현실화, '실재'화, 탈영토화, 혹은 달

종의 예술작품으로서 작동했다. 왜냐하면 그것들은 하나의 도전과 하나의 문제를 실험했을 뿐만 아니라 영감의 지점으로서도 작동했기 때문이다. 또한 특별히 그것은 내가 제시한 바와 같이 정서적인 수준에서 내가 『천 개의 고원』과 함께 공명했고 여전히 공명하기 때문에 그렇다.[4]

또한 나는 나 자신의 컨텍스트와 투자로써 첫번째 장을 시작하기를 원했다. 그것은 『천 개의 고원』과 데리다의 『그라마톨로지에 대하여』의 차이를 이해하는 것 없이는 『천 개의 고원』을 읽는다는 것이 충분하지 않다는 것을 증명하기 위해서였다. 그 둘은 물론 많은 유사점이 있다.[5] 둘 모두 다른 경향을 지녔음에도 불구하고 우리가 위기라

리 변형될 수 있는 다양한 메커니즘의 발명이다. 그것은 다의적인 것, 영토적인 것, 관계적인 것, 중재적인 것, 형상적인 것, 지각 가능한 것 등을 피함으로써 자연스럽게 실재적인 것이 된다"(Hallward, 2001: 13).

홀워드는 들뢰즈에 대한 이러한 해석을 『시네마 1』에서 인용함으로써 들뢰즈 자신에게서 확인한다. "어떻게 우리들을 자신에게서 해방시키고 우리들 자신을 해체시킬 수 있는가"(C1 66). 이 문제에 대한 나의 특별한 해석은, 이처럼 우리 자신을 부정하는 듯 보이는 것 또한, 그리고 더 중요하게도, 근본적으로 구축적인 기획, 바로 '새로운' 자신들의 생성을 포함한다는 것이다.

4) 그러한 공명에서 중요한 것은, 다른 사람의 지적인 혹은 예술적인 실천과는 패러다임이 다른 관계, 바로 정서적인 경의를 자주 불러일으키는 정서적인 관계이다. 비슷한 맥락에서 현대미술가인 토마스 허쉬호른은 들뢰즈 ─ 그리고 바타유, 스피노자, 그람시 ─ 와의 관계를 그의 '팬'이라 말해 왔다(Hirschorn, 2003). 그래서 허쉬호른이 세운 모뉴먼트들은 이들 철학자들을 기념하는 것이다(예컨대 도큐멘타 XIDocumenta XI에 제출한 「바타유 모뉴먼트」[Bataille Monument, Fietzek, G. (Ed.) Documenta XI: The Catalogue, London: Art Books International, 2002] 참조).

5) 최근 들뢰즈와 데리다 사이의 연결점을 보여 주는 저작들이 나와 있다. 예컨대 폴 패튼과 존 프로테비가 편집한 *Between Deleuze and Derrida*(Patton & Protevi, 2003)가 있다. 또한 프로테비 자신의 인상적인 저작인 *Political Physics*(Protevi, 2001)에서는 로고스 중심주의의 데리다적 해체가 물질의 비-질료형상적 철학을 기획하는 들뢰즈의 작업과 관련되어 있다(또한 프로테비 저작에 관한 나의 논평[O'Sullivan, 2003]이 『패러랙스』*Parallax*에 실려 있다).

일컫는 재현의 비판과 관련된다. 양자 모두 차이를 탐구한다. 그러나 데리다의 프로젝트가 다른 사람의 텍스트를 독해하는 것이라면 (가타리와의 공동연구 이전에 들뢰즈 글쓰기의 일부처럼) 들뢰즈와 가타리의 공동연구(특히 『천 개의 고원』에서)는 전혀 다른 어떤 것이다. 곧 그것은 긍정적이고 창의적인 방식으로 세상을 사유하는 형식의 틀을 바꾸기를 시도한다. 이러한 의미에서 『천 개의 고원』은 우리의 삶을 완전히 다르게 구축하도록 도와주는 심리적인 기구요 전략의 상자라고 이해될 수 있다. 일찍이 미셸 푸코는 『자본주의와 정신분열증』을 "비파시스트 삶의 안내"라고 언급했다(AO xiii). 여기서 파시즘이라는 것은 단지 검은 셔츠단을 가리키는 것이 아니라 모든 사람들의 머릿속에 존재하는 미세한 파시즘을 가리킨다. 곧 우리 모두가 관련되는 위계, 고정, 그리고 정지(혹은 간단히 재현)의 경향을 말한다. 그러나 들뢰즈와 가타리에게 그것들은 우리가 윤리적이라고 부를 수 있는 창조적 삶을 질식시킬 수 있다.

그런데 이 프로젝트의 어느 곳도 『천 개의 고원』의 첫번째 장인 '리좀'보다 더 명백하지 않다. 그리고 여기에서 탈중심적인 뿌리 시스템(예를 들어 개밀couch grass 같은 것)을 기술하기 위하여 사용된 생물학적인 용어는 본래적으로 이론적인 연구에도 적용된다. 리좀은 하나의 시스템이라기보다는 중심이나 어떤 중심적인 조직화의 동인이 없는 반-시스템이다. 그것은 개체적인 매듭점이 비위계적 방식으로 서로서로 연접될 수 있고 연접되는 평평한 시스템이다.

그래서 리좀은 이질적인 지역들과 사건들 사이에서 가로지르는 연접과 소통을 촉진한다. 리좀은 궁극적으로 점들로 구성된 것이 아니라 그러한 점들 사이의 선들로 구성되어 있다. 개념을 발견하는 전형적인 사례가 리좀이다. 또한 좀 더 확장된 의미에서 리좀은 새로운 '사유 이미지'의 현시로서 이해될 수 있다. 무엇보다도 이 경우는 서구 사유와 문화에 널리 편재되어 있는 뿌리 같은 것에 반하는 것, 그리고 나무 같은 것과 구조를 다르게 생각하는 것이다.

그러한 새로운 사유의 이미지는 많은 새로운 '재현적인' 과학기술뿐만 아니라 그러한 과학기술과 불가피하게 연계된 사유의 습관들과도 필적한다. 그것은 철학이 과학기술의 발전에 의하여 규정되거나 과학기술이 철학을 쫓는다는 것이 아니라 오히려 이 두 영역은 서로의 안으로 영양을 공급하고 서로를 위한 가능성을 열어 놓는다는 것이다(그것들은 같은 역사적 계기의 두 역할을 하는 것이며 우리의 특별한 의식의 두 구성요소이다).[6] 들뢰즈와 가타리의 현재 문제와의 관련성이나 대중성이 점점 증가하는 것은 아날로그로부터 현재의 세계를 가장 잘 특징짓는 디지털로의 전환과 분리될 수 없다.[7] 그런데 소위 현재의 정보시대에서 리좀론rhizomatics의 가장 좋은 예는 최소한 서구에서는 어디에나 존재하는 힘으로서 월드와이드웹의 출현이다. 그런데 많이 알려졌지만 지금은 외견상 현존하지 않는 '초고속 정보 통신망'은 하나의 뿌리구조이다(모든 정보는 한 방향으로부터 온다). 웹의

---

6) 이와 관련하여 들뢰즈는 한 인터뷰에서 다음과 같이 언급했다. "어떤 사회와 기계 사이에 유사성을 설정하는 것은 쉽지만, 그 기계들이 다른 종류의 사회를 결정하는 것이 아니라 그 사회들을 생산하고 이용할 수 있는 사회적 형태를 표현한다고 할 수 있다." (N 180)
7) 우리는 또한 최근 신경과학과 신체성 인공지능에서 이룩한 발전을 주목해야 할 것이다. 이 두 분야는 점점 더 '들뢰즈적'으로 보인다.

출현이 아무런 문제가 없는 것은 아니다. 특히 그중에서도 웹의 문제는 이익과 통제(엄밀히 말해서 봉쇄)를 위해서 사용된다는 것이다. 그러나 포획의 그러한 계기들에도 불구하고 웹의 창조성, 발견 그리고 표현의 공간은 남아 있다. 웹은 어떤 상당한 양의 개체적 자유 곧 간단한 자기 조직화를 허용한다(오픈소스 소프트웨어의 발전이 적절한 사례가 된다). 이러한 의미에서 웹은 전형적인 하나의 리좀이다. 그것은 '하향식' 시스템이라기보다는 '상향식' 시스템이다. 곧 풀뿌리 시스템의 '조직화'이다.[8]

　　다소 진부한 수준에서 미술에서의 가장 명백한 들뢰즈와 가타리의 리좀론의 적용은 웹에 기반을 둔 다른 디지털적 실천들이 나타나는 데 있다. 더욱이 확실한 창조적 실천들의 예들이 있는데 그것은 일

---

8) 이 단계에서 각주라는 틀을 빌려 다룰 중대한 질문은 리좀론과 자본주의의 관계에 관한 것이다. 직설적으로 말해서 이 질문은 다음과 같이 표현될 것이다. 만일 자본주의가 분명히 리좀적인 방식 ——점점 그렇게 보인다—— 으로 작동한다면, 리좀적 미술의 실천은 그에 대해 어떻게 저항 그리고/혹은 비판을 할 것인가? 훨씬 더 직설적으로 말해서 마이크로소프트 같은 다국적 기업들의 경영 전략이 현대의 확장된 실천적 미술의 전략과 유사해 보인다면? 4장에서 소수적인 것의 개념(notion)의 도입을 통해 이를 다루고, 이 새로운 모델들을 말을 더듬으면서까지 제시해야 할 필요성을 언급할 것이다. 서로 다른 리좀적 형성들 사이의 관계를 항상 면밀히 검토해야 하고 조직화의 뒤집힌 체계로 나타나는 것 안에서의 권력 관계에 주의해야 함을 지적하는 것 또한 중요하다. 마찬가지로 중요한 것은 "저항이 먼저"라는 들뢰즈의 개념(notion)을 주목하는 것인데, 다시 말해 문제는 정말로 왜 존재론적으로 우선적인 리좀론이 차단되고 포획되느냐는 것이다. 실제 들뢰즈는 "관리 혹은 소통 사회들이, '자유로운 개인들의 횡단적 조직'으로 이해되는 코뮤니즘에의 길을 새로 열 저항의 형태들로 이어질지"에 관해 질문을 받았을 때 확신이 없었고, 또한 '저항'이 이를테면 담화와 소통을 통해 진행될지에 관해서도 확신이 없음을 인정했다(들뢰즈는 후자가 돈과 이윤 추구 동기에 의해 거의 퇴색되었다고 본다)(N 175). 그리하여 들뢰즈는 통제를 벗어나기 위해서는 저항이 비-소통의 액포(vacuole), 회로 차단기를 만들어 내는 것이 중요하다는 흥미로운 생각을 상정한다(N 175). 그가 언급하듯이 "그것은 걱정하거나 낙관할 것이 아니라 새로운 무기를 찾아야 할 문제다"(N 178). 또한 하트와 네그리의 「탈근대화, 곧 생산의 정보화」(E)도 참조할 것.

반적으로 웹과 과학기술을 사용하는 것이다.[9] 그러나 우리는 좀 더 오래된 과학기술에 눈을 돌릴 수 있다. 그것은 1960년대 이후에 현존하는 자유로운 라디오 네트워크와 메일아트의 계속적인 실험이다. 정말로 중요하게 기억할 것은 웹에 기반한 행위들이 중심에서 분산된 가속도가 붙은 리좀적인 네트워크의 순전히 연속적인 구축이라는 것이며, 또한 그 리좀적 네트워크는 이미 현존하는 소통의 시스템을 계속해서 사용하였고 접촉과 연접의 더욱더 비형식적인 양태라는 것이다.

좀 더 광범위하게 보아서 우리는 일반적인 미술의 시스템을 리좀적인 것으로 자리매김할 수 있다. 그리고 각각의 미술이나 개별적인 미술 작품은 다른 모든 것에 연접하고, 연접하는 포텐셜을 가진다. 미술 그 자체는 리좀적 접촉으로 그리고 다른 인공적인 시스템이나 '자연적인' 시스템과 함께 소통하면서 존재한다고 말할 수 있다. 이러한 견해로부터 모든 것은 리좀적으로 다른 모든 것에 연접되고, 연접되는 포텐셜을 지닌다.[10] 우리의 리좀론의 개념notion을 실천적 현대미술의 상황과 '관계미학'으로 알려진 영역에 제한한다면 우리는 리좀론을 다른 실천들 사이와 그러한 실천들에 포함된 것들 사이의 작동으로 이해할 수 있다. 그리고 그런 작동은 지금까지로 보아서는 미술의

---

9) 예컨대 Association Metaworx, Ed., *Metaworx: Approaches to Interactivity*(Association Metaworx, 2004)를 참조할 것. 여기서는 특히 양방향 매체와 복잡성 이론의 통접과 관련하여 기술적 발전의 첨단적 위치에 있다고 할 수 있는, 주로 스위스에서 이루어지는 실천에 대한 흥미로운 조사를 제공한다. 또한 이에 대한 페라 빌만의 유익한 서문 "Volatile Milieu: The Poetics of Interactivity"(Buhlman, 2004)에서는 들뢰즈와 가타리, 그리고 마수미의 글을 이용하여 다학제적 연구의 뼈대를 기획한다.

10) 들뢰즈와 가타리는 그들이 함께한 마지막 작업에서 이 리좀적인 곧 "반-시간엄수적" 우주의 주제로 되돌아간다(*WP* 185~186 참조).

소비자로 간주된 사람들을 포함한다.[11] 또한 우리에게 필요한 것은 리좀의 개념notion이 어느 정도 미술과 미술사의 구분을 붕괴시키는 것과 적어도 그 각각을 다른 것과의 리좀적 연접의 상태로 보는 것을 허용하는 것이다. 이것이 바로 이 1장의 주제이다. 이것은 리좀을 통해서 미술과 그것의 참여자들 사이에서, 미술과 미술사 사이에서 매개변수들의, 확장된 실천적 미술의 계획을 면밀히 세우는 것이다.[12]

미술에 대한 리좀론의 함축을 넘어서 미술은 계획을 면밀히 세울 수 있다. 그것은 재현과 사이가 좋지 않은 사유의 이미지로서 그리고 전통적인 철학적 가설과 위계와 해석의 그러한 과정에 대한 도전으로서 리좀론의 더욱더 철학적인 측면을 인식함에 의해 가능하다. 이것이 이번 장의 두번째 의도이다. 그것은 리좀을 일반적으로 미술을 사유하는 새로운 방식으로서, 또한 초월성으로부터 일종의 '내재성 사유하기'로의 전회로서 자리매김하는 것이다. 이 모든 것은 불가피하

---

11) 니콜라 부리오는 현대미술과 관련하여 처음으로 '관계미학'이라는 말을 만들어 냈다. 그의 저작 *Relational Aesthetics*(Bourriaud, 1998)에서 관계성의 미술은 "독립적이고 사적인 상징 공간을 주장하는 대신, 인간의 상호 작용과 그 사회적 맥락의 영역을 이론적 지평으로서 취하는 미술"의 "가능성"이라 정의하고 있다. 모든 미술은 이런 의미에서 관계적이라고(그리고 늘 그래 왔다고), 그리고 확실히 이 관계들은 단지 사회적인 것 이상을 포함한다고 주장하는 이도 있을 것이다. 또 미술이 어떤 종류들의 사회적 관계를 생산하는지, 그것들이 모두 갈채 받을 만한 것인지(지배적 권력관계를 그저 재연할 뿐인 실천들인지) 묻고 싶어 하는 이도 있을 것이다. 부리오가 『관계미학』에서 계속 이야기하는 내용은 대부분 본 장의 주제와 관련되지만, 이후의 장에서는 그가 위에서 제시한 대립에 대해 이의를 제기하는 것처럼 보일 것이다.
12) 전통적 규율의 경계들에 대한 이러한 거부는 시각 문화의 신생 영역/분과 학문과 관련되어 있다. 이에 관해 꼭 시각적인 것에만 초점을 맞출 것이 아니라, 미술적 실천의 확장된 영역이 미술사의 관할영역 안에 전형적으로 포함되어 있는 대상, 실천 그리고 담론을 넘어섰다는 것을 인식해야 한다.

게 구조(중심과 통제점을 필요로 하는 구조)의 비판을 포함한다. 그러므로 이러한 의미에서 최소한 리좀은 특별히 후기구조주의의 개념이 된다.

리좀의 특성과 미술 **그리고** 미술사를 사유하기 위한 리좀의 적절성을 검토하기 이전에 리좀의 평평한 개념과 전형적인 재현 모델과의 차이를 간단히 구별하는 것이 가치가 있다. 우리는 서구의 형이상학과 미술 그리고 미학의 설명에서 전형적인 재현 모델을 발견한다. 지금 이곳이 그 점을 완전히 검토하기에는 적절하지는 않다 —— 데리다는 그 점을 『회화의 진실』에서 간결하게 검토한다. 그럼에도 불구하고 그것의 일반적인 요점은 주목할 만한 가치가 있다. 미술에 관한 담론은 이원체 —— 의미meaning와 대상 혹은 바꾸어 말하면 내용과 형식 ——를 전제로 하여 말해지는 경향이 있다. 데리다는 미술에 관한 모든 담론(그리고 그것은 소위 새로운 미술사뿐만 아니라 미술의 사회사 또한 포함한다)은 그러한 이원적인 것을 전제로 하여 말을 하고 일반적으로 그러한 담론은 모두 의미의 설명이라는 것을 증명한다.[13] '미술의 의미meaning가 무엇인가?' 혹은 '그 회화가 의미하는 것은 무엇인가?'라고 당신은 질문을 한다. 그리고 [이때 —— 옮긴이] 자동적으로 아마도 무심코 당신은 대상/형식과 의미/내용 사이의 개념적 대립 곧 미술이 그 자체로 조금이라도 무엇을 의미할 것이라는 전제를 제시하는 대립을 재활성화했다.[14] 미술은 당신의 질문에 의하여 미

---

13) 데리다의 *The Truth in Painting*(Derrida, 1987: 21~22) 참조.
14) 도널드 프레지오시가 그의 저서 *Rethinking Art History: Meditations on a Coy Science* (Preziosi, 1991)에서 행한 미술사에 대한 비슷한 분석은 재현의 비판이라 할 만하다. 프레

리 결정된다. 이것이 바로 재현이고 일종의 구멍 뚫린 본체를——이 경우는 '미술' 대상—— 생산하는 작용이다.[15] 항들은 바뀔 수 있고 이론적인 지향에 의존한다. 그러나 개념작용적 대립은——어떤 것이든지 원상으로 되돌아갈지라도—— 여전히 그대로이다. 철학적으로 말해서 위의 문제에 대한 답이 무엇일지라도 메커니즘은 같다. 따라서 '생산의 조건'은 '미학적인' 것으로서 같은 '다른 장소'를 차지한다(양쪽 다 논의되는 대상의 환경에 궁극적인 기의와 목적인을 제공한다). 데리다가——폴 드만이 해체/탈구축의 서로 같은 프로젝트에서 하는 것처럼—— 지적하는 것은 그러한 전제는 항상 부서지고 있다는 것이

지오시에게, "미술사의 기술은 의미작용의 로고스 중심적 패러다임에 불가분하게 근거를 두고 있고, 규율의 산업은 무엇보다 대상들을 읽어 내는 작업에 초점이 맞추어져 의미(meaning)를 파악하고 분명하고 묵묵한 것 배후의 음성을 들으려 한다"(Preziosi, 1991: 16).

그는 또 다음과 같이 덧붙인다.

"규율적 실천은 여전히 의미작용과 재현의 전통적인 이론들에 기초하는 일련의 은유와 비유에 달려 있다. 그러한 수사적 의례는 […] 미술사에 있어서 이론과 방법론이 외견상 구별되는 유파들이 공통적으로 유지하는 경향을 보여 왔다. 그것들의 프로그램적 방식에 대한 차이가 아무리 클지라도, 특히 도상학적 분석, 맑스주의적 사회사, 그리고 (구조주의적) 영상 기호학은 미술작품이 무엇을 의미하고mean 사회적이고 역사적인 과정을 어떻게 나타내는지에 관한 기본적인 추정을 공유해 왔다"(Preziosi, 1991: 16).

15) 앤드류 벤저민은 *Complexity: Architecture/Art/Philosophy*(Benjamin, 1995)의 「서문」에서 이 문제에 흥미로운 일시적 관점을 부여한다.

"재현과 함께 정지의 존재론의 현존이 이미 드러나 있다. 따라서 근거 짓는 복잡성의 가능성을 열면 두 가지의 즉각적인 요구가 생겨날 것이다. 첫번째는 존재론적인 것의 재배치이고, 두번째는 생산의 과정—— 곧 작업의 효과화—— 이 이해되는 방식의 재구성을 포함할 것이다"(Benjamin, 1995: 7).

이 첫번째 장은 바로 이 두 요구를 통해 사유하려는 시도다. 중요한 것은, 벤저민도 나 자신처럼 이러한 재사유와 재작업을 허무주의적이라 여기지 않고——형이상학의 해체에 기인하는 것이 아니라——"다른 실천들, 활동들 그리고 작업들의 긍정"(Benjamin, 1995: 7)으로서 본다는 것이다.

다.[16] 우리는 결코 실제로 논의되는 대상의 이 환경을 넘어서서 그 장소에 도착할 수 없다. 데리다와 폴 드만에게 예술은 현존으로 이끌고 다음엔 난처한 상태로 이끄는 것이다.[17] 그들 두 명의 우울한 학자들에게 예술은 타락한 천사와 같은 것이다. 혹은 덜 시적이지만 단순히 글쓰기의 형식이다.

우리는 리좀 때문에 재현의 개념작용적 모델이나 재현의 과정 그리고 재현의 비판으로부터 피할 수 있다. 그런데 그것은 말하기는 쉽다. 그러나 사유하기에는 어려운 것이다. 우리는 특별히 학구적인 세계에서 살아가며 좀 더 특별하게는 미술사 안에서 살아가는 것이며 결국은 재현적 세계 안에서 살아가고 있다. 우리는 이분법적으로 사유하는 데 익숙해져 있다. 곧 그것은 '내용/형식', '깊이/표면', '본질/외양', '정신/신체'. '저자/책', '기의/기표', '말/글쓰기', '무의식/의식', '실재/이데올로기'와 같은 것들이다. 적어도 어떤 점에서 후기구조주

---

16) 드만의 논문 "The Rhetoric of Temporality"(de Man, 1983a) 참조.
17) 여기서 리오타르가 재현의 '기원'을 다룬다는 데 주의할 필요가 있다. 이는 위기 혹은 **결핍**을 전제로 한다. 리오타르는 안톤 에렌츠바이크에 관한 에세이 "Beyond Representation"(Lyotard, 1989)에서 다음과 같이 말한다.
"언어, 회화 또는 음악의 본체가 다른 무언가를 **나타내는** 기호나 그룹으로 변형되고, 따라서 재료와 그 조직화는 관통되어야 할 표면이라 다뤄지는 이러한 방법론적 니힐리즘에서 우리는 동일한 편견, 곧 작품들은 치환이나 대리의 기능을 갖는다는 개념(notion)을 찾을 수 있다. 그것들은 결여된 대상을 대신해서 거기에 있을 뿐, 그 대상은 받아들여진 공식이 가지고 있다. 오로지 그 대상이 결여되어 있기 **때문에** 거기에 있는 것이다"(Lyotard, 1989b: 158).
이어서 리오타르는 다음과 같이 언급한다.
"리비도적 용어로 주조된 예술작품의 경제에 대한 기술은 (하지만 이 경우 **작품**에 대해 계속해서 말해야 할까?) 그 중심적 전제로서 작품에 대한 긍정성을 띨 것이다. 작품은 아무것도 대신하지 않으며, [다른 것을—옮긴이] **나타내지** 않고 [홀로—옮긴이] 서 있다. 곧 자신의 재료와 조직화를 통해 기능하는 것이다"(Lyotard, 1989b: 158).

의는 이러한 이분법적인 것을 비판한다. 그러나 그러한 비판이 수반하는 것은 단지 이분법적인 것을 거꾸로 뒤집거나 특권화된 항들을 말소(집행연기)하는 것이다. 그러므로 위의 각각의 이분법적인 것들 때문에 제각각 개별적인 후기구조주의자의 비판을 볼 수 있다. 그것은 장 보드리야르와 시뮬라크르('깊이/표면'과 '실재/이미지'의 비판), 롤랑 바르트와 작품으로부터 텍스트로의 이동(이분법적인 '저자/책'의 비판), 라캉의 프로이트 비판, 데리다의 비판과 '말/글쓰기' 양자관계의 역전, 혹은 루이 알튀세르의 하부–상부구조의 문제화('실재/이데올로기') 등이다. 그리고 그러한 후기구조주의자의 이론의 모든 본체는 나누어진 이론들을 일률적으로 다루기 위해서 기원을 비판하고 기원의 특권적인 위치를 비판하며 궁극적으로는 재현을 비판한다.

그러나 아무리 그것들이 중요하다 할지라도 어떤 의미에서 그러한 비판들은 다른 이론들의 단순한 독법에 불과하다. 약간은 환원적으로 우리는 위의 각각의 학자들이 이전의 담화 혹은 사유의 시스템을 독해하고 문제시한다고 볼 수 있다. 그것은 그 자체로 반드시 나쁜 것은 아니다. 해체/탈구축뿐만이 아니라 이데올로기 비판도 유효하고 중요한 비판적 자원이다. 그것은 특히 저자들의 초월적 요구를 비판하고 그러한 요구들에 내속하는 배제와 무시를 '드러낸다는 데' 있어서 중요하다. 그러나 문제는 일찍이 장 프랑수아 리오타르가 언급한 것처럼 그 비판은 그것이 비판하는 대상에 의하여 덫에 걸리게 된다는 것이다. 곧 비판된 사물은 비판하는 사람들을 걷어치우고 심지어 소비한다(Lyotard, 1989b: 155).[18] 그러한 점에서 재현의 비판은 재현이 위험 속에 있다 할지라도 재현 그 자체의 영역 안에서 발생하고 또한 규정되어진다.[19] 비판 그 자체는 사유의 가능성들을 경비한다고 볼 수 있다. 여기서 우리가 주목할 만한 것은 일찍이 리오타르가 제시한 좀 더 심도 깊은 관찰로서 그러한 재현의 시스템(예를 들어 미술을 언급하면서)과 관계하기를 거부하는 사람들에 관한 것이다. 그들은 재현의 술책, 곧 이데올로기의 작동으로 스피드를 감당하지 못하는 소박한 사람들로 분류할 수 있다(*LYO* 193).

중요한 것은 그러한 재현적인 모델과 사유방식이 학계에만 국한되지 않는다는 것이다. 그것은 우리 자신들과, 세계와 우리의 관련성을 사유하는 것이다. 우리는 재현적인 사유의 습관과 함께하는 재현적인 생물이다. 우리는 내적 세계에 거주하지만 또 그와 동시에 외적세계에서도 거주한다. 우리는 대상-세계로부터 주체로서의 우리 자신을 구별한다. 그러한 소원하게 된 상태는 바로 자기-의식의 필수조건이다. 아무튼 그러한 변천에서 보자면 미술은 재현 안에서 형상화됨으로서 [재현과―옮긴이] 공모한 것이 된다. 미술은 명백하게 우리자신의 주체성을 재보증하는 이미지를 다시 반영한다(바깥의 형식과 내적인 내용). 그렇게 됨으로써 우리가 미술에 관하여 생각하는 방법의 변형은 반드시 우리 자신을 생각하는 방법의 위상을 바꿀 것이다.

---

18) 그렇다고 해서 해체/탈구축이 더욱 긍정적으로 이용될 수 없다는 것은 아니다. 예컨대 데리다의 **차연/차이**(*différance*) 개념은 미술이 기표화하는 효과를 발생시키는 방식을 통해, 곧 특정한 미술작품 안의, 미술작품들 사이의, 그리고 미술과 비-미술 사이의 여러 미분적 관계들을 통해, 그리고 또한 미술작품이 '재현'한다고 생각되는 것의 연기를 통해 사유하는 데 생산적일지도 모른다.

19) 마치 바이러스나 기생충처럼 비평 대상에 서식하는 이러한 유형의 비판의 역할은 분명히 존재한다. 이러한 비판은 일반적으로 사유의 지평이 될 수 있다는 점에서 위험한 것이다.

또한 그 역도 성립할 것이다.[20] 이러한 의미에서 재현의 위기는 또한 전형적인 주체성의 위기이기도 하다. 또한 들뢰즈와 가타리의 리좀은 재현의 비판일 뿐만 아니라 우리 자신의 주체성을 다르게 사유하는 능동적인 시도이다. [그렇지만—옮긴이] 중요한 것은, 그것이 일종의 전오이디푸스적인 '단일성'으로의 '회귀'를 주장하는 것은 아니다. 우리는 현재의 우리이며 우리가 세계와 본질적으로 분리되어 있지 않다고 가정하는 것은 아무 소용이 없다. 재현은 우리의 주체성의 조건이다. 그리고 말하자면 그러한 것으로서 경험되어짐에 틀림없다. 바로

---

20) 로버트 스미스슨은 도널드 저드의 미술과 알랭 로브-그리예의 작품을 바로 이러한 방식으로 ──자기와 대상 간의 어떤 '공감'과 단절하면서 ──특징짓는다. "The Pathetic Fallacy in Esthetics"에 수록된 에세이에서 그는 다음과 같이 기술한다.
"예술-대상으로의 '자기'의 공감적 투사를 공격했다. 저드의 *Specific Objects*에서 우리는 공간의 문제에 대한 불만을 발견할 수 있으며, 로브-그리예의 에세이 *Nature Humanism Tragedy*에서는 의인화된 '공모'에 대한 노골적인 거부가 드러난다. 사물은 어떠한 인문주의적 정당화로도 채워지지 않는다. '사물은 사물이고 인간은 인간일 뿐이다.' 추상예술은 자기투사가 아니며, 자기에 무관심하다"(*CW* 338).
우리는 이것을, 마찬가지로 고질적인 의인화를 혐오하고 이에 대항하여 글을 쓴 니체와 생산적으로 비교할 수 있을 것이다.
"어떤 사물을 비인칭적으로 파악하는 것보다 더 어려운 것은 없는데, 이는 하나의 인격이 아니라 하나의 사물로서 본다는 의미이다. 실제로 인격을 구축하고 인격을 발명하는 태엽장치의 구동을 한시라도 중단할 수 있는지 의심될 것이다"(Nietzsche, 1997: 30~31).
들뢰즈와 가타리도 또한 『천 개의 고원』(*ATP*)에서 이러한 '인격을 구축하는' 메커니즘에 주목한다. 「1440: 매끄러운 것과 홈 파인 것」("1440: The Smooth and the Striated")에서 그들은 두 종류의 선에 관해 기술하는데, 형식을 묘사하고 수직선 및 수평선으로 둘러싸며 중심을 따르는 유기적인 선은 재현적인/표상적인(그 자체가 아닌 다른 것을 표상하는) 반면, 추상적 혹은 유목적 선은 이 기능을 붕괴시킨다(*ATP* 492~499). 첫번째 선과, 그것이 묘사하는 형식은 재현/표상과 주체를 결합하는 기능을 한다. 감정이입은 예술 대상의 형식과 인간 주체(의 형식) 사이에 생겨난다(2장에서의 논쟁을 미연에 방지하기 위해 이를 얼굴성-기계의 작용이라 부르자). 들뢰즈는 그의 저서 『감각의 논리』(*FB*)에서 이를 더욱더 탐구한다. "강력한 비-유기적 삶/생명"을 입안하는 것으로서의 "북구의 고딕 선"에 대한 설명은 『감각의 논리』(*FB* 46, 105, 129~130) 참조.

이 점에서 사유와 사유의 가능성은 중요한 것이다. 우리는 세계와 우리 자신을 다르게 **사유**할 수 있다. 그것은 물질주의보다 관념론을 옹호하는 것도 아니고 우리가 맑스에 대항하는 젊은 헤겔주의자의 편을 드는 것도 아니다. 왜냐하면 들뢰즈와 가타리의 표현에서 다르게 사유한다는 것은 대단한, 물질주의자의 실천이기 때문이다(아무튼 그렇게 될 수밖에 없는 것이 아닌가?). 스스로 변형한다는 것과 창조적으로 우리 자신의 주체성을 생산한다는 것은 복잡한 기술과 전략을 필요로 한다.

그러므로 나는 리좀으로 돌아가서 들뢰즈와 가타리가 그리고 있는 그러한 개념적 도구의 주요한 원리들을 경험하기를 원한다. 또한 내가 이후에서 하고 싶은 것은 『천 개의 고원』의 몇몇 다른 들뢰즈의 개념들과 리좀의 리좀적 연접의 계획을 면밀히 세우는 것이다(특히 기계와 다양체의 개념notion). 그럼으로써 그것들이 사유의 형식과 주체성의 과학기술로서 이해된 확장된 실천적 미술을 사유하는 우리의 프로젝트에 어떻게 도움을 줄 것인지 알고자 한다.

연접성–강도

원리 1과 원리 2. 연접의 원리와 이질성의 원리: 리좀의 어떤 지점이건 다른 어떤 지점과도 연접될 수 있고 또 연접되어야만 한다. … 리좀은 기호의 사슬, 권력기구, 예술이나 학문이나 사회 투쟁과 관계된 환경들에 끊임없이 연접한다.(*ATP* 7)

리좀은 연접성의 원리를 나타낸다. 그것은 다른 환경들과 등록기들 사이에서, 그리고 항상 분명하고 분리된 것으로 사유되는 영역들 사이에서의 접촉과 움직임을 암시한다. 그와 같이 선명치 않게 하는 것은 창의적이다. 그러므로 리좀은 놀라운 적합성과 진기한 종합을 생산할 수 있다. 사실, 그러한 의미에서 연접을 만든다는 것은 일반적으로 창조성의 주요한 양상으로서 이해될 수 있다. 그러한 것은 우리의 삶을 1차원적이고 구속된 실존으로부터 좀 더 벗어나게 인도한다. 연접과 연합은 다른 사람들, 다른 대상들, 다른 실천들 사이에서 만들어질 수 있고 따라서 그것들은 그 자체로 좀 더 많은 유연성과 유동성을 허용한다. 그러므로 그러한 의미에서 리좀론의 특징은 어떠한 브리콜라주를 하는 것처럼 곧 '스스로 하는' 논리를 포함하는 아마추어의 실천이다.

'미술'은 하나의 대상을 명명할 수 있음에도 불구하고 우리는 미술을 연접성과 해석의 실천적 과정을 위한 명칭으로서 사용한다. 저편이나 그 밖의 '어떤 곳'을 지시하는 것 대신에, 감성론적 담론에 자리매김된 미술에는 흔히 있는 일이지만 미술은 비스듬한 움직임이나 특별히 가로지르는 연접을 촉진하는 명칭이 된다. 이러한 점에서 미술 경험은 운송기관의 하나가 아니라(그러한 의미에서 미술은 이제 더 이상 '전달수단'이 아니다) 아주 많은 연접성 가운데 하나이다. 게다가 여기에서 제기할 수 있는 것은 최근의 미술과 그것에 관한 글쓰기에서 '관계미학'으로의 전환이다. 그것은 미술의 실천자들과 생산자들을 관람자들, 관찰자들과 함께 연접할 뿐만 아니라 다른 기호의 체제들과 다른 권력의 조직화를 연접하는 전환이다. 실로, 그러한 참여적 실천들은 엄밀하게 관계성과 연접성의 패러다임을 포함한다.[21] 중요한 것은 모든 연접이 동등하게 관계적이고, 전략적으로 유용하지는 않을 것임을 유념하는 것이다. 진실로 우리는 '참여적'이고 창의적인 리좀론과 전형적이고 습관적인 일상의 관계를 구별하는 것을 원한다. 그러므로 리좀론의 실천적 미술이 최고로 잘 이해되는 것은 지배적인 것의 '바깥에서' 대안적이거나 반대적인 네트워크의 생산과 사용에 있다. 게다가 우리가 여기서 주목할 것은 많은 미술적 공동연구를 위한 인터넷의 중요성인데 그것은 전 세계에 걸쳐서 미세한 공동체들과 지역적 연합들을 생산한다.[22] 또한 그러한 대안적이고 반대적인 지도 제작은 그 자리에서 국가에 의하여 법률로 제정된 것들에 대립하는 것으로서 많은 촉지적인 것과 지역적 지도 그리기를 포함한다(전자는 더욱 '멀고' 시각적인 공간화를 통해서 작용한다). 우리는 들뢰즈와 가타리를 따라서 그러한 것을 지도 그리기의 아주 유연한 형식으로 부를 수 있다.[23] 또한 그런 리좀적 실천들은 전형적으로 유용한 것에 의하여 이끌어진 사회에 의하여 제공된 것들에 대해서 다른 속도와 지속 그리고 다른 순간성의 유통의 '지도 그리기'를 포함한다. 나는 2장에서 그러한 지점들로 돌아갈 것이다.

---

21) 에드거 슈미츠는 현대미술에 관련하여 "주변적인" 것이라는 흥미로운 개념을 전개하고, 일종의 초-연접성과 초-관계성을 설명하는데, 이는 그 자체로 제도 비판, 장소 특정성 그리고 '관계미학'의 더욱 제한된 경제에 대한 비판을 포함하는 것이다(이 모든 것은 슈미츠가 설명하듯, 2진 논리binary logic를 유지한다)(Schmitz, forthcoming).

22) 한 예로, 미술공동체 C.CRED의 '반-지도제작' 프로젝트를 참조할 것(www.ccred.org). 또한 C.CRED의 실천에 관한 나의 에세이 "Four Moments/Movements for an Expanded Art Practice(Following Deleuze, Following Spinoza)"(O'sullivan, 2005a)도 참조할 것.

23) 「1933: 미시정치학과 절편성」(ATP 208~231) 참조.

그런데 우리는 또한 모든 미술에서 그러한 연접성의 원리들을 인지할 수 있다. 그러한 의미에서 [미술작품에서의—옮긴이] 틀은 경계가 아니라 '바깥'의 세계(관객을 포함하여)로 미술작품을 개방한다. 실로 틀은 그러한 의미에서 아주 많은 '연접자'로서 작동한다(그러나 그것은 사유된다). 그리고 그러한 틀은 미술에 관한 글쓰기처럼 지금까지 작품 자체에 외재하는 것으로 간주되었던 다른 요소들을 포함한다. 미술에 관한 글쓰기는 그 자체로 하나의 리좀적 프로젝트가 된다. 그런데 하지만 왜 다른 의미작용적인 체제를 함께 연접하지 않는가? 예를 들어 왜 새로운 과학들을 인간성 속으로 더럽히지 않는가?[24] 혹은 왜 과학적 허구의 글쓰기를 미술사의 글쓰기와 연접하지 않는가?[25] 새로운 마주침들을 생산하는 분리된 범주들을 흐리게 함으로써 그리고 기괴한 결합들을 촉진함으로써 새로운 종류의 글쓰기와 사유는 가능하게 된다. 중요한 것은 그러한 것이 반드시 '누구나 참여할 수 있는' 일종의 포스트모던의 결과를 필요로 하는 것은 아니라는 것이다. 확실히 미술의 초월론적 기의로서의 '역사'는 제거되어졌다. 그러나 실천적 미술이 다른 환경들 사이에서 만들거나 만들지 않는 리좀론의 연접들을 지도 그린다는 것이 반드시 엄격함의 결핍을 포함하

---

24) 복잡성이론이 인간성을 오염시키는 것은 특히 생산적이었다. 예컨대 폴 실리어스는 "Post-structuralism, Connectionism and Complexity"(Cilliers, 1988: 37~47)에서 데리다와 리오타르를 복잡성이론에 접속시킨다. 그리고 현대예술 및 예술이론과 관련해서는 편저 *Complexity: Architecture/Art/Philosophy*(Benjamin, 1995) 참조.

25) 예컨대 마이크 넬슨의 *A Forgotten Kingdom*(Nelson, 2001) 참조. 이는 공상과학물, 공포물 및 다른 소설로부터 추출한 것들 — 스타니스와프 렘의 『솔라리스』(*Solaris*)와 필립 K. 딕의 『안드로이드는 전기양의 꿈을 꾸는가』(*Do Androids Dream of Electric Sheep*)를 포함하여 — 을 수집한 형태의 전시목록이다.

는 것은 아니다. 정말로, 그러한 의미에서 리좀적으로 미술을 사유하는 것은 미술의 효과성의 영역을 통하여 더욱 주의 깊고 철저한 사유를 포함한다. 이를 테면 미술의 연접은 항상 확장하는 생산의 장과 정보의 순환과 함께하고 좀 더 일반적으로 그것은 지배적인 생산의 양태들에 대한 '연접'이요, 붕괴이다. 그러한 일반경제에 있어서 (어떤 것도 타인에 대해서 필요한 특권을 가지지 않는다) 미술작품과 미술사는 항상 한 국면이요 하나의 계기일 뿐이다.

그러한 연접성의 원리는 몰적 수준에서뿐만 아니라 분자적 수준에서도 작동한다. 들뢰즈와 가타리에게서 그러한 점으로서 가장 잘 알려진 것은 말벌과 난초의 예다. 그 각각은 모방의 게임보다도 생성의 네트워크와 더욱더 관련된다. 말벌이 난초가 되는 것과 같이 난초는 말벌이 된다. 다시 말하면 그것들 각각은 타자와 함께, 곧 각각의 타자의 코드들을 변화시키고 포획하는 것으로 하나의 리좀을 형성한다(*ATP* 10). 우리는 모든 진실된 마주침들은 그러한 분자적인 흐릿하게 하기를 포함한다고 말할 수 있다. 그러므로 리좀은 다른 주체와 의미작용적인 체제들뿐만 아니라 다른 유기적인(그리고 비유기적인) 복합물들 그리고 힘들과 함께 **일반적인** 연접성의 원리를 나타낸다. 들뢰즈와 가타리가 언급하는 것처럼 "모든 본성의 기호적 사슬들이 생물학적·정치적·경제적 사슬 등 매우 잡다한 코드화 양태들로 연접되어 다양한 기호체계뿐 아니라 사태들의 위상을 작동시킨다"(*ATP* 7).[26] 다시 말하자면 가장 중요한 연접은 항상 바깥과 함께 존재한다.

---

26) 그때 리좀은 바르트의 '텍스트'에 대한 정의, 특히 에세이 "From Work to Text"(Barthes,

그러한 점에서 들뢰즈와 가타리가 제시하는 것은 우리가 '식물들의 지혜'를 주목해야 하며 "심지어 그것들이 뿌리를 갖고 있을지라도 언제나 바깥을 가지며, 거기서 식물들은 항상 다른 어떤 것과 더불어 리좀을 이룬다"는 것이다(*ATP* 11). 나는 다음 장에서 좀 더 상세하게 그러한 분자성을 미술과 관련해서 고찰할 것이다. 그러한 점에서 미술은 하나의 강도적 등록기이다. 따라서 미술은 정서적인 포획을 포함한다. 그러한 입장에서 여전히 우리는 미술을 단지 하나의 의미작용적인 기호가 아니라 잘 정리되어 있지 않은 하나의 기호로서 이해할 수 있다.

가타리는 그의 글 여러 곳에서 작용하는 그와 같은 예술의 개념 notion에 주의한다. 그러한 기표화하고 또한 탈기표화하며 강도적인 미술은 가타리에게 신체 위에서 그리고 그 안에서 의미작용과 재현에 환원할 수 없는 정서들을 생산한다. 그런 점에서 가타리는 어느 인터뷰에서 다음과 같이 그러한 다양한 등록기들을 언급한다.

같은 기호의 물질이 다른 등록기들 안에서 작동할 수 있다. 하나의

1977a)에 전개되어 있는 바를 충실히 따른다. 하지만 이 또한 유기물과 무기물로써 — 텍스트성 너머로 — 더욱 일반적인 연접성의 원리를 공표하는 것이다. 이러한 연접성의 원리의 한 사례연구는 '아르테 포베라'이며, 적어도 제르마노 첼란트가 간주하는 한 그렇다. "동물, 채소 그리고 무기질은 미술의 세계에 가담한다. 예술가는 그것들의 물리적, 화학적 그리고 생물학적 가능성에 끌리는 것을 느끼고, 움직이는 존재로서만이 아니라 미술 및 놀라운 행위의 제작자로서, 다시 세계의 사물들을 만들 필요성을 느끼기 시작한다. 예술가-연금술사는 사물의 근원을 밝히려 힘쓰는 가운데, 생물과 식물을 미술적인 것들로 조직하여 재발견하고 칭송하려 하지만, 그의 작업은 그 범위에 있어서 가장 단순한 재료와 천연원소(구리, 아연, 흙, 물, 강, 땅, 눈雪, 불, 풀, 공기, 돌, 전기, 우라늄, 하늘, 무게, 중력, 높이, 성장 등)의 사용을 포함하는 것이다(Celant, 1992: 886~887).

물질은 전형적인 생산의 사슬들과 의미작용의 사슬들 양쪽에서 파악될 수 있다[문지도리 논리 아래에서under the cardologic]. 그러나 동시에 그것은 탈의미작용적인 등록기[계열논리the ordologic] 안에서도 작동할 수 있다. 그러면 무엇이 그 차이를 규정하는가? 어떤 경우에서는 기표가 추론적 집합체들의 논리 곧 재현의 논리라고 부를 수 있는 것에서 작동하고 또 다른 경우에는 완전한 하나의 논리가 아닌 어떤 것 안에서 또한 실존적 기계 곧 기관 없는 신체/탈기관체의 논리, 기관 없는 신체/탈기관체의 기계라고 부를 수 있는 것에서 작동한다(*PM* 219~220).

4장에서 다룰 것이지만 '기관 없는 신체/탈기관체'[27]는 들뢰즈와 가타리가 강도적 등록기와 재현을 넘어서 작용하는 그러한 실험적인 환경에 부여한 명칭이다. 기관 없는 신체/탈기관체는 일종의 전략이요 실천이며 정서의 영역을 개방한다. 가타리를 따라서 같은 기표, 말하자면 같은 물질은 우리의 태도에 의존하는 다른 논리들과 함께 작용하고 그런 태도에 접근한다. 그래서 리좀적으로 미술을 사유한다는 것은 특별히 정서적인 기능을 가지는 그러한 예술작품들과 단순히 모든 예술의 정서적인 특성을 최전면에 내세우는 것을 포함한다(미술

---

27) [옮긴이] 기관 없는 신체는 실험적 환경으로서 기관들이 없는 것이 아니라 일정하게 고착화 되지 않는 것이다. 따라서 'corps/body'는 '신체/몸체'라기보다는 카오스에서 일정하게 형 성된 체(體)이며, 이것이 없는 것이 아니라 끊임없이 바깥으로 변해 가는 것이므로 이정우 가 제시하는 탈기관체도 같이 명기했다. 이정우, 『천 하나의 고원, 소수자 윤리학을 위하여』, 돌베개, 2008, 38쪽 참고.

의 역량은 우리를 분자적 수준으로 이끌고 다른 것이 되게 한다).[28] 그러
므로 미술사는 일종의 미술을 위한 미술의 기호적 프로젝트에 여전히
포함된다. 또한 그것은 강도적인 등록기를 가짐으로서 기호를 다르게
사유할 수 있다. 실로, 미술과 그것에 대한 글쓰기 사이의 경계는 다른
종류와 정서의 정도를 최전면에 내세우고, 생산하고 그리고 등록함으
로써 흐려진다. 리오타르는 유용하게도 그러한 강도적인 기호의 등록
기에 이름과 **텐서**tensor를 부여하고 의미작용으로부터의 그러한 전환
과 관련된 것을 다음과 같이 간단히 언급한다.[29]

그러므로 무엇보다도 다른 반작용과 다른 수용력이 있다. 우선 우리
는 원칙적으로 기호들은 소통할 수 있는 메세지들을 전달한다는 것
을 전제하지 않는다. 우리는 우리 자신에게 말함으로서 출발하지 않
는다. 곧 우리에게 **말을 하는** 누군가, 어떤 것이 있다. 나는 그것들을
이해해야 한다. 이해한다는 것, 지성적이라는 것이 우리의 가장 우선

---

28) 이러한 맥락에서 우리는 항상 예술과 함께 리좀을 형성하고 있으며, 춤출 때 음악이 되는 것
은 아마도 가장 분명한 예일 것이다. 예술 만들기에 관련하여 다른 예술가의 다양한 '되기'
를 충분히 생각하려면 더 상세한 연구가 필요하겠지만, 그러한 사례연구로서 잭슨 폴록의
'그림-되기'를 간략히 짚어 보자.
"내가 내 그림 안에 있을 때, 나는 내 자신이 무엇을 하고 있는지 알지 못한다. 일종의 '친해
지는' 시기 이후에야 비로소 내가 무얼 했는지 알게 된다. 변화를 꾀하거나 이미지를 파괴하
는 것이 두렵지 않은 것은 그림이 그 자체의 생명을 갖기 때문이다. 나는 가능한 한 그림이
살아갈 수 있도록 한다. 그 결과가 엉망이 되는 것은 오로지 그림과의 접촉이 끊겼을 때뿐
이다. 그 외의 경우에는 순수한 조화를 이루고, 상호작용이 수월하며, 좋은 그림이 나온다"
(Pollock, Read, 1974: 266~267에서 인용).
물론 창의성을 **참작하는** 다양한 '되기'(폴록의 알코올 중독의 경우에는 진정한 식물-되기) 또
한 존재한다.
29) 장-프랑수아 리오타르의 "The Tensor"(Lyotard, 1993: 43~94) 참조.

적인 정념은 아니다. 더욱이 우리는 움직여지기를 희망한다. 결과적으로 우리의 정념은 니체가 원했던 바와 같이 그리고 케이지와 커닝햄이 원하는 것처럼 차라리 춤이 되고자 한다.(Lyotard, 1993: 51)

그러한 점에서 기호는 강도, 움직임을 위한 자극점이 된다. 독서 — 여전히 관련된 항들이라면 — 는 감동받기 위한, '움직여지기' 위한 독서이다. 실로, 텐서는 엄밀하게 기호의 정서적인 측면으로서 이해될 수 있다. 그러므로 리좀적으로 실천적인 미술을 이해한다는 것은 그것이 무엇을 하고, 우리가 무엇을 하도록 하는 수행적 측면뿐만이 아니라 그것을 생산하는 미술의 지식적 측면에 주목하는 것이다.

물질주의자의 의미meaning

들뢰즈와 가타리를 따르고 특히 그들 스피노자주의자의 학습을 추종하는 마수미에게 기호는 의미작용과 로고스중심주의의 논리로부터 멀리 떨어져서 바로 물질적인 의미sense에서 이해될 수 있다. 『자본주의와 분열증 사용자 안내서』*A User's Guide to Capitalism and Schizophrenia*에서 마수미는 의미meaning를 '감싸여진 물질적 과정의 네트워크'로서 정의한다. 부연하자면 변용하고 변용되는 능력을 지닌 사건/대상에서 의미는 포텐셜의 감쌈 그리고 과거와 미래의 수축으로서 나타난다. 그러한 점에서 '해석'의 작업은 대상에 있어서 요약된 그러한 '잠재적' 과정을 해명하는 것이다.[30]

---

30) 이 '해석'의 원리가 미술적 실천에 관련하여 어떻게 사유되는지에 관한 흥미로운 사례연구

그런 의미의 개념[notion]은 사유하는 동일성이나 주체와 대상 사이의 대응에 기초하는 것이 아니라(주체로서 고려되는 대상은 '내적' 본질을 지닌다) 오히려 상호적이고 변형적인 관계성에 있어서 서로서로에게 작용하는 두 개의(혹은 더 이상의) 힘들 사이에서 비관계적인 관계이다. 마수미에게 '의미'는 그러한 과정이며, 힘들 사이의 마주침이며, 힘의 선들이고 사건이다. 그리고 그러한 것은 생성의 일정한 과정에서 정적이기보다는 동적이다. 그러한 점에서 의미는 하나의 물질적 과정이고 다른 힘에 대한 한 힘의 표현이다. 마수미는 다음과 같이 언급한다. "표현된 것은 근본적으로 기표들의 상호작용에서 파악된 기의가 아니다. 그것은 진정한 변형을 수반하는 기능이다"(Massumi, 1993: 18). 여기서 좀 더 마수미를 인용하는 것은 가치가 있다. 왜냐하면 그러한 '의미의 마주침'에 그가 부여한 정의는 지금까지 탐구한 바와 같이, 특히 실천적 미술에 적절하기 때문이다.

사유하고 지각하는 신체는 대부분 그것의 바깥의 경계로 이동한다. 그리고 거기에서 다른 신체를 만나고 그것을 과정의 상호작용 속으로 이끈다. 그러한 과정에서 신체는 신체의 정서들(작용하고 작용 받

로서 현대미술가 사이먼 스털링의 작품을 들 수 있는데, 이는 바로 대상 내에 싸여 있는 다른 과정들 ── 또는 지속들 ── 의 '현실화'를 수반한다. 예컨대 카트리나 M. 브라운의 입문적 에세이 "Djungel Dwelling"(Brown, 2002)을 참조. 브라운은 다음과 같이 기술한다. "[스털링의] … 프로젝트는 다양한 원천과 요소를 가져와 ── 과정 위의 대상, 원재료 위의 완제품, 공예 위의 디자인이라는 ── 잠재된 계급을 무너뜨리도록 배열한다. 그것은 분석적이기보다는 종합적인데, 현존하며 실체적이고 구체적인 각 요소는 전체의 창조에 필요한 이질적인 역사들과 여행들에 대한 의식을 요구한다"(Brown, 2002: 23).

는 능력들)을 감금하고 그것들을 신체에 기능하는 형식(상기할 수 있는 질들)으로 번역한다. 일련의 정서들과 대상의 본질적인 역동성의 일부분은 사유하고 지각하는 신체의 실체 속으로 이끌려지고 전달된다. 이와 같이 사유하고 지각하는 신체는 새로운 인과성의 순회를 시작한다.(Massumi, 1993: 36)

마수미는 목수를 예로 든다. 그(그녀)의 기술, 자질들과 도구들, 나무 조각과의 '만남' 그 자체는 이미 과거와 미래의 잠재력들로 이루어진 수축이다. 우리는 예술가와 그(그녀)의 재료와의 '만남'을 매우 복잡하지만 같은 근본적인 본성을 지닌 마주침으로 생각할 수 있다. 그러한 것은 특정한 예술가-주체성과 특정한 재료들 사이의 대치이다. 그리고 그것 자체들 각각은 이미 포텐셜의 전개가 된다.[31] 그런데 우리는 마수미로부터 조금 떨어져서 완성된 미술작품과 포텐셜의 전개이자 일련의 변용하고 변용 받는 능력들을 지닌 관찰자와의 마주침을 생각할 수 있다. 사실 '미술'은 일시적이지만 궁극적으로 변형적인 두 힘들 사이에서 양쪽의 그러한 마주침들, 만남, 충돌을 일컫는 것이다. 엄밀히 말해서 양쪽의 그러한 마주침들은 생산의 계기들이

---

31) 액션페인팅은 이러한 예술가와 재료 사이의 마주침의 전형적인 사례일 것이다. 예컨대 해럴드 로젠버그는 이러한 마주침에 대해 다음과 같이 기술한다.
"어느 순간에 캔버스는 — 재생산하고 재설계하고 분석하거나, 혹은 실재하는 것이든 상상된 것이든 어떤 대상을 '표현'하기 위한 공간으로서가 아니라 — 활동해야 할 무대로서 미국인 화가들 앞에 줄줄이 나타나기 시작했다. 캔버스에 진행되어야 할 것은 그림이 아니라 사건이었던 것이다. 화가는 더 이상 마음속에 이미지를 품은 채 이젤에 다가가지 않았다. 그는 재료를 손에 쥐고 다가서서 그의 앞에 놓인 또 다른 재료 부분에 무언가를 했다. 이미지는 이러한 마주침의 결과일 것이다"(Rosenberg, 1970: 36~37).

다. 예술가와 재료 사이처럼 비록 다른 의미이지만 참여자와 작품 사이의 마주침은 생산적인 것으로 존재한다. 그래서 '의미'는 생산적인 '사건'으로, 그러한 만남의 '계기'로, 그리고 그것의 발생의 순간에서는 파악할 수 없지만 그것의 효과들 속에서는 실재적인 것으로 사유될 수 있다. 마수미를 따라서 우리는 '의미'meaning의 용어를 생성의 중지, 역동적 과정을 속박하는 것 그리고 어떤 진행에 대한 일종의 지도 곧 디아그람을 일컫는 것으로 사용할 수 있다. 만약 미술사가 실천적 미술의 그러한 리좀론에서 어떤 역할을 한다면 그것은 그러한 디아그람적인 의미sense에서의 의미meaning[32]를 탐구하는 것이다.

기계들

의미meaning에 대항하는 기계들

미술에 접근하는 그러한 변화를 사유하는 또 다른 방법은 기계적 이해의 움직임으로서, 우리가 정의의 문제보다는 기능의 개념notion을 더 포함하는 것이다. '무엇이 예술인가?', '그러한 예술작품은 무엇을 의미하는mean가?'와 같은 끝없는 질문은 더 이상 하지 않는다. 그보다는 오히려 '미술이 **하는 것**은 무엇인가?', '미술작품이 **하는 것**은 무엇인가?'와 같은 것을 묻는다. 혹은 리오타르를 따라서 미술작품을 움직

---

32) [옮긴이] 기표를 해석하는 의미(meaning)가 아니라 무의미(nonsense)가 의미(sense)로 전개되는 그 과정의 의미이다. 그러므로 해석이라기보다는 작동되는 방식의 의미(meaning)이다. 감성론에 기반한 새로운 미술사, 미술비평은 그 의미(sense)를 생생히 포착하여 차이의 반복과 역량을 확보하는 것이 관건이다.

이게 하는 것은 무엇인가를 묻는다. 그러한 방식으로 곧 단지 은유로서가 아닌 즉자적으로 하나의 기계로서 미술을 사유한다는 것은 특히 데리다가 독해한 미학과 예술이론의 많은 문제들과 막다른 골목을 비스듬히 피하는 것이다. 우리가 '현존'에 접근하는 것 대신에 (그래서 우리는 현존을 부정한다) 우리는 미술-기계를 많은 효과들 ——아마도 그것들 중에 하나는 일종의 감성론적 효과로서 이해될 수 있는 것 —— 을 생산하는 것으로서 이해할 수 있다. 사실 이런 점에서 우리는 감성론적인 것의 개념notion을 변양하여, 이것을 현존의 형이상학, 곧 초월적 지평으로부터 내재성의 장으로 끌어들일 수 있다. 확실히, 감성론은 간단하게 정서적인 탈영토화 곧 생성의 이름으로서 이해될 수 있다. 감성론적 효과 —— 혹은 간단히 **정서** —— 는 바로 습관을 깨뜨리는 것이다. 게다가 나는 이 점을 다음 장에서 다룰 것이다.

　우리가 효과의 개념notion에 천착하면 의미작용은 미술이라 부르는 대상 혹은 기계가 생산하는 효과들과 한 세트이다. 또한 중요한 것은 의미작용이 단지 그러한 효과들을 생산하는 미술-기계가 아니라 주체-기계와 통접하는 미술-기계에 있다는 것이다. 왜냐하면 의미작용, 혹은 감성론적인 것의 효과는 대상으로부터 오는 것이 아니라 하나의 관찰자(와 결부된)와 매우 특별한 관찰자에 의하여 대면되어진 대상으로부터 오기 때문이다. 그것은 또한 모든 사람이 모두 의미를 '취하고' 효과를 '느끼는' 것이 아니기 때문이다. 미술은 두 개의 매우 특별한 종류의 기계 결합에 의해서 생산된다. 여기서 우리가 주목할 것은 주체-기계는 하나의 '한계점'으로 작용한다는 것이다. 그 한계점은 미술작품에 의하여 발생되어진, 그리고 그러한 의미에서 최소한

부분적으로 바로 그 작품을 구축하는 효과들의 확장하는 순회에 대한 것이다.[33]

엄격하게 말해서 또한 다른 종류의 기계가 위와 같은 의미에서 하나의 감성론적 효과를 부여한다. 어떤 것은 '마약-기계'인 주체-기계이고 또 다른 어떤 것은 '음악-기계' 혹은 '매개-기계' 혹은 단순히 다른 종류의 주체-기계와 결합하는 것이다. 마찬가지로 우리는 감성론적 효과를 전혀 생산하지 않거나 **강한** 의미작용적인 효과와 함께 **미미한** 감성론적 효과를 생산하는 것으로서 어떠한 미술(예를 들면 개념미술과 같은 어떤 실천들)을 볼 수 있다. [나아가서—옮긴이] 모든 종류의 조합이 가능하다. 또한 우리는 [결합이—옮긴이] 과도한 대상들을 사유할 수 있는데 그것은 파손된 기계들이다. 감성론적 효과를 생산하는 것과 관련해서 더 이상 작동하지 않는 기계들은 다른 (의도되지 않은?) 효과들을 생산하기 위하여 작동한다. 그러한 효과들은 임의의 효과들을 생산하는 파손된 기계에 연접하든지 혹은 단지 부작용들을 생산하고 고정되고 파손된 기계와 연접하는 그 밖의 어떤 것(그 밖의 어떤 사람)에 의존한다. 역설적으로 효과적인 실천적 미술은 미리 앞서서 종종 그러한 실천이 가질 수 있는 어떤 효과들을 정확히 알 수 없는 것에 의존한다(그리고 그러한 효과는 너무 미미해서 거의 지각할 수가 없다. 그럼에도 불구하고 미세한 정서적인 일탈은 산사태나 새로운 세계의 생산을 시작한다).

---

33) 이는 바르트의 독자가 어떤 쓰여진 텍스트의 한계점과 통합으로서 작용하는 것과 대체로 같은 사항이다. "The Death of the Author"(Barthes, 1977b) 참조.

게다가 우리는 어느 정도 그러한 기계적 패러다임 때문에 모더니즘에 항상 따라붙어 다니던 미술의 정의 문제를 피할 수 있다. 우리는 미술이 우발적이고 전략적일 수 있음에도 불구하고 미술을 감성론적 효과를 생산하는 것이라고 부를 것이다. 다른 종류의 주체-기계 속으로 접속된 같은 대상은 전적으로 다른 효과들을 생산할 수 있다(아니면 어떠한 효과도 생산하지 않는다). 마찬가지로 어떤 종류의 주체-기계 속으로 접속된 다른 (비미술) 대상은 우리가 감성론적 효과라고 인정할 수 있는 것을 생산할 수 있다. 그렇기 때문에 주체-기계가 그러한 효과를 생산한다는 점에서 주체-기계는 그 순간 미술이 된다. 그러한 이유로 미술은 어떤 대상의 라벨이기보다는 어떤 특정한 종류의 결합을 지칭하는 것이다. 그러한 것이 반드시 다른 요소들 ——특정한 위치 그리고 대상의 컨텍스트 혹은 참여자의 특정한 사회-경제학적 및 문화적 배경 —— 보다 우위에 있는 것은 아니다. 그렇지만 그와 같은 결합은 좀 더 폭넓은 미술작품의 기계적 경제 안에 주체와 대상 둘 모두를 놓는 것이다.

우리가 관심 있는 유일한 효과는 감성론적 효과인가? 우리가 생산하는 미술-기계를 욕망할 수 있는 다른 탈의미작용적인 그리고 의미작용적인 효과들은 있는가? 예를 들면 정치적인 그리고/혹은 비판적인 효과들? 어떤 종류의 기계들이 그러한 효과들을 생산할 수 있을까? 우리가 구축하고, 시작하는 데 필요한 것은 어떤 생소한 결합들 혹은 기계적 배치들일까? 나는 이러한 것들을 3장에서 좀 더 깊이 검토할 것이다. 또한 내가 위에서 언급했음에도 불구하고 미술적인 전략은 첫번째의 계기로서 욕망된 효과들을 동일시하고 그 다음 적절한 기계를 위치 짓고 구축하는 것을 포함하는 것으로 충분하다(예를 들어 3장은 '이의를 제기하는 기계'의 구축과 관련된다)[34]. 반대로 만약 기계들이 다른 효과들을 생산할 수 있도록 만들어질 수 있다면 우리는 브리콜라주의 정신으로 이미 가지고 있고 알고 있는 기계들을 검토할 것이다. 기계들은 더 이상 재활성화될 수 있는 작동이 아니고 분리되고 재접속되고 새 방향으로 돌려질 수 있는 것과 함께 어설프게 움직이는 어떤 효과들을 생산하고 작동시키는 것이다. 반대로 뒤샹의 레디메이드와 같은 것은 의도한 것에 기계를 사용하는 것이다(뒤샹의 통찰력은 피터 뷔르거식으로 제도적인 정의를 다룬 것에 있는 것이 아니라 다른 대상들, 주체들, 그리고 공간과 장소의 기계적 기능들을 취급한 것에 있다). 이런 점에서, 발견된 이미지들과 발견된 대상들 그리고 마주침들과 대립들의 관념은 특정한 실천들에 유일하게 적용되는 것보다는 모든 미술의 일반적인 조건에 있다.

욕망하는 기계들

우리는 지금 실천적 미술에서 —— 그것을 제작하든지, 보든지, 글을 쓴다든지 간에 —— 복잡하고 확장된 미술 경험의 개념[notion]으로 이동

---

34) 그리고 단지 '급진적'이고 이의를 제기하는 기계만이 구성된 것은 아니다. 예컨대 제3제국에 대한 영화와 선전물을 생각해 볼 수 있다. 이때 '예술'은 바로 '파시스트 기계'이다. 하지만 파시스트 기계는 스스로 방향을 바꾸어 본래의 주인에 반항하도록 이용될 수 있다(여기서 방향전환détournement이라는 상황주의적 전략이 나왔다). 아마도 더 걱정스러운 것은, 이의를 제기하는 기계도 이와 같이 본래의 역학에 반항하도록 방향을 바꿀 수 있다는 것이다(히틀러의 독일에 천착하면 '퇴폐예술'의 전시는 딱 들어맞는 사례일 것이다). 궁극적으로는 어떤 기계든 다른 기계들과의 통접에 따라 다른 효과들을 얼마든지 만들어 낼 수 있다.

하고 있다. 이제 더 이상 대상의 정적인 생산, 분배, 소비는 없고 과정
으로서, '욕망하는 기계'로서의 실천적 미술은 항상 생산과 '관련된
다'.[35] 들뢰즈와 가타리는 『안티 오이디푸스』에서 그러한 욕망하는 기
계들을 생산하는 흐름으로서, 단절하는 흐름으로서, 특성화한다.[36] 하
나의 기계는 흐름을 생산하고 ─ 그것과 연계된 다른 기계는 흐름을
단절시키고, 딴 곳으로 돌리며 ─ 그렇게 함으로써 순간적인 정지,
하나의 집합체, 하나의 '대상', 얼어붙은 사건을 생산한다.[37] 예를 들
어서 미술은 포텐셜을 감싼다. 그럼으로써 다른 기계들을 변용시키
고 그것으로 '접속'되며, 다른 기계들을 재활성화하고 새로운 방향으
로 돌린다. 『안티 오이디푸스』에서 들뢰즈와 가타리는 주체-기계의
구축과 형성에 대해서 언급하고 있다. 『자본주의와 정신분열증』의 첫

---

35) 조르주 바타유는 이 '생산'에 관해 세계의 '역사' 전체를 기술했다. *The Accursed Share:*
An Essay on General Economy Volume 1: Consumption(Bataille, 1991) 참조. 여기
에서 바타유는 소비와 과잉에 관한 그의 이론에 '살'을 붙여 생산의 일반이론으로 만든다.
들뢰즈와 가타리처럼 바타유의 생산 개념은 지구적이다. 모든 생산은 '지구상의 에너지
이동'의 측면에서 생각되어야 한다(Bataille, 1991: 20). 그는 다음과 같이 언급한다. "전체
로서의 생산적 활동은 그 환경으로부터 가해지는 변경의 측면에서 고려되어서는 안 되는
가? 다시 말해, 훨씬 더 커다란 틀 안에서 인간의 생산과 소비의 체계를 연구할 필요는 없는
가?"(Bataille, 1991: 20) 우리는 이를 맑스와 엥겔스 자신들의 생산이론에 대한 비판으로 볼
수 있는데, 이들의 이론이 천연자원의 중요성을 인정하면서도 생산을 인간 영역으로 한정
하기 때문이다. "History: Fundamental Conditions"(Marx & Engels, 1970), 특히 pp. 48~
50 참조.
36) 로널드 보그는 『안티 오이디푸스』에서 언급된 이 '흐름'에 관해 다음과 같이 기술한다.
"예컨대 전기의 흐름[전류─옮긴이]은 말의 흐름, 이미지의 흐름, 음악의 흐름, 혹은 전문적
인 기계들을 얼마든지 제어할 수 있는 디지털 명령의 흐름과 통접될 수 있다. 하지만 통접된
흐름은 결코 아무것도 의미하지 않고, 단지 서로 다른 방향으로 흐름을 돌릴 뿐이며, 각 표
식은 다양한 본체들이 흘러들고 나오는 입체교차로와 유사하다"(Bogue, 1989: 102).
37) 들뢰즈와 가타리는 다음과 같이 언급한다. "욕망하는 기계는 본궤도에서 벗어날 때만, 그리
고 끊임없이 본궤도를 벗어남으로써만 작동한다"(*AO* 8).

번째 권에서 그들의 프로젝트는 주체성을 사유하기 위한 다른 근거를 부여하고 대안적 얼개를 제공하는 것이다. 그러한 주체성은 우리의 체험된 삶/생명을 규정하기 쉬운 오이디푸스의 연극적 배열로부터 멀리 떨어진 것이다. 그들은 주체들, 욕망하는 기계들로서 최초 주체들에 대해서 언급하고 있다. 이후에 ──『자본주의와 정신분열증』의 두번째 권에서 ── 그러한 생산의 이론은 '자연' 세계로 확장되고 기계로서의 인간과 기계로서의 자연 사이에는 어떠한 근본적인 구분도 도출되지 않는다. 예를 들어서 광합성작용을 하는 잎은 흐름을 단절시키는 것과 생산의 생산과 깊이 관련된다. 사실, 심지어 비유기적인 물질조차도 그러한 생산의 일반경제에 포함된다.[38] 그러한 방식으로 미술을 이해하는 것은 전혀 문제가 되지 않는다. 왜냐하면 미술 또한 생산에 포함되기 때문이다. 욕망하는 기계로서의 미술, 혹은 욕망하는 기계를 위한 플랫폼으로서의 미술은 다음의 것들을 포함한다. '행위와 정념을 위한 **생산의 생산**, 준거점의 역할을 하는 분배와 좌표를 **탈코드화하는 과정으로서의 생산** 그리고 노여움과 고통의 감각적인 쾌를 위한 **소비의 생산**'(*AO* 4).

『안티 오이디푸스』에서 들뢰즈와 가타리는 욕망하는 생산의 두 가지 유형과 수준을 상술한다. 사실 그것들은 같은 욕망의 두 양상이다. 그리고 그와 같은 자격으로 그 욕망은 (제도적이고 초개체적인) 사회적 생산과 개체의 욕망하는 생산을 가로지른다. 때때로 (개체적) 욕망하는 생산은 대체로 사회적 생산을 불안정하게 작동시킬 수 있다

---

38) 「B. C. 10,000년: 도덕의 지질학(지구는 자신을 무엇이라 생각할까?)」(*ATP* 39~74) 참조.

(욕망하는 생산은 짧은 사회적 생산의 순회에 익숙하며 역기능의 요소를 도입하여 기술적 기계의 재생산적 기능을 방해한다). 그러한 [욕망하는 생산의—옮긴이] 간섭과 이접은 기계의 제도적 기능을 파괴하는 것이다. 들뢰즈와 가타리에게 욕망하는 생산은 일종의 분열증이다. 그리고 그것은 실존하는 코드들을 뒤섞는 것과 어떤 사회적 코드화가 독립적으로 작용하는 자율적인 코드를 설정한다.[39] 그것이 바로 지금까지 우리가 기술하였던 것처럼 실천적 미술의 정의이다. 실천적 미술은 제도적이고 전세계적인 코드화하는 기계들의 부드러운 경주 속에서 일종의 장애물로서 기능한다. 그러한 의미에서 '예술가는 대상의 주인이다. 그는 우리 앞에 손상되고 불에 탄 그리고 망가진 대상들을 놓는다. 그리고 그는 그러한 대상들을 욕망하는 기계들의 영역으로 전향시킨다. […] 그렇게 함으로써 그는 욕망하는 기계들로 하여금 기술적 기계들을 몰래 손상시키도록 한다'(AO 32). 이러한 입장에서 들뢰즈와 가타리는 다음과 같이 언급한다.

---

39) 나는 여기서 들뢰즈와 가타리의 '정신분열증' 개념, 곧 흔히 말하는 임상진단이 아니라, 자본주의에 의해 생산된, 일종의 욕망과 '떼어내기'의 논리를 따르고 있다. 유진 홀랜드는 그의 저서 *Deleuze and Guattari's Anti-Oedipus: Introduction to Schizoanalysis* (Holland, 1999)의 「서문」에서 이를 잘 표현한다.
"중요한 것은 […] 들뢰즈와 가타리가 말하지 않는 '정신분열증'이 무엇인지, 왜 그들은 정신분열증 환자를 결코 본 적이 없다고 주장하는지를 설명함으로써 분열분석에 대한 가장 흔한 오해를 타파하는 것이다. 분열분석에 있어서 정신분열증은 정신분열증 환자를 특징짓거나 정의하는 질병 혹은 정신장애가 아니다. 반면, 임상환자로서의 정신분열증[조현병—옮긴이] 환자(그리고 환원주의적이고 분별없는 정신의학적 진단으로서의 '정신분열증')는 자본주의에 의해 촉발된 정신분열증의 정신역학과 자본주의 사회에 군림하는 제도 사이의 불일치에 기인한다"(Holland, 1999: 2).

이제 예술의 가치는 탈코드화되고 탈영토화된 흐름에 의하여 측정된다. […] 바로 여기서 예술은 진정한 현대성에 도달한다. 이 현대성은 처음부터 예술에 현존하였고 목표들과 대상들 —— 설령 미적이었을지언정 —— 아래에, 재코드화들 혹은 공리계들 아래에 숨어 있었던 것을 자유롭게 하는 데 있을 뿐이다. 그것은 자기를 완성하는, 또 나아가는 한 끊임없이 완성되는 순수한 과정이며, '실험'으로서 예술이다.(AO 370~371)[40]

그러한 실험은 재현의 억압적인 장치 아래에서 욕망(연접의 욕망)을 해방한다. 또한 미술의 실험은 새롭고 다른 정치학과 새로운 투쟁성을 위한 청사진이다. 그것은 긍정하고 미소 짓는 투사이다. 그의 개체적인 지도제작과 기계들은 사회의 한계와 습관의 구속을 탈출한다. 또한 실험은 희망이 되고 더 큰 집합성과 전쟁기계를 구축하는 다

---

40) 『안티 오이디푸스』에서 절대적 탈영토화를 분명히 강조한 것에 대해서는 지금까지 자주 언급되어 왔는데, 이는 『천 개의 고원』에서 신중함을 더 진지하게 강조한 것과는 대조되는 것이다. 이러한 논쟁의 '상세한' 설명을 위해서는 예컨대 찰스 스티베일의 "Rhizomatics in Cyberspace"(Stivale, 1998: pp. 71~99) 참조. 이 논쟁은 1994년 워릭(Warwick)에서 개최된 컨퍼런스 「잠재적 미래」 주위에 별자리처럼 형성되었으며, 특히 닉 랜드의 논문과 잇따른 출판에 의해 개시되었다(Land, 1993). 또한 스티베일은 이 언쟁을 전하면서 리좀적이고 잠재적인 공동체의 흥미로운 예시를 제공한다. 이에 대한 나의 특유한 이해는 실용적이며, 그 자체로 『안티 오이디푸스』의 절대적 탈영토화보다는 『천 개의 고원』에서의 자기창조 전략 —— 사실 이것은 긍정적인 절대적 탈영토화의 가능성을 한계 지음에도 불구하고 —— 과 더욱 가까운 것이다.
"탈영토화의 세 가지 유형을 구별해야 할 것 같다. 첫번째 유형은 상대적이고 지층에 고유하며 기표화와 함께 절정에 이른다. 두번째 유형은 절대적이지만 아직 부정적이고 지층적이며, 주체화에 있어서 나타난다. […] 마지막으로 공속면 혹은 기관 없는 신체/탈기관체 위에서의 긍정적인 절대적 탈영토화의 가능성이 있다"(ATP 134).

른 기계적 지도제작과 통접될 수 있다.[41] 또한 실험은 당연히 들뢰즈가 니체를 연구할 때 제시한 것처럼 단지 '노후하고, 현재 혹은 미래의 코드들을 해독하는 데 존재하는 상대적 탈코드화'가 아니라 '**절대적 탈코드화**'를 포함한다(*NT* 144). 그리고 그러한 실험은 코드화할 수 없지만 모드 코드들을 방해하는 어떤 것의 도입을 포함한다(*NT* 144). 우리는 증대하는 단절의 중요성이 인정되는 상황 속에서, 들뢰즈가 메커니즘을 코드화하는 것을 통하여 점진적으로 작용하는 우리의 '통제사회'를 칭했던 것의 주어진 본성을 주목할 수 있다.[42] 니체(카프카)와 관련하여 들뢰즈가 언급한 것처럼 그러한 [코드를—옮긴이] 방해하는 것을 생산하는 것은 스타일이다. 여기에서 스타일은 (그리고 일반적으로는 예술이라고 말할 수 있다) '정치적인 도구'로서 작용한다(*NT* 144).

그러한 모든 것은 실천적 미술의 '예리함'과 중재적이거나 성가신 본성을 전면에 내세우는 것이다. 실천적 미술은 그러한 방식으로 대상을 자리매김한다. 그 대상은 둘러싸고 있는 상황을 단절시킨다. 그러한 의미에서 미술은 불균형적으로 그것의 '맥락'에 대한 아주 큰 효과를 가진다. 같은 것을 다르게 말하기 위해 미술 대상은 상대적으로 단순하지만 그 자체로 복잡한 상황 안에 놓여진 아주 많은 효과들을 생산한다(그리고 우리가 여기서 주의할 것은 대상이 삽입된 특별한

---

41) 전쟁기계의 개념(notion)에 관해서는 3장에서 다룰 것이다.
42) "관리사회에서 중요한 것은 더 이상 서명이나 수가 아니라 바로 코드다. 코드는 암호다. […] 관리의 디지털 언어는 어떤 정보에의 접근이 허용되어야 하는지 거부되어야 하는지를 나타내는 코드로 이루어져 있다." (*N* 180)

상황과 환경이다). 미술은 고요한 물속에 떨어진 조약돌처럼 존재할 수 있다. 따라서 큰 효과들은 뚜렷한 소수의 사건으로부터 파문을 일으킬 수 있다(효과들은 조약돌만큼 물과도 관련성이 깊다). 여기서 헌신적인 예술가들에게 전략의 문제는 매우 중요하다. 그 대상은 그러한 환경을 위하여 작동하는가? 그러한 환경은 다른 대상을 요구하는가? 어디에 그 조약돌을 떨어뜨릴 것인가? 혹은, 게다가 그 위험한 대상 속으로 어떻게 밀항할 것인가? 다이너마이트를 어떻게 숨기고 위장할 것인가? 우리는 그러한 것을 먼저 주어진 연접성의 원리에 반하는 전략이며 반연접성의 전략이고 일탈, 이접, 그리고 붕괴의 전략이라고 칭할 수 있다.

기계들로부터 기계적 배치까지

우리가 묘사한 기계들은 결코 독립적으로 존재하지 않는다. 그것들은 항상 모두 어느 곳에서든 좀 더 큰 생산의 기계적 순회와 관련된다. 게다가 가타리는 그 자신의 글쓰기에서 그러한 것에 매우 관심이 깊다. 그것은 세계가 기계들의 집합으로서 재사유되고 혹은 좀 더 정확하게는 기계적 배치물들의 집합이라는 점에서 그렇다(OM). 이것은 단순히 산업적이고 기술적인 의미에서 기계를 사유하는 것이 아니라 오히려 리좀과 같이 기계적 배치가 확장된 연접성을 통하여 사유하게 하는 일종의 개념 도구로 사유되는 것이기 때문이다. 가타리에게(피에르 레비를 따라서) 그러한 것은 매우 중요하다. "그것은 존재와 사물들 사이의 존재론적인 확고한 막을 제거하려고 하기 때문이다"(OM 8). 그러한 막은 우리의 소외된 의식이다. 그것은 칸트미학으로부터 맑스주의자의 혁명적인 실습까지 모든 것이 극복하기에 여념이 없는 것이다. 가타리에게 기계적 배치는 소외를 극복하기 위한 문제라기보다는 오히려 우리 자신들과 세계에 대한 우리의 관련성을 다시 정리하고 재지형화하기 위한 문제이다.

게다가 우리는 그러한 기계적 배치를 감성론적 프로젝트라고 칭할 것이다. 왜냐하면 감성론적 프로젝트는 자기self에 대한 우리의 습관적인 의미와 세계에 대한 우리의 습관적인 응답을 깨뜨리는 것을 포함하기 때문이다(그리고 그러한 의미에서 특별히 감성론적 프로젝트는 사심이 없다). 그리고 명백한 일치를 부여하는 것 대신에 미술은 세계와의 '새로운' 종류의 관련성을 가능하게 하는 것과 깊이 관련된다. 그러한 기계적인 다시 지도 그리기에서 주체와 대상은 덜 고착되고 둘 모두 다른 종류의 기계적 배치들 사이에서, 연속적인 접촉과 소통의 네트워크에 있어서 계기들이 된다. 이러한 리좀적인 다시 지도 그리기의 좋은 예는 가타리의 작품인『카오스모시스』에서 언급되는 라 보르드La Borde 강좌이다. 여기에서 가타리가 관심 있는 것은 '재독특화'라고 부르는 것이다. 곧 개체적 능력은 창조적으로 그들의 세계 지도를 다시 만들어야 한다. (우리는 이러한 것을 주체성의 리좀론이라고 부를 것이다.) 이러한 점에서 가타리는 그러한 과정을 다음과 같이 언급한다.

가난한 농업배경 때문에 어떤 정신병 환자들은 조형예술, 드라마, 비디오, 음악 등에 종사하도록 인도될 것이다. 반면에 그때까지 그러한 세계는 그들에게 전혀 알려지지 않았다. 다른 한편, 관료들과 지식인들은 부엌에서, 정원에서, 도기제조에서, 승마클럽에서 물질적 작업에 이끌려진 자신들을 발견할 것이다. 여기서 중요한 것은 새로운 물질적 표현과의 대면이 아니라 주체화에 대한 복합체의 구축이다. 따라서 여럿은 개인적-그룹적 기계 사이에서 교환한다. 실제적으로 그러한 복합체들은 사람들에게 다양한 가능성들을 부여한다. 왜냐하면 복합체들은 그들의 반복적인 곤궁을 제거하기 위해, 어떤 의미에서는 그들 자신들을 재특이화하기 위해, 그들의 실존적인 물체성을 재구축하기 때문이다. 전이의 방법은 그러한 방식으로 작용한다. 곧 그것은 구조적 복합체 안으로 결정화된 주체성의 이미 만들어진 차원으로부터 생기는 것이 아니라 그 자체로 어떤 감성론적 패러다임을 가리키는 창조로부터 유래한다. 우리는 예술가가 팔레트에서 새로운 형태들을 창조하듯이 주체성의 새로운 양상들을 창조한다. (C 6~7)

가타리에게 사람들 사이에서, 사람들과 사물들 사이에서 가로지르는 연접을 만드는 가능성은 신경증/정신병의 치료나, 다시 사회 속으로 신경증환자/정신병환자가 복귀하는 데에 있는 것이 아니라(이것은 정신분석에 의해서 규정된 재-오이디푸스화이다) 창조적이고 긍정적이고 자기 조직화하는 방식으로 개체들이 그들 자신들을 재조직화하고 재특이화할 수 있는 수단이다. 가타리에게 라보르드는 기계적 배치이며 다른 집합체들이 함께 집단을 이루게 할 수 있는 공간이다.[43] 중요한 것은 리좀처럼 그러한 배치는 내적인 공속共續을 가질 뿐만 아니라 항상 바깥(넓은 사회적 장 그리고 더욱더 넓은 자연적 장)

으로 개방하고 있다는 것이다. 실로 기계적 배치는 하나의 기능으로서, 또한 내적인 결합력(자기생산^{autopoiesis}, 혹은 영토의 생산)을 보존하는 유동적인 연접성의 기능으로서뿐만 아니라 외적인 개방성(타자생산^{allopoiesis}, 탈영토화)으로서 가장 잘 이해될 수 있다. 이러한 점에서 가타리가 다른 곳에서 언급하는 것처럼 고대사회의 풍습(자기생산과 타자생산의 의미작용적이고 탈의미작용적인 집합체)에는 도시의 테크놀로지 지배의 거대사회에서처럼 많은 기계들이 있다(*OM* 11). 이러한 의미에서 리좀은 기계적이고 기계는 리좀적이다. 따라서 이 둘 다 연접을 양성하고 탈영토화한다. 그리고 그것들 양쪽에서 중요한 것은 바깥과의 연접이다.

다양체들

신학에 반대하다.

3. 다양체의 원리: 다자는 사실상 실사로서, 다양체로서 다뤄져야 한다. 그래야만 주체나 객체, 자연적 실재나 정신적 실재, 이미지와 세계로서의 일자와 더 이상 관계 맺지 않게 된다. [⋯] 다양체는 주체도 객체도 없다. 다양체가 가질 수 있는 것은 규정, 크기, 차원들뿐이다. [⋯] (*ATP* 8)

---

43) 물론 사람들은 병원 밖에서 매일 자신들을 재특이화한다. 사무직 노동자들은 주말 농장을 가꾸고, 육체노동자들은 극장에 간다. 상이한 활동들은, 우리가 가타리에 따라 **윤리감성론적 기능**이라 부를 수 있는 것을 갖게 되는 것이다.

우리가 고원을 통하여 움직임에 따라 리좀의 개념^{notion}은 더욱 복잡하고 명백한 철학적 성질이 된다. 리좀은 다양체이다. 그리고 다양체는 주체나 객체로서 일자와 관계없이 작용한다. 이러한 점에서 우리는 재현과 세계에 대한 신학적 설명이나 이미지들로부터 멀리 떨어져서 움직이고 있다. 다양체는 지시대상을 조직하거나 분류하는 것 없이 이해되어야 한다. 꼭두각시 인형 조정자의 줄은 "예술가나 공연자의 의지에 달려 있는 것이 아니라 신경섬유로 된 다양체에 달려 있다. 그리고 이 신경섬유는 처음의 차원과 연접된 다른 차원에서 다른 꼭두각시 인형을 형성한다"(ATP 8). 리좀적 네트워크에는 어떠한 목표도 없다. 또한 그것은 어떠한 궁극인도 목적인도 짜지 않는다. 이러한 의미에서 리좀은 초월점 없이 작용한다. 리좀은 그 자체로 과도하게 코드화되는 것을 허락하지 않는다. 리좀은 통일체가 투사될 수 있는 선들의 수 이상의 보충적 차원을 결코 가지지 않는다.

그래서 그러한 다양체의 개념은 세계에 대한 다른 태도를 고지한다. 그것은 세상을 내재적인 연접성과 복잡성으로 이해하는 것이다. 그러한 다양체는 '어떤 딴 세상에서' 어떤 '다른 장소'에서 나아가는 것이 아니다. 이러한 점에서 다양체는 비록 다르게 보일지라도 우리의 세계 안에서 나아가고 있다. 우리의 세계는 재현의 광경 없이 '보여진다'. 이러한 의미에서 들뢰즈와 가타리는 일종의 허구를 제시하고 있다. 결국 우리는 재현적 상태에 있으나 그것은 생산적 허구이다. 그러한 생산적 허구 때문에 우리는 세상을 다르게 사유할 수 있다. 또한 그렇기 때문에 생산적 허구는 탈출로를 제공한다. 들뢰즈와 가타리는 그러한 것을 우리의 재현적이고 종종 지나치게 층화된 자기의 의미로

부터의 탈주선이라고 부른다. 들뢰즈는 어느 인터뷰에서 다음과 같이
말한다.

여러분들이 알고 있는 것처럼 우리가 관심을 가지고 있는 것은 사물
들, 사람들 혹은 주체들의 개체화를 넘어선 개체화의 양태들이다. 그
러한 개체화는 하루의, 한 지역의, 기후의, 강 혹은 바람의, 하나의 사
건의 개체화이다. 그리고 아마도 우리의 실수는 사물들, 사람들, 혹
은 주체들의 실존을 믿는 것이다.(*N* 26)

우리는 미술의 역할들 중 하나를 부드러운 공간으로의/공간 속으
로의 입력점이나 존재와 사유의 습관적인 상태로부터 세계의 다양체
로/안으로의 하나의 탈주선이라고 보고 있다.[44] 감성론은 인식할 수
있고 재보증하는 몰적 수준에서 개체화하는 우리의 습관적인 경향을
'넘어서서 보는' 것의 '학문'을 가리킨다. 미술은 다른 수준에서 새로
운 합성물들, 새로운 배치들의 구축을 재개체화하는 메커니즘을 가리
킨다.

그러한 다양체의 개념^notion 은 들뢰즈의 그리고 들뢰즈와 가타리
의 글쓰기에서 매우 중요한 것이다. 그러나 다양체에도 문제가 있는
데 그것은 명백한 철학적 본성의 문제이다. 그러한 다양체를 어떻게
사유할 수 있는가? 이번 장에서 표현한 것처럼 리좀(혹은 리좀들)을

---

44) 들뢰즈와 가타리는 다음과 같이 기술한다. "매끄러운 공간은 형식화되고 지각된 것에 의해
서라기보다도 훨씬 더 사건 혹은 이것임들에 의해 점해진다. 그것은 소유의 공간이 아니라
정서의 공간이다"(*ATP* 479).

하나의 통일적인 원리 없이, 주체나 대상과 관계없이 어떻게 사유할 수 있는가? 우리가 속하는 다양체를 어떻게 가장 단순한 것으로 환원시키는 것 없이 사유할 수 있는가? 일자로부터 생기지도 않고 그것으로 돌아가지도 않는 '근원적인' 복잡성을 어떻게 사유할 것인가? 사실은 재현을 넘어서 어떻게 사유할 것인가? 그러한 것이 이 책의 다음 장에서 제기되는 문제이다. 단지 이번 단계에서, 고원에서 말하고자 하는 것은 다양체는 뺄셈을 포함해야 한다는 것이다. 곧 항상 리더, 일반적인 것을 빼야 한다. 항상 중심을 빼고 n-1을 해야 한다(그리고 다양체가 여전히 지향적으로 작동하고 방향성을 갖는다는 것을 보증하는 방법의 문제는 우리 시대의 주요한 정치적인 문제들 중의 하나로 파악될 수 있다).

간단한 여담으로 우리의 리좀적 프로젝트의 동반자로서 미셸 세르를 주목할 만하다. 세르는 그의 시적인 책 『발생』(genesis)에서 다자를 사유하는 비슷한 임무를 시도한다. 특히 세르는 개념의 헤게모니에 신중하다. 그래서 그는 통일체를 분배하고 생산하는 과학기술을 분류화의 메커니즘으로서 특성화한다. 대신에, 세르에게 일종의 사이비 개념은 다자의 연구를 숙고할 수 있게 한다. 세르는 다음과 같이 언급한다.

일상적 의미에서 기후로서의-시간, 열로서의-불은 개념들이 아니다. 시계-시간은 그러한 개념이다. 그리고 아마도 엔트로피 시간은 또 다른 개념이고 게다가 온도 또한 또 다른 개념이다. 하나의 구름은 집합체이고 불명료한 집합이며 하나의 다양체이다. 다양체의 정확한 정의는 우리를 벗어난다. 그리고 다양체의 지역적인 운동은 관찰을 넘어선다. 하나의 불꽃은 하나의 집합체이다. [⋯] 그것은 매우 애매하다. 그러므로 이러한 점에서 여러 개의 개념들이 존재한다. 다자는 그러한 방식으로 그 자체를 드러낸다. 열과 불꽃, 구름과 바람, 기후와 대기의 난기류와 같은 것을 다양체들의 개념들로서 참조할 수 있다.(Serres, 1995: 103)

들뢰즈와 가타리처럼 다른 등록기 위에서, 통합하는 개념의 대피소로부터 다양체를 '자유롭게' 하기 위해 세상을 개체화하기를 시도한다. 세르에게 세상은 '잘 형성된' 대상들이 아니라 다른 종류의 사유들을 함께 필요로 하는 집합체들로부터 구성된다. 게다가 이러한 점에서 우리는 다양체를 사유하는 데 있어서 다른 동반자인 리오타르에게 의지할 수 있다. 리오타르에게 사유들은 그 자체로 구름과 같은 다양체들이다.

사유들은 지구의 과일들이 아니다. 그것들은 인간에게 유용한 것을 제외하고는 지역에 의하여 기재되지 않는다. 사유들은 구름들이다. 사유의 원주는 만델브로의 프랙털 선들처럼 끝이 없다. 사유들은 다양한 속도로 밀려지고 당겨진다. 사유들은 중심과 겉이 같은 기질임에도 불구하고 속이 깊다. 여러분들이 소위 사유의 구조 혹은 계보학, 혹은 심지어 후기 구조를 분석하는 데 있어서 그것들의 친밀도 속으로 깊숙이 스며들었던 것처럼 느낀다면 실제적으로 그러한 것은 너무 늦거나 너무 빠르다.(Lyotard, 1988: 5)

세르와 리오타르에게서 사유가 실제적으로 사유될 때(그리고 단지 습관적인 응답이나 반작용이 아닌) 사유는 명백히 비재현적인 것이다. 그렇게 사유를 다시 사고한다는 것은 **코기토**를 재숙고하는 것을 포함한다. 그러한 점에서 '정신'mind은 이미 사유의 기원이 아니다. 그것은 사유의 구름–장 안에서 일종의 역閾으로서, 일시적인 난기류로서 작용한다. 이러한 점에서 사유와 사고한다는 것은 그 자체로 다양체이다. 그러므로 창조적으로 사고한다는 것은 주체를 넘어선(사실 주체에 평행하다) 잠재력들의 불명료한 영역과 함께 재연접으로의 개방성을 포함하는 것이다.

『철학이란 무엇인가』에서 들뢰즈와 가타리가 특히 관심을 두는 것은 서로 다른 사유의 형식들을 구별하는 것이다. 예를 들어 과학은 기능을 포함하는 것으로 이해되며(이것은 세계의 기계적 지도 그리기를 포함한다) 예술은 정서의 블록을 포함한다(나는 다음 장에서 그것을 심도 깊게 탐구할 것이다). (철학적 프로젝트 그 자체에서) 개념들이 고려될 때 그것들은 창조적으로 이해된다. 곧 그것은 '이루어진 어떤 것'을 얻기 위한 문제해결의 수단으로서의 능동적인 개념 창조이다. 나는 이것을 4장에서 좀 더 자세히 검토할 것이다. 그렇지만 여기서 적절한 관계가 있는 개념을 간단히 언급하는 것도 가치가 있다. 그것은 들뢰즈가 가타리와 공동연구하기 이전에 '구축했던'(차용하고 직접 만든) 차이의 개념이다. 이것을 고려하면 세계는 특별한 본질로서 이루어진 것도 아니고 아주 작은 부분들로 이루어진 집합체도 아니다. 대신에 차이의 개념은 현상에 대한 가능성의 조건이 된다. 그러나 차이는 이미 구별된 기표들의 차이에 있는 것이 아니라 (차이는 기호가 아니다) 오히려 강도에 있어서의 차이에 있다.

> 모든 현상의 배후에는 그것을 조건 짓는 어떤 비동등이 자리한다. 모
> 든 잡다성, 모든 변화의 배후에는 그 충족이유로서 어떤 차이가 자리
> 한다. 일어나는 모든 것, 나타나는 모든 것은 어떤 차이들의 질서들,
> 가령 고도차, 온도차, 압력차, 장력차, 전위차, **강도차** 등의 상관항이
> 다. (DR 222)

게다가 우리는 그러한 재개념화 때문에 의미작용적인 등록기로
부터 탈의미작용적인 등록기로 이동한다. 다양체로서의 세계는 강도
의 계기들, 강도에 있어서 차이들로 구성된다. 세계는 독해할 하나의
책이 아니다(다시 말해서 오직 그러한 것만은 아니다). 어느 정도까지
그것이 새로운 관념은 아니다. 그것은 전前신학적인 것과 이교도로의
회귀와 세계의 지도 그리기를 (그리고 확실히 그것은 예술적인 지도 그
리기이다) 포함한다. 들뢰즈는 자신이 직접 그의 연구를 헤라클레이
토스로부터 니체까지 '사생아의' 이교도 철학자들의 계보 안에 그리
고 어느 곳에서나 이중적 돌연변이로서 상황철학을 수행하는 노마드
적 사유의 계열에 포함시켰다. 또한 우리는 서구로부터 동양과 내재
적 종교로 이동할 수 있다. 사실 들뢰즈와 더불어서 우리가 범신론자
들의 종교 영역에 있는 것이 아니라(예를 들어, 그럼에도 불구하고 힌
두교의 다양체는 일자로부터 유래하지도 그곳으로 돌아가지도 않는다)
오히려 세계는 조건 지어진 실재로서 자리매김되어졌다. 이러한 세상
에서(우리의 세계는 다르게 보여질 수 있다) 존재하는 것은 다른 조건

들을 생산하는 조건들이다. 이러한 점에서 과정들(운동)은 세계의, 주체의 작동방식으로서 정지(고정)를 대신한다. 이런 점에서 우리는 불교도와 도교신자에 매우 가깝다. 따라서 어떠한 본질들, 어떤 신학도 존재하지 않으며 (곧 재현이 존재하지 않는다) 단지 '근본적인' 비실재성, 일시성, 모든 현상의 상호침투만이 존재한다. 세계는 에너지의 소용돌이로서 존재한다. 세계 그리고 세계 내에서의 우리 자신들은 '불꽃들의 지대'이다(Lyotard, 1993: 56).

지도

전략—지도제작

'다양체는 그것이 본성상 변화하고 다른 다양체들과 연접하는 데 따라서 바깥, 추상선, 탈주선 혹은 탈영토화에 의하여 정의된다'(*ATP* 9). 이러한 의미에서 우리는 실천적 미술을 그것이 개별적인 것이거나, 공동제작이나, 그룹의 것이더라도, 심지어 특정한 '작품'이더라도 일종의 다양체로서 이해할 수 있다. 하나의 실천적 미술작품은 항상 다른 지역들, 등록기들과 연접하고 바깥이 이론화될지라도 그것과 접촉하는 유동적이고 역동적인 시스템이다. 그러므로 하나의 실천적 미술작품이 '되는' 것은 작품의 영토 가장 끝점으로서 이해되는 가장 먼 가장자리, 그것의 경계선 혹은 간단하게 그것의 탈주선에 의하여 정의된다. 그(녀)가 예술가가 되었을 때 예술가는 그러한 탈주선, 혹은 좀 더 정확하게 그러한 선과 가장자리에서 작용한다. 그러므로 특별히 실천적 미술작품은 열린 시스템이고 증대하는 그것들의 차원들만큼(실천적 미술은 다른 환경들 속으로 가로지른다) 그것의 본성이 변화하는 시스템이다. 이러한 입장에서 미술은 그러한 만큼 대상이나 훈육의 이름이 아니라 오히려 탈영토화 기능의 이름이다.

4. 탈기표화하는 단절의 원리: 이것은 구조들을 자르는 절단, 하나의 구조를 가로지르며 너무 많은 기표를 만들어 내는 절단에 대항한다. 하나의 리좀은 어떤 곳에서든 끊어지거나 깨질 수 있으며, 자신의 특정한 선들을 따라 혹은 다른 선들을 따라 복구된다. [...] 모든 리좀은 분할선들을 포함하는데, 이 선들에 따라 리좀은 지층화되고 영토화되고 조직되고 기표화되며 귀속된다. 하지만 모든 리좀은 또한 탈영토화의 선들도 포함하고 있는데, 이 선들을 따라 리좀은 끊임없이 도주한다.(*ATP* 9)

그래서 리좀은 뿌리의 반대가 아니다. 오히려 리좀은 뿌리 안에 있다. 마찬가지로 뿌리는 리좀 안에 있다. 어떤 의미에서 뿌리와 리좀은 별개의 공간이라기보다는 오히려 두 개의 다른 전략들과 태도들이다. 심지어 그것들은 두 개의 다른 종류의 속도들로서 작용한다고 말할 수 있다. 그러한 두 얼굴을 가진 배치의 개별 연구로서 우리를 둘러싼 어떤 제도들 예를 들면 대학을 검토할 수 있다. 대학은 뿌리 같은 구조 혹은 하나의 중심점(예를 들어 총장)을 둘러싼 조직적이고 위계적인 나무 같은 구조로서 보여질 수 있다. 소통이나 교수법과 함께하는 통제가 잘 되어 있는 조직화는 하나의 잘 정돈된 방향으로 나아간다. 그런데 그러한 위계적인 구성 안에는 싹트는 리좀들, 창의적 실천들과 탈주선들(가로지르는 독해그룹들, 스태프들, 학생들, 스태프들과 학생들 등의 사이에서 연합)이 존재할 것이다. 또 다른 보기는 어떤 제도들, 편집위원들 등과 중심적인 개념들(예를 들면 재현) 주위에서 조직화되고 중심화된 철학과 미술사로서 아카데믹한 훈육들이 존재할 것이다. 여기에는 또한 리좀들도 존재할 것이다. 우리는 특정한 제도들로부터 아주 일반적인 네트워크들과 우리의 생생한 삶을 결정하는 경로들로부터 떨어져서 표면상 그러한 원리에 다다르기를 원할 것이다. 하나의 싹트는 리좀론들은 그러한 좀 더 고정된 네트워크들 안에서 그리고 그것들 사이에서 작용할 것이다(우정은 그러한 좀 더 자발적이고 비법률적인 연접들과 관계성의 이름이 될 것이다). 그러므로 들뢰즈와 가타리가 다음과 같이 언급한 것처럼 리좀론의 실천은 전략적이다. '하나의 새로운 리좀은 한 나무의 심장에서, 한 뿌리의 움푹한 곳에서, 한 가지의 굴곡에서 형성될 수 있다. 그렇지 않으면 리좀론의 실천은 진행 중인 리좀 생산을 부여받는 뿌리-나무의 극히 미세한 요소이다'(ATP 15). 물론 우리는 반대의 경우를 부연할 수 있다. 다양체는 얼어붙을 수 있고 리좀은 봉쇄될 수 있다. [그러나—옮긴이] 시간 때문에 우리는 또 다른 개시로 변화하고 또 다른 탈주선을 찾는다.

그러므로 이러한 점에서 실천적 미술은 리좀적이면서도 또한 나무 같다. 우리는 타인 없이는 발생할 수 없다. 우리는 탈영토화하기 전에 어떤 종류의 영토화를 필요로 한다. 실천적 미술은 난폭한 탈지층화가 아니며, 그럴 수도 없다. 들뢰즈와 가타리가 다른 고원에서 언급한 것처럼 "최악의 경우는 지층화된 채, 곧 조직화되고 기표화되고 예속된 채 머무는 것이 아니라 지층들을 자살적·착란적인 붕괴로 몰아가는 것, 그리하여 지층들이 다시 우리를 한층 더 무겁게 짓누르게 하는 것이다"(*ATP* 161). 그러므로 진실로,

유기체는 매일 새벽마다 혁신될 수 있도록 충분히 보호되어야만 한다. 그리고 기표화와 해석의 소량의 비축들은, 가령 이것들을 그 기표화와 해석의 고유한 체계에 대립시키기 위한 것이라 하더라도, 여러 가지 사정이 그러하기를 요구하면, 그리고 물건들, 사람들, 상황이 강요할 때는 어느 정도나마 이것들을 보호해야 한다. 그리고 지배적인 현실에 대응해 가기 위해서는 적은 몫의 주체성도 충분히 보호해야 한다. 곧 지층들을 흉내 내어야 한다. 단지 조잡하게 지층을 파괴하는 것으로서는 기관 없는 신체/탈기관체나 공속면에 도달할 수 없다.(*ATP* 160)

그러한 리좀 프로젝트에서 슬로건이 탄생한다. 문제는 구조를 완전히 파기한다거나 절대적 탈영토화를 추구하는 것이 아니다. 그러한 경우 당신의 작업은 카오스에 근접하기 위하여 움직일 수 있다. 그 슬로건은 궁극적으로 예술과 병과의 차이에 존재한다. 예술을 생산하기 위하여 당신은 하나의 영토, 하나의 견고화된 토대가 필요하다. 당신은 리좀을 생산하기 위하여 뿌리가 필요하다. 그러므로,

다음과 같은 식으로 해야 한다. 곧 먼저 하나의 지층에 자리 잡은 다음 이것이 제공하는 기회들을 실험해 보고, 거기에서 적당한 장소를 찾고, 우발적인 탈영토화의 운동들, 가능한 도주선들을 찾아내며, 그

것들을 시험하면서 여기저기에서 흐름들의 통접들을 확립하고, 각 절편마다 강도의 연속체들을 시도해 보고, 항상 새로운 작은 땅뙈기를 손에 넣어야 한다. 도주선을 해방시키고, 결합된 흐름들을 지나가고 달아나게 하려면 지층들과의 주의 깊은 관계를 따라가야 한다. (*ATP* 161)

이러한 것이 확장된 실천적 미술의 개념notion, 그리고 실천적 미술로서 생생한 우리의 삶을 위한 프로그램이다.[45] 그러한 실천은 어떤 다른 장소로부터 오는 것이 아니라 그 자체로 탈영토화의 가능성들을 제공하는 하나의 보관소로부터, 하나의 영토로부터 유용한 재료들과 함께 생산된다. 실제적인 미술사가 진행되는 한 그러한 전략은 이미 실존하는 구조들과 지층과의 신중한 관계에 좀 더 깊은 관심을 기울여야 한다. 왜냐하면 그러한 작업을 통해서 창조적인 선으로서 이해되는 탈주선은 위치가 정해지고 추구되기 때문이다. 그러한 의미에서 미술사의 리좀은, 재현이 다른 방식으로 사유되었음에도 불구하고 재현의 문제를 포기하는 것이 아니라 재현의 문제와 다시 연대하는 것이다.

---

45) 제르마노 첼란트는 존 케이지를 인용하며 다음과 같이 제안한다.
　"케이지는 말한다. '예술은 삶으로써 실험되는, 일종의 실험적 조건에서 비롯된다.' 그렇다면 예술을 창조한다는 것은 삶과 동일시되고, 존재한다는 것은 매 순간 자기 삶의 새로운 환상, 행동 심미주의(behaviour aestheticism)의 패턴 등을 재-발명한다는 의미를 지닌다"(Celant, 1992: 887).
　또한 푸코에 관한, 그리고 윤리학이기도 한 삶의 감성론에 관한 들뢰즈의 인터뷰 「예술작품으로서의 삶」을 참조할 것(*N* 94~101).

그러므로 실천적 미술은 층화된(조직화된, 엄격히 통제된, 재현적인) 공간 안에서 부드러운 공간이 시작되는 신중한 과정을 가리킨다. [그런데—옮긴이] '영토화된 사유의 체제'로부터 그러한 탈주선들은 불가피하게 파괴적이고 재영토화될 수 있다. 그러나 그때에 새로운 탈주선들, 새로운 운동의 가능성들은 열림과 닫힘의 일정한 과정 안에서 나타날 것이다. 이것은 어떤 현실도피적인 프로그램이 아니며, 더군다나 유토피아적인 형이상학의 개요 또한 아니다. 오히려 실천적 미술이 포텐셜의 생성들과 모든 계기 안에서 캡슐에 감싸인 잠재성들을 풀어헤치기만 한다면, 그것에 필요한 것은 현실적인 것에 초점을 맞추는 배려이다. 바로 이러한 점에서 실천적 미술의 '사이에서의' 본성이 다시 중요하게 된다. 미술의 위치는 항상 현실적인 것과 잠재적인 것의 사이에 있다. 사실 우리는 '현실화하는-기계' 그 자체가 작용한다고 말할 수 있다(나는 4장에서 그러한 사례연구를 검토할 것이다).

그것을 달리 표현하면, 확장된 실천적 미술은 디아그람적이며 또한 미래로 정향되어진 추상기계로 작동하기 시작한다. 곧 '디아그람적이거나 추상적인 기계는 [어떤 것을—옮긴이] 재현하는 기능을 하지 않으며(그것이 비록 실재적인 어떤 것일지라도), 오히려 아직 도래하지 않은 실재적인 것, 새로운 유형의 실재성을 조성한다'(*ATP* 142). 게다가 그러한 '새로운 유형의 실재성'은 유토피아적이지 않다(적어도 어떤 초월적 의미 안에 있지 않다). 또한 그것은 끝없이 연기된 것도 아니다. 새로운 유형의 실재성은 그러한 실재성에 내재하며 같은 재료stuff, 말하자면 같은 물질들로 이루어진다. 사실, 추상기계는 어떤 주어진 배치와 바깥(이것은 궁극적으로 미래의 포텐셜들로 이해된다)

을 접속하는 것이다.

추상기계들은 구체적인 배치들 안에서 작용한다. 그러므로 그것들은 탈코드화하는 것과 탈영토화의 칼날들[…]에 의하여 정의된다. 추상기계들은 그러한 칼날들을 그린다. 그러므로 그것들은 영토의 배치가 어떤 다른 것, 다른 유형의 배치들, 분자적인 것, 우주적인 것 위에서 열려지도록 한다. 따라서 추상기계들은 생성들을 조성한다. 따라서 그것들은 항상 특이하고 내재적이다. (*ATP* 510)

마지막으로 리좀으로 돌아가자

원리 5와 원리 6. 지도제작과 전사의 원리: 리좀은 어떤 구조적이고 발생적인 모델에 순종하지 않는다. 그것은 발생적 축 혹은 심층 구조의 어떠한 관념에도 이방인이다. […] 리좀은 완전히 다르며, **하나의 지도이지 사본이 아니다.** […] 지도가 사본과 대립된다는 것은 지도가 전적으로 실재적인 것과 밀접한 관련이 있는 실험 활동으로 지향된다는 것이다. […] 지도는 열려 있고 그것의 모든 차원들 안에서 접속가능하다. 따라서 지도는 분해할 수 있고 거꾸로 할 수 있으며 끝없이 변양될 수 있다. 지도는 찢어질 수 있고 뒤집어질 수 있고 모든 대지에 적응할 수 있으며, 개인이나 집단이나 사회구성체에 의하여 작성될 수 있다. 지도는 벽에 그릴 수도 있고, 예술작품처럼 착상해 낼 수도 있으며, 정치 행위나 명상처럼 조성해 낼 수도 있다. (*ATP* 12)

지도로서 리좀은 실험과 관계가 있다. 리좀은 이전에 도래한 어떤 것을 그리는 것이 아니라(게다가 어떠한 **재현**도 아니다), 오히려 능동적으로 지도를 만드는 지대를 창조한다 —— 또한 리좀은 도래할 주체성을 위하여, 진행 중인 세계를 위하여 정합점들을 제시한다. 리좀은 "잉여를 주입시키고 증식시키는" 사본에 대립된다(*ATP* 12). 사본이 지도나 리좀에서 복제하는 것은 "막다른 골목들, 방해물들, 주축의 배아들, 또는 구조화의 점들이다"(*ATP* 13). 반면에 지도는 창의적이고 조성적이며 항상 진행 중에 있다. 지도와 관련해서 들뢰즈는 다른 곳에서 다음과 같이 언급한다.

> 궤적은 환경을 통과하는 사람들의 주체성뿐만 아니라 환경이 그것을 통과하는 사람들 안에서 반영되는 한, 환경 그 자체의 주체성과도 병합한다. 지도는 여행과 여행을 하는 곳의 동일성을 표현한다. 지도는 그것의 대상과 병합한다. 그리고 그때 대상 자체는 움직인다. (*ECC* 61)

게다가 지도제작과 사본 사이에 이분법적인 대립은 없다. 왜냐하면 우리는 언제나 타인이 될 수 있기 때문이다('우리는 끊어도 보고 탈주선도 그려 본다. 그렇지만 여전히 우리는 모든 것을 다시 지층화하는 조직을 다시 마주칠 위험이 있다'[*ATP* 9]). 문제는 방법이다. 곧 "**언제나 사본을 지도로 바꿔 놓아야 한다**"(*ATP* 13).[46] 이런 점에서 재현을 대체

---

46) 아니면 들뢰즈와 가타리가 그것을 정신분석과 관련시키듯, 우리는 '가족사진' '아래'서 리좀

하는 것은 화용론이다. 따라서 우리는 앞으로 나아가도록, 사태가 이루어지도록 리좀 지도를 만든다. 그때 리좀 지도는 실천적 미술이다. 실천적 미술은 지도제작의 형식이요, 우리의 접속들과 포텐셜들의 창의적인 지도제작이다. 또한 그것은 강도의 지대들(정서들의 배분)과 미래의 생성들의 궤적들뿐만이 아니라 이미 윤곽이 그려진 재현과 의미작용의 영역들에게도 주의를 기울이는 지도제작이다.

실제로 들뢰즈는 「어린이들이 하는 말」이라는 논문에서 어린이들이 만든 것뿐만이 아니라 명확하게 미술작품으로서 그러한 지도들의 특성을 기술한다. 지도들은 "궤적들과 생성들로 이루어져 있고 […] 외연적이고 내포적이다"(*ECC* 65~66).[47] 그러한 지도들은 언제나 비인칭적이고 반기념적이다. 그것은 (기원과 오랜 기간의 기억에 사로잡힌) 고고학적 미술에 대립되는 지도제작 미술이다. 들뢰즈가 강조하는 것은, 그러한 지도들 또한 미술작품 자체에 내면적이거나 미

을 찾을 필요가 있다(*ATP* 14).

47) 꼬마 한스(Hans)와 꼬마 리하르트(Richard)에 대한 정신분석학적 사례연구에서 우리는 들뢰즈가 말하는 어린이 지도제작자의 예를 찾을 수 있다. 훨씬 더 흥미로운 예는 어린 발터 벤야민인데, 적어도 나이 든 벤야민은 어렸던 자신과 그 시절 베를린을 헤매던 일에 관해 쓰고 있다.
"나는 오랫동안, 정말이지 수년 간, 삶 — 생명(bios) — 의 영역을 지도 위에 도표로 그리겠다는 생각을 해왔다. 먼저 나는 보통 지도를 떠올렸지만, 지금은 도심부의 작전용 지도라는 것이 존재한다면 그쪽으로 기울 것 같다. […] 나는 기호의 체계를 내놓았으며, 내 친구들과 여자 친구들의 집, 다양한 단체들의 회의실을 분명하게 표시했다면, 그러한 지도의 회색 바탕 위에 다채로운 쇼가 펼쳐졌을 것이다. 그런데 심지어 이러한 지도가 없을지라도 나는 여전히 저명한 선구자로부터 격려 받고 있다. 프랑스인 레옹 도데(Léon Daudet)는 적어도 그의 작품명에서 모범적인데, 『살았던 파리』(*Paris vécu*)라는 제목은 내가 여기서 이룰 수 있는 최선의 것을 정확히 아우르기 때문이다. '살았던 베를린'은 듣기에 그리 좋지는 않지만 그만큼 사실적이다"(Benjamin, 1997a: 295).

술작품에 의하여 규정된다는 것이다. 따라서 "미술에 의해 그려진 잠재성들의 지도는 실제 지도에 보충된다. 그리고 실제 지도들의 여정은 실제 지도를 변형시킨다"(ECC 67). 들뢰즈가 언급하는 것처럼 그러한 내면적인 길들은 현대조각(내면적 선들은 외면적 선들을 규정한다)뿐만이 아니라 모든 미술작품에서도 나타난다. 실로, 모든 미술작품은 어떤 의미에서 일종의 조각이다. 그러므로 세계의 모든 요소들의 배치는 그 자체로 상이한 정서들과 발생할 가능한 궤적들을 허용한다. 따라서,

> 모든 작품은 오직 지도에서 읽을 수 있고 공존하는 다양한 궤적들로 구성된다. 더욱이 모든 작품은 보존된 궤적들에 의존하는 방향을 바꾼다. 그러한 내면화된 궤적들은 생성들과 분리불가능하다. 예술은 타인에 현존하는 **궤적들과 생성들** 각각을 만들며 그들 서로의 현존을 지각가능하게 한다. (ECC 67)

리좀이 나타내는 것은 그러한 지도제작 프로젝트, 그러한 끝없는 접속성과 생성이 세계의 틈새에서, 세계에 거주하고 있는 사람들의 상상력 속에서 언제나 이미 일어나고 있었다는 것이다. 또한 리좀은 하나의 소환이다. 이제는 더 이상 비판적 프로젝트가 아니라(곧 정확히 아니다) 더욱이 긍정적이고 창조적인 프로젝트(이것은 대상이 되는 작품과 병행한다)인 미술사와 함께하는 미술 곧 실천적 미술의 리좀론을 위한 소환이다. 미술과 미술사의 용어들은 여전히 적용가능하고 유용한가? 사실, 리좀론은 다양한 대상들과 규범적인 미술사의 실

천들 사이에 언제나 계속되고 있었다. 따라서 비밀스럽고 유목적인 감각과 생성의 미술사와 실천적 미술(진실한 실천적 미술일 때)은 언제나 이미 리좀적이다. 왜냐하면 뿌리가 있는 곳은 어디든지 싹트는 리좀이 있고 지층이 있는 곳마다 (지층 안에 잠겨진) 운동과 탈지층화의 가능성들이 있기 때문이다. 아마도 그때 리좀은 일종의 미술사를 위한 어떤 역할을 할 것이다. 그리고 그 역할은 얼어붙은 사건이 된 미술을 재활성화하는 것이고, 대상이 지닌 '과거'뿐만이 아니라 미래의 포텐셜들까지, 또한 시·공간을 통한 리좀적 접속들을 정밀하게 표현하는 것이다. 동시에 그러한 역할은 우리의 연구 대상과 우리 자신들을 리좀적 접속의 상태로서 사유하는 것이고 그러한 접속들, 곧 지도제작들을 허용하는 것이며 그러한 대상들과 우리 자신들을 변형하는 것이다. 이러한 의미에서 우리는 한 번 더 리좀론의 실천을 특별히 감성론적 대상으로 이해할 수 있다. 여기에서 어떤 정치학의 개념notion은 소멸한다(정치학 자체의 '주제'는 소멸한다). 또한 이 프로젝트는 윤리적인 것이 특징인데 그것은 그러한 프로젝트가 생성과 자기 자신을 극복하기 위한 우리의 포텐셜을 탐구하는 것을 포함하기 때문이다. 이러한 프로젝트가 반드시 정치적인 프로젝트와 재현의 작품 그리고 재현적 비판의 작품을 전적으로 부정한다는 것은 아니다. 그것보다는 오히려 재현적 프로젝트가 리좀적 프로젝트들이 효과적으로 구성한 분자적인 것을 삭제하는 몰적인 것으로, 리좀적 프로젝트들이 중요함에도 불구하고 배타적으로 초점이 맞추어졌을 때 리좀적 프로젝트들을 재형성한다는 것이다.

2장 · 정서의 윤리감성론과 감각의 블록
재현에 저항하는 미술의 특정성을 다시 긍정하기

나는 이번 장에서 일종의 감성론으로의 '회귀'를 위하여 논쟁적인 논변을 시작한다. 여기에서 감성론으로의 회귀는 미술의 탈영토화하는 기능이며 우리 '자신들'의 바깥으로 우리를 이끄는 역량이다. 이것은 들뢰즈와 가타리 그리고 다수의 동조자들과 선구자들을 통하여 미술의 특정성을 다시 긍정하는 회귀이다. 게다가 그것은 1장의 문제영역으로 회귀하는 것이다. 왜냐하면 그러한 회귀는 감성론의 확장되고 내재적인 개념notion을 사용하고 미술의 탈기표화하는 포텐셜을 전면에 내세우기 때문이다. 그러나 그것은 또한 '만들어진' 특별한 종류의 것으로 이해되는 미술 대상에 초점을 맞춘다는 점에서, [1장을—옮긴이] 가르는 것이며 심지어 개정한다고 말할 수 있다. 아울러 우리는 이러한 전회를 열림으로부터 닫힘으로, 빠름으로부터 느림으로의 전략적인 움직임으로 사유할 수 있다(그러한 의미에서 이 회귀는 들뢰즈와 가타리 그들 자신들의 이동 곧 『자본주의와 분열증』의 거칠음으로부터 사유의 곤궁과 가능성들을 더욱더 엄격하게 설명하는 『철학이란 무엇인가』로의 이동을 추적한다).[1] 따라서 1장에서와 마찬가지로 나는

[미술의 — 옮긴이] 특정한 실천들을 언급하지 않고 오히려 나의 논변은 일반적인 현대미술의 장이나 미술사의 이론적인 선입견에 초점을 맞춘다.

따라서 이번 장의 전반부에서는 미술 경험의 **정서적인** 측면에 유의한 사례를 다룬다. 여기서 정서는 들뢰즈-스피노자에 의하면 감상자의 '되기'와 관련된 주어진 대상이나 실천들이 지닌 효과이다. 게다가 여기에서 중요한 것은 앙리 베르그송이 정서를 이해한 것이다. 그것은 자극과 반응 사이에서 그 자체로 창조성을 수반하는 '정서적인-틈' 혹은 '머뭇거림'이다. 세번째 계기는 조르주 바타유와 장-프랑수아 리오타르, 그들 스스로 미술을 이해하는 방식이다. 그들은 미술을 알려진 것 그 너머의 영역에 다가서는 정서적인 혹은 의식적인ritual 실천의 형식이라고 한다. 각 경우에 있어서 정서는 신체와 관련되고 사유와 관련된다. 더욱이 정서는 신체-사유가 할 수 있는 것과 관련된다.[2] 나는 1장과 마찬가지로 해체/탈구축의 배경(혹은 '기표에 열광하

---

1) 이러한 의미에서 나는 이언 부캐넌의 저서 *Deleuzism: A Metacommentary*(Buchanan, 2000)에 나타난 그의 생각, 곧 『철학이란 무엇인가』는 일종의 **교정적** 텍스트라는 데에 자못 동의한다. 또한 중요한 것은 이 책의 서로 다른 스피드와 어조가 앞선 저작들과는 다른 종류의 기능을 가진 결과임을 지적하는 것이다. 그 기능이란, 들뢰즈와 가타리가 보았듯이 현대 문화 안에서 증대되는 여론의 헤게모니에 반항하는 것이다. 개인적으로 부캐넌의 들뢰즈 독해가 흥미로운 것은 바로 프레드릭 제임슨의 글이라는 시야를 통해 이루어져 있기 때문이다——이러한 넓은 범위에서 재현적인 패러다임을 **통해** 읽힌다고도 할 수 있을 것이다(1장의 각주 2도 참조할 것). 더욱 극단적인 포획의 또 다른 예는 슬라보예 지젝이 들뢰즈에 관해 저술한 *Organs without Bodies: Deleuze and Consequences*(Zizek, 2004)인데, 여기서는 다분히 필연적으로 라캉적 시야를 통한 들뢰즈 독해가 수반된다.
2) 그렇다면 이는 분명 스피노자주의적 기획이다. 들뢰즈는 다음과 같이 말한다.
"신체를 모델로 삼을 것을 요청하는 스피노자는 무엇을 말하려 하는 것인가? 신체는 우리가 그에 관해 갖는 인식을 뛰어넘으며, 동시에 사유도 또한 우리가 그에 관해 갖는 인식을 뛰어넘

는 것')과 미술에 대한 많은 아도르노적 태도인 멜랑콜리한 학문에 반대해서 논변을 진행한다.

그러므로 이번 장은 『철학이란 무엇인가』에서 미술에 대해 들뢰즈와 가타리가 언급한 장으로 전회한다. 또한 정서의 개념notion이 — 지각의 개념notion과 더불어서 — 어떻게 (그 자체로 사유의 특정한 형식으로 이해되는) 현실적인 미술작품을 사유하는 데 있어 전개될 수 있는가를 검토한다. 특히 내가 관심을 가지고 있는 것은 그러한 들뢰즈의 태도가 더욱 일반적인 재현적 모델들(미술사의 관점에서) 혹은 재현적 언어들(특히 '미술 사회사')과 어떻게 다른 것인가이다. 여기서 정서는 약간 다르게 사용된다. 곧 그것은 신체 안이나 위에서의 강도뿐만이 아니라 세계 안에서의 자기 충족적인 요소들('미술을 구축하는' 것)을 가리킨다. 또한 나는 프랜시스 베이컨에 대한 들뢰즈 책의 지점과 특히 **형상적인 것, 디아그람, 탐색하는 머리들**probe-head/tête chercheuse의 개념들을 우회한다. 그리고 이 각각의 개념들은 구상화를 변형시키고 재현을 전복시킨다. 그러한 것은 [이번 장의—옮긴이] 마지막 부분에서 현대미술의 알레고리적인 질들을 교정하는 짧은 숙고로 이끈다.

는다는 것이다. 신체 안에 우리의 인식을 뛰어넘는 것이 있듯이, 정신 안에도 그 못지않게 우리의 인식을 뛰어넘는 것이 있다. 따라서 우리의 인식에 주어진 조건들을 뛰어넘은 신체의 역량을 포착하는 것이 가능하다면, 하나의 동일한 운동에 의해 우리의 인식에 주어진 조건들을 뛰어넘은 정신의 역량을 포착할 수 있을 것이다"(PP 18).

정서의 윤리감성론

해체/탈구축을 거부하는 따로 떨어져 있음apartness

그러므로 미술은 문화적 대상과 혼동될 수 있으며 일반적인 인류학적 자료들이 효용될 수 있는 담론들 중 어떤 것이든지 발생시킬 수 있다. 사람들은 미술의 역사, 사회학, 정치경제학을 작성할 수 있었고 우리는 그것들 중 몇 안 되는 것들을 언급했다. 사람들은 미술의 목적지가 인류학적으로 말해서 상당한 변양을 겪는다는 것을 쉽게 알 수 있다. 왜냐하면 그 변양은 작품이 어떤 문화(부족 문화, 제국 문화, 공화국 문화, 군주 문화, 신정 문화, 중상주의 문화, 전제 문화, 자본주의 문화 등)에 '속하는가'에 따라 결정되기 때문이다. 또한 현대미술작품의 결정적인 특징은 명백히 그것은 미술관(수집, 보존, 전시)에 보내질 운명이고 미술관의 관람객을 위해서 제작된다는 것이다. 미술의 어떤 '이론'이든지 이러한 접근을 내포한다. 왜냐하면 이론은 단지 미술의 대상들로 이루어지고 그러한 대상들을 규정하기 위해서 작성되기 때문이다. 그렇지만 작품은 단순히 문화적 대상이 ─비록 항상 그렇게 과도하게 존재해 왔음에도 불구하고─ 아니며 작품이 무한한 형식과 설명 그리고 그러한 무한성을 통하여 공동체가 지닌 감성의 약속을 제공하고 또한 그럴 수 있다면 그것은 작품이 그 자체 안에서 과잉, 황홀, 포텐셜의 연합을 숨기기 때문이다. 그것들은 작품의 '수용', '생산'과 관련된 모든 결정으로부터 넘쳐흐르는 것이다(Lyotard, 1999: 93).

이러한 이유로 우리는 이렇게 물을 수 있다. 미술작품은 어떻게 발생하는가? 미술을 사유하는 데 있어서나 미술 대상을 **독해하는** 데 있어서 우리가 놓쳤던 것이 있다. 그것은 어떤 미술이 제일 좋은 것인가 그리고 실제로 무엇이 미술을 정의하는가(곧 감성론)이다. 왜냐하면 미술은 다른 것들 사이에 있는 하나의 대상이 아니라, 곧 지식의 대상이 아니라(혹은 단순히 지식의 대상이 아니라) 오히려 '어떤 다른 것을 수행하기' 때문이다. 우리는 실재를 전형적으로 경험하는 것처럼 지식에 의하여 '실재'의 정보를 더 얻게 된다. 그렇지만 참으로, 미술은 엄밀히 말해서 지식과는 정반대이다. 이러한 의미에서 미술은 일찍이 리오타르가 '리얼리즘의 판타지들'이라고 언급한 것과는 반대로 작동한다(Lyotard, 1984: 74).[3] 이것은 결론적으로 미술은 당연히 세상의 일부분이지만(결국 미술은 세상 안에서 '만들어진' 것이다) 동시에 세상으로부터 **따로 떨어져서** 존재한다는 것이다. 더욱이 이러한 '따로 떨어져 있음'은 비록 그것이 이론화되더라도 미술의 중요성과 미술로서의 그것의 특정성을 구성하는 것이다. 내가 탐구하고자 하는 것은 그러한 따로 떨어져 있음, '과잉', 혹은 '황홀'이다. 이러한 것은 위에서 리오타르가 언급한 것과 같이 문화적 대상으로서 미술의 실존을 넘어 미술의 효과성을 구축하는 것이다. 그 과잉은 초월적인 것으

---

3) 리오타르는 이 판타지를 다음과 같이 작동한다고 '정의'한다.
　"목적이 다음과 같다면, 곧 지시대상을 고정시키고, 인식 가능한 의미를 부여한다는 관점에 따라 배열하고, 수신자로 하여금 이미지와 일련의 것들을 신속히 해독할 수 있도록 구문과 어휘를 재생산하고, 그리하여 그 자신의 동일성 및 타인으로부터의 인정을 용이하게 의식시키려 하는 것이라면 [그러하다—옮긴이] ── 왜냐하면 그러한 이미지와 일련의 것들의 구조는 그 모든 것들 간에 하나의 소통 코드를 이루기 때문이다. 바로 이러한 방식으로 실재성의 효과, 혹은 이편이 낫다면, 리얼리즘의 판타지가 증대되는 것이다"(Lyotard, 1984: 74).
　이런 이유로, 리오타르에게 이 '실재성 효과'에 저항하는 예술가, 바로 "앞으로 만들어질 규칙을 제정하기 위해 규칙 없이 작업하는" 예술가가 중요한 것이다(Lyotard, 1984: 81).

로서 이론화될 필요가 없다. 그렇지만 우리는 미술의 감성론적 역량을 대부분의 내재적 의미에서 사유할 수 있다. 내재적 의미는 어떻게 해서든지 세상을 넘어서고자 하는 과잉이 아니라 세상의 과잉을 나타낸다. 그러한 세계는 잠재력의 전체이다. 우리의 전형적인 경험은 단지 그러한 잠재력의 전체에서 추출된다.

그러나 계속 앞으로 나아가기 전에 잠깐 재빨리 뒤돌아보자. 무엇이 일어났는가? 그러한 미학적 맹목의 원인은 무엇인가? 미술사의 규율로서 작용했던 (적어도) 두 가지 요인이 있다. 첫번째는 맑스주의(혹은 '예술의 사회사')와 생산에 대한 미술의 계기에 의존하면서 미술을 역사적으로 설명하고 해석하려는 경향이며 두번째는 해체/탈구축(혹은 '신미술사') 그리고 첫번째와 같은 책략들을 난처하게 하면서도 여전히 책략들의 일반적인 개념적 얼개에 머물러 있는 경향이다. 첫번째 요인에서 미술은 **탁월한** 재현으로서 형성된다. 또한 두번째 요인에서는 바로 그 재현의 개념notion이 문제가 된다. 첫번째 요인이 결정적인 설명을 수행하기 위해 기원에 호소하는 것이라면 반면에 두번째 요인은 바로 그 기원의 개념notion을 말소시킨다. 미학은 첫번째 요소와 처음으로 충돌했다. 무사심적인 미?, 초월적 미학? 이 둘 모두 이데올로기적이다.[4] 그래서 미학은 두번째 요소 곧 포괄적으로 해체적인 것으로 특징지을 수 있는 '포획 장치'와 충돌했다. 1장에서 살펴본 것처럼 해체/탈구축은 재현이 위기임에도 불구하고 바로 그 재현

---

4) 실제로 비판적 예술사를 이데올로기적 비판, 특히 미학의 비판으로서 위치 짓는 '전통'
이 존재한다. 그 예로서 쿠르트 포스터의 논쟁적인 에세이, "Critical History of Art or a
Transfiguration of Values"(Foster, 1972) 참조.

의 혹은 재현에 관한 담론으로서의 미학을 형성한다. 재현의 위기 속에서 미학적 계기는 부정되고(연기되고) 미술은 지키지 못한 약속이 된다.[5] 두 요소 모두 강력한 비판이었고 지금도 역시 그러하다(이러한 비판은 특별한 독해 기법이다). 그렇지만 특히 두번째는 **탁월한** 비판이다. 무엇보다도 두번째는 암묵적으로 첫번째 요소에 대한 비판이다(그러므로 이러한 의미에서 적어도 맑스와 데리다는 언제나 서로 불편한 부부이다).

이러한 해체적/탈구축적 독해-기계가 그 자체로 나쁜 것은 아니다. 앞장에서 나타낸 것처럼 전략적으로 중요한 것은 엄밀하게 어떤 미학적 담론을 무력하게 하거나 그 효과를 방해하기 위해서는 해체/탈구축을 이용하는 것이다(게다가 여기서 해체/탈구축은 일종의 '확장된 이데올로기 비판'으로서 작용한다). 비평의 대상에 거주하는(재현의 담론일 경우) 그러한 비판은 전략적으로 적과 교전하는 유일한 방법(최소한 최초에는 그렇다)이지만 해체/탈구축 이후에도 미술 대상은 여전히 그대로이다. 삶은 끊임없이 계속된다. 우리가 원하든 원하지 않든지 간에 미술은 정서들을 생산하는 것을 멈추지 않는다. 그렇다면 이러한 정서들의 본성은 무엇인가? 그것들은 해체될 수 있는가? 글쎄, 확실히 정서들은 추론을 벗어나 존재하고 열외적인 텍스트라고 해도 무방하다.[6] 정서들은 강도의 통로이자 물질의 수준에서 신체 안

---

5) 데리다의 *The Truth in Painting*(Derrida, 1987), 특히 'Parergon' 섹션, pp. 37~82 참조.
6) 정서는 구조로서 이해되는 담론으로 환원될 수 없는 사건이다. 하지만 정서는 **강도의 차이**로 느껴진다는 점에서, 일종의 확장된 데리다적 의미에서 텍스트적(textual)이라 이해될 수 있을 것이다.

에 혹은 신체 위에서의 반응이다.[7] 정서들은 물질에 내재한다고 말할 수 있다. 또한 정서들은 분명히 경험에 내재한다. 실제로, 우리는 들뢰즈-스피노자를 따라서 정서를 다른 신체가 나의 신체에 대해서 그리고 다른 신체의 지속에 대해서 가지는 효과로서 규정할 수 있다(*ECC* 139).

스피노자의 기쁜 마주침들

그런데 정서는 단순히 주어진 강도가 아니다. 그럼에도 어떤 의미에서 정서는 주어진 강도와 함께 시작한다. 사실 들뢰즈-스피노자는 주어진 강도를 **변용** 혹은 현행적으로 "변용된 신체의 상태"로 나타낸다 (그리고 이것은 그 자체로 "변용하는 신체의 현존을 함축한다"[*PP* 49]). 이러한 변용들은 "시간 안에서 주어진 순간의 상태를 표현한다. […] 변용들은 우리의 지속의 한 조각이다"(*ECC* 139). 그러나 그러한 변용

---

7) 브라이언 마수미의 에세이 "The Autonomy of Affect"(Massumi, 1996)에서 정서는 이와 비슷하게 강도의 통로로서 이해되는데, 이는 언어적 표현과 공명하지만 엄밀히 말해서 순서가 다른, 곧 앞선 것이다. 나와 마찬가지로 마수미에게 "언어와 관련된 이미지로의 접근은, 만일 의미론적 혹은 기호론적 수준에서만 작동한다면, 아무리 그 수준이 (언어학적으로, 논리학적으로, 서사학적으로, 혹은 이 모든 것을 조합하여 상징적인 것으로서) 정의되어 있다고 해도 불완전하다. 그것이 ─ 구조를 위해 ─ 잃는 것은 바로 사건이다"(Massumi, 1996: 220). 마수미는 정서의 영역이 '매체, 문학, 예술이론' 안에서 그 중요성이 증대된다고 인정하면서도, "정서에 특유한 문화-이론적 어휘가 없다"는, 그리고 실제 "우리의 어휘 전체는 여전히 구조를 고집하는 의미작용의 이론들에서 유래한다"는 문제를 명시한다(Massumi, 1996: 221). 어떤 관점에서 보면 마수미는 옳다. 정서의 어휘는 존재하지 않기 때문이다. 하지만 그것을 발명하는 것만큼 간단한 문제는 아닐 것이다. 적어도 어떤 관점에서는 (곧 해체적/탈구축적 관점에서는) 정서를 위한 언어, 혹은 정서의 언어를 찾아내는 것은 후자를 재현으로 끌어들이는, 따라서 해체를 자초하는 것이기 때문이다. 어떤 의미에서 이러한 곤경을 벗어날 방법은, 어느 일정한 지적 분야 안에서 문제로서 인정하고 그 너머로 보내는 것 외에는 없다.

들은 또한 '그 이상의 것' 혹은 '그 이하의 것'으로의 이행을 규정한다. 변용들은 우리가 원한다면 지속으로서 시간 안에서 항상 경험된다. 그러므로 여기서 정서는 엄밀하게 어느 변용의 한 상태로부터 다른 변용 상태로의 신체의 이행으로 이해된다(*PP* 49). 그런데 들뢰즈-스피노자는 특히 정서를 나의 신체가 다른 신체를 마주칠 때 나의 신체의 상승과 하강, 곧 생성이라고 한다. 그러므로 상이한 마주침들은 상이한 특징들을 지닐 것이다. 달리 말하자면 어떤 마주침들은 더 생산적일 것이고 다른 마주침들은 덜 생산적일 것이다. 따라서 들뢰즈가 인용한 대로 스피노자는 다음과 같이 언급한다. "나는 정서에 의하여 신체의 변용들을 이해하는데 이 변용들에 의하여 신체의 능동적인 역량은 증가되거나 감소되고 촉진되거나 억압된다"(*PP* 49).

들뢰즈-스피노자에게 정서의 학문은 바로 윤리학이다. 이것은 우리의 세계를 조직하는 것으로, 그것은 기쁜 마주침들, 기쁨을 증가시키는 유형의 정서들, 세상에서 행위하는 우리의 능력들을 증대하는 정서들을 생산하기 위해서이다. 이러한 의미에서 실천적 미술은 앞장에서 정밀하게 표현한 것처럼 일종의 윤리학으로 나타낼 수 있고, 실제로는 윤리감성론으로 명명될 수 있다. 이것은 미술을 통하여 생산적인 마주침들을 조직하는 것이다. 이러한 생산적인 마주침들 자체는 '공통개념들'common notions의 발생을 허용한다. 이 공통개념들은 명확히 우리가 세상에 관하여 형성하는 개념들로서 이해되며 그리고 이때 우리는 함께하기를 원하는 두 신체들의 기쁨을 경험한다. 들뢰즈가 언급한 대로 "공통개념은 예술이다. 그것도 『윤리학』 자체의 예술이다. 곧 이것은 좋은 마주침들을 조직하고 현실적 관계들을 조성하는 것이며 역량들을 형성하는 것이며, 실험하는 것이다"(*PP* 119). 이러한 경험의 창조적 지도제작에서,

중요한 것은 삶/생명과 개별적으로 살아가는 개체성을 이해하는 것인데, 그것을 하나의 형식이나 형식의 발전으로서가 아니라 미분적 속도들과 입자들의 감속과 가속들 사이에서의 복잡한 관계들로서 이해하는 것이다. 이것은 내재면에서의 빠름과 느림의 조성이다.(*PP* 123)

이러한 삶/생명의 물리학은 미술가들과 관람객들에게 나아가서 미술과 '함께하는' 모든 관계자들에게 해당한다. 이것은 또한 우리가 앞으로 살펴보게 될 대상 그 자체에도 해당된다. 이 대상 자체는 상이한 속도와 리듬의 복잡한 합성물로서 이해할 수 있다.

게다가 어떤 점에서는 스피노자조차도 전형적으로 경험되는 정서들을 비난한다. 정서들은 반드시 막복합물들random compounds, 신체의 혼합물들을 포함하는데 이것들은 '부적합한 관념들'이다. '공통개념들' 곧 적합한 관념들은 필연적으로 부적합한 관념들보다 우월하다. 그러나 「스피노자와 세 개의 '윤리학'」의 짧은 논문에서 들뢰즈가 지적하는 바와 같이 그러한 혼합물들은 도약대로서 작용하여 우리에게 '필요한 생명력'을 부여하면서 '공통개념', 곧 세상에 관한 개념들을 형성한다(*ECC* 144). 진실로, 증가하는 정서들의 선택이 바로 그러한 개념 창조의 선조건이다(*ECC* 144). 그러므로 그러한 정서들은 우리의 개념적 체계의 '어두운 전조들'이자 인식 생산의 선두에 존속하

는 선구자들이다. 이러한 점에서 어두운 전조의 영역은 미술의 영역이며 새로운 혼합물들과 새로운 정서적 배치들의 생산이다. 그럼에도 불구하고 미술은 또한 '공통개념'의 생산에 포함될 수 있고 공통개념은 어두운 전조들로부터 나온다. 이러한 이행에 있어서 중요한 것은, 그러한 개념적 체계는 그 자체로 단지 제3종 인식, 곧 들뢰즈-스피노자가 '본질들 혹은 독특성들'이라고 부르는 인식의 전조라는 것이다(ECC 148). 이 제3종 인식은 공통개념들 자체에 대한 그 이상의, 거의 명상적인 자기-반성을 포함한다. 사실, 제3종 인식은 공통개념(운동과 정지의 관계, 곧 간단하게 마주침의 관계에 대한 반성)의 상대속도로부터 갑자기 공간을 차지하는 절대속도, 곧 '절대측량의 속도'로 이동하는 것이다(ECC 150). 들뢰즈가 언급한 바와 같이 "절대속도는 본질이 영원 안에서 본질의 정서들과 변용들을 측정하는 방식이다"(ECC 149). 이러한 제3종의 인식, 곧 특별한 종류의 사유는 제2종의 인식으로부터 생기며 또한 거리를 붕괴시키고 도약과 중단을 통하여 작동한다. 또한 제3종의 인식은 제1종의 인식이 명쾌함과 정밀함으로 보이는 것에도 불구하고(제1종의 인식은 원한다면 명확하게 우리 자신들을 보는 우리 자신들이다) 제1종의 인식에 대해서 우월적인 관계를 가진다. 제3종의 인식에 의하여 생산된 기쁨은 일종의 자기-정서이다(지복). 그것은 이 세상 모든 것이 자기 자신과 일치하는 장소이다(그러므로 기쁨을 생산한다). 그곳은 무사심성과 동정심이 함께하는 상태이며 순수 강도의 세계에서 바깥을 바라보는 곳이다. 그 상태는 또한 지속과 더불어서 영원을 경험하는 것이다(나아가서 우리는 그것을 지속에 기대어서 영원한 것을 전개하는 것이라고 말할 수 있다).[8]

그러므로 정서들은 의미작용이나 그것의 '의미'meaning와는 관계가 없다. 진실로, 정서들은 상이한, 탈기표화하는 등록기에 존재한다. 사실 정서들은 미술과 언어를 구별 짓는 것들이다. 그럼에도 언어는 정서적인 등록기를 가질 수 있고 분명히 가지고 있다(예를 들어서 우리는 글쓰기와 함께 정서적인 관계성을 가진다. 들뢰즈는 특히 카프카에 관한 그의 책에서 종종 우리에게 글쓰기가 언제나 생성을 포함한다는 것을 상기시킨다). 해체적/탈구축적 관점에서 '정서들'은 단지 언어 '체계 안에서만' '유의미'하다. 여기에서 정서의 영역은 도달할 수 없는 (그리고 말할 수 없는) 기원(달리 말하자면 언어 '이전')에 위치한다. 그럼에도 불구하고 또한 정서들은 무엇보다도 절실히 느껴진 경험이다. 정서들을 부정하고 연기하는 것은 불가능하다. 정서들은 삶/생명과 미술을 구축하는 것이다.[9] 왜냐하면 어떤 의미에서 미술 그 자체가

---

8) 들뢰즈의 *Expressionism in Philosophy: Spinoza*(EX)의 마지막 장인 「지복」을 참조할 것. 여기서는 제3종 인식과 그것이 만들어 내는 초인 상태라 불릴 수밖에 없는 것을 더욱 탐구한다(EX 303~320).

9) 가타리의 글에서 정서는 바로 삶/생명을 '이루는' 것이라 이해되고, 주체성의 (가타리가 선형적이라 칭하는) 담론적 요소들과 유사하게 나타나는 일종의 중심 —— 혹은 '자기긍정' —— 을 수립한다. 가타리에게 그러한 정서적 요소는 욕동에 관한 프로이트의 이론에 존재하는 것이지만, '구조주의자들'(여기서 가타리는 라캉을 염두에 두고 있다)은 이를 간과해 왔다. 가타리의 에세이 「기계에 관하여」로부터 꽤 길게 인용한다.

"우리 자신을 이 좌표[곧 선형성]에 국한시키는 것은 바로 기계적 중심의 요소, 주체적 자기생산과 자기긍정의 요소를 잃는 것이라 생각한다. 이 요소는, 그것이 위치하는 곳이 완전한 개인의 수준이든 부분적 주체성의 수준이든, 아니면 심지어 사회적 주체성의 수준이든, 정서에 의한 희생적(pathic) 관계를 겪는다. 그렇다면 우리로 하여금 어떤 것이 살아 있다는 것을 현상학적으로 언명하도록 하는 것은 무엇인가? 바로 정서의 이러한 관계이다. 이것은 서술도 아니고, 가설과 추론에 기인하는 일종의 명제분석도 아니다 —— 곧 그것은 살아 있는 존재이고, 따라서 하나의 기계이다. 오히려 즉각적이고, 희생적이며 비-담론적인 이해가 기계의 존재론적 자동구성관계로부터 발생하는 것이다"(OM 10).

흥미롭게도 이러한 비-담론적이고 정서적인 **발상지**(foyer)라는 가타리의 개념은 베르그송

정서들로 구축된다는 것이기 때문이다. 시·공간에서 얼어붙은 정서들은 어떤 결합력을 유지하지만 그것은 일시적이다. 그러므로 정서들은 — 들뢰즈의 용어를 사용하면 해체/탈구축과 재현으로부터 멀리 떨어진 등록기로 움직인다 — 몰적인 것 '아래의' 분자적인 것(여기서 분자적인 것은 삶/생명과 예술의 강도 높은 질이다)이고 의미작용과 언제나 평행하고 그 '아래에서' 계속 작동되는 재료stuff이다.[10]

그러나 우리는 정서들에 관하여 무엇을 말할 수 있는가? 진실로 우리는 정서들에 대하여 무엇을 말해야 할까? 분명히, 미술에 대한 해체적/탈구축적 접근(기호학적 접근은 말할 것도 없고)이 주도적인 공간(미술사)에서 정서들의 현존 그리고 미술에서 그것들의 중심적인 '역할'은 주장될 필요가 있다. 왜냐하면 게다가 그것이 미술인 것이기 때문이다. 미술은 정서들의 다발 혹은 들뢰즈와 가타리가 말한 것으로 **감각의 블록**이다. 또한 그것은 미술이 수행하는 것이다. 곧 미술은

과, 그리고 정서적인 '비결정성의 중심'으로서 파악하는 베르그송의 생명 개념과 많은 공통점을 가진다. 본 장의 뒷부분과 *Matter and Memory*(*MM*), 특히 pp. 28~34 참조.

10) 앞 장에서 보았듯이, 바로 리오타르가 *Libidinal Economy*(Lyotard, 1993)에서 이러한 기표의 이중기능을 다룬다. 가타리와 마찬가지로(위의 각주 9 참조) 리오타르의 출발점은 욕동에 관한 프로이트의 이론이다. 리오타르는 단지 기표가 두 개의 (혹은 아마도 더 많은) 경제 내에서, 곧 환유적이고 은유적인 체계뿐만 아니라 정서적인 체계에서도 작동할 수 있음을 지적하는 데 그친다. "어떤 기표는 차이와 대립을 통해 의미를 생산하고, 이와 동시에 어떤 기표는 힘(**역량**puissance)과 독특성을 통해 강도를 생산한다"(Lyotard, 1993: 54). 또한 인간의 뇌-신체 배열과 정서의 관계에 대해서는 브라이언 마수미가 유익하다. 그는 정서 — 신체를 가로지르며 탈기표화하는 '사건'으로서 이해된다 — 가 언제 어디서든 주체성의 더 명백한 (곧 기표화하고 구조화하는) 요소들을 동반한다고 (그리고 어떤 의미에서는 결정한다고) 말한다(Massumi, 1996). 실제로 우리는 마수미와 더불어, 정서의 우주(혹은 마수미에 따르면 **잠재적인 것**의 우주)는 흔히 언어적 표현뿐만 아니라 '주체를 구축하는' 후기자본주의의 또 다른 메커니즘도 **방해하는** 기능을 한다고 생각할 수 있을 것이다(Massumi, 1996: 219).

정서들을 생산한다. 진실로 우리는 이러한 의미에서 정서들을 '독해'할 수 없다. 오직 우리는 정서들을 경험할 수 있다. 우리는 무엇으로 물질의 완전한 급소에 다가설 수 있는가? 그것은 바로 경험이다. 이러한 점에서 폴 드만은 다소간 [이러한 사유의—옮긴이] 전형적인 대표자이다. 왜냐하면 그는 멜랑콜리한 학문을 다음과 같이 해체/탈구축하기 때문이다.

> 멜랑콜리한 학문은 인간의 이변가능성의 순간적인 경험이다. 또한 그것은 용어의 가장 깊은 의미에서 사실에 바탕을 둔 것이다. 그것은 **통과하는** 경험으로서 어떠한 현재의 필연적인 경험을 암시한다는 점에서 그렇다. 통과하는 경험은 과거를 지울 수도 있고 동시에 잊지 못하게 할 수도 있다. 왜냐하면 그것은 어떠한 과거나 현재와도 분리하는 것이 불가능하기 때문이다.(de Man, 1983b: 148~149)[11]

데리다와 마찬가지로 드만에게 현재의 경험, 곧 순간은 의식에 접근할 수 없다. 줄곧 우리가 가지고 있는 모든 것은 순간의 흔적이다(우리는 통과하는 순간들을 경험한다). 그러한 입장에서 만약 정서

---

11) 이처럼 논쟁적인 2장의 첫번째 절을 쓴 것은, 적어도 어떤 의미에서는 드만의 미학에 관한 우울한 저작들에 반하는 것이다. 예컨대 그의 "Rhetoric of Temporality"(de Man, 1983a: 142~165) 참조. 여기서 상징(미학적 계기)은 인간의 순간적인 곤경(죽음의 운명)에 대한 '부정적 자기인식'으로부터 숨으려는 하나의 메커니즘, 혹은 드만이 '방어전략'이라 부르는 것으로서 묘사된다(de Man, 1983a: 208). 이러한 전략이 항상 이미 좌절되어 있다는 것은 물론 드만의 주장이다(상징은 그와 정반대라 상정된 것 곧 알레고리의 특별한 한 경우일 뿐이다). 드만에게 미학의 약속은 늘 깨지고 있는 것이다.

가 정확하게 현재의 경험 '이다'라고 하면 우리는 드만과 그의 동료들을 따라서 우리가 줄곧 가지고 있는 모든 것은 일종의 정서의 메아리요 **재현**이라고 주장할 수 있다. 이러한 점에서 정서의 개념^notion^은 주어진 로고스중심주의의 화살로 되돌아왔다. 회전운동이다. 따라서 정서는 현존과 동의어가 된다. 그러나 진실로 이러한 유형의 정서가 존재할까? 이러한 의미에서 정서는 초월적인가(경험을 넘어서)? 더 정확하게 말하자면 정서들은 경험을 구성하는 것이 아닌가? 게다가 정서에 관한 모든 글쓰기는 진실로 바로 경험을 구축하는 것(글쓰기)이다. 글쓰기는 재현의 효과를 생산하는 것이다. 데리다를 조금 비틀어서 말한다면, 좀 더 공격하기 위해서 우리는 '정서란 무엇인가?'를 물을 수 있다. 우리는 언제나 전제하고 있는데 그것은 하나의 대답이 있다는 것이다(하나의 대답이 언어로서 주어져야 한다는 것이다). 우리는 사실 개념적 대립 위에 정서들을 위치시켰다. 그것은 언제 어디서나 현존을 약속하고 그런 다음 그것을 좌절시키는 것이었다.

글쓰기와 일종의 글쓰기로서의 예술은 여기서 그만 줄이자. 사실, 정서는 전적으로 다른 어떤 것인데 정확히 말하자면 하나의 사건, '해프닝'이다. 참으로 이것이 정서를 정의하는 것이다. 정서들은 직접적으로 경험**된다**. 달리 표현하면 정서들은 경험으로 주어진다(정서들은 우리의 세계와 우리 자신들을 구축하는 것이다).[12] 사실 들뢰즈-스피노

---

12) 사건 ── 강도로서의 ── 과 경험 간의 관계를 재사유하는 데 다시 한 번 마수미가 유용하다. "들뢰즈의 철학이 개념화하려 하는 강도의 영역은 경험에 직접 접근할 수 없다는 의미에서 초월론적이지만, 초월적인 것도, 결코 경험 밖에 있는 것도 아니다. 바로 경험에 내재하는 것이다 ── 항상 그 안에 속해 있지만 그 일부는 아닌 것이다. 강도와 경험은 마치 상호 전제

자에게 윤리적 삶은 경험으로부터 일종의 추상을 포함한다. 이 세상에 존재함으로서 우리는 직접적이고 무작위적인 마주침들과 관련된다. 그렇지만 우리는 상이한 정서들을 일으키는 것을 보지 못하는 경향이 있다(특정한 마주침들의 특정한 특징). 그런데 인식은 중요하지만—그러나 이러한 인식이 기표화하는 퇴적작용을 첨가하는 것은 아니다— 우리가 알고 있는 것처럼 적합한 관념들의 형성은 정서들로부터 생긴다. 이것은 경험적으로 특정한 마주침들의 조건과 원인을 '이해하는' 것이며 그리고 나서 그러한 인식을 사용하여 우리의 삶을 조직하는 것이다.

우리가 여전히 정서가 '의미하는' 것을 묻는다면 그때 대답은 의미작용에 의하여 주어지는 것이 아니라(정서에는 어떠한 수사학도 존재하지 않는다) 그보다는 원인과 조건에 의하여 주어진다. 초점은 글쓰기나 이미 언제나 지나쳤던 것으로서 현재의 순간(슬픔)에 있는 것이 아니라 경험과 특별한 유형의 마주침의 생산으로서 현재의 순간(분석)에 존재하는 것이다.

드만(혹은 물질에 대한 데리다의 입장)이 옳지 않다는 것이 아니다. 주체들로서 우리는 드만의 순간적인 곤경(재현의 이름으로) 안에서 위치가 정해질 수 있고 우리 자신의 위치를 정할 수도 있다. 이것은

하는 두 차원, 혹은 동전의 양면처럼 서로를 동반한다. 강도는 물질과 사건에, 마음과 신체에, 그리고 그것들을 구축하고 그것들이 구축하는 모든 수준의 분기에 내재한다"(Massumi, 1996: 26).

따라서 마수미에게 강도는 "그것이 모든 유예된 계기마다 끊임없이 낳고 발생시키고 재생시키는 조직화의 수준들의 증식 내에서" 경험되는 것이다(Massumi, 1996: 226).

서구의 모더니즘과 포스트모더니즘에 종종 존재했던 방식이다. 우리는 마이클 프리드와 그의 추종자들을 따라서 미학과 포스트모더니즘의 해체/탈구축 사이의 동요가 미술사의 담론들이 오늘날까지 적절히 진행되도록 생기를 불어넣었다고 말할 수 있다.[13]

그러나 그러한 해체적인/탈구축적인 '메커니즘'과 그렇게 미술(또한 우리 자신들)을 사유하는 방식은 불가피하게 마주침과 미술이라는 사건에 다가서는 가능성을 폐쇄시킨다. 진실로 그러한 메커니즘 안에서 미술은 초월적인 것으로 규정되거나 해체/탈구축과 함께 미술을 둘러싸는 담론들에 의하여 언제나 이미 먼저 결정되어졌다. 사건은 언제나 이미 재현에 의하여 '포획된' 것이었다. 이러한 견지에서 미술은 지키지 못한 약속이요 타락한 천사가 된다.

이러한 곤경, 곧 이중적 구속으로부터 —— 필연적으로 전통적이고 초월적인 미학으로 되돌아가는 것 없이 —— 미술과 사건을 구조할 방법이 있을까? 그것은 애매한 영역이고 진실로 거의 믿음의 문제이다.[14] 우리가 해체/탈구축에 가담하면 사건은 언제나 이미 구성되어지고 사건의 무대에 의하여 규정되어진 것(일찍이 데리다가 언급한 즉흥적으로 하기의 불가능성)이 된다. 그렇지 않고, 우리가 좀 더 낙천적이게 된다면 그때 사건은 진실로 예기치 못한 어떤 것이 된다.[15] 중요

---

13) 예컨대 저널 『악토버』(October)에서의 논의 참조(이 책 「서론」의 각주 6을 보라).

14) 알랭 바디우는 이러한 문제(사건을 어떻게 사유할 것인가) —— 특히 다양체 사유하기에 대한 들뢰즈의 기획에 관해 —— 에 대한 흥미로운 해석을 보여 준다. Deleuze: the Clamour of Being(Badiou, 1999) 참조.

15) 에이미 지에링 코프만과 커비 딕이 감독을 맡고 '제인 도 필름'이 배급한 영화 Derrida: The Movie(2002) 참조.

한 것은, 그러한 두 가지 모두 초월적 미학을 포함할 필요가 없다는 것이다. 사실, 사건을 재형성하는 방식에서 그것은 이 세상에 내재하는 것이며 어떤 종류의 초월적 면으로부터 도착하는 것이 아니라(게다가 우리를 거기로 이송하는 것이 아니라) 잠재적인 것의 지대로부터 빠져나오는 것이다.[16] 후자의 영역에서 미술(혹은 미술작품)은 더 이상 그러한 하나의 대상이 아니다. 곧 그것은 하나의 대상일 뿐만 아니라 창조성이 빠져나오는 공간 혹은 지역이다.[17] 알랭 바디우는 그것을 '사건의 장소'라고 했다. 곧 "그것은 초과점으로서 종국에는 어떤 것이 발생가능한 장소이다"(Badiou, 1999: 84.5). 아무튼 어떤 장소에서 우리는 정서들을 마주칠 수 있다.

베르그송의 틈

그러한 마주침, 곧 사건에 접근하는 것은 앙리 베르그송이 '주의'라고

---

16) 들뢰즈가 *The Logic of Sense*(*LS*)에서 이야기하듯, 신체 혹은 사태의 질서는 존재하지만, 이것들은 어떤 의미에서 그것들을 피해 가고 붙어넣는 사건 —— 비물체적인 '표면효과' —— 과 혼동되어서는 안 된다. 이러한 사건들의 세계는 되기의 잠재적 세계이다.
   "이 **효과**들은 물체들이 아니라, 적절히 말하자면 '비물체적인' 것들이다. 이것들은 물리적 성질이나 특성이 아니라, 논리적이거나 변증법적인 속성이다. 이것들은 사물이나 사실이 아니라 사건이다. 이것들이 실존한다고 할 수는 없으며, 차라리 존속하거나(subsist) 내속한다고(inhere) 해야 한다(사물이라기보다는 실존하지 않는 어떤 것에 상응하며, 최소한의 존재만을 보유한다). 이것들은 명사나 형용사가 아니라 동사이고, 작용자나 수동자가 아니라, 능동과 수동의 결과이다. 이것들은 '태연한' 것 —— 태연한 결과이다"(*LS* 5).
17) 들뢰즈와 가타리가 언급하듯이, 예술은, "(a) 비결정성의, 식별 불가능성의 영역이며, 마치 사물들, 짐승들, 그리고 인물들이 […] 그들의 자연적 분화 바로 직전에 있는 점에 끝없이 도달하는 듯한 사태이다. 이것이 **정서**라 불리는 것이다. … 생(生)만이 살아 있는 것들이 소용돌이치는 그러한 영역을 창조하고, 예술만이 그 공동창조의 기획을 통해 그 영역에 도달하고 침투할 수 있다"(*WP* 173).

부르는 것을 포함한다. 이것은 일상적 운동 행위를 정지하는 것인데 그 자체로 실재의 다른 면들을 지각가능하게 되는 것을 허용한다(주의는 실용적인 관심을 넘어서서 우리를 세계로 개방하는 것이다)(*MM* 101~102). 그러므로 사건은 세계로부터 출현하지만 그것은 대개 지각 불가능한 어떤 세계로부터의 출현이다. 또한 베르그송에게 이러한 사건은 기억, 곧 습관적인 기억이 아닌 이른바 순수한, 존재론적인 기억'으로부터의' 사건이다. '베르그송'의 논제들 중 들뢰즈의 관심을 가장 많이 끈 측면들 중의 하나는 어떻게 그러한 기억이 체험된 삶을 관통하고 그렇게 함에 있어서 창조성, 곧 '습관을 간단히 깨뜨리는 것'을 가능하게 하는가이다. 이러한 점에서 생성면으로서, 스피노자의 의미에서 이해된 정서의 영역은 작용과 반작용 사이 일종의 틈에 위치한 잠재력의 영역이다.[18)]

베르그송에게 바로 복잡한 물질로서 이해되는 뇌가 그러한 틈을 개방한다. 뇌는 교환체계로서 기능한다. 그러므로 뇌는 지각을 수용하고 반작용을 생산한다. 그럼에도 불구하고 뇌의 복잡성 때문에 자극과 반작용 사이에서 간격이 열려진다(가능한 경로는 다양체인데 이것을 통하여 뇌-신체의 배열이 반응할 수 있다).[19)] 이러한 간격 안으

---

18) 베르그송의 저작에서 변용은 다른 것을 가리키는데, 바로 신체의 스스로에 대한 작용, 곧 신체들 간의 — 혹은 자극과 반응 간의 — 틈을 완벽히 봉쇄하는 것이다. 이러한 맥락에서의 정서에 대한 논의에 관해서는 *Matter and Memory*(*MM* 57) 참조.

19) 베르그송에 따르면, 궁극적으로 일종의 '자유의지'를 낳는 것은 유기체의 증대되는 복잡성 —지각의 메커니즘과 반응 가능성의 증대 — 이다. 스피노자 또한 역량의 증대를 낳는 것은 신체의 지각적·반작용적 능력의 이러한 증대라 본다.
"나는 일반적으로 어떤 신체가 동시에 많은 것들을 하거나 동시에 여러 방식으로 작용을 받는 능력이 다른 신체들보다 더 클수록 그 정신 또한 동시에 많은 것을 지각하는 능력이 다

로 순수과거로 이해되는 기억이 들어가고 그렇게 됨으로서 주항하는 circumnavigating 전형적인 응답, 곧 창조적으로 세계에 응답하는 것의 가능성도 들어간다. 바로 이것이 자유와 무사심성의 영역인데 우리의 자기보다도 더 크고 더 확장적인 어떤 것으로의 접근을 허용한다. 그러한 틈 안에서 참된 사건들이 출현한다. 사실, 들뢰즈가 『베르그송주의』에서 지적한 바와 같이 베르그송은 더 나아가서 그러한 원리를 사회의 조직체와 사건 안에서의 창조적 정서creative emotion의 가능성(엄격하게 말하면 습관으로부터의 해방)으로까지 확대한다. 창조적 정서의 또 다른 이름은 혁명적인 포텐셜이다. 왜냐하면 창조적 정서는 순수기억인데 이것은 현재의 경험면으로부터 우리를 다음과 같이 해방시켜 주기 때문이다.

'사회의 압력과 지성의 저항' 사이의 작은 간격은 인간사회에 적절한 가변성을 정의한다. 이제 그러한 간격에 의하여 특별한 어떤 것, 곧 창조적 정서creative emotion가 생산되거나 구체화되기에 이르렀다. 그것은 더 이상 사회의 압력들이나 개인의 논쟁과는 관계가 없다. 그것은 더 이상 경쟁하고 심지어 발명하는 개인과는 아무 관계가 없고 또한 강요하고, 설득하고 심지어 지어낸 이야기를 하는 사회와도 아무런 관계가 없다. 창조적 정서는 원을 깨뜨리기 위하여 개인과 사회의 순환적 놀이를 이용할 뿐인데, 그것은 마치 기억이 회상들을 이미지

른 정신들보다 더 크다고 말한다. 그리고 어떤 신체의 작용들이 그 자신에게만 의존할수록, 그 작용을 함께 하는 다른 신체들이 적을수록 그 정신 또한 판명하게 이해하는 능력이 더 크다"(들뢰즈의 스피노자 인용, *EX* 256~257).

로 구체화시키기 위해서 자극과 반작용 사이의 순환적 놀이를 이용하는 것과 같다. 그리고 만일 엄격하게 말해서 단번에 모든 수준들을 현실화시키고, 인간을 창조자로 만들기 위해 인간에게 고유하고 창조의 전운동에 적합한 면 혹은 수준으로부터 인간을 해방시키는 우주적 기억이 아니라면 이 창조적 정서란 무엇이란 말인가? (B 111)

결국, 베르그송에게서 그러한 창조적 정서를 구현하는 사람은 신비주의자이다. 그렇지만 예술도 또한 역할을 한다. 사실, 여기에서 이야기 만들기로서 이해되는 예술은 일종의 정거장이므로 '감속'을 허용하고(이것은 그 자체로 점점 속도를 내는 기술 관료적인 세계에서 흥미 있는 작동이다), 창조적 정서를 일으키기 위한 준비 작업을 한다.[20] 결국, 그러한 스토리를 말하는 방식에서 예술은 참된 창조에 의하여 초월된다. 앞의 각주에서 들뢰즈가 언급한 바와 같이 "주목할 것은 베르그송에 의하면 예술은 두 가지 원천을 가진다는 것이다. 하나는 때때로 집합적이거나 때때로 개인적인 **스토리를 말하는** 예술이고 다른 것은 **정서적**emotive이거나 **창조적인** 예술이다. 아마도 모든 예술은 가변적인 비율로 그러한 두 가지 측면들을 현시한다"(B 134~135, n36). 진실로 시각예술은 그러한 두 가지 형식들을 감싼다(이러한 의미에서

---

20) 벤야민 또한 이러한 이야기 만들기의 방식에 관심을 갖는다. 벤야민에게 스토리텔링은 경험의 새로운 형식들을 출현하게 하는 일종의 전제조건이다. 에세이 "The Storyteller: Reflections on the Work of Nikolai Leskov"(Benjamin, 1999a) 참조. 여기서 벤야민은 스토리텔링의 지루함에 대해 "경험의 알을 품는 꿈의 새"라 표현한다(Benjamin, 1999a: 90) (이러한 연결은 디테 빌스트럽 덕분이다).

시각예술은 소설과 음악 사이에 위치한다). **스토리를 말하는** 방식은 기표화하는 방식의 예술이며 반면에 **창조적인** 방식은 탈기표화하는 포텐셜의 예술이다. 또한 스토리를 말하는 방식은 예술의 알레고리적인 본성으로 이해될 수 있다. 그러므로 이러한 점에서 문제는 태도이다. 곧 경험에 개방하는 태도인가 아니면 예술경험으로부터 '취하는' 태도인가가 문제이다. 게다가 들뢰즈-베르그송에 의하면 이러한 사태는 항상 혼합된다. 따라서 우리는 언제나 복합적인 배치들을 다루고 있다. 나는 이번 장의 끝부분에서 이 점을 다룰 것이다.

의식儀式

그런데 베르그송을 따르자면 우리는 세계 속의 존재들로서 어떤 시-공간적 등록기에 사로잡혀 있다. 그러므로 우리는 이미 본 것만을 '볼' 뿐이다. 우리는 단지 **관심 있는** 것만을 본다. 그러한 등록기의 변경과 교체는 예술과 관계되었을 때 가능하다. 새로운 (인공보철적인) 과학기술들이 그러한 것을 실행할 수 있다. 그것은 시간적인 등록기들을 교체하거나(시간경과 사진은 불꽃놀이와 교통의 흐름을 생산하고 슬로모션 필름은 하나의 얼룩처럼 보이는 복잡한 운동들을 드러낸다) 공간적인 등록기들을 교체하는 것이다(현미경과 망원경은 분자적인 것과 초-몰적인 것을 드러낸다). 진실로, 이러한 점에서 '새로운' 미디어는 미술에 부합하며, 미적 가치 곧 이른바 탈영토화하는 기능을 지닌다. 아무튼 이러한 새로운 우주들은 세상의 너머에 존재하는 것이 아니라 그것이 대개는 비가시적인 어떤 세계임에도 불구하고 세계 안에, 세계의 부분으로 확실하게 존재한다.

그러나 우리는 새로운 과학기술에[만—옮긴이] 문의할 필요가 없다.[21] 예를 들어서 회화 또한 정서를 가시적이게 함으로써 지각불가능한 것을 지각가능하게 만든다. 주지하다시피 베이컨에 관한 들뢰즈의 책은 확실하게 그러한 논변을 보여 준다. 사실, 우리는 그러한 것보다 더 나아갈 수 있다. 정서의 영역은 우리 주변 도처에 깔려 있고 그것에 접근하기 위한 주체들만큼이나 많은 상이한 전략들이 존재한다. 들뢰즈와 가타리는 특히 『천 개의 고원』에서 그러한 것에 주목한다. 이런 점에서 문제는 『천 개의 고원』에서 이해된 그러한 맥락 안에서 우리 자신을 '기관 없는 신체/탈기관체'로 만드는 것이다. 이것은 대개 우리 자신의 '바깥'에 존재하는 것(말하자면 기표화하는 자기의 바깥에), 곧 어디에서나 당신의 동일성의 의미sense와 동시에 일어나는 '실험적인 환경'에 접근하기 위한 전략이다.[22] 사도마조히스트적인 실천들, 명상, 마약 등, 이 모든 것이 상이한 방식으로 분자적 세계를 개시한다.[23] 이것은 엄청난 실천적 프로젝트임에 틀림없다. '그러므로 기관 없는 신체/탈기관체에 관하여 단지 독해만 하지 말고 그대 자신을 기관 없는 신체/탈기관체로 만들어라'. 나는 그러한 사례연구로 4장에서 로버트 스미스슨의 대지미술을 고찰할 것이다.

---

21) 실제로 새로운 기술이 그 자체로 꼭 창조적인 탈영토화를 이루는 것은 아니며, 시간적 혹은 공간적 등록기의 변경, 혹은 이 양쪽(기술의 정의라 할 수 있을 것이다)이 꼭 '예술'을 이루어 내는 것은 아니다(사실 이미 존재하는 개념적이고 정신적인psychic 습관을 강화할 수 있을 뿐이다).

22) 「1947년 11월 28일—어떻게 기관 없는 신체/탈기관체를 획득할까」(*ATP* 149~166) 참조.

23) 들뢰즈는 그의 저작 *Masochism: Coldness and Cruelty*(*M*)에서 피학적 기관 없는 신체/탈기관체의 사례연구를 보여 준다. 특히 6장 "The Art of Masoch"(*M* 69~80) 참조.

또한 우리는 여기에서 생산적으로 조르주 바타유를 참조한다. 그는 라스코 동굴회화에 대한 그의 책에서 예술의 실천적이고 정서적인 본성을 언급한다. 바타유에게 동굴회화의 실천은 특별히 의식적인 것이고 신성한 공간의 창조를 포함하는 것이다. 실로, 바타유에게 미술은 일종의 내재적 저편을 일상적 경험에 접근하도록 하기 위한 메커니즘이다. 이러한 점에서 미술은 연극의 형식으로서 작용하여 참여자를 세속적 의식의 바깥으로 데려간다. 그러므로 바타유는 특별히 라스코 동굴회화를 수행적인 것으로 이해한다. 이것이 포함하는 것은 시간적 양태들의 교체, 곧 '작업시간'(이것은 유용성, 인간적인 것과 관련된다)으로부터 '신성한 시간'(규범을 위반하는 것으로 자연적·우주적 영역 '속으로'의 움직임이다)으로의 이동이다. 바타유는 다음과 같이 언급한다.

> 모든 의식을 실행하는 데 있어서 특정한 목적을 추구하는 것이 의식을 시행하는 사람의 많은 동인들 중에서 유일한 것은 결코 아니다. 그러한 동인들은 전(全) 실재, 실재의 종교적이고 감각가능한(감성론적인), 유사한 국면들로부터 유래한다. 모든 경우에 있어서 그러한 동인들이 함축하는 것은 예술의 목적이었다. 곧 무엇에 의하여 감각가능한 실재를 창조하기 위하여 평범한 세계는 특별한 것과 놀라운 것을 위한 욕망, 그리고 인간 본질에 있어서 함축적인 욕망에 응답하여 변양된다.(Bataille, 1980: 34)

그러한 [의식적—옮긴이] 실행은 재현적 기능을 포함한다(결국 우리는 라스코에서 동물을 재인할 수 있다). 그러나 재현이 그러한 회화들의 유일한 목표는 아니다. 게다가 우리는 그 회화들의 기표적 기능에 단지 주의만 하더라도(곧 회화를 단순히 독해만 하더라도) 회화에 대한 근본적인 어떤 것을 갈망한다. 이러한 점에서 우리가 주목할 수 있는 것은 베르그송과의 연접이다. 따라서 예술은 세속을 **벗어난** 어떤 것을 생산하기 위해 세속적인 것을 이용한다.

이것은 예술을 종교적 의식으로서 이해하는 것이며, 더 정확히 말하자면 모든 예술을 종교적 의식을 가지는 것으로 이해하는 것이다. 또한 그것은 어떤 의미에서 마법적 인과성이라는 전근대 개념notion으로 회귀하는 것이다. 여기에서 마법은 세상과 연접하는 특정한 기술로 이해된다.[24] 흥미롭게도, 종종 그러한 '감성론적' 연접에 가장 조응된 사람들이 바로 모더니티의 권위자들이다. 그러므로 우리에게는 아비 바르부르크와 푸에블로 인디언들의 뱀 의식과 그것의 매력에 대한 바르부르크의 설명 그리고 과학기술의 발달에 수반하는 양가성이 존재한다.[25] 또한 우리에게는 마법사가 외과의로 대체된 것에 대한 벤야민의 양가적인 비탄이 있다(이런 점에서 종종 인용되는 아

---

24) 이러한 의미에서, 마법은 필연적으로 보잘것없는 퇴보이자 지성의 '전-계몽적' 양상이라는 아도르노와 호르크하이머의 개념(notion)에 이의를 제기하고 싶을 것이다(Adorno & Horkheimer, 1979: 특히 8~14를 보라). 이에 관해서는 이 책의 결론 부분에서 신화와 관련하여 더 논의할 것이다. 다만 여기서 기술해 둘 점은, 분명히 '원시적인' 기술체계는 최근의 자본주의적 실천 및 절차에 '저항'하는 잔존적 역량을 가지고 있다는 것이다.

25) 바르부르크를 인용한다. "전보와 전화는 우주를 파괴한다. 신화적이고 상징적인 사유는 헌신과 반성에 필요한 공간으로의 길, 즉각적인 전기적 연결이 만들지 않는 길을 형성하면서 인간과 [인간을—옮긴이] 둘러싼 환경 사이에 정신적인 유대를 형성하려고 노력한다"(Warburg, 1998: 206).

우라의 상실은 명확히 말해서 예술작품의 정서적인 역량의 상실로 이해
된다).[26] 특히 두드러진 것은 바르부르크와 바타유와의 유사점이다.
왜냐하면 두 사람 모두에게서 춤과 가면들을 쓰는 것을 통하여 정서
를 포획하는 것이, 전형적인 근대적 환경과 습관적인 주체성들에 대
한 하나의 대안으로서 그들이 매혹된 것이기 때문이다. 진실로, 각각
의 종교의식은 생성의 형식이자 특히 최소한 타인(비인간) 생성의 문
턱으로서 동물-되기의 형식이다. 여기서 우리가 조심해야 할 것은 테
오도르 아도르노가 상기한 바와 같이 '확실성의 은어'에 지나치게 사
로잡히는 것이다. 우리가 고귀한 야만인의 전근대세계 몇몇 판타지로
움직일 수 있고, 또한 그렇게 희망하면 안 된다는 것은 아무런 의미가
없다(결국 우리는 근대세계의 근대적 주체성들이다). 우리는 전형적으
로 우리에게 주어진 것들에 대한 대안적 실천들을 결집하기 위해 다
른 종류의 가능성들에 언제나 민첩해야 한다(우리의 기술-과학적인
세계에서 지배적 패러다임은 관객성과 소비의 하나이다). 일찍이 레이
먼드 윌리엄스가 상기한 바와 같이 그러한 저항적 실천들과 대안적인

---

26) 벤야민은 다음과 같이 언급한다.
　　"알려져 있다시피 가장 초기의 예술작품은 종교의식에서 시작되었다 ──이는 처음에는
　　마술적인 것이었지만 종교적인 것으로 변화했다. 중요한 것은 작품의 아우라와 관련해서,
　　예술작품의 실존은 종교적 토대로부터 결코 분리될 수 없다는 것이다"(Benjamin, 1999b:
　　217).
　　벤야민에게 모더니티 ──특히 새로운 재생산적 기술── 란 예술작품을 "종교의식에의 기
　　생적 의존으로부터" 해방시키는 것이다(Benjamin, 1999b: 218). 이는 예술의 기능이 변한다
　　는 것을 의미한다. 곧 종교의식에 기초를 두는 데서 벗어나 정치와 관련된다는 것이다. 이러
　　한 점에서 예술의 진정성 다시 말해 예술의 아우라적인 역량은 예술의 정치적 기능으로부
　　터 분리된다. 그러나 벤야민에게 그러한 것은 단순한 발전이 아니다. 아우라의 상실은 특히
　　세상과의 소외가 증대한다는 점에서 문제가 된다.

세속적 권력들은 잔존하는 문화에서 추가적으로 출현하는 문화들만큼 발견될 수 있다(적어도 잔존하는 것이 지배적인 것에 의하여 완전히 조직에 흡수되지 않았을 때).[27] 그러므로 예술은 미래를 고찰함과 동시에 또한 전략적으로 과거에서도 눈을 떼지 않는다.

이러한 점에서 우리는 장 프랑수아 리오타르를 다시 논의한다. 진실로, 리오타르는 그러한 실험적이고 단절하는 예술의 질에 가장 동조된 후기구조주의자 이론가인 것 같다. 실제로, 『긴 여정』*peregrinations*에서 리오타르는 인내와 경청의 실천 곧 말하자면 정거장을 다시 건설하는 일종의 매개상태를 요구하며 그리고 나서 여기서는 경험 안에서의 사건으로서 이해되는 정서의 경험을 허용한다. 리오타르는 다음과 같이 언급한다.

'무엇이 일어나다'보다도 오히려 '우연히 일어나는 것'에 개방되는 것은 작은 차이들을 지각하는 데 있어서 적어도 고도의 세밀한 구별을 요구한다. [⋯] 이러한 태도를 견지하기 위해서 우리는 마음을 가난하게 하고 가능한 한 많이 우리의 마음을 깨끗하게 쓸어내야 하며, 그렇게 함으로써 우리는 의미meaning, 곧 '우연히 일어나는 것'의 '무엇'을 기대하지 않는다. 그러한 극기의 비밀은 '전前텍스트'의 매개 없이, 가능한 한 '직접적으로' 발생들을 이겨 낼 수 있는 역량에 있다. 이와 같이 사건을 마주친다는 것은 마치 무無에 인접하는 것과 같

---

27) 결론 부분에서 레이먼드 윌리엄스의 논의로 다시 돌아갈 것이다.

다.(Lyotard, 1988: 18)[28]

전前텍스트 없는 그러한 작은 차이들의 지각은 정서의 지각이다. 그러므로 정서-사건으로서 이해되며 또한 바타유가 가르친 것처럼, 예술은 진실로 우리에게 자기-의식 곧 자기 자신에 대한 경험의 재현, 재현을 통하여 구성된 것으로서의 자기가 아니다. 사실, 우리에게 정서는 매우 원초적이고 **무인칭적인** 것이다. 정서는 우리를 세상과 연접하는 것이다. 그것은 우리를 둘러싸고 있는 물질에 반응하고, 공명하는 우리 안의 물질이다. 이러한 의미에서 정서는 **초인간적인** 것이다. 진실로, 정서와 함께 우리가 소유하는 것은 일종의 감성론적인 초인간이다. 드만은 예술을 죽음의 운명으로부터의 보호처이자 두려운 주체에게 용기를 돋우는 거울로서 나타낸다(물론, 그러고 나서 드만이 설명하는 것은 보호처는 **언제나** 이미 파괴되었다는 것이다). 그런데, 사실 예술은 매우 위험한 어떤 것이다. 그러므로 예술은 분자적인 생성의 또 다른 세상을 향한 입구이자 '접속점'이다(우리의 세계는 다르게 경험된다). 이러한 것은 결국 들뢰즈와 가타리가 언급하듯이 결국 추상미술을 만드는 것이다. 다시 말해 그렇지 않으면 지각불가능한 힘들을 가시적이게 하고, 소환하는 것이다(*WP* 181~182).[29]

---

28) 일반적으로 리오타르는 이러한 미지의 사건을 칸트의 용어로 (특히 숭고와 관련해서) 구성하는 경향이 있다. 리오타르처럼 정서적-사건을 **미시적** 숭고의 형식으로 기술할 수 있을 것이다.

29) 존 라이크만은 그의 논문 "Abstraction"(Rajchman, 1998: 55~76)에서 이러한 추상의 개념 (notion) 그리고 그린버그적이라 할 수 있는 더 전형적인, 환원과 순수로서의 추상성 개념 (notion)과의 차이를 잘 나타냈다. 라이크만은 추상성을 구상에 앞서는 가능성들의 영역 혹

이러한 정서들의 세계, 힘들의 우주는 습관적인 주체성들의 스펙터클들 없이 보이는 우리 자체의 세계이다. 그러나 어떻게 그러한 스펙터클들을 제거할 것인가? 진실로, 도대체 어느 것이 스펙터클들이 아닌 바로 우리 주체성의 조건인가? 실로, 어떻게 우리 자신들을 움직여 옆으로 피할 것인가? 사실, 우리는 항상 그것을 수행하고 있다. 우리는 우리의 주체성을 '넘어서', 나아가 분자적 과정들과 관계하고 있다. 분명, 우리는 그러한 과정들'이다'. 우리는 층에 의하여 묶여진 주체들일 뿐만 아니라 사건들의 꾸러미들, 정서들의 꾸러미들'이다'.[30] 그러므로 우리 자신들의 '다른 국면'을 드러내는 실천들과 전략들의 처음 시작은 위태로우며, 또한 바로 그러한 것들이 우리 주체성의 몰적 집합체, 곧 상상적으로 그리고 실천적으로 등록기를 교체하는 근대적 의식들을 파괴시킨다.[31] 그러한 입장에서 우리는 더 이상 말하는 주체가 아니다. 곧 말하는 주체일 뿐만 아니라 '일련의 자유로워진 독특성들, 단어들, 이름들, 손톱들, 물건들, 동물들, 작은 사건들이 된

은 **잠재력들**의 영역과 관련하여 이해한다. 이를 위해서는, 그리고 그림을 그리기 위해서는 "[캔버스의 ―옮긴이] 표면을 공허하거나 빈 것보다는 강도적인 것으로 이해해야 하며, 그러한 표면에서 '강도'는 다른 낯선 가능성들의 보이지 않는 잠재성으로 채워졌다는 것을 의미한다"(Rajchman, 1998: 61). 이처럼 "외부의 힘들을 그리는" 방법의 문제는, 라이크만의 들뢰즈 독해에 따르면 "모더니티의 근본문제"다(Rajchman, 1998: 60).

30) 들뢰즈와 가타리는 「기원전 587년부터 서기 70년까지 ―몇 가지 기호체제에 대하여」에서 다음과 같이 언급한다. "인간을 구속하는 주된 지층들은 유기체, 기표화와 해석, 주체화와 예속이다"(ATP 134). 다음 고원 「1947년 11월 28일 ― 어떻게 스스로 기관 없는 신체/탈기관체가 되는가?」의 기능은 바로 탈지층화의 전략들을 제공하는 것이다(ATP 149~166). 또한 나의 논문 "In Violence: Three Case Studies Against the Stratum"(O'Sullivan, 2000) 참조.

31) 그러한 의식적 실천들의 개별연구에 관해서는 나의 논문 "Writing on Art(Case Study: The Buddhist Puja)"(O'Sullivan, 2001) 참조.

다'(*N*7). 이렇게 의식적인 의미에서 이해된 예술은 우리를 세상과 연접하는 것으로 말해질 수 있으며 또한 우리가 일부분이면서도 전형적으로 소외되는 비인간적인 우주로 우리를 개방한다. 그러므로 우리가 말할 수 있는 것은 예술은 재현적인 기능을 가질 뿐만 아니라 (결국 예술 대상들은—다른 모든 것들처럼— 독해될 수 있다) 또한 재현 안에서의 갈라진 금으로서 작용한다는 것이다.[32] 또한 우리는 예술의 상관자로서, 재현적 창조물 자체로서 예술로서의 춤에 관계하며, 그 춤은 신중한 책략들을 통해서 분자적인 것이 개방되고, 감성론적인 것이 활성화된 것이다. 게다가 예술이 수행하는 것은 그것의 **작동방식**이다. 예술은 비록 단 한 순간이라 하더라도 우리 '자신들의' 의미, 세계에 대한 우리의 경험을 변형시킨다.

이것은 전적으로 예술의 중요성을 주장하는 것이다. 분명히, 이러한 것은 예술이 '현대사회의 재현적 실천들인 넓은 그림' 안에 포함된다고 주장하는 포스트모더니스트들의 주장과는 동떨어진 것이다 (Burgin, 1986: 161). 분명, 이것은 예술에 대한 일종의 자율을 다시 주장하는 것이다. 그러나 이러한 자율은 예를 들면 아도르노의 자율과는 비슷하게 보이지만 같은 것이 아니다. 사실, 그것은 아도르노(또한 어느 정도는 칸트의 전체 유산)와는 관계가 먼 미학의 재배열이다. 나는 이것을 4장에서 좀 더 자세히 검토할 것이다. 다만 여기서 언급하고자 하는 것은 우리가 아도르노로부터 들뢰즈로의 전회와 더불어

---

32) 이러한 의미에서 예술이 자신의 수행을 **언명하는** 것(재현되는 것)과 예술이 **실제로** 수행하는 것(예술이 생산하는 정서) 사이에는 차이가 있다고 할 수 있다.

서 감성론적 충동의 좀 더 긍정적인 개념notion으로 움직였다는 것이다. 이러한 점에서, 예술을 위한 존재론적 구분들과 준거점들로서, '실존하는 것과 가능한 것' 대신에 우리가 이용할 수 있는 것은 들뢰즈의 '현실적인 것과 잠재적인 것'의 구분이다. 예술은 진정으로 잠재적인 것(이것은 정서의 영역이다)을 현실화시키는 창조적 행위이다. 그것은 예술에 어떤 윤리적 명령을 부여한다. 왜냐하면 예술은 이미 친숙한 것('현실적인' 우리 자신들)을 '넘어서는 움직임' 곧 정확히 일종의 '자기 극복'을 포함하기 때문이다.

또한 이러한 것은 프랑크푸르트학파의 등록기로부터 예술을 떼어 낸다. 왜냐하면 아도르노는 예술의 중요성을, 적어도 어떤 의미에서, '무용성'과 개념적 사유의 환원불가능성에 두기 때문이다. 예술은 도구적 이성과 그것의 부속물 그리고 세계의 상품시스템에 참여하지 않고 그러한 것을 비판했다. 우리는 들뢰즈와 가타리 그리고 그들의 동료들과 함께 세계의 다른 지도를 제작하며, 그 지도 안에서 철학과 예술의 역할에 대한 다른 지도를 만든다. 철학은 더 이상 유토피아를 추구하는 것(최소한 어떤 패배자나 멜랑콜리의 의미에서)이 아니라 오히려 화용론(곧 문제를 해결하기 위한 능동적인 개념을 창조하는 것)과 관계가 있다.[33] 이러한 화용론은 또한 예술과 관계가 있다. 예술은

---

33) 들뢰즈와 가타리에게 철학은, 초월적인 (따라서 권위주의적인) 유토피아를 상정한다는 의미에서는 유토피아의 추구가 아닌 것이다. 하지만 우리가 **내재적**이라는 말을 **혁명적** 유토피아라 해석한다면, 철학은 유토피아적으로 나타날 것이다. 이에 대해서는 4장에서 좀 더 상세히 설명하겠다.

'쓸모없는' 것이 아니고 매우 특정한 역할들을 수행한다.[34] 그러한 역할들과 기능들은 보여지는 예술의 성질이나 특정한 예술작품이 존재하는 환경에 의존하는 것과는 다르다. 실로 개념미술은 들뢰즈와 가타리가 철학이라고 일컫는 것과 매우 많은 공통점이 있다(나는 간단하게 이 장의 후반부에서 이것으로 되돌아갈 것이다). 한편, 설치미술은 '다른 세계들'의 접속점으로서 전형적인 경우이다. 실제, 줄리아 크리스테바는 정확히 이러한 후자의 결론에 도달한다. 이러한 점에서 크리스테바는 베니스 비엔날레에서 현대의 설치미술에 대해서 다음과 같이 언급한다.

설치미술에 참여하도록 요청되는 것은 감각과 **시각** 그리고 **청각, 촉감**, 때로는 **후각**을 통한 바로 그 온전한 그대로의 **신체**이다. 설치미술의 작가들은 —신성한 것을 한계 짓고 우리를 어떤 공간에 배치하기 위해 탐구된 '대상'이라는 장소에서— 마치 이미지들을 숙고하는 것이 아니라 존재물들과 소통하도록 우리에게 요청하는 것 같다. 나는 [예술가들이] 그러한 것을 소통하고 있었다고 생각했다. 곧 예술의 궁극 목적이 이전에는 아마도 **구현**의 관점에서 찬양되었다는 것이다. 그 구현에 의해서 내가 의도하는 희망은, 우리가 추상들, 형태들, 색깔들, 부피들, 감각들을 통해서 어떤 **실재적 경험**을 느끼도록

---

34) 이처럼 도구적 이성의 (그리고 이에 대한 비판의) 지평을 벗어나 예술을 재고하기의 좋은 예로서는 로널드 보그의 에세이 "Art and Territory"(Bogue, 1999) 참조. 여기서 보그는 들뢰즈의 반복구 개념(notion)에 따라, 새소리가 일종의 예술실천으로서 특정한 기능을 가진다고 주장한다. 그것은 나중의 탈영토화를 위한 플랫폼으로서 스스로 작동하는, 영토의 생산에 관련되어 있다.

하는 것이다.(Bann, 1998: 69에서 인용함)

　　이러한 설치미술에서처럼 크리스테바에게 미술은 감각의 블록
이며 이것은 추상들, 형태들, 색채들, 부피들로 이루어져 있고 그 핵심
은 실재적이고 다중-감각적인 감각적 경험을 느끼도록 하는 것이다.
실제로, 크리스테바는 재현의 관점에서가 아니라 미술의 기능, 구현
의 기능이라는 관점에서 그러한 설치미술에 대한 글을 쓴다. 크리스
테바에게 '미술의 궁극적인 목적'은 그러한 감성론적 기능이다. 그것
은 어떤 의미에서 실천적 미술의 포스트-매체 개념notion으로 이동하
는 것인데, 왜냐하면 매체의 특성이 무엇이냐는 그렇게 중요한 것이
아니고(그러므로 이것은 재료들에 대한 그린버그적 진실도 아니고 게다
가 '무엇이 미술이냐' 혹은 '무엇이 회화인가'라는 물음도 더 이상 하지
않는다──그러므로 해체/탈구축에 대해서도 더 이상 묻지 않는다), 오
히려 어떤 특정한 미술 대상이 무엇을 할 수 있는가가 중요하다.[35] 감
성론과 정서들과 관련해서, 이러한 기능은 비가시적인 것을 가시적이
게 하고 지각 불가능한 것을 지각 가능하게 하는 것, 곧 들뢰즈와 가
타리가 언급하는 바와 같이 '힘들을 동력화하는 것'이라 요약할 수 있
다.[36] 이것을 달리 표현하면 미술은 탈영토화, 곧 정서들 영역 안으로

---

35) '포스트-매체 실천'의 개념(notion)에 대해──마르셀 브로타에스와 어디에나 있는 설치
　　미술의 발전에 관련하여──다소 다른 방식으로 생각하는 것으로는 로잘린드 크라우스의
　　A Voyage on the North Sea: Art in the Age of the Post-Medium Condition(Krauss,
　　1999) 참조.
36) 다시 로널드 보그는 그의 에세이에서 회화와 음악에 관련한 '힘의 감성론'의 윤곽을 그렸다.
　　"Gilles Deleuze: The Aesthetics of Force"(Bogue, 1996) 참조. 보그의 들뢰즈 독해는 예

의 창의적인 탈영토화이다. 미술은 기능을 나타내는 것이며 변형이라는 마법적이고, 감성론적인 기능이며, 세상의 의미를 만드는 것과는 덜 관련되고, 세상 안의 존재물과 세상과 함께하는 생성의 가능성들을 탐구하는 것과 더 관련되는 것으로 이해될 수 있다. 미술은 지식보다는 경험과 더 관련되기 때문에, 경험될 수 있는 것의 한계들을 앞으로 밀고 나아간다. 결국 미술은 죽음으로부터 우리를 보호하는 것보다는 삶의 가능성들을 현실화시키는 것과 더 관련된다.

이러한 '감성론적 기능'의 개념notion이 우리를 인도하는 것은 1장에서 확장된 실천의 장으로서 이해된 용어, 곧 '시각문화'를 생산적으로 이용하는 것이다. 그런데 그 확장된 실천의 장(시각문화)은, 정서의 개념notion을 통한 감성론적 기능의 이동에 의한 주목할 만한 회귀가 될 것이다. 진실로, 그러한 이행에 있어서 감성론적인 것은 어떤 대상들, 특히 미술사의 규범적인 대상들에 대한 그것의 부착물로부터 배제된다. 이러한 기능으로서의 내재적인 감성론적인 것이 사유될 수 있는 것은 다양한 대상들과 실천들이 잡다하고 상이한 주체들과의 연접 속에서 관련될 때이다. 그래서 아마도, 일종의 시각문화는 결국 일반적인 기호학적 관념들을 통해서가 아니라 오히려 일반적인 감성론적인 것의 개념notion들을 통해서 작동한다.

술의 '개방계'를 제시하는 데에 중점을 둔다. 여기서 중요한 것은 예술의 정의나 미학과 비-미학 간 경계가 아니라, '힘들을 활용하는' 예술의 일반적인 기능이다.

감각의 블록

기념물들

지금까지 나는 이번 장에서 주로 정서의 개념notion을 미술과의 상호 작용 속에서 사용해 왔다. 이러한 점에서 일반적으로 미술은 상호작용 혹은 마주침, 곧 한 신체가 다른 신체에 미치는 효과로서 사유된다. 그렇지만 미술은 또한 하나의 대상을 지칭한다. 곧 우리는 그 지칭들을 내적 결합력의 원리라고 말할 수 있다. 진실로, 앞에서 암시한 바와 같이 미술 그 자체는 일종의 정서적인 배치로서 이해될 수 있다. 그러한 신체적인 정서의 정의와 미술작품에 구체화되는 것으로서의 정서와의 관계는 무엇인가? 그리고 아마도, 더욱 중요한 것은 우리가 어떻게 비미술로부터 미술(혹은 심지어 나쁜 미술로부터 좋은 미술)을 구별할 것인가? 어떤 의미에서 우리는 정서 그리고 감성론의 정의와 함께 이미 그러한 종류의 경계를 정하는 실행을 멈추었다. 그 경계의 선들은 아직도 거기에 존재하지만 그것들은 더욱더 복합적이고 우발적이다. 한 개체에 대한 창조적 탈영토화로서 작동하는 것(스피노자의 용어로는 즐거운 마주침)이 다른 개체에게는 작용하지 않는다(이런 점에서 관객이 특별한 주체성을 생산하는 것의 문제 ── 특별한 대상에 대한 그/그녀의 투자 ──는 중요한 것이 된다). 그러나 관객으로부터 유발되는 이러한 미술의 정의는 만족스럽지 못한 것 같다(바르트의 저자의 죽음이라는 것에도 불구하고). 또한 제작이라는 관점으로부터 미술을 '정의하는' 것은 없는가? 진실로, 무엇이 생생한 물질로서의 실존을 '넘어' 미술을 구성하는 것인가? 들뢰즈와 가타리는 『철학이란 무엇인가』에서 일종의 해답을 제시한다. 그것은 스타일이다. 스타일은 물질을 조직한다. 스타일은 체험된 지각작용들과 정서들을 미술의 영역 안으로 데려간다. 따라서 "각 개별적 경우에 있어서 체험된 지각작용들을 지각으로 그리고 체험된 변용들을 정서들로 들어올리기 위해서 ── 작가의 문장, 음악가의 음계들과 리듬들, 화가의 선들과 색채들과 같은 ── 스타일이 필요하다"(*WP* 170). 스타일은 미술을 생산하고, 감각들의 특별한 조합을 생산하고 유지한다. 그리고 그렇게 함으로써 스타일은 정서의 전형적인 다발들로 이해되며 단지 평범한 작품을 생산하는 견해에 대립된다. 자코메티를 인용하면서 들뢰즈와 가타리가 언급하는 바와 같이 엄밀히 스타일은 '시간과 공간 속에서 지정된 그러한 비전들이다'(*WP* 171).

그러므로 달리 말해서 미술은 지나치는 감각들을 보존하는, 그렇지 않다면 지나쳐 가는 하나의 조성된 것으로서 이해된다. "보존되는 것은 ── 사물 혹은 미술작품에서 ── **감각들의 블록, 지각들과 정서들의 복합물이다**"(*WP* 164). 지각들은 이제 더 이상 기원에 의존하지 않는 지각작용들이며 "지각들을 경험하는 사람들의 어떤 상태와도 독립적이다"(*WP* 164). 또한 마찬가지로『철학이란 무엇인가』에서 들뢰즈와 가타리가 논의하는 것과 같이 정서들도 그것들이 유래하는 곳과 독립적이다. 정서들은 '더 이상 감정들이나 변용들이 아니다. 그러므로 정서들은 그것들을 경험하는 사람들의 능력을 넘어선다'(*WP* 164). 이러한 두 요소는, 함께 예술작품들, 곧 감각의 블록들을 조성하고 감각의 블록들의 '유효성은 그것들 자체에 있으며 체험된 모든 것을 초과한다'(*WP* 164). 또한 들뢰즈와 가타리가 언급하는 것처럼 지각과 정서는 미술을 일종의 '존재' 곧 "인간이 부재하는 가운데 '실존하는 것'이라고 언급될 수 있는 것으로 만든다. 왜냐하면 돌 안에서, 캔버스에서, 혹은 문장에 의해서 인간이 사로잡히는 것처럼 인간 자체는 지각과 정서의 복합물이기 때문이다"(*WP* 164).

"예술가는 정서들과 지각들의 블록들을 창조한다. 그렇지만 복합물은 그 스스로 지탱해야 된다는 것이 창조의 유일한 법칙이다"(*WP* 164). 그러므로 미술은 세계에서 독립적으로 그리고 자립적으로 실존하며 그렇게 함으로써 생산자와는 독립적으로 '작용한다'. 이러한 점에서 미술은 그것이 비록 몇 안 되는 선들로 이루어졌다 하더라도 일종의 기념비로 이해되어야 한다. 그러나 그 기념비가 과거를 기념하는 것은 아니다. 그러므로 미술작품은 기원과 관계가 없다(예술가의 주체적 상태에서 그리고 시간이나 기타 등등을 생산하는 방식에서). 분명, 기념비는 일찍이 현존하는 부재를 소환하거나 다시 나타나게 하는 것이 아니다. 다시 말해서 기념비는 미술을 위한 재료들이 발견되어야 하는 것이 아니라 오히려 '단어들과 소리들' 혹은 '색조들과 색채'의 복합재료라는 점에서 [인간의—옮긴이] 기억 '안에' 있는 것이 아니다(*WP* 164). 이러한 점에서 우리는 해체적/탈구축적 패러다임과 예술가의 '현존하는 부재' 그리고 일종의 흔적과 서명으로서의 미술을 사라지게 했다. 확실히 우리 모두 재현으로부터 탈출했다. 기호학의 어휘도 아니고 재현과도 관계가 없는 새로운 어휘가 필요하며 그것을 들뢰즈와 가타리가 우리에게 제시한다. 들뢰즈가 제시하는 것은 세 가지 '위대한 기념비적 유형들', 곧 '감각의 복합물들'의 '변이성들'varieties/variétés이다(*WP* 168). 들뢰즈와 가타리는 조각과 관련해서

그러한 변이들을 사유하지만 그것들은 명백하게 모든 미술의 형식과 관련된다.[37]

> 감각을 진동시키고 ── 감각을 결합시키고 ── 감각을 트이게 하거나 쪼개고 그리고 비워내는 것. 이러한 유형들은 돌이나 대리석 혹은 금속의 감각들을 가지고 조각의 거의 순수상태 그대로를 보여 준다. 그러한 감각들은 박자의 강약질서에 따라 돌출부와 파인 곳을 진동시키며, 또한 강력한 어우러짐으로 돌출부와 파인 곳을 뒤섞어 얽으며, 군상들 사이에 혹은 한 군상 안에 커다란 빈 공간들을 안배함으로써 우리는 거기에서 조각하고 조각되는 것이 빛인지 공기인지 더 이상 분간할 수 없다. (*WP* 168)

이런 점에서 미술 대상에는 어떠한 수사학도 '독해'도 존재하지 않는다.[38] 여기에서 우리가 주목할 수 있는 것은, 엄격히 말해 감각

---

37) 또한 이러한 세 가지 유형들의 '복합적 감각들', 곧 '진동들'이 단지 예술의 특징인 것만은 아니다. 예술에서 그러한 진동이 취하는 형식은 명백하게 정적인 '재료의 복합물'이지만, 이러한 진동은 다른 곳에서 더 빠르거나 밀도가 더 낮은 재료에서 발생한다. 이러한 의미에서 유기적이든 비유기적이든 모든 생명은 '진동적'이다(새로운 과학들이 제시하는 것처럼 물질은 단지 밀도가 가장 높은 진동수다).

38) 5장에서의 논의를 조금 먼저 살펴보기 위해, 이와 유사하게 미술에 접근하기를 요구한 상황주의자들을 (이 경우에는 영국 지부) 여기 인용해 두자. 1958년의 발언으로, 팸플릿 *The Revolution of Modern Art and the Modern Art of Revolution*(Clarke et al., 1994)에 인용되어 있다.

"상황주의자들의 목적은, 의식적으로 통제된 일시적 계기들을 통해 다양하고 정열적인 삶에 직접 참여하는 것이다. 이러한 계기들의 가치는 오로지 실제적인 효과를 통해서만 지속될 수 있다. 상황주의자들은 문화적 활동을 전체성의 관점에서, 일상생활을 실험적으로 구축하는 방법으로 파악한다. […] 예술은 감각의 해석이기를 그만두고 더욱더 성숙한 감각을

들의 블록으로서 미술의 일반적인 특성화와 함께, 위에서의 들뢰즈와 가타리의 물질과 운동의 '언어'는——최소한 그것이 미술의 기표적 특성을 주목하는 한——미술사의 언어가 아니라는 것이다. 진실로, 우리가 말할 수 있는 것은 그러한 운동과 물질의 언어는 미술 대상의 은밀한 욕망과 두려움의 대상이며, 이런 의미에서 운동과 물질의 언어가 제공하는 것은 더 이상 기표, 기의와 관계하지 않는 미술의 '언어'이다(T.J. 클라크가 일찍이 언급한 바와 같이 영화이론으로부터 끌어왔다[Clarke, 1992]).[39]

그러므로 들뢰즈와 가타리에게 미술은 어떤 리듬 속으로 접합된 지각들과 정서들의 조성이다. 예술가들은 그러한 새로운 변이성들 혹은 정서들의 복합물들을 세계에 추가하고, 새로운 리듬들을 만드는 사람들이다.[40] 이것을 달리 표현하면 예술은 또 다른 가능세계들의

직접 창조할 수 있다"[인용자 강조] (Clarke et al, 1994: 10)

39) 이와 관련하여 주목할 만한 것은 '유물론적' 미술사가 직면할 수 있는 아포리아인데, 아주 간략하게 말하면 다음과 같다. 대상의 역사를 다루는 가운데 이데올로기의 장막(문화적 독해/의미meaning)에 가려진 재료적 대상을 어떻게 다룰 것인가? 예술을 재현 안에, 그리고 재현으로서 위치 짓는 것으로서 이데올로기와 역사가 동의어이기 때문에 문제가 발생하는 것이다. 예컨대 '예술의 사회사'와 더불어 예술의 성격이 늘 이미 이데올로기적이라 상정된다(실로 예술은 이데올로기이다). 이러한 관점에서 재료와 물질의 언어는 일종의 주물화(fetishisation), 의미 밖으로의 출혈, 곧 의미의 수사법의 출혈, 바로 역사일 것이다. 그러한 예술의 '언어'는 (여전히 그렇게 불릴 수 있다면) '예술의 사회사'가 배격하는 매우 이데올로기적인 신비화를 범하게 될 것이고, 그러한 재료와 물질의 언어는 오로지 다른 모델——혹은 다른 패러다임——에서만 '의미'(sense)가 통한다(그리고 이 패러다임은, 만일 반동적이지 않다면, 항상 다른 것들에 비해 소박하다고 판단될 것이다).

40) 들뢰즈와 가타리는 예술에 대해 이야기하는 것과 동일한 방식으로 '혁명'에 관해서도 이야기한다.
"혁명들은 승리 이후까지 살아남지는 못한다. 그러나 혁명의 성공은 오직 그 자체 안에, 정확히 말해 혁명이 이루어졌을 때 사람들에게 주어진 떨림, 밀착, 그리고 열림 속에 있고, 이것들 자체는 늘 되기의 과정에 있는 기념비를, 마치 각 여행자들이 돌을 올려 쌓는 봉분처럼

생산이다(결국 이 세계는 감각들의 블록과 정서들의 배치가 아니라면 달리 무엇이겠는가?). 그러한 가능세계들은 주요한 구성요소인 잠재적인 것 ─정서의 영역─ 을 구체화한다. 그러므로 "기념비는 잠재적 사건을 현실화시키는 것이 아니라 잠재적 사건을 구체화하고 구현하는 것이다. 곧 기념비는 잠재적 사건에 어떤 신체와 삶/생명 그리고 우주를 부여한다. [⋯] 그러한 우주들은 잠재적이지도 현실적이지도 않다. 그것들은 가능한 것들 곧 '감성론적 범주로서 가능한 것'이다" (WP 177). 실제로, 내가 다음 장에서 시도하는 것이 미술을 엄밀하게 잠재적인 것의 현실화로서 사유하는 것이다(지리철학의 형식으로서의 예술). 그렇지만 여기서는 다른 가능세계들, 다른 우주들의 구현이 미술이다. 이것은 거의 아도르노와 '유토피아적 일순간'(다른·세계의 전망과 그 약속으로서의 미술)의 개념notion으로 회귀하는 것이다. 그러나 아무튼 들뢰즈와 가타리에게 그러한 세계들이 부정적으로 제시되어진 것은 아니다. 미술은 그러한 가능세계들의 부정적 재현이 아니다. 분명, 그러한 의미에서 가능세계들은, 그것들의 관중을 존재하도록 소환해야 함에도 불구하고 유토피아적 세계들이 아니라 아주 즉각적으로 존재하는 세계들이다.

구성하는 것이다. 혁명의 승리는 내재적이며, 사람들 사이에 새로운 유대를 구축한다. 비록 이 유대가 혁명의 용해된 물질만큼 오래 존속하지 않고 곧바로 분열과 배반에 무너질지라도 말이다"(WP 177).
여기, 혁명에 대한 들뢰즈와 가타리의 논의에, 그들이 어떻게 다른 '재현적' 사상가들과 다른지를 보여 주는 사례연구가 있다. 들뢰즈와 가타리에게 혁명은 문제들과 한계들을 수반하는 '새로운 시작/잃어버린 근원'에 대한 욕망이 아니라, 지금 그대로의 삶의 연접성과 되기의 긍정으로서 이해되어야 하는 것이다.

되기들

그러므로 미술작품은 재현이 아니라 오히려 특정한 세계관의 표현이다. 이러한 점에서 예술가는 그들 미술의 의미의 근원으로서가 아니라 '위대한 건강상태' 곧 정서의 영역을 힐끗 보는 하나의 개체로서 그 중요한 위치를 회복한다. 그러므로 "그들 대개가 손상되기 쉬운 병약한 건강상태를 지니는 것은 지병이나 신경증 때문이 아니라, 예술가들이 삶 속에서, 그 누구라도 감당키 벅찬 그 무언가를 보았기 때문이다"(WP 172). 이러한 의미에서 예술가는 "견자이자 되어 가는 자이다"(WP 171). 그러므로 명백히 창조적 개체는 니체적 구성체로서 나타난다.[41] 그(녀)는 이미 전형적으로 그리고 예술적 방법을 통하여 경험한 세상의 기초가 되는 생명의 힘 곧 비유기적 힘의 세상을 보았으며, 그러한 경험을 지각들과 정서들의 블록을 통하여 우리에게 제시할 수 있다. 좀 더 세속적 수준에서 간명하게 말할 수 있는 것은 예술가는 이미 주어진 기표화하는 구성체들과 정서적인 배치들을 '넘어서' 이해하고 새로운 것들을 제공할 수 있는 그(녀)이다.

'지각들'은 "자연의 비인간적인 풍경"으로서 이해될 수 있다. 그러므로 지각들은 인간을 탈영토화시키는 것이다(WP 169). 또한 정서들은 "인간의 비-인간적인 생성들"로서 이해될 수 있다(WP 169). 『천 개의 고원』 모든 곳에서 생성은 더 많은 전형적인 미메시스를 세상 속

---

41) 니체에 관한 들뢰즈의 저작, 특히 마지막 절인 「디오니소스와 차라투스트라」에서는 "되기를 긍정하고" "항상 영원회귀를 동반하는" "웃음, 놀이, 춤"을 논의한다(NI 189~194). 또한 키스 안셀 피어슨의 흥미로운 해석인 "Towards the Overhuman: On the Art and Artifice of Nietzsche's Selection"(Ansell Pearson, 1997: 37~56) 참조.

관계의 분절로 대체한다. 1장에서 보았던 것처럼 말벌과 서양란은 서로를 모방하는 것이 아니라 오히려 서로가 '되어 가며', 정서적인 포획의 형식에 포함된다. 남성 또한 그러한 되기들, 곧 여자-되기에 참여한다. 이러한 여자-되기는 다른 생소한 생성들로 되어 가는 문턱으로서 종국에는 앙리 미쇼와 더불어서 분자-되기인 동물-되기, 식물-되기와 같은 것이다.[42] 어떤 의미에서 '되기'의 개념들notions은 '존재' 개념들notions의 비판으로서 이해될 수 있다. '존재'가 항상 정적이고 동일성들을 고정시킨다면 되기들은 유동적이고 역동적이다. 재현은 모두 존재와 관계한다. 재현은 진실들과 기원들 그리고 본질들의 **재현**이다. 그러므로 **존재**는 존재들 안에서 **재현**되어진 것이다. **미술**은 **미술작품들** 안에서 **재현**되어진 것이다. 들뢰즈와 가타리에게 그러한 것은 진실로 결코 사실이 아니었다. 존재는 없다. 곧 최소한 되기의 과정들과 분리된 존재는 없다. 우리의 세계가 구축하는 것은 되기의 계기들, 신체들의 섞기, 힘들의 만남, 모든 현상들의 끊임없는 해석과 상호연접이다. 이러한 과정에는 어떠한 시작도 끝도 없다. 들뢰즈와 가타리가 언급하는 것처럼, "우리는 세계 안에 있는 것이 아니며, 우리는

---

42) 미쇼에게 이 '분자적이게 되기'는 (여러 다른 실천들 가운데서도) 메스칼린의 이용을 통해 가능했다.

"메스칼린은 의식적이게 되기의 내적 계기들을 증대시키고, 왕성하게 하고, 가속화하고, 강화한다. 당신은 상황 파악을 못한 채 넋을 잃고 그 계기들의 엄청난 홍수를 본다. 눈을 감고 당신은 거대한 세계 앞에 서 있다. 당신은 아무것도 준비되어 있지 않고, 알 수도 없다. 서로 아주 가까이 접해 있고 빈 공간이 없는 작은 섬들에서 맹렬히 현재적이고, 활발하고, 다채롭고, 득시글거린다. 우글거리고, 떨리지만 움직이지 않고, 장식품으로 굶아 가고, 여전히 헤아릴 수 없는 공간을 가득 채운다. 그 공간은 활기를 띠며 펄펄 끓고, 뒤얽히고, 피할 수 없이 쌓인다"(Michaux, 1999).

세계와 함께 되어 간다. 그러므로 우리는 세계를 관조함으로써 되어 간다. 모든 것은 비전이고 되기이다. 우리는 우주들이 된다. 동물-되기, 식물-되기, 분자-되기 그리고 제로-되기"(*WP* 173).

예술가란 그가 우리에게 제공하는 지각들과 비전들에 관한 한, 정서들의 현시자이고 창안자이며 창조자이다. 이것은 모든 예술에 해당되어야 할 말이다. 예술가는 단지 그의 작품 속에서만 정서들을 창조하는 것이 아니라 그것들을 우리에게 제시해 주며, 그것들과 더불어 우리가 생성되도록 하며 우리를 복합물 안으로 끌어들인다. 뒤러의 엉겅퀴, 보나르의 미모사처럼 반 고흐의 해바라기는 되기들이다. (*WP* 175)

반 고흐는 해바라기들을 그릴 때 해바라기가 되고, 우리는 반 고흐의 회화를 볼 때, 마주칠 때 해바라기가 된다. 우리는 감각들을 통과한다는 의미가 된다. 따라서 "단어들, 색채들, 소리들에 의해서든, 돌에 의해서든 미술은 감각들의 언어이다"(*WP* 176). 게다가 예술가의 스타일을 통해서 그러한 되기는 이루어진다. 이러한 의미에서 되기는 감각들의 포획이며, '사물들 사이를 지나가는 것'이다. 그러므로 "오직 삶/생명만이 생물체들이 소용돌이치며 선회하는 그러한 지대들을 창조해 내며, 또한 예술만이 유일하게 자신의 공동-창조의 기획 안에서 그 지대들에 도달하고 스며들 수 있다"(*WP* 173). 그러므로 미술은 그러한 불확정 지대들의 '생존방식'이며(이것이 반드시 미술작품이 물리적으로 지속될 것이란 것을 의미하는 것은 아님에도 불구하고), 그렇기 때문에 미술은 토대를 필요로 한다. 이것은 재료가 감각으로 변화해 가는 합성면/조성면plane of composition으로서의 미술작품의 특정한 공헌이다. 그런 점에서 만약 의미meaning가 어떤 효용이나 의미sense를 가진다면 그것은 재료와 감각 사이의 만남을 기술하는 것이며, 이러한 만남이 말하는 것은 의미meaning는 더 이상 로고스중심적인 것 곧 다시 말해서 수사적인 것이 아니라는 것이다. 따라서 "감성론적 형상들 그리고 감성론적 형상들을 창조하는 스타일은 **전혀 수사학과 관계가 없다**. 감성론적 형상들은 감각들, 곧 지각들과 정서들, 풍경들과 얼굴들, 비전들과 되기들이다"(강조는 인용자, *WP* 177). 그러므로 예술은 되기들을 얼게 하고 그런 다음 해방시키는 것이다.

구상에 대항하다

들뢰즈와 가타리는 『철학이란 무엇인가』에서 종종 문학과 미술에서의 '문학적 순간'을 참고문으로 인용한다. 어떤 의미에서 이러한 것은 결점이 되는 것 같은데, 왜냐하면 구상적인 것에 의존하는 미술이론은 의미작용의 이론들이 되는 경향이 있기 때문이다. 다시 말해서, 들뢰즈와 가타리가 참조하는 미술은 보여지고 재인될 필요가 있다고 할 수 있다. 사실, 그러한 미술은 그것이 어떤 다른 것이기 이전에 재현에 관한 것임에 틀림없다. 그러므로 여기에는 모순과 최소한 해명할 필요가 있는 문제가 있다. 왜냐하면 들뢰즈와 가타리가 반 고흐의 「해바라기들」(Sunflowers)을 논의할 때 거기에는 '재인' 혹은 엄격히 말해서 '독해'의 순간이 전제되기 때문이다(해바라기들이 되기 위해서 먼저 우리는 해바라기들을 동일시할 필요가 있지 않을까?). 구상을 포함하지 않는 생성이 있을까? 비구상적인 것 그리고 추상은 어떻게 되는가?

사실, 들뢰즈와 가타리는 『철학이란 무엇인가』에서 추상(그리고 개념적) 미술에 관해서는 보다 적게 접근하고 다소간 그것들을 얕보고 있다. 또한 들뢰즈와 가타리는 추상미술과 개념미술을 철학과 연결된 미술로 이해하고 있다. 그러므로 "추상미술과 개념미술은 미술과 철학을 접합하는 최근의 두 가지 시도이며, 그럼에도 그러한 시도들은 감각을 개념으로 대체하지 않는다. 오히려 그것들이 창조하는 것은 감각들이지 개념들이 아니다"(WP 198). 들뢰즈와 가타리에게 추상미술은 감각(사실 개념의 감각)의 탈물질화이다. 한편, 개념미술은 "이와는 반대로 충분히 중성화된 합성면/조성면을 설치함으로써 일반화를 통한 탈물질화를 추구한다"(WP 198). 들뢰즈와 가타리가 주장하는 이러한 개념미술은 '정보제공적인' 것이 될 위험이 있다. 그러므로 개념미술에서의 감각은 그것을 "구체화하는가" 아닌가를 결정짓는, 다시 말하면 그것이 미술인가 아닌가를 결정짓는 관객의 단순한 "견해"에 의존한다(WP 198). 실제로, 이러한 반작용적인 '견해'가 『철학이란 무엇인가』에서 다루는 대상들 중 하나이다. 여기서 우리는, 추상미술로 돌아가기 전에, 들뢰즈와 가타리의 개념미술에 대한 개념notion을 간단히 교정할 수 있다. 왜냐하면 이렇게 어느 정도 미술을 '구체화하는' ─ 혹은 오히려 미술인지 아닌지를 결정하는 ─ 관람자의 '견해'에 의존하는 것은 개념미술의 선언적인 의도들 중 하나였기 때문이다. 그러므로 들뢰즈와 가타리의 미술 이론(특히 회화 이론에서)은 개념미술 그 자체가 의도적으로 ('감성론적'이거나 표현적인 대상으로부터) 거리를 둔 이론으로 '회귀'하는 것으로 이해될 수 있다. 그렇지만, 마찬가지로 말할 수 있는 것은 들뢰즈와 가타리가 개념미술을 잘못 이해했을 수도 있다는 것이다.[43] 진실로, 내가 주장하고자 하는 것은 개념미술은 그것이 아주 엄격히 실천되어졌을 때, 들뢰즈와 가타리가 미술이라고 부르는 것보다 철학이라고 말하는 것과 더 밀접한 관계가 있었다(그럼에도 들뢰즈와 가타리가 사유를 철학, 과학, 예술의 세 부분으로 분할한 것은 당연히, '개념미술'의 라벨을 매우 풍부하게 만들었다)는 것이다. 나는『철학이란 무엇인가』에서 성취된 개념의 기능들을 4장에서 검토할 것이며 그럼에도 여기서 주목할 것은 개념들의 구성체는 문제들을 제기하고 그러한 문제들에 수반하는 '해법들'의 창조와 밀접히 관련된다는 것이다. "모든 개념들은 문제들에 연접되고, 문제들 없이 그 개념들은 의미를 갖지 않으며, 문제들 그 자체는 다만 해법의 드러남에 따라서 분절되거나 이해된다"(WP 16). 게다가, 이러한 의미에서 내가 주장하는 개념미술은 문제들을 제기하는 것과 연접되고 특히 '예술'을 정의하는 문제들과 관련된다.

또한 들뢰즈와 가타리가 주장하는 추상미술로 되돌아가면,

추상미술은 건축술적인 합성면/조성면을 두드러지게 함으로써 단지 감각을 정제하고, 탈물질화하는 것이며, 그때 그 면 안에서 감각

---

43) [옮긴이] 들뢰즈가 개념미술을 견해에 의존한다고 비판하는 것은 좁은 의미의 개념미술이다. 곧 1960년대 미국 개념미술가들, 조셉 코수스(Joseph Kosuth), 로버트 배리(Robert Barry), 로렌스 와이너(Lawrence Weiner), 온 카와라(On Kawara) 등이 해당한다. 이들은 구조주의적이고 체계적이며 언어적 접근을 통한 미술의 유형을 제시한 것이다. 그러므로 마르셀 뒤샹(Marcel Duchamp) 등 모더니즘이 재현을 거부하면서 등장한 개념적 경향과는 구별해야 한다.

은 순수한 정신적인 존재가 되고, 밝게 사유하고 사유되는 물질이 되며, 그리고 더 이상 사유나 나무의 감각이 아니라 바다나 나무의 개념에 대한 감각이 된다.(*WP* 198)

실로, 이것은 일종의 눈먼 얼룩인가? 비-구상적인 것의 이론은 개념을 경유하여 구상으로 복귀해야만 하는가('바다나 나무에 대한 개념의 감각')? 곧 달리 말하면 추상적인 것은 미술로부터 개념으로 움직여야만 하는가? 사실, 우리는 이러한 아포리아를 제거하기 위해 들뢰즈와 가타리를 이용할 수 있다. 우리가 익혀야 할 것은 다음과 같이 미술(추상회화를 포함해서)을 '힘들'의 성좌로서 사유하는 것이다.

그리고 무엇보다도 회화를 추상적인 것으로 만드는 것은 다음과 같은 것들이다. 힘들을 소환하는 것, 색면을 그것이 소지하는 힘들로 가득 채우는 것, 비가시적인 힘들을 그 자체에서 가시적이게 하는 것, 기하학적인 외양들이지만 단지 힘들(중력, 중량, 회전, 소용돌이, 폭발, 팽창, 발아 그리고 시간의 힘들)만 존재하는 형상들을 세우는 것.(*WP* 181~182)

그러므로 우리는 비-구상 미술을 힘들에 '대한' 것 곧 "세계를 가득 채우고 우리를 변용시키며, 우리를 되기로 만드는 지각 불가능한 힘들을 지각 가능하게" 하는 것에 대한 것으로 이해할 수 있다(*WP* 182). 게다가, 재현의 범위를 넘어서서 가리키는 것은 바로 많은 미술사와 삐걱거리는 미술의 특성, 곧 힘들의 '언어'이다. 이러한 입장에서 미술은 감각들을 경험하는 것에 대한 것이며, 미술의 힘(들)이 우리 주체성의 힘(들)에 작용하는 것을 허용하는 것이다. 따라서 "모든 회화처럼, 추상회화는 감각, 오직 감각이다"(*WP* 183). 이러한 의미에서 우리는 회화사를 감각의 논리 곧 우리를 비유기적인 '삶/생명'으로 개방하는 논리로 다시 지칭할 수 있다.

그러나 이것이 완전한 대답은 아니다. 왜냐하면 결국 들뢰즈에게 힘들의 추상회화는 일종의 비유기적인 회화의 정점이 아니기 때문이다. 그러한 비유기적인 회화는 그것이 상관적이게 되고 실로 우리 자신들에게(그리고 우리의 신경시스템에) 직접적으로 영향을 미치려면 형상 혹은 **형상적인 것**을 필요로 한다. 형상적인 것은 구상이 아니다. 들뢰즈는 특히 프랜시스 베이컨에 관한 그의 책에서 재현에 관한 주요한 수사들 중 하나인 구상(서술과 삽화로 이해된다)에 반대한다. 그러나 또한 형상적인 것은 순수한 추상도 아니다. 오히려 형상적인 것은 형상의 탈영토화이며(일종의 중간적인 길이다) 그렇게 함으로써 형상적인 것의 출발점으로서 형상을 필요로 한다. 그러면 형상적인 것은 재현을 전복시키기 위해 어떻게 작동하는가? 이 지점에서 베이컨에 대한 들뢰즈의 책을 통한 우회가 필요하다.

형상적인 것

들뢰즈-베이컨에게 형상적인 것은 구상적인 것을 변형시키거나 구상적인 것에 폭력을 행사하는 것이다. 여기에서, 우리는 구상적인 것을 세계 안에서 우리가 재현되고 우리 자신을 재현하는 전형적인 방식, 곧 단순히 우리의 동일성을 재보증하는 형식들로서 이해할 수 있다.[44] 먼저, 형상적인 것은 격리의 메커니즘을 통하여 다음과 같은 것을 수행한다. 곧 형상은 서술 혹은 진실로 어떤 설명적인 기능과는 분리된 '사실의 문제'로서 현시된다. 들뢰즈는 다음과 같이 언급한다.

> 형상Figure[45]을 격리하는 것이 첫번째 조건일 것이다. 구상적인 것(재현)이 내포하는 것은 설명할 대상과 그 이미지의 관계이다. 그러나 구상적인 것은 또한 특정한 대상을 각각의 이미지에 할당하는 합성된 전체 안에서 한 이미지가 다른 이미지와 맺는 관계를 내포한다. 서술은 삽화의 상관물이다. 하나의 스토리는 삽화를 넣은 전체에 생기를 불어넣기 위해 두 형상들figures 사이의 공간으로 미끄러지고 미끄러지는 경향이 있다. (*FB* 2~3)

그러므로 우리는 '미술'의 틀 안으로 형상을 배치함으로써 서술(실제로는 재현)은 무력하게 된다고 말할 수 있다. 그러나 그러한 격리는 단지 과정 중에 있는 어떤 순간이다. 왜냐하면 그러한 형상은 또한 탈영토화들의 출발점과 형상을 넘어선 움직임으로 작용하기 때문이

---

44) 들뢰즈는 다음과 같이 말한다.
　"재현이 대상과 관계되어 있다면, 이 관계는 재현의 형식으로부터 나오는 것이다. 이 대상이 유기체이고 유기화라면, 재현의 형식이 무엇보다 그 자체로 유기적이기 때문이고, 재현의 형식이 무엇보다 인간의 유기적인 삶을 주체로서 표현하기 때문이다"(*FB* 126).
45) [옮긴이] 저자는 들뢰즈가 제시하는 형상(Figure, 形狀)과 형상(figure, 形象)을 구별하기보다는 리오타르가 제시하는 형상적인 것 그리고 형상성의 관점에서 설명을 전개하고 있다. 물론 타당한 관점이기는 하지만 엄밀히 말하면 형상적인 것은 기표를 탈주하는 것이지만 거기에 부정과 결핍을 도입하는 것이며 형상(Figure, 形狀)은 긍정과 과잉의 전개 곧 무의미와 의미가 펼쳐지는 표면의 지대이다. 들뢰즈의 표면에는 부정과 결핍이 존재하지 않는다.

다. 이러한 점에서 형상적인 것은 구상적인 것과 비구상적인 것의 사이에 존재한다. 형상적인 것을 상이하게 배치하는 것은 형상의 되기를 포함한다. 그것은 동물-되기("베이컨의 회화가 구성하는 것은 인간과 동물 사이의 형식적인 대응들 대신에 **식별불가능성 혹은 결정불가능성의 지대이다**"[*FB* 21])이며 결국에는 지각 불가능하게-되기("동물-되기가 아무리 중요하더라도 그것은 단지 형상이 사라지는 더 깊은 지각 불가능하게-되기에서의 어떤 무대에 불과하다"[*FB* 27])이다. 우리는 이것을 베이컨 초상화의 머리와 관련해서 알 수 있으며 거기에서 베이컨은 (『천 개의 고원』의 용어로) 얼굴성의 과정들(이것들은 모더니티의 추상기계로 기표화[흰 벽]와 주체화[검은 구멍]를 생산한다)을 전복하기를 시도한다. 『천 개의 고원』에서 들뢰즈와 가타리는 다음과 같이 언급한다.

인간이 어떤 운명을 지닌다는 점에서라면 그것은 차라리 얼굴에서 벗어나는 것, 얼굴과 얼굴화를 망치는 것, 지각불가능하게 되는 것, 잠행자가 되는 것일 것이다. 그리고 그것은 동물성으로의 회귀나 머리로의 회귀에 의해서가 아니라 매우 정신적이고 특별한 동물-되기에 의해서, 벽을 뛰어넘고 검은 구멍들로부터 벗어나는, 진정 이상한 되기에 의해서이다. (*ATP* 171)

그러므로 베이컨의 머리들은 '탐색하는 머리들'이며 얼굴과 얼굴성으로부터 달아나는 선들이다. 중요한 것은, 탐색하는 머리들은 일종의 원시적인 전-얼굴성으로의 회귀가 아니다. 사실, 탐색하는 머리들은 얼굴의 지대에서 발생하는 탈출이자 그 지대에서의 일종의 말더듬기이다. 부언하면, 탐색하는 머리들은 반드시 머리들의 그림들이 아니라 오히려 얼굴성을 전복시키려 어떤 장치가 필요하다. 왜냐하면 탐색하는 머리들은 단지 머리들이 아니라, 회화 안에서의 얼굴들과 풍경들로부터 세계 안에서의 얼굴화와 풍경작용까지 기표화와 주체성을 생산하는 대부분의 메커니즘에 해당되기 때문이다. 따라서,

> 당신은 흰 벽 위에 핀으로 꽂힐 것이고 검은 구멍 속에 처박힐 것이다. 이 기계는 얼굴성 기계라고 불린다. 왜냐하면 이 기계는 얼굴의 사회적 생산이기 때문이며, 온몸과 그 윤곽들과 그 대상들의 얼굴화를, 전세계와 모든 환경의 풍경화를 작동시키기 때문이다. (*ATP* 181)

그러므로 정확히 얼굴화는 어떤(**바로 그것은** 아닐지라도) 인간 조직화의 시스템으로서 이해되어야 한다. 진실로, 얼굴화는 **대표적인** 재현이다. 덧붙여서, 우리는 매스미디어의 정서적인 배치가 오늘날 작동하는 그러한 얼굴성-기계의 점점 강력한 (심지어 어떤 촉진을 말할 수 있는) 구성요소라는 것을 주목할 수 있다.

따라서 탐색하는 머리들은 얼굴을 넘어서는 지대를 탐험하는 것이며, 그 지대에서 단지 얼굴은 하나의 추출이요, 결정화일 뿐이다. 이런 점에서 탐색하는 머리들은 카오스로의 움직임이다. 탐색하는 머리들은 다음과 같은 장치들이다. "자신들의 행로에서 지층들을 해체하고, 기표화의 벽을 관통하고, 주체성의 구멍들에서 분출하고, 진정한 리좀들을 위해 나무들을 쓰러뜨리고, 긍정적인 탈영토화의 선들과 창

조적인 탈주선들 위로 흐름들을 인도하는 것"이다(*ATP* 190). 그러나 또한 탐색하는 머리들(그 이름이 나타내는 것처럼)은 다르고 더 기이하며 유동적인 유기화의 양태들을 생산한다. 따라서 "얼굴 너머에 완전히 다른 비인간성이 있다. 그것은 더 이상 원시적인 머리의 비인간성이 아니라 '탐색하는-머리들'의 비인간성이다. 이 탐색하는 머리들의 비-인간성에서 탈영토화의 첨점들은 작동이 일어나고, 긍정적이며 절대적인 탈영토화의 선들이 되며, 새롭고 낯선 되기들과 다성성을 형성한다"(*ATP* 190~191).

그러므로 탐색하는 머리들은 더 많은 실험적이고 비전통적인 예술적 실천들을 지칭하는 것이다. 그러한 실천들은 탈얼굴화처럼 보이지는 않지만, 점점 더 복잡해지는 얼굴화의 시스템들과 더불어서 함께하기에(여기서 우리는 커뮤니케이션 과학기술을 사유한다) 그 시스템에서의 탈주선들은 그 자체로 점점 더 복잡하고 익숙하지 않게 될 것이며, 그렇게 함으로써, '흰 벽'의 다른 면에서 생산된 영토들이 될 것이다. 이러한 새로운 주체성 생산의 사례연구는 집단적이고 협력적인 실천들이 될 것이고, 그런 실천들은 고의적으로 개체주의적이고 원자화된 주체성들의 생산을 제거할 것이다. 나는 다음 장에서 탐색하는 머리들의 개별 연구로서 이해되는 것과 함께 그러한 실천들로 회귀할 것이다. 중요한 것은, 탐색하는 머리들은 어떤 다른 장소로부터 도래하지 않는다는 점이다. 실제, 탐색하는 머리들은 얼굴들과 같은 재료^{stuff}로부터 만들어진다. 분명 우리는 탐색하는 머리들을 생산하는 같은 기계들이 또한 얼굴들을 생산한다는 것을 말할 수 있다. 얼굴들은 '유용한' 주체성들과 배치들이 되고(예를 들면 자본가의 생산

양식과 관련해서) 탐색하는 머리들은 종종 잉여물이나 막다른 골목들로서 나타난다.

베이컨의 회화와 관련해서 그러한 탈얼굴화와 형상적인 것의 전개는 바탕 혹은 색면(우리는 이것을 세계라고 부를 수 있다), 윤곽 혹은 막 그리고 형상 그 자체를 구성하는 매우 특별한 시스템을 포함한다. 특히 윤곽은 결정적인 역할을 한다. 왜냐하면 그것은 형상을 격리시키고 영역들을 생산할 뿐만 아니라 바깥 혹은 바탕과의 접촉과 소통을 허용하기 때문이다. 이런 점에서 윤곽은 "탈영토화하는 것"으로 작동한다(FB 32). 베이컨의 회화가 나타내는 것은 그러한 세 요소 사이의 관계와 그 요소 사이의 운동들이다. 진실로, 그러한 세 요소의 관계가 구성하는 것은 각각의 특별한 회화의 특별한 리듬이다. 우리가, 이미 말한 지각들과 정서들의 관점에서 말하자면, 지각은 바탕이나 풍경이고 반면에 정서는 형상이다. 그러므로 그것들의 상호관계가 미술의 내용을 구성한다. 이러한 점에서 모든 미술은 리듬을 지니며 영역과 그 영역의 바깥 사이의 관계를 소유한다. 그러므로 특히 중대한 것은 이미지, 곧 대상 혹은 실천을 그것들의 바깥과 연접하는 탈영토화하는 것, 곧 탈주선의 위치를 밝혀내는 것이다.

들뢰즈와 가타리는 미술의 기능들을 틀 잡고 그 틀을 해체하는 것과 관련해서 『철학이란 무엇인가』에서 비슷한 논지를 전개한다. 미술이 포함하는 것은 틀을 잡는 것, 영역을 구획하는 것, 곧 집을 건설하는 것이다. 그렇지만 그러한 집은 언제나 바깥으로, 우주(힘들의 비조직적인 세계)로 열려 있다(WP 182).[46] 미술은 번갈아가며 탈영토화를 허용하고 탈영토화의 조건들을 생산하는 영토화의 조건이다. 이런 점에서 모든 미술은 동물과 함께 그리고 영역을 구획하는 것과 함께 시작한다. 진실로, 단지 동물 곧 예술가가 영역을 생산하는 것이 아니라 오히려 영역이 동물 곧 참으로 예술가를 생산한다. 게다가 이런 점에서 미술은 일종의 반복구로서 사유될 수 있다. 그것은 지역적 반복구로서 우주적 반복구로 펼쳐진다(들뢰즈와 가타리가 언급하는 바와 같이 우리는 언제나 순환 안에서 하나의 틈을 남겨야 한다)(*ATP* 311). 그러므로 음악은 모든 예술의 대표적인 것으로 이해되어야 하는데, 왜냐하면 더 큰 반복구 안에서 특별한 지역적 반복구를 생산하는 것을 포함하기 때문이다. 마찬가지로 건축은 모든 예술의 첫번째로서 위치지을 수 있는데, 그것은 영역과 우리를 인간으로서 정의하는 **아비투스** habitus를 생산하는 것을 포함하기 때문이다(*WP* 186). 우리는 시각예술이 이러한 두 가지 극점들 사이를 움직인다고 말할 수 있다(그리고 진실로 현대미술의 확장된 장 안에서 두 가지를 다 이용하라).

들뢰즈-베이컨에게 이러한 형상의 탈영토화, 그러한 기관 없는 신체/탈기관체들의 생산을 가능하게 하는 것은 디아그람diagram/diagramme[47]이다(여기서 기관 없는 신체/탈기관체는 유기체/유기화 '아래에' 놓이는 것으로 이해할 수 있다[*FB* 50]). 회화에서 ── 특히 베이컨

---

46) 우리는 여기서 타틀린의 '타워'에서 앨런 캐프로의 '해프닝'에 이르기까지, 근대예술이 지어 낸 다른 종류의 '집들' 혹은 영토들에 주목할 수 있을 것이다. 이러한 도시주의의 개념(notion)은 예술(특히 상황주의자들의 확장된 건축적 실천)이 생산해 내는 접힘과 관련하여 5장에서 다시 다룬다.

47) [옮긴이] 디아그람은 독특성들, 곧 순수사건들의 분배와 방출로서 힘들의 관계를 나타내는 도표나 도해 같은 것이다. 통상적으로 번역하는 '다이어그램'은 그러한 힘들을 가두고 통제하는 것으로 보아서 '디아그람' 그대로 번역하였다.

회화에서 — 디아그람은 형상으로부터 형상적인 것이 출현하는 것을 허용하는 임의의 흔적들을 만드는 것을 포함한다. 그러므로 "디아그람은 탈기표적이고 비재현적인 선들과 지역들, 선-필치들 그리고 색채-얼룩들의 작동 전체이다"(*FB* 101).[48] 우리는 이러한 디아그람의 규칙들을 다른 종류의 예술에 적용할 수 있으며, 모든 예술은 우연을 동반하는 행위, 그러한 접촉과 의식적 조정을 넘어서는 것을 수반하는 사용을 포함해야 한다(바타유의 표현으로, 그것은 세속적 실재를 넘어서는 움직임이다). 이런 점에서, 존재론적으로 임의의 발생들이 예술을 구성한다(그리고 임의의 발생들은 그것에서 생기는 어떤 사고가 아니다). 이런 의미에서 미술은 결코 전적으로 미리 결정되어지거나 앞서서 작동되는 것이 아니라, 카오스와의 그러한 생산적인 마주침을 포함해야 한다.

그러므로 디아그람은 "카오스이자 대재난이지만, 또한 질서 혹은 리듬의 배胚이다. 그것은 구상적으로 주어진 것에 대한 격렬한 카오스이지만, 회화의 새로운 질서에 대한 리듬의 배胚이다"(*FB* 102).[49] 디

---

48) 회화적 디아그람의 또 다른 예는 게르하르드 리히터의 추상화와 관련하여 5장에서 살펴볼 것이다.

49) 또한 현대 전자음악에서 노이즈를 이용하는 '글리치'(glitch) 장르에 주목할 수 있을 것이다. 무작위의 '실수'가 새로운 리트로넬로의 가능성을 만들어 낸다. 자크 아탈리도 노이즈에 관해 비슷한 견해를 보인다. 곧 깨뜨리는 것은 또한 창조하는 것이다.
"가동 중인 코드들이 노이즈를 정상화하고 억제하지 못한다면, 네트워크는 노이즈에 의해 공격받고 변형되어 파괴될 수 있다. 새로운 질서가 오래된 질서의 구조 속에 들어 있지 않을지라도, 이는 우연의 산물이 아니다. 오래된 차이들을 새로운 차이들로 대체함으로써 창출되는 것이다. 구조화하는 코드에서 노이즈는 이러한 돌연변이의 원천이 된다. 죽음을 함축하고 있지만, 노이즈는 자체 내에 질서를 가져온다. 바로 새로운 정보를 가져오는 것이다"(Attali, 1985: 33).

아그람은 "다른 세계의 출현"을 제안하기 위하여 기회를 능숙히 조정하는 것이다(*FB* 100). 들뢰즈가 언급하는 것처럼, "… 베이컨에 따르면 디아그람의 법칙은 다음과 같다. 우리는 구상적 형식을 가지고 출발하고, 디아그람은 [구상적 형식에—옮긴이] 개입을 하고 그것을 뒤섞는다. 그리고 완전히 다른 본성의 형식이 디아그람으로부터 솟아오르며, 그리고 우리는 이것을 형상Figure이라고 부른다"(*FB* 156). 이런 의미에서 모든 미술은 세계를 생산하거나 제안하는 것이라고 말할 수 있다. 그리고 그렇게 생산된 세상은 지금까지는 볼 수 없는 것이었지만 언제나 보여진 것으로부터 생산된 것이다.

회화 안에서 형상적인 것은 유비적인 방식으로 작동하고, 그렇기 때문에 비-유사적인 수단을 통하여 유사성들을 생산한다(*FB* 115). 결국, 이러한 유비적 시스템은 색채와 색채의 변조를 통하여 작용한다. 형상적인 것은 색채에 의하여 생산된 영역이자 유사성의 형식이다. 그러므로 디아그람은 또한 색채 지도 곧 감각의 지도이다. 이런 점에서 우리는 감각을 신체에 대한 힘들의 행위로 이해할 수 있다(*FB* 45). 엄격히 말해서 그런 힘들은 '전이하는' 것이 가능하고(또한 그 힘들은 우리의 신경 시스템에 직접적으로 작용한다), 어떤 영역(이 영역이 아무리 유동적일지라도) 안으로 '포함되는' 것이 필요하다. 게다가, 우리는 그러한 영역 곧 감각의 복합체를 리듬으로 부를 수 있다.[50]

그러나 이 모든 것이 위험 없이 존재하는 것은 아니다. 진실로, 들

---

50) 이러한 의미에서 베이컨의 회화는 '리드미컬한 성격'의 산출과 관련되어 있다(*FB* 65~73 참조).

뢰즈-베이컨에게는 형상적인 것의 중도中道가 피해야 할 말하자면 두 가지 '잘못된' 입장이 있다. 그것은 구상(서술과 삽화 곧 재현이다)과 형상의 절대적 탈영토화 곧 완전한 추상으로의 움직임이다(우리는 그러한 것들을 너무 느린 움직임과 ─ 재현 안으로 잔존하는 것 ─ 너무 빠른 움직임의 ─ 폐지의 선 ─ 쌍둥이 위험으로 부를 수 있다). 구상은 클리셰cliché(매일 우리를 둘러싸는 구성체를 기표화하는 것)를 통하여 작동한다. 따라서 "우리는 나타내 보여 주는 사진, 설명해 주는 신문들, 영화-이미지들, 텔레비전-이미지들에 의하여 포위되어 있다"(FB 87). 이러한 것들은 물리적인 클리셰로서 ─심적인 클리셰("이미 만들어진 지각작용들, 기억들, 환상들")도 존재하지만─ 화가가 붓을 담그기 전에도 캔버스를 가득 채운다(FB 87). 그 클리셰를 이해하는 또 다른 방식은 습관들, 시각의 습관들, 사유의 습관들로서 존재한다. 미술은 그 자체의 논리로 그러한 습관들 곧 클리셰들에 대항한다.[51]

더 나아가서 구상과 달리 추상은 두 가지 양상들로 분리될 수 있다. 첫번째의 것은 순수하거나 기하학적인 추상인데 이것은 시각적인 것을 들어올리고, 종국에는 구상으로 회귀하는 것이다. 왜냐하면 그것은 (시각적이고 정신적인) 코드를 포함하거나, 달리 표현하면 뇌를 통과하기 (들뢰즈-베이컨이 주장하는 칸딘스키의 경우) 때문이다 (FB 104~105). 그것은 기표화하는 미술, 곧 독해되기를 기다리는 미

---

51) 들뢰즈는 에세이 "Cold and Heat"(CH)에서 또 다른 화가 ─제라르 프로망제 ─의 논리를 탐구하는데, 여기서 일상적 현실을 무너뜨리는 것은 예술가가 사용하는 일종의 **병적인** (hyper) 클리셰이다. "복사본, 복사본의 복사본을 스스로 뒤집고 원형을 만들어 내는 지점까지 밀어붙이기: 팝아트, 곧 '강화된 현실'을 만들어 내는 회화"(CH 65).

술이다. 진실로 이 점에 있어서, 우리는 구상회화와 기하학적 추상회화 둘 모두를 반대하는, 같은 비판을 할 수 있다. 따라서 구상회화와 기하학적 추상회화는 뇌를 통과하고, 직접적으로 신경 시스템에 작용하지 않으며, 감각에 도달하지 않고, 형상을 자유롭게 하지 않는다. 이러한 것 모두, 구상회화와 기하학적 추상회화가 **하나의 같은 수준**에 남아 있기 때문이다(*FB* 36). 추상의 두번째 형식인 액션페인팅(잭슨 폴록의 경우가 전형적이다)은 전면적인 디아그람(순수하게 촉지적인 공간)을 제공한다. 그렇게 함으로써, 들뢰즈-베이컨에 의하면 액션페인팅은 신경 시스템 위에 작용하는 능력을 상실한다(*WP* 109). 형상적인 것은 [구상을 회피하는―옮긴이] 그러한 '길'에서 마찬가지로 급진적임에도 불구하고 능력을 상실하는 것을 피한다. 그러므로 우리가 말할 수 있는 것은, 베이컨 작품 안에서 형상적인 것은 들뢰즈의 철학적 프로젝트(특히 『천 개의 고원』에서), 곧 인간(존재의 습관적 양태 다시 말하면 재현적인 양태)을 넘어서는 사유와 평행적이다. 이 두 가지 프로젝트는 형상이나 인간을 간단히 제거하는 것을 포함하는 것이 아니라 일종의 형상을 잡아늘이는 것 혹은 비틀어 돌리는 것, 단절하는 것과 말을 더듬거리는 것, 형상 안에서 힘들을 해방하는 것 그리고 형상 없이 존재하는 힘들의 접촉을 포함한다(사실, 이 두 프로젝트는 같은 작용을 한다). 이러한 의미에서, 특별히 베이컨과 들뢰즈는 마니에리스트 mannerist이다(*FB* 161). 이 두 사람이 관심을 갖고 있는 것은 형상 '뒤에서' 형상적인 것을 드러내고 가시적인 것 '뒤에서' 비가시적인 것을 드러내는 것이다.

추상과 고딕선 그리고 폴록 대對 베이컨

베이컨에 관한 책에서, 들뢰즈는 '야만인 미술'이 '유기적 재현을 벗어나는' 두 가지 방법이 있다고 언급한다. 그것은 "움직이고 있는 신체 덩어리에 의해서이거나, 평평한 선의 속도와 방향의 변화에 의해서이다"(FB 129). 또한 그렇게 평평한 선은 '북국의 선'으로 알려져 있는데, 이것은 "쉴 새 없이 부서지고 깨어지며 끊임없이 방향을 바꾸면서 그 자체 내에서 소멸되거나, 그렇지 않으면 주변적이거나 소용돌이치는 격렬한 운동 속에서 그 자체로 되돌아가는 것에 의해서 무한성으로 나아가는" 것이다(FB 129). 이것은 폴록의 회화에 대해서 기술하는 것 같고, 실제로 들뢰즈는 이러한 것을 참고한다. 그렇지만 베이컨과 들뢰즈에게 추상과 추상적인 것, 유목적 선의 거장으로서 남아 있는 것은 미쇼이다. 왜냐하면 폴록과 달리 미쇼는 "디아그람의 거장으로서 남아 있었기 때문이다"(FB 110). 그 대신에, 추상표현주의의 전면 회화들은 회화 전체와 합류하는 디아그람으로 구성된다("다소간, 지도처럼 이것은 지역만큼 크다"[FB 104]). 그러한 회화들은 "촉지적이고 손적인 공간"을 생산하며, 이것은 어떠한 경계도 설정하지 않는다(안쪽/바깥쪽이 아니다). 단지 그 회화들은 다음과 같이 색의 얼룩들과 고딕선으로 구성된다.

> 폴록에게서는 이러한 선-터치와 색-얼룩이 그들 기능의 한계까지 밀고 나아간다. 따라서 그것은 더 이상 형태의 변형이 아니라 물질의 탈구성으로서, 우리를 선의 상태나 알갱이화 되게 한다. 그러므로 회화는 대재난-회화가 됨과 동시에 디아그람-회화가 된다.(FB 105)

확실히, 폴록은 현대의 **유일한** 유목적 화가인 것 같다. 폴록은 보링거가 말하는 북방의 후계자이며, 고딕선이고, 회화를 최대한 탈영토화 한 화가이다. 그러므로 들뢰즈가 언급하는 바와 같이, 중요한 문제는 왜 베이컨이 그러한 길 곧 고딕의 길을 따르지 않았는가라는 것이다. 그 해답은——하여튼 베이컨에게—— 감각이 비록 폴록과 함께 달성되었다 하더라도, "그것은 치료할 수 없을 만큼 혼란된 채로 남아 있다"라는 것이다(FB 109). 왜냐하면, "디아그람은 회화 전체를 덮고, 그러한 증식이 실질적인 '혼란'을 일으키기 때문이다"(FB 109). 베이컨이 주의할 슬로건은 언제나 윤곽을 보존하라는 것이다. 이런 점에서 회화는 제한되어 있어야만 되고, 디아그람은 국지화되어야 하며, 통제되고 작동하는 채로 남아 있어야만 된다(FB 110). 그러므로 폴록은 태양에 너무 가까이 다가갔다고 말할 수 있다. 왜냐하면 카오스와 대립되고, 대재난과 최대한 가까이 있다는 점에서, 새로운 세계의 배胚가 나타남에도 불구하고, 베이컨에게 폴록의 회화는 너무 나아간 것이기 때문이다.[52]

그러나, 우리는 베이컨이 폴록의 회화에 충분히 유의하지 않았다고 주장할 수 있다. 왜냐하면, 폴록의 회화들은 당연히 통제되었고, 다

---

52) 옥타비오 파스도 폴록의 회화에 관해 매우 비슷한 견해를 가지는데, 상세히 인용할 가치가 있다.

"회화는 사물에 대한 해, 물, 소금, 불, 혹은 시간의 작용과 **같다**. 추상화와 자연현상은 어느 정도는 **우발적**이다. 사건의 두 개 이상의 계열이 갑작스럽고 뜻하지 않게 교차하는 것이다. 많은 경우 그 결과는 놀랍다. 이러한 회화는 생물체의 단편, 코스모스 밖으로 베어지거나 가열되어 펄펄 끓는 덩어리이다. 그렇지만 폴록의 회화가 그러하듯, 이 또한 불완전한 예술이다. 그의 위대한 캔버스는 시작도 끝도 없다. 그림의 크기와 쏟아 부은 에너지가 거대한데도 완전한 세계라기보다는 커다란 물질덩어리로만 보이는 것이다"(Paz, 1983: 29).

른 논평자가 지적했던 것처럼 단지 하나의 마주침 곧 하나의 "광적인 춤"의 기록은 아니었기 때문이다(비록 폴록의 회화들이 그러한 요소들, 계기들을 지닌다 할지라도)(*FB* 106).[53] 사실, 폴록의 회화들은 잠깐 멈추는 것과 다시 칠하는 것을 포함하는 일련의 반성들과 변양들의 생산물이다. 그럼에도 불구하고 우리는 디아그람이 작동되는지 아닌지(들뢰즈-베이컨이 디아그람이라는 용어를 사용하는 의미에서) 물어야만 한다. 폴록의 회화들에서 디아그람은 형상적인 것(다른 세계로 이해되는 것)이 출현하는 것을 허용하는가? 우리는, 비교적 최근, 폴록에 대한 두 명의 논평자에게서 그러한 질문에 대한 긍정적인 답변을 얻을 수 있다. 먼저, 크리스테바가 주장하는 것은, 〈푸른 막대기(Blue Poles)〉(1952)와 같은 회화에서 우리는 확실하게 폴록의 작품에서 형상들이 생산되고 있는 것을 본다는 것이다. 그럼에도 불구하고 크리스테바가 명확히 하는 것은, 초기의 폴록의 '전면'회화는 ─ 그녀에게 ─ 분명히 비-구상적이고 게다가 그것 또한 우리가 비-형상적이라고 생각해야 된다는 것이다.[54] 그러나, 그러면 형상적인 것이 어떤 종류의 영역이 아니라면 그것은 무엇일까? 폴록의 회화들은 인간

---

53) 클라크의 *Farewell to an Idea: Episodes from a History of Modernism*(Clarke, 1999: 324~326) 참조.

54) 크리스테바는 다음과 같이 언급한다.
"〈작은병 향기(*Le Flacon Scent*)〉(1955)와 〈조사(*Search*)〉(1955)는 폴록이 마지막으로 남긴 위대한 회화다. 붓의 환희에 찬 관능(sensuality)(이는 '물감 방울의 떨어짐'이 아니라 합성 물감이 사용되었다)은 어떤 형상도 출현시키지 않는 대담하지만 통제된 아라베스크들을 추적하는데, 이를 통해 우리는 [작품의 ─ 옮긴이] **표면**이 아니라 우리에게 저항하는 미지의 불투명한 실체의 강도 높은 섬유성을 보게 ─ 아니면 느끼게 혹은 꿰뚫게 ─ 된다. 우리는 그것을 **물질**로 부를 수 있으며 이제 그것은 예술가의 행위, 심지어 예술가 자신과도 분리될 수 없다"(Kristeva, 1989: 35)

적인 형태나 진실로 어떤 다른 '인식 가능한' 형태라는 점에서는 형상적인 것이 아닐 수 있다. 그러나 폴록의 회화들이 정말로 포함하는 것은 상이한 집합체들과 분리된 영역들이며, 그럼에도 이것들은 유동적인 것들이다. 그것들은 카오스가 아니며 더군다나 확실히 어떤 혼란도 아니다. 사실, 그것은 생산적인데, 왜냐하면 일반적으로 우리에게 **질문하는** 예술의 능력을 구성하는 것 안으로 형상적인 것을 확장하기 때문이다. 이런 점에서 모든 예술이 — 예술이 되기 위하여 — 포함해야 할 것은 형상성의 요소, 카오스로부터 출현하는 질서의 암시, 말하자면 되돌아보는 어떤 것이다(반드시 어떤 얼굴이 아니라 꼭 어떤 '머리'를 포함해야 한다). 이러한 '질서'는 흔적들의 반복, 곧 리듬을 포함한다. 또한 이러한 점에서 확실히 우리는 폴록의 회화가 반복들과 반복구들을 담고 있는 것으로 사유할 수 있다.

두번째는 T. J. 클라크의 폴록에 대한, 특히 회화 〈넘버 1(Number ONE)〉(1949)에 대한 글쓰기로서, 이것은 아마도 더욱 흥미롭고 게다가 들뢰즈-베이컨에 반대하는 것처럼 보이며 형상적인 것을 더욱더 복잡한 장 속으로 펼치는 것 같다. 클라크가 『관념과의 작별』에서 관심을 쏟는 것은 그러한 회화의 특별한 특징으로서, 이것은 재현과 모든 추상 사이의 일종의 극한점이다.[55] 사실, 형상적 요소들은 손짓의 흔적들이고, 핸드프린트들이며, 채색의 흔적들 혹은 올가미이며, 특히 그것들은 회화의 절정에서 나타난다(이것은 일종의 격렬하게 움직이는 운동 혹은 순간이다). 그러므로 클라크가 확신하는 것은, 회화는

---

55) Clarke(1999: 310~313) 참조.

인간적인 척도를 유지하지만 그것은 거의 비-인간적이라는 것이다. 그러한 폴록의 회화는 형상적인 것, 곧 손적인 흔적 그 자체와 함께 발견되는 형상성으로서 존재하는가? 우리는 형상성을 만들어진 것으로서의 예술의 특징, 예술가의 스타일의 특징으로 이해할 수 있으며, 게다가 형상성이 반드시 (비록 탈변형되고 전복되더라도) 인간적 형태를 그리는 것에 국한되는 것은 아니다. 이러한 의미에서, 우리는 1960년대와 1970년대에 출현하는 확장된 실천들을 형상적인 것으로 사유할 수 있는데, 예를 들면 행위예술에서 인간 신체는 그 자체로 형상적인 것이 되고 설치미술과 '해프닝'에서 형상적인 것은 단지 최소한의 기술로 유지된다. 그러므로 또한 더욱 최근의 미술실천들은 형상이 부족하지만 확실히 복잡성과 지향성을 포함하며, 그럼에도 불구하고 그러한 복잡성과 지향성이 우리의 습관적인 얼굴화하는 경향들과 일치하기는 어렵다.[56]

종결부: 알레고리와 미술의 미래 경향에 대하여

이번 장이 재현으로서 미술의 개념notion에 반대하는 글임에도 불구하고 중요하게 주목할 것은, 미술은 (특히 현대미술에서) 기표화하는 재료의 조작에 의하여 작동된다는 것이며, 진실로 그러한 조작의 특정한 특징이 최소한(일정 부분) 미술을 다른 문화의 양상들로부터 구별한다는 것이다. 이것은 크레이그 오웬스와 그 밖의 다른 사람들로 회

---

56) 그러한 실천의 사례연구로서, 내게는 캐시 윌크스가 만든 복잡하고 강렬한 배치가 떠오른다. *Cathy Wilkes*(Wilkes, 2001) 참조. 또한 윌크스의 실천에 관한 나의 에세이 "Ten Concepts Following Cathy Wilkes' Practice"(O'Sullivan, 2005c: 65~70) 참조.

귀하는 것이 아니고, 미술 안에서 일반적인 포스트모던의 알레고리 적인 충격을 규정하는 것이며, 그럼에도 현대미술은 기호들의 다양한 체제에 포함된다는 것을 주목할 수 있다.[57]

게다가 우리는 현대미술은 종종 이전의 미술을 참조하거나 이전의 미술적 형식들(좀 더 확실히 말하면 더욱더 대중적이고 하위적인 문화로부터의 형식들)의 반복을 포함하는 것을 주목할 수 있다.[58] 들뢰

---

57) 크레이그 오웬스의 영향력 있는 에세이 "The Allegorical Impulse: Towards a Theory of Postmodernism"(Owens, 1998) 참조. 그의 에세이는 우리가 미학(혹은 **상징적** 계기)의 붕괴를 가져온다고 특징지을 수 있는 '포스트모던' 미술에서 알레고리적 충동을 확인하고, 발터 벤야민의 저작들을 이용하여 이 알레고리적 충동을 서술한다 ──읽기의 태도, 정확히는 양태로서 이해된다("하나의 텍스트는 다른 텍스트를 **통해 읽힌다**"[316]). 바로 여기서 우리는 실천들이 '의미의 약속을 간구하면서도 미루는', 명확히 해체적인/탈구축적인 태도와 마주치는 것이다(Owens, 1998: 318). 오웬스에게 알레고리는 또한 현대미술에 현실적인 내적 구조를 제시한다. 그래서 '알레고리적 충동'이다.

"차용, 장소 특정성, 일시성, 축적, 담론성, 잡종형성 ──이 다양한 전략들은 현대미술의 많은 부분을 특징짓고, 이를 근대미술과 구별짓는다. 이것들은 또한 알레고리와 관련되어 보일 때는 하나의 전체를 이루는데, 이는 실제로 포스트모던 미술이 일관된 단일 충동에 의해 확인될 수 있음을 시사한다"(Owens, 1998: 321).

들뢰즈 역시 『주름』의 한 구절에서 벤야민의 알레고리 개념을 다루지만, 연기의 메커니즘이 아니라 서로 다른 '관점=시선의 점'의 다양체로서 이해된다(F 125~127).

58) 에세이 "The New Moderns?"(O'Sullivan, 2005b)에서 나는 현대미술 실천에서 이처럼 이전 미술, 특히 근대적 형식을 이용하는 것에 대해 탐구했다. *Postproduction*(Bourriaud, 2002)에서 니콜라 부리오 역시 현대미술이 이전 미술 ──또한 다른 문화적 형식들(흔히 더 대중적인 문화들) ──을 이용한다는 것을 다룬다. 따라서 "DJ와 프로그래머의 쌍둥이 형식"은 우리 시대의 특징이며, "둘 다 문화적 대상들을 선택하여 새로운 문맥 속에 끼워 넣는 작업을 한다"(Bourriaud, 2002: 6). 이제 몽타주와 **방향전환**의 패러다임으로 옮겨 보자. 미술가는 기록보관인이 되고, 전시, 사실상의 스튜디오는(아니면 실로 어느 장소든) 생산의 장소가 된다. 여기서 중요한 것은, 부리오가 지적하듯이 예술가와 관람객 사이의 구별이 흔들린다는 점이다("자신의 작업을 다른 이들의 작업 속에 끼워 넣는 이러한 예술가들은 생산과 소비, 창조와 복제, 레디메이드와 원작 간의 전통적인 구별을 근절하는 데에 기여한다"[Bourriaud, 2002: 6]). 부리오의 논의는 어느 정도 우리를 1장의 영역으로 돌려놓는데, 확장된 생산 개념(notion)의 윤곽을 그린다는 점에서, 그리고 현대미술가들은 "미술작품을 자율적이거나 독창적인 형식이라 여기지 않고 기호와 기호작용의 네트워크 내에 기꺼이 새겨 넣는다"(Bourriaud, 2002: 10)라고 진단하는 점에서 그러하다. 따라서 그는 그러한 문화 전문가들을

즈에게, 특히 베이컨에 관한 책에서 이러한 이전 형식의 사용은 심지어 그것이 시도하는 것이 클리셰를 전유하고 패러디하는 것일지라도 클리셰의 사용이 될 것이다(이러한 의미에서 아이러니는 그것이 공격하는 체제 속으로 사로잡히게 되고 "클리셰의 환경" 안의 함정에 빠뜨려진다)(*FB* 87). 특히 들뢰즈에게 미술(여기서는 회화)은 이미 존재하는 기호들이나 코드들의 조작과 관계하는 것이 **아니라**, 정확히 언제나 이미 그러한 시스템들 아래에 존재하는 야생성에 접근한다. 마찬가지로『철학이란 무엇인가』에서 미술은 통념으로서 ── 보고 말하는 우리의 전형적인 방식들 ── 이해되는 클리셰를 전복시키며, 게다가 그러한 통념의 영역은 이전의 미술을 포함할 것이다.

그럼에도 불구하고 사실 미술이 필요로 하는 것은 이전 형식에 대한 어떤 종류의 반복이 작동되는 것이다. 이러한 점에서 아카이브의 문제는 중요하게 되고, 그러한 아카이브들을 철저하게 연구하는 예술가들도 또한 중요한 것이다(아카이브들이 무엇이건 그리고 어디에 있건, 아카이브들은 존재할 것이다). 사진을 모으는 베이컨의 취미가 적절한 사례가 될 것이다(게다가 진실로 들뢰즈는 그러한 것에 주목한다). 실제로, 미술은 세상의 물질로 만들어지고 형상적인 것과 탈영토화를 향한 중요한 준비단계는 언제나 세상 안에서의 클리셰의 다발

'기호모험가들'(semionauts)이라고 부른다(Bourriaud, 2002: 12). 하지만 우리는 부리오의 설명에 따르면 미학, 혹은 미술의 정서적 양상에 무슨 일이 일어난 것인지 묻고 싶어질 것이다(되기는 어디에 있는가?). 또한 이러한 추출하고 혼합하는 실천들에 대해, 부리오가 옹호하는 것과 소비자 문화가 제공하는 것이 서로 어떻게 다른지 묻고 싶어질 것이다(이때 들뢰즈와 가타리의 스타일 개념[notion]이 결정적이다).

곧 간단히 하나의 영역으로 이해되는 우리 자신들이다. 그러므로 아마도 미술은 언제나 클리셰와 형상적인 것을 향하는 두 가지 방향을 대면하고 있다. 곧 이것을 『천 개의 고원』의 서론은 다음과 같이 나타낸다.

> 기계적 배치는 층들을 향하고 있으며, 층들은 확실히 그 배치들을 일종의 유기체, 의미작용하는 전체성, 주체로 귀속될 수 있는 규정으로 만든다. 또한 그 기계적 배치는 기관 없는 신체/탈기관체로도 향하며, 이것은 끊임없이 유기체를 해체하고, 탈의미작용적 입자들 혹은 순수한 강도들을 통과시키거나 순환시킨다. (ATP 4)

그러므로 미술은 클리셰에 대항하기 위하여 클리셰의 구성요소들을 이용할 수 있다. 미술은 변용들, 지각작용들, 견해의 세 가지 유기화(다시 말하면 존재에 대한 우리의 습관적인 양태)를 수행하지 않는다. 게다가 미술은 어떤 다른 것, 다른 유기화 혹은 배치, 세상의 다른 '수확', 곧 사실은 다른 세계 그 자체를 대체한다. 그러므로 우리는 실제로 미술의 탈영토화하는 역량, 미술의 정서적인 차원은 '역사', 과거 형식의 이용과 혼합, 지난 정서적인 배치들을 통해서 생산된다고 말할 수 있다. 진실로 이러한 것이 종종 미술의 성공적인 작품을 만드는 것이다. 따라서 미술은 그러한 세상을 넘어서기 위해 세상의 재료stuff를 이용한다(게다가 미술은 기표화하고 탈기표화하는 많은 상이한 등록기들을 작동시킨다). 그러므로 우리는 '감성론적 계기'의 명백한 단순성은 종합적인 역사적 복잡성의 결과라고 말할 수 있다. 진실로 미술은 그러한 단순하지만 복잡한 대상에 대한 이름이다.

사실, 이러한 미술의 기표화하거나 개념적인 기능은 진실로 미술의 정서적인 기능과 분리할 수 없다. 그러한 기능 둘 다 순환적 인과성에 포함된다(스피노자로 되돌아가서, 우리는 개념들을 정서들의 결과 그 자체들로 이해할 수 있으며, 마찬가지로 개념이 '야기하는 것은' 새로운 정서들을 일으키는 것이다). 그러므로 진실로 역사 그 자체는 신체들과 미술 대상들에 압축되는 것처럼 정서들의 역사(되기들의 역사)이다. 그러므로 미술은 역사의 '바깥에' 놓여 있는 것을 경험하기 위한 수단들을 생산하는 정리되어 있지 않은 정거장과 같다(들뢰즈는 니체를 따라서 그러한 것을 "반시대적인 것"이라고 일컫는다)(*WP* 111). 이러한 의미에서 미술은 언제나 두 가지 방식들을 주시한다. 곧 미술은 세계를 마주하면서(우리는 미술이 자본주의에 의해 예시된 형식들을 향한다고 말할 수 있다) 동시에 우주를 마주한다(그러한 형식들로부터 잠재력의 영역으로의 탈주선).

미술의 진기함, 새로운 복합체들로 이루어진 미술의 구성은 종종 이상하고 생소하게 나타난다. 미술은 오히려 미술의 생산자를 놀라게 할지도 모른다(말하자면 미술은 거꾸로 미술가에게 말을 걸거나 '다른 어딘가에서' 나타나는 것처럼 보인다). 이것은 본래적으로 미술은 존재론적으로 난해하다는 것을 의미한다. 미술은 이미 구성된 관객을 위해서 만들어지는 것이 아니라, 사실은 미술의 관객을 창조한다. 미술은 "새로운 조화들, 새로운 조형적이고 선율적인 풍경들, 새로운 리듬적인 특성들"의 추출을 통해서 새로운 민중을 앞으로 소환한다(*WP* 176). 새롭게 제시된 합성적/조성적 미술은 우리로 하여금 새로운 방식들로 느끼고 추론하도록 한다. 실로, 이러한 의미에서 현대미술(또한 모든 예술에 있어서 현대적인 것)은 특별한 역량을 유지하는데, 왜냐하면 미술이 비록 이전의 형식을 이용할지라도 미술은 새로운 방식으로 게다가 아직 실재화되지 않았던 것을 계획하여 그러한 것을 수행하기 때문이다. 그러한 미술이 생산하는 것은 내부의 이미 구성된 영역들로부터의 탈주선이며, 그 결과 미술은 되기의 새로운 양태들과 언젠가는 도래할 민중을 위한 새로운 세계들을 생산한다. 우리가 다음 장에서 보게 될 것이지만, 그러한 것이 의미하는 것은 미술은 예언적 기능을 소유한다는 것이다. 곧 미술은 항상 미래지향적이다.

3장 · 미술과 정치적인 것
소수 문학과 전쟁기계 그리고 주체성의 생산

이번 장에서 나는 들뢰즈와 가타리의 글쓰기를 이용하기 위한 가능성들을 면밀히 검토하고자 한다. 그것은 말하자면 미술의 정치적인 효과, 특히 현대적 실천들의 정치적인 효과를 이론화하기 위한 것이다. 이번 장은 세 가지 독립적인 부분들로 분류된다. 우선 내가 다루고자 하는 것은 (일종의 작업도구로서 이해되는) 들뢰즈와 가타리의 중요한 개념인 **소수적인 것**, 곧 정치적이거나 미술적인 전략이 포함할 수 있는 것을 통한 사유의 방식이다. 앞선 두 개의 장에서 소수적인 것의 개념은 미술이 습관적인 구성체들이나 지배적으로 기표화하는 체제들과의 단절을 생산할 수 있다는 방식으로 간단히 언급되어 왔다(그럼에도 일반적으로 그것을 명명하지는 않았다). 여기에서 내가 주목하고자 하는 것은 그러한 단절 속에 포함된 현실적 메커니즘과, 게다가 그 단절이 수반하는 새로운 어떤 것의 긍정을 포함하는 방식이다. 그러므로 첫번째 부분이 줄곧 포함하는 것은 카프카에 관한 들뢰즈와 가타리의 책에서 펼쳐지는 '소수 문학'의 특징들의 기능과 그러한 특징들이 미술실천과 미술이론에 대해서 어떻게 용이하게 영향력이 행사되는지에 관한 몇몇의 사유들이다. 일반적으로 특히 각주들에서 내가 제시해야만 하는 것은 그러한 소수적 실천들에 대한 주석들이다(진실로 현실적 미술 집합체들에 대해 몇 가지를 언급함에도 불구하고). 게다가 나는 마이클 하트와 안토니오 네그리의 『제국』속으로 간단히 우회를 하는데, 그 책이 포함하는 것은 들뢰즈-가타리 프로젝트의 많은 측면들을 현대 지리정치학의 영역에 '적용하는 것'이다.[1] 두번째 부분이 포함하는 것은 논의 주제의 이동과, 게다가 전적으로 미술로부터의 전회이다. 더욱이 두번째 부분이 포함하는 것은 소수적인 것의 전개이지만, 이것은 게릴라의 정치적인 조직과 관련된다. 여기에서 나에게 흥미로운 것은, 미술적인 '전쟁기계'를 위해, 명백히 비-미술적이고 정치적으로 관여된 집합체들로부터 우리가 어떤 교훈들을 알 수 있는가라는 것이다. 우리는 그것이 어떤 논리들과 과정들을 최전면에 내세우는 급진적인 실천의 극단적인 실례를 고찰하는 것의 문제라고 말할 수 있다. 특히 나는 어떻게 그러한 실천들이 특히 집합적인 주체성을 생산하고 창조하는가에 관심이 있다. 이것은 정치적으로 참여적인 실천의 창조적이고 **긍정적인** 측면들, 곧 최소한 더 이의를 제기하는 것에 그리고 비판적인 측면들에 수반되는 것들로서 그 두 가지에 주목하는 것을 포함한다. 여기서, 나는 그와 같은 입장으로 미술적 실천에 손쉽게 연접들을 하는 것이 아니라 그러한 연접들 자체의 밀접한 관계들을 끌어내는 것을 독자들에게 위임한다. 이번 장의 세

---

1) 하트와 네그리 자신들은 『제국』의 서문에 다음과 같은 주를 달았다. "이 책을 집필하는 내내 모델로 삼은 것은 두 개의 학제적 텍스트, 곧 맑스의 『자본론』과 들뢰즈·가타리의 『천 개의 고원』이다"(*E* 415, n4).

번째이자 마지막 부분이 포함하는 것은 들뢰즈와 가타리 각각의 두 텍스트와 특히 주체성의 생산, 게다가 이것을 넘어서는 어떤 종류의 생산에 관한 독해이다.

소수 문학

카프카에 관한 책에서 들뢰즈와 가타리는 소수 문학의 세 가지 규정적인 특징들을 제시한다. 그것은 문학을 혁명적으로 만드는 다음의 조건들과 같은 것이다.

1. 소수 문학은 다수 언어를 탈영토화해야 한다(K 16).

그러한 탈영토화가 포함하는 것은 의미, 곧 언어의 기표화하는 측면들의 중립화와 기표화하는 측면들의 탈기표화하는, 강도적인 측면들을 최전면에 내세우는 것이다. 이것은 사람들 자체의 혀 안에서 일종의 갑작스럽게 말을 더듬는 것 그리고 습관적으로 말을 더듬는 것(곧 '낯선 사람이 되는 것')을 포함한다. 들뢰즈와 가타리가 제시하는 실례는 영어를 '사용'하는 미국 흑인들이다(게다가, 물론 카프카 자신은 독일어를 '사용'한다). 일반적으로 우리는 진행 중인 영어의 혼성화를 생각할 수 있다. 이것의 부수효과는 소수 문학이 '명령어들'의 전달과 명령어가 수반하는 권력의 집행을 방해한다는 것이다('들뢰즈와 가타리가 언급하는 바와 같이 주인들의 모든 언어들을 미워한다는 것이다')(K 26).

2. 소수 문학에서 모든 것은 정치적이다(K 17).

여기서 정치적인 것은 소수 문학에서의 등장인물들의 삶과 개별적인 관심사들은 언제나 더 큰 사회적인, 좀 더 확실히 말하면 비사회적인 환경과 연결된다는 것을 의미한다(예를 들어 가족적이고, 가정적인 단위에 고착되는 것은 아니다). 이러한 점에서 동물-되기는 언제나 정치적이고, 부부관계나 핵가족으로부터의 탈주선(예를 들면 카프카의 그레고르Gregor에 해당한다)이다. 이것은 포인트 1과 연계된다. 곧 동물의 우는 소리는 소리나 탈영토화된 소음처럼 의미를 중성화시키며, 우리는 이것을 재현이나 '인간'됨의 습관들을 중성화시키는 것이라고 말할 수 있다. 여기에서 탈의미작용은 명백히 정치적인 기능을 떠맡는다. 그러므로 탈의미작용은 의미작용과 재현의 지배적인 시스템을 전복시킨다. 사실, 탈의미작용과 의미작용 사이 그리고 일반적으로 문학-언어의 시스템들 사이의 관계는 그 자체로 '정치적인 상황'이며, 권력의 관계(지배와 저항의 관계들)를 표현한다. 들뢰즈와 가타리는 앙리 고바르를 따라서 그러한 관계들에 해당하는 시험적인 매트릭스, 곧 실제로 네 가지 방식의 모델을 다음과 같이 제공한다. 그것은 토속적 언어(지역적이고 영토적이다), 소통 수단적 언어(국제적이고 토속적 언어의 탈영토화이다), 준거적 언어(의미와 문화의 언어이고 문화적 재영토화이다), 신화적 언어이다. 신화적 언어가 위치하는 곳은 "문화적 지평 위이며 그리고 그것은 정신적이고 종교적인 재영토화에 집착한다")(K 23).[2] 이러한 도식은 단지 일시적일 수 있다. 상이한 언어들(그

---

2) 우리는 또한 '신화적 언어'에 대해 '가능세계들'의 생산을 수반하는 것으로서 생각할 수 있을

리고 이것의 기능들) 사이의 관계들은 시간과 공간들의 특징들에 의존하면서 변화할 것이며, 그리고 그것이 말하는 것은 소수적인 것의 정의는 다수적인 것의 정의에 의존할 것이라는 것이다.

3. 소수 문학은 언제나 집합적이다(K 17).

집합적이라는 것은 소수 문학이 집합적인 선언으로서 작용한다는 것을 의미한다. 소수 문학은 개별적인 저자들과 재능들(하여튼 소수 문학 안에는 이러한 것들이 부족하다)을 강조하는 것이 아니라, 오히려 작용의 집합적인 생산을 강조한다(소수 문학은 언제나 이미 협력적인 지위를 지닌다). 이러한 점에서, 우리는 여전히 구성체 안에서 일종의 공동체(때로는 국가) 선임자로서의 진술들에 대한 예술적인 생산을 볼 수 있다.[3] 이것은 소수 문학의 유토피아적(특히 **내재적인**) 기능이다. 그래서 소수 문학이 준비하는(사실, 여러 면에서 창조하는) 방법은 언젠가는 도래할 혁명적인 기계이다("게다가 우리는 소수 문학이 더 이상 특정한 문학들을 지시하기보다 모든 문학의 혁명적인 조건들을 나타낸다는 것을 말할 수 있다"[*K* 18]).

것이다. 그 궤적에 따라 이러한 신화적 재영토화는 초월적이거나 특히 내재적인 성격을 띨 것이다. 이에 관해서는 결론부에서 다시 다룰 것이다.

3) 이러한 '공동체-효과'는 또한 하나의 자율적이게-되기로서 이해될 수 있다. 들뢰즈와 가타리는 다음과 같이 언급한다.
"의식의 보편적 형상으로서의 소수주의자-되기는 자율이라 불린다. 결코 방언과 같은 소수 언어를 사용함으로써, 지방화 혹은 게토화함으로써 혁명적이게 되는 것이 아니다. 소수 요소들을 사용함으로써, 그것들을 연접하고 통접함으로써 우리는 특정하고 예기치 못한, 자율적인 되기를 발명하는 것이다"(*LMM* 151).

나에게는 특히 이러한 마지막의 요점이 우리에게 부여하는 것은 최근의 많은 현대적 미술실천들을 사유하는 골격인 것 같으며, 그러한 실천들은 정확히 유토피아적 추구와 관련되는 것으로 보여진다. 따라서 그것은 주체성의 집단화와 새로운 종류의 공동체를 앞으로 호출하는 것을 암시한다. 나는 그것을 계속해서 고려하기 이전에 간단히 포인트 1과 2를, 게다가 현대적 실천과 관련해서 충분히 사유하고자 한다.

먼저 포인트 1은 다수 언어의 탈영토화이다. 들뢰즈와 가타리가 지적하는 것은 소수 문학은 '어떤 딴 곳에서'나 다수 문학으로부터 '떨어져서' 생기지 않고(이것은 대립이 아니다), 반대로 다수 문학 안에서부터 작동하며, 또한 같은 요소들을 말하자면 단지 다른 방식으로 사용한다는 것이다. 사실, 그것은 단지 소수적인 것이나 다수적인 것의 문제가 아니라 다수적인 것 '내부에서'부터 운동을 생산한다는 점에서 소수 **되기**의 문제이다(만약 소수적인 것이 그러한 운동 곧 '되기의 결정체들'을 명명하는 것이라면, 다수적인 것은 그러한 결정체들의 고정화에 대한 이름이다).[4] 그러므로 다수적인 것과 요컨대 소수적인 것 곧 현대의 실천미술의 언어(들)로서 우리는 무엇을 이해할 수 있을까? 여기에 다섯 가지 제안들이 있다.

첫째, 우리는 다수적인 것과 비교적 최근의 서구미술의 전통 곧 모더니즘을 사유할 수 있으며, 게다가 특히 그러한 것에서 소수인 실

---

4) 「1923년 11월 20일: 언어학의 공준」 고원에서 들뢰즈와 가타리는 소수자들을 "제어할 수 없는 운동들"을 일으키는 "되기의 결정체들"이라 부른다(ATP 106).

천들을 확인할 수 있다. 이런 점에서, 페미니스트와 후기식민주의 미술 실천들과 미술사들 양쪽 다 소수적인 것으로 보여질 수 있으며, 그리고 그 둘 전부가 수행하는 것과 같이, 그것들이 포함하는 것은 모더니즘의 '국제적인 언어' 안에서 일종의 탈영토화 곧 갑작스럽게 말을 더듬는 것이다. 우리는 그러한 소수적 실천들을 한층 더 나아가게 할 수 있으며, 또한 미술의 실천들과 확실히 '합법적인' 모더니즘 비판들을 탈영토화하는 미술사[5] 그리고 참으로 다른 '합법적인' 포스트모던 실천들을 확인할 수 있다(그리고 그러한 소수적 실천들은 미리 비워진 영역으로의 회귀를 완전히 포함한다).[6] 소수적 실천들은 성직자와 당의 강령이 나타나고 명령어들이 주어지는 곳이라면 언제 어디서든지 나타날 것이다.

둘째, 또한 우리는 주변적이고 부조화스런 실천들을 사유할 수 있는데, 이것들은 그 자체로 모더니티의 일부분이었으나 몇 가지 점에서 모더니티에 반대했다. 곧 말하자면 모더니티의 '다른 목소리'였다. 예를 들어, 다다는 언어와 미술의 급작스러운 말더듬이를 만드는 것, 혹은 습관적으로 말더듬는 것을 만들지 않는다면 무가치한 것이었다. 여기서 우리가 주목할 수 있는 것은 다다의 선언서들 그리고 실

---

5) 미술사에 관련된 예를 두 개만 들면, 그리젤다 폴록은 마이클 프리드와 같은 근대주의적 비평가에 대한 T. J. 클라크의 비판적 태도를 다시 페미니즘적으로 비판했고(Pollock, 1993 참조), 이리트 로고프는 전형적인 페미니즘 미술사를 후기식민주의적 주체성과 실천들로 '탈영토화'했다(Rogoff, 2000 참조).
6) 예컨대 폴 우드의 에세이 "Truth and Beauty: The Ruined Abstraction of Gerhard Richter"(Wood, 1994)에서는 포스트모던 이론의 교착을 딛고 일어날 전략으로서 미학으로의 회귀를 요청한다. 우드는 다음과 같이 말한다. "관리가 스스로를 급진적이라 여길 때, 극단적이고 역설적인 반-전략들이 필요할 것이다"(Wood, 1994: 91).

로, 다른 모더니티와 의견을 달리하는 선언서들(미래주의로부터 상황주의자들까지) 모두가 정확하게 앞에서 말한 소수 문학의 세 가지 기준들에 적합하다는 것이다.[7] 여기서는 어떻게, 언제, 왜 소수 문학(혹은 일반적인 소수적 실천)이 다수가 되는지(포획장치)의 문제가 특히 적절할 것이다. 사실, 미술적인 전략이 충분히 포함할 수 있는 것이 탈영토하는 기능을 유지했던 몇 가지 그러한 실천들로의 '회귀'이다. 왜냐하면 미술적인 전략은 소수적 실천이 반드시 다수가 된다는 것이 아니라 단순히 다수적인 것에 의하여 간과된다는 사례가 될 것이기 때문이다.

셋째, 위의 글을 계속해서 참조하면서, 우리는 초점을 약간 바꾸어 미술의 주요한 매체에 대하여 ——특히 회화—— 사유할 수 있는데, 따라서 이것은 캔버스를 포기했거나(해프닝이나 퍼포먼스 등), 그렇지 않으면 형상을 탈영토화하는 소수적인 것으로서의 미술적 실천들을 특성화하는 것이다.[8] 여기에서 우리는 미술에 있어서 일반적인 '소수 되기'를 동일시하는 것을 시작할 수 있다. 미술은 고정된 형태들의 탈영토화와 함께 시작한다. 오늘날 확장된 실천들은 명백히 갤러리 바깥에 그리고 진실로 전형적이고 전통적인 미술의 정의 '바깥에' 위치하는 소수 미술의 계보에 있어서 다만 최근의 순간일 뿐이다.

넷째, 또한 중요하게 재인하는 것은 현대미술 그 자체가 점점 더

---

7) 그렇다면 우리는 『공산당 선언』이 소수 문학의 본보기라 주장할 수 있을 것이다.
8) 적어도 들뢰즈가 묘사하는 바로는, 프랜시스 베이컨은 이러한 의미에서 특히 소수 화가일 것이다. 『감각의 논리』(FB)의 「디아그람」, 특히 pp. 99~110 참조. 또한 이 책 2장의 두번째 절도 참조할 것.

국제미술시장(그리고 특히 증대하는 국제 비엔날레의 현존), 곧 일종의 소통수단적-준거적 '세계적인' 언어로부터 파생된 형식을 띤다는 것이다. 그러므로 소수적 실천은 현대미술 생산의 세계적 언어를 '더듬거리게 하는 것' 예를 들면 지역적인 것에 초점을 맞추는 것(토속적인 것으로의 전회) 혹은 특별히 비미술적인 재료들을 사용하는 것에 그 자체를 관련시킨다. 이러한 점에서 여러 철학자들에 대한 토마스 허쉬호른의 기념비들은 적절한 사례가 될 것인데, 그럼에도 불구하고 우리가 원할 수 있는 것은 '도큐멘타'에 의해서 위임된 실천이 진실로 언제나 소수적인 것으로서 위치 지어질 수 있는지 어떤지를 요구하는 것이다.[9] 더 좋은 실례는 '아웃사이더 미술'일 수 있는데, 그럼에도 이러한 범주 그 자체는 파괴될 필요가 있고 그것들이 원하는 조건으로 고찰된 특정한 실천들이 필요하며 게다가 우리는 증대하는 많은 실례들의 상품화를 설명해야 한다. 여기서 중요한 문제는 자본주의에 대한 소수적인 것의 관계이다. 한편, 우리는 소수적인 것을 자본의 확장이라는 매우 어려운 상황에서 작동하는 것으로 확인할 수 있다. 따라서 소수적인 것은 새로운 형식들의 생산을 포함한다. 다른 한편, 소수적 실천은 정확히 상품형식을 갑자기 더듬고 습관적으로 더듬을 것이며, 이미 실존하는 자본의 형식들을 분해할 것이고 진실로 자본의 바로 그 논리를 넘어서 움직일 것이다.

다섯째, 각각의 경우에 있어서 그러한 다수적인 것의 탈영토화는

---

9) 허쉬호른의 바타유 모뉴먼트는 다양한 비-미술적 재료를 포함하며, 모뉴먼트가 세워질 공공 영역 주택 건설 계획의 거주자를 참여시키는 일종의 '자기생산하는 공동체 현장'이었다 (Fietzek, 2003: 334~337 참조).

어느 정도 의미의 중성화와 미술의 강도적이고 정서적인 특질을 전면에 내세우는 것을 포함한다. 이러한 점에서 미술은 "이제 **그것의 극단들과 극한들 쪽으로 움직이기 위해 재현적이기를 멈춘다**"(*K* 23). 소수 미술은 재현의 날들을 치받는다. 따라서 미술은 재현을 구부리고 극한들과 종종 어떤 부조리로 강제한다. 이것은 소수 미술이 그 자체 재현을 통하여(혹은 최소한 재현의 파편들을 통하여) 작용할 수 없다는 것을 말하는 것이 아니다. 진실로, 정서적인 단절들은(이것들 자체는 실존하는 물질들을 이용한다) 재현의 형식들과 새로운 기표화하는 체제들을 위한 비옥한 토대이다. 이런 점에서 탈영토화는 언제나 재영토화와 동시에 일어난다. 그러므로 소수적 실천은 언제나 진행 중인 것으로, 언제나 되기로서 이해되어야 하며, 오래된 것과의 단절 혹은 오래된 것의 사용을 통해서 새로운 형식들을 발생시킨다. 게다가 이러한 의미에서 제기될 수 있는 주장은, 실천은 여전히 '활성화될' 수 있거나 소수 되기가 될 수 있지만 그럼에도 실천은 다수 제도 '안에서' 위치 지어지거나 달리 말해서 '다수가 된다'. 여기서 특별한 실천에 대한 관람객의 투자와 참여의 문제가 중요하게 되며, 곧 이것은 그(녀)의 주체성의 특정한 생산이며 탈영토화의 경향이다.

덧붙여서 우리가 지적할 수 있는 것은 그러한 탈영토화의 언어에서 유머의 사용이다. 유머는 불찬성이지만 긍정의 전략으로서 작동될 수 있다. 사실, 우리는 유머를 긍정적인 폭력(이것은 전형적으로 기표화하는 구성체들에 반대하는 폭력이다)의 형식으로서 이해할 수 있다.[10] 이런 점에서 유머는 포스트모던적 실천의 아이러니가 아니라 보다 더 긍정적이고 심지어 축복적인 어떤 것, 게다가 기표화하는 등록기라기보다는 강도적 등록기를 작용시키는 어떤 것이다.

포인트 2는 정치적인 것이다. 소수 미술은 상이한 체제들을 동시에 연접할 것이고, 특히 미술을 더 넓은 사회적 환경과 연접할 것이다. 이것은 1장의 논의지대로 회귀하는 것이며 리좀론의 중요성 곧 단순히 일반적인 연접성의 원리를 다시 언명하는 것이다. 게다가 여기서 우리는 모더니티의 미술적인 아방가르드적 집단화들과 그밖에 삶/생명으로 '미술을 되돌리는' 그러한 부류를 사유할 수 있다(이런 점에서 우리는 그러한 부류를 미술을 삶/생명으로 연접하는 욕망으로서 바꾸어 말할 수 있다). 더욱더 적절한 것은 더 넓은 사회적·경제적 조직이 상호작용하는(게다가 진실로 그런 조직의 부분으로써 자신들을 위치짓는) 최근의 집합체들과 그룹들이다. '슈퍼플렉스'(Superflex) 혹은 'n55'와 같은 그룹들의 사회적으로 참여적인 프로젝트들이 적절한 사례가 될 것이다(그럼에도 불구하고 이것은 그 실천들이 우리의 소수적 실천의 다른 규준들에 적합할 것이라는 것을 반드시 의미하는 것은 아니다).[11] 게다가 특정 종류의 자율(예술에 관한 예술, 곧 예술적 세계에

---

10) 그러한 긍정적인 폭력의 사례연구로서, 런던에 기반을 둔 미술단체 뱅크(Bank)의 실천을 들 수 있다. 실천의 일환으로 뱅크는 폐기되고 버려진 공간들을 차지하는 일련의 개방적이고 무질서한 그룹 쇼를 기획했다. 또 그들은 미술의 확립을 조롱하고, 그리고 유발하고, 그 허세와 가장을 드러내 보일 작정으로 논문과 성명서를 만들어 냈다(이때 미술에 대한 어느 정도의 무관심이 결정적이었다). 또한 뱅크는 공동 작업 못지않게 하나의 장면, 곧 매우 구체적인 것과는 달리 어느 정도의 힘, 일종의 에너지론을 포함하는(따라서 필연적으로 어떠한 제도적 틀에도 반대하고 이 틀로 환원될 수 없는) 장면이었음을 언급할 필요가 있을 것이다. 뱅크에 관해 이야기해 준 로버트 가닛(Robert Garnett)에게 감사한다. 더 알고 싶다면 그들의 카탈로그 *Bank*(Bank, 2000) 참조.

11) '슈퍼플렉스'(Superflex)의 실천에 대한 상세한 내용은 그들의 웹사이트(www.superflex.net) 참조. 슈퍼플렉스는 아사 내킹과의 인터뷰에서 그들이 몰두하는 사회적이고 경제적인 실천에 대해 이야기한다(Nacking, 1999 참조). 'n55'의 웹사이트는 www.n55.dk이다.

관한 예술)과는 거리가 먼 이러한 전회는 정치적이고 사회적인 계약의 전형적인 형식들로부터 멀리 떨어진 전회를 포함한다. 미술의 소수적 실천은 정치학이 그런 것처럼 정치적인 것이 아니다. 그것은 그 자체를 정치적인 혹은 말하자면 몰적인 유기화와 반드시 관련시키는 것이 아니라 오히려 삶의 상이한 양상들 —— 이것들은 인과성의 새로운 계통들 그리고 실험의 새로운 경로들 곧 엄밀히 가타리가 일찍이 언급한 '분자적 혁명'의 생산을 생산하기 위한 개체적이거나 사회적인 것(혹은 진실로 비-인간적인 것)이다 —— 을 연접하기 위하여 작용한다.[12] 그러므로 그런 의미에서 만약 소수적 실천이 언제나 정치적이라면 그것은 소수적 실천이 항상 그 자체를 바깥에 개방하고 있기 때문인 것이다. 게다가 이런 점에서 소수적인 것이 생산하는 것은 상이한 종류의 관계적 자율인데, 예를 들면 공동으로 다수적인 것에 '저항하는 존재'를 소유하는 개체들의 연합이다. 또한 여기서 우리가 추

---

12) 후자의 사례연구로서 예술 단체 코움 트랜스미션스(COUM Transmissions)[이하 '코움' —옮긴이]를 들 수 있다. 코움은 새로운 유형의 주체성을 생산하는 데에 관여했는데, 이는 퍼포먼스를 통해, '용인되는' 섹슈얼리티의 한계와 가능성을 탐구함으로써, 공동주거를 실험함으로써, 그리고 대개는 주류 밖의 과정들과 실천들에 관여함으로써 이루어졌다. 실로 코움은 유희적 실천의 탐구라 불릴 수 있는 것과 이것이 내포하는 즉흥의 가능성들에 관여했던 것이다. 우리는 코움과 같은 그룹은 국가-기계와 필연적으로 그리고 끊임없이 상충했으며, 이는 [비교적 —옮긴이] 온건한 형태로든(재정 지원, 전시 공간 확보의 어려움 등) 더 격렬한 형태로든(경찰에 의한 체포 및 포괄적 괴롭힘) 나타났다고 덧붙일 수 있을 것이다. 코움에서 나온 스로빙 그리슬(Throbbing Gristle)이라는 밴드는 그룹 활동의 접근성을 확장했고, 그들의 '음악'은 그때까지 행위예술이 할 수 있었던 것보다 훨씬 더 넓은 범위의 청중을 모았다. 또한 그들의 '예술' 비판은 음악 산업에까지 확대되었다. 이와 관련해서 스로빙 그리슬이 '투쟁'의 형식으로서, 바로 '질서-언어'의 작용에 대항하는 것으로서 노이즈에 관심을 가졌다는 것을 언급할 수 있을 것이다. 사이먼 포드의 저서 *Wreckers of Civilisation: The Story of COUM Transmissions and Throbbing Gristle*(Ford, 2000) 참조.

가할 수 있는 것은 소수적 실천은 종종 '대중적'(곧 말하자면 내재적 문화) 문화들(소위 자기조직적인 것들)을 고찰할 것이라는 것이다. 예를 들어 그래피티는 소위 펑크[13]와 같은 음악의 언더그라운드 형식들과 아주 최근의 춤[14]처럼 소수 문학의 전형적인 실례가 될 것이다. 게다가 우리가 주의해야 할 필요가 있는 것은 그러한 소수적인 형식들의 특정한 포획장치이다.

끝으로 포인트 3은 소수 문학의 집합적인 성격과 소수 문학의 '미래', 곧 우리가 소수 문학의 예언적 기능이라고 부를 수 있는 것이다. 소수 문학이 포함할 것은 집합적인 선언과 협력의 생산 그리고 진실로 새로운 종류의 집합체들을 불러내는 것이다.[15] 이러한 점에서 소수적 실천은 들뢰즈와 가타리가 칭하는 철학이라는 것과 함께 그리고 그 자체로 "새로운 지구, 새로운 사람들"을 야기하는 실천들과 함께 힘들을 연결한다(WP 99). 들뢰즈와 가타리에게 철학은 그것의 미래지향적 경향으로 현재에 대한 저항을 포함한다(철학은 새로운 지구, 새로운 사람들을 위해 개념들을 창조한다). 우리는 미술의 소수적 실천

---

13) 이러한 맥락에서, 흥미롭게도 1970년대와 1980년대의 예술 공동 작업이 종종 밴드를 포함했다는 데에 주목하자. 한 예로 레드 크라욜라(Red Crayola)와의 예술 및 언어 공동 작업, 그리고 앞서 언급했듯이 스로빙 그리슬로 이어진 코움을 들 수 있다.

14) 댄스음악은 '소수 되기'의 특히 좋은 예일 것이다. 그것은 의미의 중립화를 행하듯, 강도적이고 정서적인 것의 전경화(음악 되기)와, 또한 새로운 공동체의 생산(클럽문화)을 포함한다. 소수적인 것으로서 댄스음악이 갖는 지위의 실제적 지표는 그것의 가장 탈영토화된 형식에 대한 국가의 태도에서 비롯되는데, 예컨대 1980년대의 불법 레이브(rave)와 1990년대의 프리 파티 사운드 시스템의 경우이다. 이 두 경우 모두 들뢰즈가 말하는 '전쟁기계'로서 이해될 수 있을 것이다. 3장의 뒷부분과 헤먼트의 "E is for Ekstasis"(Hemment, 1997) 참조.

15) 그러한 집합체들은 보통 특유의 색다른 언어와 소통 방식을 수반한다는 것에 주목하자. 또한 이런 의미에서 농담과 유머가 공동체의 형성에 자주 동반될 수 있는 방식에도 주목하자.

은 그것의 상상된 공동체들과 원형적 주체성들의 형식으로 현재에 저항함에 있어 철학의 보다 더 추상적인(그리고 절대적인) 탈영토화들과 나란히 간다고 말할 수 있다.[16] 진실로, 우리는 철학처럼 소수적 실천들은 '되기의 디아그람적인 것'과 실존의 새로운 양태들의 발견을 포함한다고 말할 수 있다.[17] 그런 점에서 소수 미술은 그것의 관객을

---

16) 예컨대 1991년 로테르담에서 완전한 대안적 마을(settlement), 곧 '자유국가'의 제작을 이끈 '아틀리에 판 리스하우트'(Atelier Van Lieshout)의 집단적이고 확장된 실천을 들 수 있다('AVL-ville'). '아틀리에 판 리스하우트'의 확장된 실천에 대한 세부적인 내용은 웹사이트[www.ateliervanlieshout.com] 참조. '초국가적 공화국'(Transnational Republic)[www.transnationalrepublic.org]이라는 그룹도, '실현'은 덜 되었지만 비슷한 유토피아적 측면을 갖고 있다. 여기에 포함된 모든 실천들에 대해서는 제50회 베니스 비엔날레의 전시 '유토피아 정거장'(Utopia Station) 참조(Bonami & Frisa, 2003). 이러한 미술 공동체의 개념(notion)을 더욱 확장하여 미술 장면들의 생산까지 포함시킬 수 있을 것이다. 예컨대 영국의 경우 런던에서의 와이비에이(yba) '현상들', 또는 1990년대 글래스고에서 출현한 다양한 장면들을 들 수 있다. 이 모든 경우에서 일종의 '주변적 창조성'과 매우 중요한 '자기-지시성'이 복잡한 요인들을 통해 만들어지며, 이로부터 상대적인 고립이 수반된다(와이비에이 ― 그리고 '글래스고 장면' ― 에 관해서는 마이클 브레이스웰의 "New Image Glasgow to Young British Art: Introducing the 1990s"[Bracewell, 2003] 참조. 이 계기 이후 스코틀랜드 예술가들의 등장에 관해서는 닐 멀홀랜드의 "Learning from Glasvegas: Scottish Art after 'the 90'"(Mulholland, 2002) 참조. (글래스고에서의) 이 두 계기들의 사회사에 관해서는 사라 론즈의 *Social Sculpture: Art, Performance and Music in Glasgow: A Social History of Independent Practice, Exhibitions and Events since 1971*(Lowndes, 2003) 참조.

17) 이것의 사례연구로서 예술 실천 ―보통 더 넓은 문화― 안의 '집단적 이름' 사용을 들 수 있을 것이며, 예컨대 '먼티 캔터'(Monty Cantor)나 '루터 블리셋'(Luther Blissett)이라는 이름의 사용이 그러하다. 이는 또한 정치적 함의를 가진다. 어느 개인이든 '루터 블리셋'으로서 작동할 수 있고, 따라서 그 이름이 누릴 만한 어떠한 운영상의 이익으로도 이어질 수 있는 것이다. 이 점에 관해서는 짐 백하우스와 그의 미출간 원고 "The Invisible Insurrection of a Million Minds: Networking and Cultural Resistance from *The Sigma Project* to *Luther Blissett*"(Backhouse, 2004)의 도움을 받았다. 또한 백하우스는 일종의 반-신화로서 이해되는 '루터 블리셋'의 프로젝트가 지닌 정치적 함의를 상기시킨다.

"신화제작(Mythopoesis)은 신화를 하나의 사회적 과정으로서 탐구하는 것을 뜻하는 문학 용어이며, 신화를 사회적 현실로 구성하는 것은 '루터 블리셋' 프로젝트의 '핵심'이다. '루터 블리셋'은 자본의 실제적 힘을 보증하는 지배적 신화들에 맞서 정보전을 전개한다. 적절

존재 속으로 소환한다.

여기서 들뢰즈의 『시네마 2』로의 탈선이 가치가 있는 것은 그것이 현대의 정치적 영화와 관련된 다음과 같은 미래지향적 논평들을 주목하기 때문이다.

결여하고 있는 민중에 대한 그러한 인식은 정치적인 영화의 선언이 아니라 반대로 그것이 제3세계의 소수자들을 위해서 근거 지어진 새로운 기초이다. 예술, 특히 영화예술은 다음과 같은 임무에 참가해야 한다. 곧 예술은 언제나 미리 거기에 전제된 민중에게 말을 거는 것이 아니라 민중의 발명에 공헌하는 것이다(*C2* 217, 강조는, 인용자).[18]

이러한 유토피아적 부름은 소련과 미국에서의 고전적인 정치영화로부터 현대적인 정치영화를 구별한다. 고전적인 정치영화에서(예를 들면 에이젠슈타인) "민중은 언제나 거기에 있고, 사실, 영화의 **주체**였다"(*C2* 216). "그러므로 대중예술로서의 영화가 최고의 혁명적이

한 수사법으로 표현된 변혁적 반-신화들을 퍼뜨림으로써, 자본주의 제도들로 하여금 집단적 상상으로 기호론적 바이러스를 퍼뜨리는 복제-기계로서 작용하도록 부추길 수 있다"(Backhouse, 2004).
신화제작의 개념은 결론부에서 다시 다룰 것이다.

18) 이것이 하트와 네그리가 『제국』에서 다룬 스피노자 독해와 비슷하다는 것을 지적할 수 있겠다. "어쩌면 우리는 근대의 여명에 스피노자가 선언한 유물론적 목적론의 개념(notion)을 재발명할 필요가 있을 것이다. 그때 그는 예언자는 그 자신의 **민중**을 생산한다고 주장했다"(*E* 65, 강조는 인용자). 하트와 네그리는 또한 흥미롭게도 민중과 다중(multitude)을 구별하는데, 전자는 사실 후자의 '대표'(representation)이고, 다시 국민으로 대표되며, 국민은 국가로 대표된다(*E* 134). "각 경우의 대표는 추상화와 통제를 향해 한발 더 나아간 단계를 의미한다"(*E* 134).

거나 민주적인 예술이 될 수 있다는 관념이 대중을 진정한 주체로 만들었다"(C2 216). 특히, 들뢰즈에게 그러한 믿음은 히틀러, 스탈린 그리고 당의 부흥과 게다가 미국 민중의 붕괴로 손상되었다. 그러므로 들뢰즈는 다음과 같이 논평한다. "민중은 더 이상 존재하지 않는다, 곧 아직 없다. … 민중은 결여되어 있다"(C2 216).[19]

들뢰즈가 칭하는 것처럼 제3세계 영화창조인은 특히 다음과 같은 소수적인 것의 길을 따라간다.

> 때때로 '제3세계 영화창조인'은 미국, 이집트 혹은 인도의 시리즈물과 가라데 영화에 빠져 있는 문맹상태인 민중이 자기 앞에 있음을 알고 그로부터 여전히 결여되어 있는 민중이라는 요소를 끄집어내기 위해서는 바로 여기를 통해 가야 하고 이 물질과 함께 작업해야만 하는 것이다. (C2 217)

그러므로 우리가 말할 수 있는 것은 제3세계 영화창조인은 종종 관객이 없는데, 그렇기 때문에 영화창조인은 그(녀)의 영화들을 통해서 그(녀)의 관객을 창조해야 한다는 것이다. 중요한 것은, 그러한 소수적 실천은 다수적인 것의 요소들의 조작을 통해서 생산된다는 것이

---

19) 현대미술로부터 이 '미래지향'의 예를 두 개만 꼽는다면 다음과 같다. 마이크 넬슨의 작업은 실종된 민중을 상연하고, 그리고 참으로 민중을 필요로 했다고 할 수 있다(특히 넬슨의 미술작품 "The Amnesiacs", *Extinction Beckons*[London: Matt's Gallery, 2000] 참조). 그리고 캐시 윌크스의 작업은 비록 '읽기'는 어렵지만 하나의 '언어'를 포함하는 것 같다는 점에서, 바로 청중을 창조하는 것 같다(2장의 각주 56 참조). 또한 「결론」에서는 매튜 바니의 신화 창작 영화들을 미래지향적이라 논의할 것이다.

다. 간단히 이전 장의 논의 지대로 돌아가면, 우리는 그러한 것이 클리셰를 전복하기 위해서 클리셰를 사용하는 것이라고 말할 수 있다. 물론, 우리가 추가할 수 있는 것은 그러한 소수 영화는 들뢰즈가 '제3세계'라고 부르는 것에만 명백한 것이 아니고, 영화의 다수 언어, 곧 실로 어떤 재현적인 다수 문채^{tropes}를 어떻게든지 탈영토화시키는(습관적으로 말을 더듬고 갑자기 말을 더듬는) 모든 실천(고다르의 영화와 도그마적 제목하에서 만들어진 더욱더 최근의 영화들에서)에 분명하다는 것이다. 사실, 우리는 그러한 소수적 실천들을 오늘날 존재하는 현대 미술의 확장된 장(곧 소위 미술적 실천의 다큐멘터리적 전회-증대하는 비디오 아트의 현존)의 부분이 확실히 되는 것으로 재인할 수 있다. 이러한 의미에서 일반적인 디지털 기술의 계속되는 발전뿐만 아니라 소형 캠코더들의 발전이 ── 다수적인 것의 의식에 작동될 수 있음에도 불구하고 ── '소수 영화'라는 상이한 형식들의 생산을 허용한다.

이런 점에서, 또한 들뢰즈가 상기한 바와 같이 우리는 다음과 같은 것을 주목할 필요가 있다. "소수자들과 다수자들 사이의 차이는 그들의 크기가 아니다. 소수자가 다수자보다 더 클 수 있다. 다수자를 정의하는 것은 당신이 일치해야 할 모델이며 [⋯] 다른 한편 소수자는 어떤 모델이 아니라 그것의 되기, 과정을 소유한다"(N 173). 게다가, 그러한 결여하는 민중은 반드시 누군가 다른 사람이 아니라(혹은 단지 누군가 다른 사람이 아니라) 또한 우리 자신들인데, "왜냐하면 만약 민중이 결여하고 있다면, 만약 민중이 소수자들로 흩어진다면 그것은 무엇보다도 내가 민중이며, 나의 원자들의 민중이기 때문이다"(C2 220). 그러므로 이것이 결여하는 민중을 기다리는 것의 문제는 아닌

데(메시아 시대에는 교수형이 없다), 왜냐하면 어떤 의미에서 그러한 민중은 이미 여기에 있기 때문이며, 그럼에도 불구하고 습관적인 재현의 양태들과 상품화된 주체성의 생산들, 곧 엄밀하게 다수적인 것이 그러한 민중을 감추고 흐리게 한다.

이 모든 것이 소수적인 것에 긍정적인 기능을 부여한다. 현존하는 언어(그리고 요컨대 다수적 형식들)를 거절하고, 어떻게든지 해서 부정하는 것은 중요하다. 그러나 소수 미술은 그것 이상을 수행해야 한다. 또한 소수 미술은 창조를 포함해야 한다. 게다가 그러한 창조를 포함하는 것이 소수 미술의 습관적으로 더듬고 갑자기 더듬는 것에 고무적인 심지어 희망의 행로를 부여한다. 소수 미술은 이미 적절한 것을 제거하는 것뿐만이 아니라 새로운 주체성들을 발견하고 상상하는 것에 관련된다.[20] 그러므로 소수 미술은 단지 그 자체를 바깥에 기대어서 적응시키는 것이(혹은 바깥에서 자리매김하는 것이) 아니다. 오히려 소수 미술은 좀 더 깊은 사각에서 작동한다(소수 미술은 다른 엔트리 포인트들을 찾는다). 소수 미술은 다수적인 것의 안과 바깥에서 동시에 존재하며, '세상' 속에 있지만 세상의 것은 아니다.[21]

---

20) 이것은 상상을 미술 작업에 결정적인 것으로 복권하는 것이다. 바로 이러한 의미에서 나는 궁극적으로 니콜라 부리오의 '관계미학'과 결별한다. 그는 '독립적이고 개인적인 상징공간의 주장'에 대한 '인간 상호작용의 영역과 그 사회적 맥락'과 관련하여 이 두 가지를 구별하고 후자를 옹호하기 때문이다. 나는 이 둘을 상호 배타적이라고 보지 않으며, 실제로 후자는 모든 효과적인 미술 실천에 내재되어 있는 것이라고 주장할 수 있을 것이다. 6장에서 보게 되겠지만, 사실 들뢰즈에게 미술은 바로 독립적이고 개인적인 상징공간의 주장, 혹은 오히려 **표현**으로서, 곧 '가능세계'의 생산으로서 특징지어질 것이다.

21) 소수적 실천들에 어떤 경쾌함을 부여하는 것이 바로 이것이다. 이러한 기울어진 실천의 사례로서 프랜시스 알리스의 걷기 프로젝트, 예컨대 예술가가 며칠간 서로 다른 약 기운에 취해 도시의 거리를 거니는 마약투어리즘(Narcotourism)을 들 수 있다. 이에 대한 상세한

간주곡 1: 『제국』과 긍정

정치적인 미술은 불찬성과 긍정의 **정치학**이다. 그러한 것은 네그리와 하트의 『제국』에서는 합리적인 것이다. 사실, 『제국』은 명확하게 그리고 설득력 있게 모더니티의 두 가지 계기들 혹은 운동들의 한계를 규정한다. 그 두 가지는 삶의 새로운 형식들의 생산(내재면의 활성화)과 통제와 분류화의 장치들에 의한 '포획'(초월적 체제의 분납)이다.[22] 우리는 이것을 소수적인 것과 다수적인 것의 관계로 볼 수 있으며, 그러므로 들뢰즈의 강력한 통찰력, 곧 전형적인 좌파 이해에 대한 그의 역전은 다음과 같다. 저항, 곧 소수적인 것이 근본적인 것이다. 들뢰즈를 따라서 네그리와 하트에게 소수적인 것은 근본적인 삶/생명의 생산과 같은 것이다. 제국은 근원적으로 그러한 긍정적이고 창조적인 생산의 기생충으로 작용한다.[23] 네그리와 하트가 유용하게 지적하는 것은, 해체/탈구축의 전략은 단지 두번째 계기를 공격하는데, 그렇지만 그것은 다소간 여전히 첫번째 계기를 감지하지 못한다는 것이다(여기서 한 번 더 해체/탈구축은 확장된 이데올로기 비판의 형식으로서 형성

내용과 알리스의 다른 '걷기' 실천들에 관해서는 알리스의 *Walking Distance from the Studio*(Alÿs, 2005) 참조.

22) "Two Europes, Two Modernities"(*E* 69~90) 참조.

23) 이에 대한 흥미로운 반론으로서, 네그리와 동일한 역사적 계기에서 출발하는 파올로 비르노의 *A Grammar of the Multitude*(Virno, 2004) 참조. 실베르 로트랑제가 이 책의 서문에서 이야기하듯이(Lotringer, 2004: 7~19), 자본주의 그 자체는 혁명적이기 때문에 일종의 코뮤니즘('자본의 코뮤니즘')을 낳는다는 것이 비르노의 견해이다(Lotringer, 2004: 11). 또한 로트랑제가 지적하듯이 실제 비르노의 입장은 자본주의를 '유동적이고 독창적이며 적응적인' 것이라 보는 들뢰즈와 가타리 자신들의 입장과 가깝다(Lotringer, 2004: 11). 여기서 문제는 "자신의 장기로 자본을 때리기", "그 흐름을 더욱더 탈코드화하기, 혹은 그 흐름에 대해 끊임없이 스스로 위치변화하기" 가운데 하나가 될 것이다(Lotringer, 2004: 11~12). 창조적인 실천은 정확히 후자의 전략과 관련되어 있다고 할 수 있을 것이다.

될 수 있다). 같은 것이 단지 거절과 불찬성으로 만족하는 정치적으로 참여적인 미술적 실천에 관해서도 말해질 수 있다. 그러한 정치적으로 참여적인 미술적 실천은 부정하기를 시도하는 것에 앞서서 존재하는 순전한 존재론적인 힘을 보지 못한다. 그러한 비판들은 엔트리 포인트로서 중요함에도 불구하고 멜랑콜리한 반향실이라고 부를 수 있는 것에 사로잡히게 될 수 있다. 그러한 비판들은 창조적이라기보다는 여전히 반응적이다. 우리는 그러한 두번째 계기의 태도가 어떤 사유의 **스타일**과 관련된다고 말할 수 있다. 왜냐하면 저항을 부차적인 것으로 생각하는 사람들에게, 그래서 정치적인 미술적 실천은 언제나 반응적일 수 있을 것이고 부정적인 비판과 관련될 수 있으며 사실은 그것이 비판하는 것에 의하여 규정될 수 있다. 이러한 입장에서 정치적인 미술적 실천은 국가의 '이데올로기적인 가면'에 반대하는 끊임없는 투쟁과 관련될 것이다. 다른 한편 우리가 저항을 근본적인 것으로 국가장치를 부차적인 것으로 이해하면, 그때 우리는 존재론적으로 그러한 앞선 계기를 긍정하는 것과 관련된다. 이것은 비판으로부터 창조성으로의 움직임, 곧 사실은 창조성의 범위 안에서 비판의 위치를 정하는 것이다.

그럼에도 불구하고 불찬성은 중요하다. 세상에 대해 단순하게 축하하는 것은 현상을 그대로 받아들이고 어떤 비판적 입장을 포기하는 것에 불과할 수 있다. 불찬성은 중요하며, 게다가 어떤 경우에는 그것 자체로 새로운 종류의 사유와 주체성의 새로운 양태들을 생산한다. 그러므로 불찬성은 마치 소수적 실천에 두 가지 계기들과 운동들이 있어야만 하는 것처럼 존재한다. 곧 그러한 계기들과 운동들의 하나는 불찬성(참여의 형식으로서 전략적 철회나 전략적 참여 그 자체)이고 다른 하나는 창조성(새로운 형식들의 생산)이다. 우리는 미술이 그러한 전략들 둘 모두에 대한 이름이라고 말할 수 있다. 우리는 그러한 것을 제도적 포획장치들에 대한 상이한 속도로 움직이는 문제 곧 더 빨리 움직이거나, 앙리 베르그송의 논제를 고려하여 때때로 더 천천히 움직이는 (게다가 심지어 때때로 그대로 서 있는) 문제로 다시 공식화할 수 있다.[24]

그러므로 소수적인 것은 새로운 민중의 어떤 단순한 긍정, 곧 여기에 이미 존재하는 이미 구성된 운동의 논리를 전복시키기 위하여 작동하며, 진실로 그런 의미에서 소수적인 것은 언제나 '생성중인 운동'이다. 그러므로 우리가 말할 수 있는 것은 소수적인 것은 데리다의 정치학, 곧 배제의 메커니즘과 정치학(어떤 주어진 시스템 곧 주권의 제한)에 대한 그의 주목과 네그리의 '집회의 논리'(이것은 때때로 지나치게 찬양하는 것으로 파악할 수 있으며, 그래서 사실 배제적이다) 사이에 위치한다는 것이다. 진실로, 새로운 공동체를 긍정한다면 엄격히 그것은 이미 언제나 배제된 것이며 아픈 사람들과 연약한 사람들의 사생아 공동체이며 언제나 진행 중이고 모든 사람들에게 개방된 돌연변이 공동체이다.[25] 그러므로 만약 새로운 민중의 집회가 있다면, 그

---

24) 여기서 나는 베르그송이 말하는 자극과 반응 간의 간격 혹은 망설임을 떠올린다. 이것은 그 자체로 창조성을 발생시킨다. 베르그송의 『물질과 기억』, 특히 3장 「이미지의 존속에 관하여」 참조(MM 133~177). 또한 이 책의 4장도 참조할 것.

25) 역설적이게도 이런 의미에서 소수적인 것은 꼭 **약자**를 의미하지 않는다. 오히려 겉으로 드러나는 소수적인 것의 약함 ─ 유연성, 유동성, 개방성 ─ 과 (다수적인 것보다) 앞선 존재론적 지위가, 소수적인 것을 다수적인 것에 의해 통제되어야 할 **힘**으로 만드는 것이다.

들이 공동으로 소유할 것은 그들의 습관적으로 그리고 갑자기 더듬는 것과 다수적인 것에 의하여 제공된(사실은 강요된) 모델들에 부응하는 것에 대한 그들의 (의도적이든 그렇지 않든) 실패이다. 게다가 그러한 다수 모델들은 명백히 어떤 주어진 국가 구성체에 순응하는 구성체들 안에서 잘 작동할 수 있다.

간주곡 2: 스피노자로 돌아가다

그러므로 모더니티의 '첫번째 계기'에 대한 긍정은 다중의 긍정인데, 다중은 알랭 바디우가 간단히 언급하는 것으로, 맑스로 돌아가면 '프롤레타리아'이며 언젠가는 도래할 민중의 이름이다.[26] 그러한 다중 곧 좀 더 정확히 말하면 그러한 생산적인 행위(곧 생명역량)는 '측정을 넘어서는 것'인데, 왜냐하면 다중은 결국 어떤 국가 혹은 진실로 초국가 장치(곧 제국)의 처분에 있어서 측정의 메커니즘을 넘어서기 때문이다. 진실로 다중은 들뢰즈와 가타리가 『철학이란 무엇인가』에서 니체를 따라서 "반시대적인 것"이라고 부르는 것인데, 이것은 역사를 무릅쓰고 발생하는 것이다(게다가 그렇게 행함에 있어서, 역사를 생산한다)(*WP* 111~113). 이러한 계기 혹은 운동의 또 다른 이름이 되기이다("되기는 역사의 부분이 아니다. 곧 역사는 단지 전제조건들의 집합을 가리킬 뿐이고, 그 조건들이 아무리 최근의 것이라 할지라도 우리는 '되

---

26) *Return(s) to Marx* Conference(London, Tate Modern Gallery, 2002)에 제출된 알랭 바디우의 논문 참조. 사실 하트와 네그리는 이 점에 관해 약간 다른 견해를 갖는다. 그들이 "이해하는 '프롤레타리아' 개념은 산업 노동자 계급뿐만 아니라 자본에 종속되고, 착취되고, 자본의 지배하에 생산해 내는 모든 이들"을 가리킨다(*E* 256). 곧, 프롤레타리아는 도래해야 할 민중이라기보다는 차라리 이미 여기에 있는 자들의 상태인 것이다.

기'를 위하여 곧 새로운 어떤 것을 창조하기 위하여 전제조건들의 집합을 뒤에 남기고 떠난다"[N 171]). 여기서 우리는 특히 정치학의 감성론적 특징을 주목할 수 있다. 곧 정치학은 새로운 삶/생명의 형식들의 생산과 관련된다.

네그리와 하트에게 중요한 것은 다중의 그러한 잠재적인 잠재력(virtual potentiality)이 어떻게 가능하게 될 수 있으며 결국은 실재적일 수 있는지를 탐구하는 것이다. 분명, 그러한 것은 정치적인 전략으로서 특징지어질 수 있다. 들뢰즈와 가타리는 그러한 표현을 상이한 방식으로 사용하지만 요점은 같은 것이다. 곧 중요한 것은 **칼날**이고, 여기에서 포텐셜은 실재화된다. 이러한 다중의 잠재적 역량들에 접근하는 한 가지 방식은, 2장에서 살펴본 것처럼 "좋은 마주침들을 조직하고, 현실적 관계들을 구축하는 것이며, 역량들을 형성하고 실험하는 것"을 통과하는 것이다(PP 119). 이것은 세상에서 행위하는 우리의 능력을 증대하는 좋은 마주침들의 생산이다.[27] 그것은 우정과 협동 그리고 집합성의 긍정적이고 찬미적인 정치학이다.[28] 사실, 여기에서 정치학과 미술적 실천은 만나는데, 왜냐하면 미술의 소수적 실천은 그러한 스피노자주의자의 입장에서 생산적인 마주침들의 생산

---

27) 스피노자는 『정치론』(Spinoza, 1951)에서 다음과 같이 기술한다. "만일 둘이 합쳐 힘을 결합한다면, 그들은 공동으로 더 큰 역량을 갖고, 그 결과 각각이 따로 있을 때보다 인간에 대한 권리를 더 많이 가질 것이다. 그러한 동맹에 가담하는 자가 많을수록 그들은 더 많은 권리를 집단적으로 소유할 것이다"(Spinoza, 1951: 296). 스피노자에 대해 적어도 부분적으로는 하트와의 공동 작업을 이론상 뒷받침하는 네그리 자신의 해석은 *The Savage Anomaly: Power of Spinoza's Metaphysics and Politics*(Negri, 1991)와, 더 최근의 에세이 모음집 *Subversive Spinoza: (Un)contemporary Variations*(Negri, 2004) 참조.

으로 이해될 수 있기 때문이다.

진실로, 우리는 정확하게 스피노자의 윤리학이 초개인적인 영역으로 확장될 때 그 영역의 정치적인 중요성과 관련성을 알기 시작한다. 이런 점에서 들뢰즈는 그런 움직임에 대해서 다음과 같이 설명하고 있다.

지금까지, 단지 문제가 되었던 것은 어떤 특정한 사물이 자신의 관계들 중 하나에 적합한 관계를 다른 사물에 부여하면서, 어떻게 그 다른 사물을 해체하는가, 혹은 반대로 어떻게 그것은 다른 사물들에 의해 해체될 위험이 있는지를 아는 것이었다. 그러나 지금 문제가 되고 있는 것은 관계들이(그리고 어떤 관계들이?) 직접적으로 서로 조성되어 보다 '확장된' 새로운 관계들을 형성할 수 있는지, 혹은 능력들이 직접적으로 서로 조성되어 하나의 능력, 곧 보다 '강도적인' 역량을 구성할 수 있는지를 아는 것이다. 문제가 되는 것은 이용 혹은 포획이 아니라 사회 관계들과 공동체들이다. 어떻게 개체들은 서로 조성되어 상위의 개체를 **끊임없이** 형성하는가? 어떻게 한 존재는 다른 존재를, 그것의 고유한 관계와 고유한 세계를 보존하면서 그리고 침해

---

28) 흥미롭게도 그리고 어쩌면 놀랍게도 『제국』의 맨 끝 부분에는 아시시의 성 프란시스코(St Francis of Assisi)의 모습을 한 긍정과 우정의 또 다른 선언이 있다. 그는 "공통조건을 채택" 함으로써 "새로운 사회의 존재론적 힘"을 발견한 한 개인이었다. 그는 "신생 자본주의"의 "도구적 규율"을 거부하고, 친선과 "모든 존재들을 포함하는 친선의 **공동체**"에 기반을 둔 기쁜 삶을 찬양했다(*E* 412). 그때 이러한 친선은 사람들 사이에서뿐만 아니라 일반적으로 세계와 함께 작동하는 것이라 이해되어야 한다고 할 수 있을 것이다. 아마 가타리도 동의하겠지만, 바로 여기가 정치학이 생태학과 손을 잡는 지점이다.

하지 않으면서 자신의 세계 속으로 가져올 수 있는가? 그리고 이와 관련해서 예를 들면 어떤 상이한 유형의 사회관계들이 있는가? (*PP* 126)

사실 들뢰즈의 스피노자 독해에는 현대 인간 사회관계에 대한 두 가지 명백한 형식들이 있다. 첫번째는 바깥으로부터 통제와 조직화가 부여되는 것, 곧 정확히 시민상태로, 여기에서 사람들은 그들의 희망과 두려움에 의하여 지배된다(『제국』을 따르면 우리는 그것을 초월적 구성체 ─ 인간 **위로**의 투사라고 부른다). 그리고 두번째는 들뢰즈가 스피노자를 따라서 이성상태라고 부르는 것인데, 여기에서 인간은 자유롭게 하나가 되고 단지 그들 자신의 의지를 통해서만 연결된다. 특히 이러한 내재적 구성체는 능동적 감정 그리고 그것을 일으키는 공통개념들(인간의 공통성)을 기반으로 해서 생산된 공동체이다.[29] 최선의 경우에 특히 민주주의에서 시민상태는 이성상태를 위한 토대를 준비하며, 그럼에도 내가 주장하는 것은 몇몇 포인트에서 초월적 구성체로부터 내재적 구성체로 전환하기 위해서 급진적인 방향전환

---

29) 이러한 내재적 구성체를 생각하는 또 다른 방식은 조르조 아감벤의 "비본질적 독특성들" (whatever singularities)의 공동체로서이며, 이 독특성들은 "대표할 수 있는 동일성이 없고" 국가와 무관하며 국가에 의해 처분될 수 있는(disposable) 존재들 ─ 게다가 또한 포획의 바로 그 메커니즘에 대한 위협으로서 이해된다(Agamben, 1993: 86~87). 그러한 "비본질적 독특성들"은 국가의 규칙에 복종하지 않기 때문에 위협이 된다 ─ 부정적 구성체로서조차 그러하다. 그것들은 초월적 조직화의 점들을 갖지 않는다(그러한 공동체는 이런 의미에서 본질적으로 자기조직화한다). 아감벤에게 도래하는 정치는 바로 이 비-국가 혹은 공통인간성 (common humanity)과 국가 사이의 투쟁일 것이다(Agamben, 1993: 86~87). 또는 슬픈 정념으로(증오와 죄책감으로) 이루어진 국가와 기쁨으로(친선과 자기긍정으로) 이루어진 공동체 사이라고 할 수 있을 것이다.

(대변동)이 필요하다는 것이다(이러한 의미에서 변화는 점진적일 수 없다). 이러한 내재적 구성체가 존재론적으로 초월적 조직화에 앞서는 것임에도 불구하고, 내재적 구성체(전쟁기계)를 위한 길을 준비하는 것이 바로 초월적 조직화(국가기계)가 될 수 있다. 현실적으로 일어나는 시간순서로 본다면 둘 중 어느 형식도 선차적이지 않다.

따라서 소수적인 것은 다수적인 것에서부터 나타날 수 있다. 진실로 소수적인 것은 스피노자의(그리고 네그리와 하트의) 다중에 대한 선구자이다(게다가 사실 소수적인 것은 바로 그 다중에 대해 교정하는, 습관적으로 더듬거리는 주변으로서 작동한다). 미술의 소수적 실천은 언젠가는 도래할 민중(혹은 혁명)을 맞이하는 행위(교체자)로서 작용한다(그 실천은 포텐셜과 그것의 실재화 사이의 칼날 위에 존재한다). 이런 점에서 혁명은 새로운 연합들과 새로운 관계들 그리고 새롭고 즐거운 주체성들을 생산하기 위하여 우리의 모든 것을 허용하는 계기로서 이해되어야 한다. 그러므로 혁명은 소수 미술의 미래적 부름이다. 소수 미술은 당연히 이미 구성된 관객에게 말을 걸지만, 동시에 여전히 그것의 관객으로부터 도래하는 주체성(말하자면 진행 중인 주체성)을 앞으로 끌어당기기 위해 미래적 장소에서 말한다.[30] 이런 이유로 종종 실천적 미술과 함께, 마치 농담처럼, 소수 미술은 '미래적 장소'를 얻는 것이 문제이다. 곧 이것은 반드시 지성의 문제가 아니라(어쨌든, 거기에서 '이해하다'라는 것이 무엇일까?) 실천이 작용하고 어

---

30) 이는 현대미술뿐만 아니라 근대미술에도 적용된다. 예컨대 몬드리안의 회화는 미래 주체를 위해 ─혹은 적어도 이 미래 주체를 불러일으키기 위해─ 의도되었다(Read, 1974: 196~203 참조).

떤 것이 실천에 의하여 활성화되기 위해서, 어떤 양태에서의 존재의 문제이다. 장 프랑수아 리오타르의 말로 바꾸어 표현하면, 그러므로 미술작품은 언제나 역시 곧 도래하는 사건의 특징을 지니는 이유라고 (Lyotard, 1984: 71~84) 말할 수 있다. 또한 그것이 미술을 해석하기 위한 그렇게 많은 시도들이 감소하고, 서투르며 그리고/혹은 장황한 이유이다. 미술은 그것에 대한 어떤 해석적 담론도 넘어서며, 게다가 특히 소수 미술은 그것을 추적하기를 시도하는 담론들과 혹은 훈육들에 대해 (때때로 어떤 미술 장면을 포함하면서) 언제나 상이한 속도로 움직인다.

전쟁기계

정의들

또한 『천 개의 고원』에서 소수적인 것의 문제는 전쟁기계의 문제가 되며, 이것은 지배적인 국가형식(혹은 간단하게 다수적인 것)에 대립하는 조직화의 형식으로 이해된다. 여기서 위태로운 것은 작은 국가기계가 될 뿐만 아니라 흩어져 사라지는(카오스처럼 되는) 것이 아닌 그룹 혹은 집합성의 구성체, 곧 간단히 실천이다. 이것은 탈영토화의 벡터들을 따르고 탈주선 위에서 작동할 수 있는 기계의 생산이지 검은 구멍 속으로의 폐지나 사라짐의 선이 되는 것이 아니다. 『안티 오이디푸스』의 관점에서 우리는 그러한 전쟁기계를 욕망하는 기계들의 채집으로 부를 수 있다. 또한 『철학이란 무엇인가』의 관점에서, 우리는 전쟁기계를 간단하게 창조적 사유로 부를 수 있다. 각각의 경우에 있어서 전쟁기계는 국가의 상이한 시·공간적 조직화의 점들과 함께 작동하는 배치, 실천 곧 간단히 삶/생명의 생산이며, 심지어 우리는 전쟁기계가 상이한 실재에서 작동한다고 말할 수 있다. 또한 『천 개의 고원』의 또 다른 고원의 관점에서 우리는 전쟁기계를 전제적인 것의 안에서 기호들의 정념적인 체제의 구성체로 간주할 수 있다.[31]

그러므로 전쟁기계는 전쟁에 의해서라기보다는 전쟁이 점유하는, 게다가 사실은 발생시키는 공간에 의해서 정의된다. 그러므로 홈 파인 것 안에서부터 매끈한 공간이 생산된다. 폴 패턴은 다음과 같이 언급한다. "매끈한 공간은 리좀적이거나 '패치워크' 공간이며, 여기서 국소적 지역들은 획일화하는 계량적 원리나 방향성과 관계없이 병치된다"(Patton, 2000: 112). 그러한 노마드적 공간, 곧 유동성과 연접성의 공간은 언제나 국가 곧 홈 파인 공간, 번호를 매기는 공간, 재현의 공간과 불편한 관계를 맺는다. 그러므로,

하나의 '이데올로기적인', 과학적인, 예술적인 운동은 잠재적인 전쟁 기계가 될 수 있는데, 그것은 분명히 **파이럼**(문[門])과 관련되면서 공

---

31) 들뢰즈와 가타리를 인용한다.
"그래서 우리는 기표화하는 편집증적이고 전제적인 기호 체제와, 탈기표화하는 정념적 혹은 주체적인 권위적 체제를 구별하려 한다. 분명 권위적인 것은 전제적인 것과 다르고, 정념적인 것은 편집증적인 것과 다르며, 주체적인 것은 의미작용하는 것과 다르다. 두번째 체제에서는, 앞서 정의한 의미작용하는 체제와 비교하면 어떤 일이 일어날까? 먼저 **하나의 기호 혹은 기호의 묶음**이 확산적인 순환망으로부터 이탈하고, 스스로 작동을 개시하며, 마치 좁게 열린 통로로 빨려들어가듯 직선 위를 달리기 시작한다"(*ATP* 121).
이 선을 따르는 것은 민중, "역사적 조건 아래에서 이러한 체제의 상대적 우세를 보장할 배치를 효과화하는 민중"이다(*ATP* 121). 들뢰즈와 가타리는 유대인의 예를 들며, 제국 이집트의 조직망으로부터 그들을 이탈시킨다(사막으로의 탈주). 이때 가장 "권위적인" 주체성은 "전제적 기표화"에 대립된다(*ATP* 122).

속면, 창조적 도주선 또는 이동을 위한 매끈한 공간을 그리는 정도에 따라 그런 기계가 될 수 있는 것이다. 노마드가 그러한 특성의 전체적인 배치를 규정하는 것이 아니라 배치가 노마드를 그리고 동시에 전쟁기계의 본질을 규정한다. (*ATP* 422~423)

중요한 것은, 그러한 전쟁기계가 최소한 전형적인 좌파의 의미에서 단순하게 '반자본주의자'로서 이해되어서는 안 된다는 것이다(사실 이런 점에서 좌파정당은 종종 엄밀하게 작은 국가기계들이다). 진실로, 자본주의는 우리 시대의 매끈한 공간이다. 더욱이, 전쟁기계는 탈영토화된 흐름들에서 발생하는 욕망의 봉쇄와 재영토화를 반대한다. 그러므로 그와 같은 전쟁기계 혹은 전쟁 **기계들**은 앞선 장에서 전개된 탐색하는 머리들, 곧 지배적인 것과 불편하지만 같은 재료stuff로 만들어지며 어떤 의미에서는 언제나 형식들을 추적하는 포획장치들에 앞서는 조직화의 형식들과 유사하다. 또한 이러한 의미에서 전쟁기계는 서구에서의 민주주의가 다수자의 규칙에 의하여 지배되는 한, 민주주의적이라기보다는 아방가르드적이다.

들뢰즈가 노마돌로지의 고원에서 지적하는 것처럼, 국가와 전쟁기계 사이에는 다양한 관계가 있으며 그중에서도 국가가 전쟁기계를 이용하는 것은 언제나 불안하다(*ATP* 351~356). 사실, **전쟁**은 국가들이 전쟁기계와 대면한 특정한 결과, 그리고 모든 범위와 목적에서 주어진 두 기계들의 대립적인 기능성들에게 불가피하게 주어진 어떤 대면이다.[32] 그러므로 국가에 대항하는 폭력은 그것이 고립되고 임의적이며 이유 없는 공격으로서 나타날 수 있음에도 불구하고 정치적·사회적·경제적 조건의 공간에서 국가기계라는 홈의 불가피한 결과로써 그 형태가 바꾸어질 수 있다. 그러므로 예언할 수 없고 이치에 맞지 않는 것으로서 나타나는 것이거나 현시되는 것은 단지 두 종류의 전쟁기계, 곧 욕망과 그것의 억압 사이를 다음과 같이 한 번 더 표면화시키는 것이다.[33)]

국가기계에 대항하는 반항, 봉기, 게릴라전 곧 행위로서의 혁명이 작동될 때마다 전쟁기계가 재개하며 새로운 노마드적 포텐셜이 나타나 매끈한 공간의 재구성과 또는 마치 매끈한 듯한 공간 속에 존재하는 방식을 수반한다고 말할 수 있다.(*ATP* 386)

그러므로 들뢰즈에게 전쟁기계는 "시·공간을 점유하고 들어올리는, 곧 새로운 시·공간들을 창조하는 특별한 방법"이며, 게다가 그러한 입장에서 "혁명적 운동들"과 "예술적 운동들 역시 전쟁기계들이

---

32) 전쟁과 전쟁기계 사이, 그리고 일반적으로 이해되는 전쟁기계(곧 군-산업 복합체)와 들뢰즈적 의미에서의 전쟁기계 사이에 존재하는 이러한 혼란과 관련하여 폴 패턴은 후자에 대해 다른 이름 곧 '변신(metamorphosis) 기계'를 제안했다. 패턴에 따르면, "들뢰즈와 가타리가 말하는 전쟁기계 개념의 실제적 대상은 전쟁이 아니라 창조적 변질(mutation)과 변화의 조건들이다"(Patton, 2000: 110).

33) 닉 랜드는 주목할 만한 논문 "Making it with Death: Remarks on Thanatos and Desiring-Production"(Land, 1993)에서 바로 이 사안 —욕망의 억압—에 초점을 맞춘다. 랜드는 (『안티 오이디푸스』를 언급하며) 다음과 같이 말한다.
"혁명적/파시즘적 이접은 탈영토화와 재영토화의 광범위한 경향들을, 곧 사회적 질서의 해체와 재제정을 구별하기 위해 사용된다. 혁명적 욕망은 유기체를 억제하는 분자적 죽음과 연합하여, 억압되지 않은 생산적 흐름을 가능하게 하지만, 파시즘적 욕망은 기표에 의해 분배된 몰적 죽음을 부여하여, 초월적 동일성들의 경계에 따라 생산과정을 엄격히 분할한다"(Land, 1993: 72).

다"(N 172). 대담 중에 마지막으로 그런 몇 되지 않는 논평들이 이루어진 곳에서 들뢰즈가 언급하는 것은 사람들이 "예를 들어 팔레스타인 해방기구(PLO)가 아랍세계에서 시·공간을 발명하기 위해 취했던 방법을 충분히 고려하지 못한다"는 것이다(N 172). 이제, 그러한 탐구의 정신으로 그리고 위의 사실에 대한 일종의 개별 연구로서 내가 소망하는 것은 예술을 보류하고 특히 혁명적인 게릴라 조직을 주목하여, 우리가 예술적 전쟁기계를 위하여 그러한 게릴라 전쟁기계로부터 어떤 교훈들을 배울 수 있는지를 살펴보는 것이다.

개별연구: 독일적군파

게릴라의 남자와 여자는 새로운 사회를 위한 새로운 사람들이며, 새로운 사회의 게릴라는 권력의 동일성, 주체성, 학습과 행위의 지속적인 과정(이론에 대립되는 것으로서) 때문에 '양육하는 세포조직'이다. 게릴라는 개체를 집단화할 목적으로 집합적인 학습의 과정을 지지하며, 그렇기 때문에 게릴라는 집합적인 학습을 유지할 것이다. 정치와 전략은 게릴라 각각의 개체 안에서 거주한다.(Meinhof, 2001a: 63)

독일적군파赤軍派(RAF)의 게릴라 조직은 원심력적이면서도 구심력적인 힘을 지니고 있다.[34] 한편, 게릴라의 행위들은 명백히 바깥을

---

34) 다음으로 독일적군파 1세대, 특히 안드레아스 바더, 울리케 마인호프, 구드룬 엔슬린,

향하게 되며, 진실로 이러한 것이 게릴라를 정의한다. 게릴라는 그들을 둘러싸면서도 역설적으로 생산하는 것에 저항하고 반대하도록 규제된다. 그러므로 게릴라는 본질적으로 **기생적**이다. 이런 관점에서 독일적군파는 그들 자신들을 주시했고 그리하여 적진의 배후에서 자본주의-제국주의(그중에서도 베트남에 대한 악몽을 생산했다)에 대한 전쟁을 수행했다.[35]

그러나 또한 게릴라 안에서의 규제된 힘, 곧 게릴라 집단의 회원들 자체에 작동하는 힘이 있다. 우리는 그러한 힘을 주체성에 대한 일종의 대체 생산이라고 부를 수 있다. 간단히 말해서 게릴라는 그것이 생산하는 관계들과 결합들을 가지고 또한 '세상'과의 상대적인 격리로써 개체의 '정치적인 되기'(하나의 정치작용)를 생산한다. 그러므로 또한 게릴라는 기생적인 존재일 뿐만이 아니라 **싹트는** 기능을 가지

호른스트 말러 그리고 얀 칼 라스페(Jan Karl Raspe)의 그룹을 다룬다. 이에 대한 자세한 설명은 슈테판 아우스트의 *The Baader-Meinhof Group: The Inside Story of a Phenomenon*(Aust, 1987) 참조. 정치적 판도의 양 끝에 위치한 (그리고 10년의 시차가 있는) 두 개의 대안적 역사에 관해서는 질리안 베커의 *Hitler's Children: The Story of the Baader-Meinhof Gang*(Becker, 1978), 탐 베이그의 *Televisionaries: The Red Army Faction Story 1963–1993*(Vague, 1994) 참조.

35) 자본주의-제국주의는 또한 "미디어, 컨슈머리즘, 체벌, 비폭력의 이데올로기를 통해 세뇌되고, 우울증, 질병, 모욕, 굴욕"으로 고통 받는 주체성의 모습으로 후자를 출현시키기 위한 조건을 만들어 냈다는 의미에서 독일적군파를 '만들어 냈다'고 할 수 있다. 자본주의는 착취되는 제3세계뿐만 아니라 소외감을 느끼는 '도시의 개인'도 만들어 냈다. "시스템 내에서 그(녀)는 부패과정, 삶의 그릇되고 소외된 환경 — 공장, 사무실, 학교, 대학, 수정주의자 단체, 견습직 그리고 임시직 — 으로부터 비롯된다"(Meinhof, 2001b: 275). 그러한 상황에서 서양인은 드보르가 말하듯이 자신의 삶에 방관하도록 운명 지어진다. 이 때문에, 마인호프에 따르면, 독일적군파의 첫 활동이 보여 준 '충격'은 "시스템의 압력에 영향 받지 않고, 자신을 미디어의 눈으로 보지 않고, 두려움 없이" 행동하는 사람들의 충격에 불과한 것이다(Meinhof, 2001b: 278).

는 것, 곧 '새로운' 어떤 것의 생산과 관련되는 것으로서 사유될 수 있다.[36] 우리는 새로운 어떤 것을 생산하는 기능을 소수 되기로서, 곧 사실은 게릴라 세포를 소수 문학의 형식으로 위치 지을 수 있다. 그러므로 생산적인 실행은 소수 문학의 세 가지 기준들을 독일적군파에 적용할 수 있다. 이것은 독일적군파의 공공연한 원심력적인 의지(국가에 대항하도록 정향되어진 그것의 힘)를 흐트러뜨리고 삭제하는 것이 아니며 또한 그들의 행위에 의해서 발생한 두려움을 사과하는 것도 아니다. 더욱이 그것은 우리가 취할 수 있는 어떤 것, 곧 특별한 게릴라 전쟁사로부터 생산적인 어떤 것(아마도, 정치적으로 참여적인 예술적 실천을 위하여)이 있는지를 이해하는 것이며, 그리하여 독일적군파와 같은 집단이 단지 그들의 실천이 불가피하게 알려졌으며(최소한 어떤 사람들에게) 여전히 나타나는 테러리즘의 블랙홀과 동일하지 않다는 것을 인식하는 것이다.

1. 다수 언어로부터의 탈영토화와 말을 더듬는 것

독일적군파의 슬로건들, 선언서들 그리고 성명서들은 종종 집단의 주요한 특징으로서 강조되어 왔으며, 문자적 수준에서 그러한 공식발표

---

36) 이리트 로고프는 에세이 "Engendering Terror"(Rogoff, 2003)에서 독일적군파에 대한 유사한 회복 혹은 재독해를 다른 방향에서 시도한다. 로고프는 이른바 (독일적군파를 포함한) 테러단체들이 국민국가에 대해 하나의 대안, 혹은 반-카르토그라피를 구성할 것이라고 주장한다. 로고프는 시간과 공간 전체에 걸쳐 나타나는 이 새로운 종류의 지도제작(유럽의 단체를 아프리카 해방운동과 연결하기)을 "관계적 지리학"이라 명명한다. "우리는 서로를 잇고 공감하고 촉발시키는 격렬함과 폭동의 집합들로 이루어진 지도를 가지고 있다"(Rogoff, 2003: 56).

들은 확실히 일종의 말더듬는 것을 포함한다. 진실로, 그들의 문학적 산출은 토마스 엘세서가 지적하는 바와 같이 일종의 "문학적인 아방가르드" 특징을 지녔다(Elsaesser, 1999: 290). 엘세서는 다음과 같이 고민하는 디트리히 디드리신을 인용한다.

현대시에 대한 엔슬린 혹은 베스퍼의 초기의 열정과 그리고 완전한 독일적군파의 어법(이것은 메시지들로 작성된 수준 낮은 사실유형으로 존재하며, 하위문화의 구어적인 표현들에서 영향을 받았고, 결정자의 수사적 기교와 한줄의 격언에 대한 찬미적인 열광으로 형성되었다) 사이의 상징적인 단절을 어디에서 정할 것인가?(Elsaesser, 1999: 290)

또한 집단의 회원들 사이에서 언어는 회피라는, 전형적인 부르주아 전략들에 대한 소수 되기로서 이해될 수 있으며 게다가 그렇게 함으로써 직접성과 명백한 정치적인 부정확함을 포함한다. 그러므로 독일적군파는 직관적으로 언어의 내속적인 정치적 본성을 잘 알고 있었던 것 같다.[37] 여기서 우리는 그들 자신의 것이 아닌 언어를 사용해야만 하는 사람들의 일반적인 곤경과 그에 따른 일반적인 전략을 주목할 수 있다. 따라서 그와 같은 방법으로 그들은 언어를 자신의 것으로 만들기 위해 그 언어를 이용해야 한다.

---

37) 라인하르트 하우프 감독, 비오스코프(Bioskop) 배급의 영화 *Stammheim: the Trial of the RAF*(1985)에는 독일적군파의 이러한 언어 '사용'에 대한 생생한 영상이 담겨 있다.

사실, 다수 언어에 대한 독일적군파의 탈영토화는 그 이상으로 나아갔다. 그들의 바로 그 행위들과 상호작용의 양태들은 이전의 '정치적인' 행위와 조직화에 대한 '감성론적 단절을 초래했고' 또한 포함했으며, 그렇게 함으로써 출현하는 '해프닝의 문화', 그래피티 미술과 플럭서스 이벤트들, 가두 연극과 연극의 일부를 이루었다(Elsaesser, 1999: 284). 또한 여기서 우리가 주목할 수 있는 것은 독일적군파가 소수 언어의 다른 측면 곧 강도적인 혹은 정서적인 질을 이용하는 것이다("언어의 순수하게 강도적인 용법을 언어의 모든 상징적인 용법 혹은 의미작용적이고 혹은 단순하게 기표화하는 용법들에 대립시켜라"[*K* 19]). 엘세서는 마이클 드레이어를 다음과 같이 인용한다.

> 드레이어에게 독일적군파의 거리 폭력은 단지 가두 연극이 아니었으며, 그것은 일종의 '음악'('더 이상의 표현은 없다')이었다. 그는 적군파의 정치적 폭력을 그의 일상의 단조로움을 줄이는 충돌과, 더욱이 락 음악과 같이 비언어적 표현을 하였고 새로운 주체적 공간을 개방했던 '신체적' 감각의 형식으로서 느꼈다.(Elsaesser, 1999: 289)

물론 독일적군파가 순수하게 감성론적 운동으로 사라질 수는 없지만 그들의 악명은 폭력 행위 때문에 발생했다. 그러나 우리는 그러한 폭력이 수반한 것을 탐구하기를 원한다. 전제된 국가의 다수 언어가 폭력이었던 것처럼 폭력 그 자체가 전제된 국가의 다수 언어에 대해서 탈영토화이었던 것이 어떤 의미가 있었던가? 독일적군파는 다수 언어 그 자체에서, 다수 언어 뒤에서 다수 언어를 비틀고 접으며 습관적으로 더듬는 것으로 보여질 수 있다.[38] 테러는 국가의 테러를 거역했고 게다가 특히 국가는 (아직도 부모 세대에 의해서 자행된 또 다른 대량학살로 이해되는) 베트남의 테러리즘을 후원했다.[39] 우리가 원하는 것은 이것보다도 더 심도 깊게 나아가서 독일적군파 목표들의 특수성을 주목하는 것이다. 따라서 우리는 그들의 행위는 미국에 의해서 지배된 군사지역을 반대하고 나치 통치기간 동안 권력을 휘두

---

38) 실제로 가타리는 독일적군파의 활동에 대해, 그들이 맞서 싸운 바로 그것의 거울-이미지로서 기술했다. 하지만 가타리에게 그들의 결점은 "가공할 국가권력과 비참한 정치군사기계들 사이의 완전히 터무니없는 대립"이었다(SS 187). 가타리는 독일적군파의 활동, 특히 후기의 활동이 오도되었다고 느꼈다. 그들이 선별하여 공격하는 바로 그 지배의 구조를 모방하고 재현했기 때문이다.
"현실의 드라마는 어떤 사람이 살해당한 것(슐라이어Schleyer의 암살)이 아니라, 그 행동들이 단지 억압적 부르주아 체계, 파시스트 암살, 혹은 비공식 경찰 조직에 의한 납치를 벗어나지 않는 방식으로 지휘된 것, 결국 유일한 결과는 오늘날 독일을 사로잡은 집단적 애수의 되풀이일 것이다"(SS 185).
가타리에게 이는 특별히 독일적군파가 미디어를 의도적으로 '이용'한, 특히 인질임을 알리는 플래카드를 가슴에 두른 슐라이어의 이미지를 유포한 사례이다("이러한 대중조작의 현상들을 공격하지 않고 혁명운동을 이끌기를 주장하는 것은 어리석다"[SS 185]). 그래서 가타리는 독일적군파의 주요 수사법 중 하나였던 미디어와 폭력의 특정한 축은 또한 그들이 공격했던 대상의 주요 수사법이기도 하다고 비판한다.
"좋든 싫든 오늘날 세계에는 폭력과 미디어가 결탁하여 작동한다. 그리고 혁명단체가 가장 반응적인 미디어, 집단 죄책감의 게임을 한다면 이는 잘못이다. 그 목표, 방법, 전략, 이론, 꿈 모두에서 잘못된 것이다"(SS 186).
가타리에게 혁명은 이 모든 억압체계와의 단절을 포함해야 하며, 이 때문에 주체성의 생산에 관한 학위논문을 썼다는 점을 언급할 수 있을 것이다. 여기서 중요한 것은 전쟁기계의 이론화와, 독일적군파와 같은 게릴라 팀이 전쟁기계였는지, 전쟁기계를 포함했거나 그것과 연결했는지, 혹은 가타리가 주장하듯 그저 미니 국가기계로서 작동했을 뿐인지(아니면 전쟁기계 내부로부터 국가기계를 형성한 것인지)에 대한 논의이다.
39) 1972년에 발표한 독일적군파의 공식성명을 인용해 둔다(B. 루이스 감독, A-C 슈뢰더 제작, BBC/Mentorn 배급의 In Love With Terror[2000]에서의 인용). "지난 7주간 미국 공군이 베트남에 떨어뜨린 폭탄은 2차 세계대전 중 독일과 일본에 떨어뜨린 것을 합한 것보다 더 많았다. 이는 집단 학살(final solution)이다. 아우슈비츠이다."

른 사람들에 저항하도록 지도되었다는 것을 주목한다.[40] 그러므로 우리는 독일적군파는 미국 소비자운동가의 헤게모니로 이루어진 외견상의 사치품들과 또한 '평화' 아래에 놓여 있는 폭력을 명백히 하고자 시도한다는 것을 알 수 있다. 독일적군파 자신들은 다음과 같이 언급했다. "그러한 것들은 반-제국주의자 투쟁의 전략적 변증법들이다. 그러므로 시스템의 방어적 반작용들, 반혁명주의자의 단계적 확대, 정치적 계엄령을 군사적 계엄령으로 변형하는 것을 통하여, 적은 그 자신을 드러내고 가시적이게 된다"(Meinhof, 2000b: 279).

또한 우리는 상이하고 심지어 더욱더 **긍정적인** 방식으로 그러한 폭력의 논쟁점에 접근하는 것을 원한다. 그 폭력은 주류사회 그리고 전형적인 주체성(부르주아의 개인)과 단절하는 불가피한 요소이다. 그것은 '국가'폭력으로부터 **제거된 폭력**임과 동시에 국가의 전제들을 잘라내기 위하여 **의도된 폭력**의 형식이다.[41] 우리는 그 폭력을 집합체 혹은 결사체의 폭력, 곧 특히 개인주의 개념notion들을 반대하는 폭력이라고 부를 수 있다.[42] 이것은 독일적군파가 바로 전쟁기계의 첨단

---

40) 1967년 베를린 시위 도중 경찰이 베노 오네조르크(Benno Ohnesorg)를 사살한 이후 구드룬 엔슬린은 다음과 같이 말했다.
"그들은 우리 모두를 죽일 거야. 우리가 맞서고 있는 돼지들이 어떤 부류인지 알겠지. 바로 아우슈비츠 세대라고. 아우슈비츠를 만든 자들과 대화나 가능할까? 그들은 무기가 있지만 우리는 없어. 우리는 스스로 무장해야 해"(Ensslin, *In Love With Terror*에서 인용).

41) 발터 벤야민에 따르면, 이것은 국가의 신화적 폭력(법의 제정)에 스스로 맞서는 신적 폭력(법의 파괴)이다. 그가 드는 예는 프롤레타리아의 정치적 파업에 이은 총파업, 곧 목적을 위한 수단으로서의 혁명이 아니라 그 자체로 중요한 혁명이다. 발터 벤야민의 "Critique of Violence"(Benjamin, 1997b 참조).

42) 알랭 바디우는 최근의 논문 "Seven Variations of the Century"(Badiou, 2003)에서 결사체(fraternity)와 폭력에 대해 비슷한 주장을 펼친다.
"결사체는 새로운 세계, 따라서 새로운 인간의 실제적 징후이다. 실험되는 것은 ─ 정당에

(여기서는 특히 1960년대와 1970년대의 집합적 봉기들로서 이해된다) 이었다는 것을 말하는 것과 같다.[43)]

2. 정치적이게 되기

이번 장의 현재 섹션을 시작하는 인용문에서 울리케 마인호프가 언급하는 것처럼 게릴라는 개인의 '정치적이게 되기'가 이루어지는 장소였다. 우리는 마인호프 자체를 그러한 사례연구로 생각할 수 있으며, 마인호프는 그녀의 가족과 부르주아의 양육에 관해서 그녀가 했던 방식에 등을 돌리고 정치화의 과정과 그녀의 정체성에 대한 일종의 집단화를 구축했다. 그중에서도 특히 핵가족 구성의 거부는 변함없이 어떤 의미작용적이고 주체작용적인 체제들(특히 여성들에 관해서)과의 단절을 공표하는 것일 뿐만 아니라 결합의 다른 유형들과 존재의 다른 양태들에 대한 긍정을 포함했다. 실로, 마인호프의 '게릴라 되기'는 자본주의자 주체성(소녀, 부인, 어머니 등)의 전형적인 이야기들과는 단절하는 것으로 작용했다. 그 당시 언론은 그러한 것을 드러냄과

서, 교전 중에, 체제 전복적 예술그룹에서, 평등주의자 커플 사이에서 — 결사체의 실제적 폭력이다. 무한한 '우리'가 개인의 유한성을 이길 것이라고 받아들이는 것이 아니라면 이 결사체의 취지는 무엇인가? 이는 '동무'(comrade)라는 이름을 갖지만, 오늘날에는 거의 완전히 쓰이지 않게 되었다. 나 자신처럼 나의 동무도 '우리'라고 말할 수 있게 허가해 주는 진실의 과정에 속함으로써 오로지 종속적이다"(Badiou, 2003: 74).

43) *Negri on Negri: Antonio Negri in Conversation with Anne Dufourmantelle*(Negri, 2004b) 참조. 안토니오 네그리는 이탈리아의 붉은 여단에 대한 인터뷰에서 이와 비슷한 말을 했다.
"붉은 여단이 1970년대의 모든 운동을 이끌었다고 생각하지 않도록, 이 운동을 역사적 괄호로, 절대적으로 고립되고 단일하고 별개인 용어로 여기지 않도록 주의해야 한다. 사실 운동은 나의 세대 대다수가 택한 인생의 행로였다"(Negri, 2004b: 31).

동시에 '테러리스트' 기호 주변을 맴돌던 마인호프를 재영토화시켰다.[44] 개인의 이러한 집단화/정치화는 슈탐하임 감옥에서 조직원들 사이에서 남몰래 전달되던 편지들을 통하여 계속되었다. 그것은 독일 적군파에 관한 감옥의 주된 기능으로 볼 수 있는 것의 배경과는 반대로 수행되었다. 그런 배경은 독일적군파의 주체성들에 대한 연속적인 집단화를 방해하며, 따라서 수감자는 그들을 격리하는 것에 대해서 끊임없이 불평한다.[45]

3. 미래의 정향

독일적군파는 불찬성과 거절의 실천이었을 뿐만 아니라 물론 자발성, 행동, 삶/생명을 찬미하는 것을 포함했다(세포조직의 원심력적이고 긍정적인 측면은 국가에 대한 세포조직의 구심력적이고 **부정적인** 비판을 동반한다).[46] 이런 점에서 독일적군파는 미래 그리고 언젠가는 도래

---

44) 이 점에 대해서는 올라 스탈과 그의 "*Die Meinhof hat Alles Verraten*: Ulrike Meinhof: Memories, Forgettings, Remembrances"(Stahl, 2001[unpublished])의 도움을 받았다. 이 리트 로고프도 또한 에세이 "Engendering Terror"에서 울리케 마인호프를 다루는데, 거기 서는 이미지로 표현된 (테러리스트와 여자로서) 마인호프의 "불후의 예술적 순환"을 탐구하 고 "테러리즘 대 국가라는 이항대립을 되풀이하기보다는 공감을 품을 수 있는 윤리적·정치 적 복잡성을 회복하려는 시도"로서 살핀다(Rogoff, 2003: 52).

45) 특히 마인호프의 옥중 편지는 이러한 격리가 어떻게 자기비판을 만들어 내는지 밝히고 있 다. 마인호프는 바더, 엔슬린과의 관계를 의심하기에 이르렀다. 그녀는 자신을 "아첨한다" 고 —— 혹은 "경찰처럼 그들을 대한다"고 —— 보았고, 따라서 그녀의 표현에 따르면 스스로 일종의 경찰이 되었다(영화 *Stammheim*, Aust[1985] 참조).

46) 하트와 네그리 또한 투사들의 이러한 기쁜 측면을 다루고 있다. 실제로 하트와 네그리에게 오늘날 '코뮤니스트'의 본보기는 "마치 교황의 의지가 예수회 기사들의 마음속에 깊이 새겨 진 것처럼, 소비에트 국가 이성이 깊이 침투된 영혼을 지닌 제3 인터내셔널의 슬프고 금욕 적인 행위자"(*E* 411~412)가 아니다. 곧 **슬픈** 코뮤니스트가 아니라 20세기의 균형 잡힌 반 파시스트 전사들이다.

할 민중에게 구원을 요청했다. 어떤 점에서 모든 게릴라전은 이러한 이중적 측면을 포함한다. 곧 폭력은 목적의 수단이자 언젠가는 도래할 어떤 것의 선구자이다(이것은 게릴라의 예언적 기능이다). 또한 우리가 말할 수 있는 것은 집단에 대한 바로 그 조직화의 형식이 우리가 희망하고 있는 것 그리고 싸우고 있는 것의 징조를 보이지 않을 수 없다는 것이다. 진실로 세포조직은 현재 사태의 상황 속으로 소급하여 투사된 미래사회의 단편으로서 작동한다. 게다가 세포조직은 바로 그 파시즘이 되는 경향이 있음에도 불구하고 응축된 의미에서 세포조직은 그 자체의 그러한 파시즘적 경향을 거역한다. 그러므로 리더가 부재한 무리에서 안드레아스 바더는 조직의 카리스마적인 리더로 나타나는 것 같다. 또한 우리가 여기서 무엇보다도 먼저 주목할 수 있는 것은 마인호프를 끌어들이기 위해 그렇게 많이 이루어졌던 바더-엔슬린의 역량이다. 특히 바더의 그러한 명백한 카리스마적 권위와 리더십을 어떻게 이해할 것인가? 실로 그것은 조직 안에서의 마이크로-파시즘이지 않았던가(진실로 그 조직은 때때로 미니 국가조직으로 작동하지 않았던가?) 곧 그것은 불안한 국가의 투사가 아니었던가? 확실히 슈탐하임에서의 독일적군파에 대한 재판이 전면에 내세웠던 것은 (단지 법 아래에서 개별적 주체들을 생산하는 것, 곧 유죄판결만으로도) '주모자'를 동일시하고 격리시키는 불안한 국가의 욕망 그리고 아무 의심도 하지 않고 언론이 바더, 마인호프, 엔슬린과 나머지 사람들의 매혹과 유혹적 역량을 유효하게 하는 것을 크게 돋보이게 보도했던 것이었다.[47]

그러나 우리는 바더를 일종의 **표본**(언젠가는 도래할 민중의 선구자)으로 사유할 수 있다. 그러므로 마인호프는 다음과 같이 언급한다.

> 게릴라에 있어서 리더십의 기능 곧 독일적군파에 있어서 안드레아
> 스 바더의 기능이 지향하는 것은, 각각의 상황에서 사소한 점으로
> 부터 주요 포인트를 구별할 뿐만 아니라 모든 상황에서 전체의 정
> 치적 전후관계를 고려하는 것이며, 그러면서도 기술적이고 논리
> 적인 항목들과 문제들에서 목적에 대한 견해를 잃지 않는 혁명이
> 다.(Meinhof, 2000b: 276)

또한 우리가 여기서 추가할 수 있는 것은 그러한 긍정적이고 생
산적인 리더십과 더 부정적이고 더 파괴적인 어떤 것 사이에서 (그것
의 얼굴 위에) 종종 매우 얇은 선이 있다는 것이다. 달리 표현해서 파시
즘과 진정한 새로운 민중 사이에는 일백만 마일의 거리가 있지만 동
시에 단지 머리카락 하나의 폭이 있다.[48] 말할 필요도 없이, 양자를 구

---

47) 매스미디어가 '반역자'와 '혁명가'에 대해 일반적으로 매력을 느낀다는 데에 주목하자.
체 게바라부터 할리우드 블록버스터의 허구 영웅들에 이르기까지, 그러한 인물들의 미화
는 '아웃사이더'에 대한 흠모와 혹평이라는 모순을 입증한다. 브레트 이스턴 엘리스의 소
설 *Glamourama*(Easton Ellis, 1998)는 등장인물이 모델들과 테러리스트들로 구성된 이
러한 시나리오를 명쾌하게 그려낸다. 또한 질리안 베커는 아주 유사한 전략으로 *Hitler's
Children*에서 독일적군파를 (게릴라 전사가 아닌) '폭력배'로 묘사한다. 베커를 인용한다.
"법정과 감옥 밖에서 폭력단은 폭력과 파괴의 행위로써 계속해서 주의를 요구했다. 많은
이들에게 ─ 특히 예상대로 젊은이들에게 그러하지만 오직 그들만은 아니다 ─ 그것은
노상강도단이 풍겨 왔던 낭만적, 미학적, 심지어는 관능적인 매력을 느끼게 한다"(Becker,
1978: 17).

48) 들뢰즈와 가타리는 (하이데거와 관련하여) 다음과 같이 말한다. "니체가 말하길, 그리스인을
기다리고 있었는데 독일인을 맞닥뜨린 것보다 더 나쁜 것이 있을까?"(*WP* 108~109). 바로
이 "지상의 투사들이 잠시 혼란스러워진 잿빛 지역과 식별 불가능성의 영역"에서 "사상가

별해서 말할 수 있다는 것은 어려운 만큼 중대한 일이다. 확실히 독일 적군파의 조직화와 리더십은 복잡하고 창백한 역사를 포함한다. 명확하게 바더와 일반적인 독일적군파가 파시스트였는지 **또는** 혁명가였는지는 분명하지 않다. 아마도 우리는 언제나 양자 사이에 존재하지 않겠는가? 확실히 소수적 실천은 언제나 오류를 포함하고, 진실로 위험을 무릅쓰고 그 스스로 거슬러서 조직하는 바로 그 형식 속으로 열중한다.

게릴라 조직화와 아울러 들뢰즈와 가타리의 소수 문학의 개념notion을 통하여 미술적 실천을 사유하는 것은 일반적으로 미술과 결합되지 않은 조건에서 미술적 실천에 관하여 사유하는 것이다. 또한 그것은 특히 가타리가 "주체성의 생산"이라고 부르는 것과 관련해서 참여적인 정치가 포함할 수 있는 것을 다시 짜는 것이다(S 1996). 주체성의 생산은 우리가 함께 더불어 살아가는 세상과의 상호작용을 통해서 우리 자신의 점진적인 자기 창조에 열중하게 되는 어떤 부름으로서 '정치적인 예술'의 조항(그리고 이해관계들)을 변화시킨다. 오늘날, 효과적인 정치적 실천을 구축하는 것은 불확실하고 또한 당연히 지금까지 게릴라 세포조직의 유일한 임무였던(곧 게릴라 세포조직의 상대적 자율과 다른 삶의 방식의 긍정에 있어서) 전략들을 포함한다. 우리는 그것이 정치적인 프로젝트일 뿐만이 아니라 분명히 윤리적·감

의 피로한 눈이 투사들을 혼동하는 것이다——독일인을 그리스인이라 착각할 뿐만 아니라 파시스트를 생존과 자유의 창조자라고 착각하게 된다"(WP 109). 이 점과 이 인용문에 관해서는 결론에서 다시 다룰 것이다.

성론적 프로젝트이기도 하다는 것을 말할 수 있다.

그렇지만 마지막으로 주의해야 할 것이 있다. 우리가 본 것처럼 급진적인 집합체들에는 두 개의 계기들이 있다. 하나는 불찬성이고 다른 하나는 긍정이다. 어떤 의미에서 각각의 것은 다른 것을 요청한다(이분법은 잘못된 것이다). 불찬성한다는 것은 반드시 삶의 다른 양식들을 긍정한다는 것이다. 그러한 것을 긍정하는 데 있어서 우리는 규범과 의견을 달리할 수가 없다. 그러나 불찬성 자체가 순수하게 반응적 메커니즘으로 작동할 수 있다 하더라도 이 경우의 불찬성은 앙심의 형식이다. 진실로, 바로 이러한 종류의 앙심이 반동적 결말 그 자체로서 폭력을 생산한다(앙심적인 주체는 언제나 어떤 것이든 모두 다 비난하고 공격한다). 창의적인 그 어떤 것도 이런 것으로부터는 나올 수가 없다(속담에도 이르듯이 성난 사람은 행복할 수 있는 방법이 없다). 그런 주체에게 있어서, 책임이 있는 사람은 언제나 타인들이며 세계에 **대하여** 책임이 있는 사람도 언제나 타인들이다.

그러므로 중요한 것은 들뢰즈가 니체와 스피노자를 따라서 우리의 삶의 **스타일**, 곧 세계에서 작동하는 우리의 방식 그리고 세계에 대한 태도라고 일컫는 것이다. 이것은 어떠한 정치적인 전략에도 앞서는 것이다. 이러한 의미에서 중요한 것은, 종종 함께 분류되는 상이한 형식들의 게릴라 조직, 곧 간단히 테러리즘들 그리고 법률제도와 언론에 의하여 전개되는 테러리즘의 수사학을 혼란된 상태에서 풀어내는 것이다. 동등하게 중요한 것은, 이 책에서 다루는 범위는 아니지만 상이한 집합체들 곧 이탈리아의 붉은 여단 혹은 심지어 영국에서의 분노 여단과 같은 1960년대와 1970년대의 또 다른 도시 게릴라 조직들의 위상을 구성하는 것일 것이다. 또한 우리는 집합적 행위(예를 들면 아우토미아^{Autonomia} 운동)에 있어서 더 광범위한 비-폭력적 실험들에 주의하는 것이 필요할 것이며 그리고 물론 그러한 위상학은 비-구미의 혁명적 조직들 예를 들어 아프리카와 아랍의 해방운동들과 남미에서의 운동들을 포함하는 것이 필요할 것이다.[49] 또한 오늘날 '민주화'의 (그리고 진실로 민주주의의 이상적 의미에 대한) 증대 속에서 그러한 급진적인 게릴라 조직들이 갖는 당면문제와의 관련성을 정밀하게 나타내는 것이 필요할 것이다. 게다가 명백히 비-정치적인 조직들인 1960년대의 코뮌들로부터 1980년대의 펑크 집합체들과 1990년대의 건전한 조직 집합체들이 있다. 어느 것이 부정적 구성체(파괴적인 양심의 산물)이고 어느 것이 (불찬성뿐만 아니라 새로운 어떤 것의 생산과 관련된) 긍정적 구성체인가? 내가 주장하는 것은 그러한 지도 제작에 있어서 참여적이고 예술적인 정치적 실천을 위한 가능성들뿐만 아니라 일반적인 저항의 효과적 정치학을 위한 가능성들까지도 위태롭다는 것이다.[50]

---

49) *Experimenting with Intensities: Science, Philosophy, Politics, the Arts* Conference (2004), 트렌트 대학(Trent University)에서 발표된 사이먼 토미의 미출간 원고 "Difference, 'Creative Power' and Contemporary Political Praxis: The Case of the *Zapatistas*"는 이러한 프로젝트의 좋은 예가 된다. 토미는 들뢰즈의 『차이와 반복』을 이용하여, 재현 너머의 '내재적' 정치에 참여하고 있는 사파타주의자(Zapatista)에 대해 설득력 있는 논의를 전개한다.

50) 그리고 이러한 지도제작은 게릴라들 혹은 아방가르드 그룹들과 전체로서의 다중(민주주의) 사이의 관계들을 다루어야 할 것이다.

주체성의 생산

포스트모던, 후기자본주의자, '새로운 세계질서' 혹은 간단히 제국으로 일컫는 세계 곧 권력이 탈중심화된 세계에서 잠재적인 권력의 중심들은 어디에나 현존한다. 우리가 말할 수 있는 것은 그러한 권력의 잠재적 중심들은 바로 우리 자신의 주체성들이며, 따라서 어떤 의미에서 그러한 권력에 대항하는 전쟁터는 우리 자신들이라는 것이다. 그러므로 중요한 것은 정치학(예술적인 정치적 실천과 더불어서)을 제도적이고 이데올로기적인 비판에 관련되는 것으로서뿐만 아니라 우리 자신의 주체성에 대한 능동적 생산을 포함하는 것으로 이해하는 것이다. 그런데 이 점과 관련해서 나는 나의 관심을 들뢰즈와 가타리 각각의 두 개의 텍스트로 돌리는 것을 원하며 그리고 그 두 텍스트는 자기 창조에 대한 우리의 능력과 관련되는 것이다. 두 텍스트를 함께 고려해 보면 그것들은 일반적인 주체성의 더 유동적이고 복잡한 개념 notion을 위한 것뿐만이 아니라 정치적인 장 그 자체로서 주체성의 중대한 고찰을 위한 강력한 선언으로 씌어져 있다. 또한 두 개의 텍스트 모두 우리의 관심을 주체성에 대한 물질적 본성(결코 단지 말하는 '나'의 문제만은 아니다)으로 이끌며 또한 더불어서 주체성의 전형적인 분절들로 간주할 수 있는 것을 넘어서는 사유하는 주체성을 위한 몇 가지 조언들을 제공한다.

가타리의 에세이 「주체성들: 더 좋거나 더 나쁘거나」는 그의 정신분석적인 실천과의 실용적인 연루(특히 프랑스의 라보르드 병원)로부터 출현하며, 그럼에도 불구하고 그 에세이는 다른 영역(예를 들면 미하일 바흐친의 미학이론들)으로의 탈주선들을 포함한다.[51] 들뢰즈의 텍스트 「미셸 투르니에와 타인 없는 세상」은 정확히 철학은 아니지만 또한 정확히 문학비평도 아니다.[52] 사실 그 텍스트 안에서 또한 그 텍스트를 통하여 문학은 일종의 철학이 된다. 우리는 그러한 철학적 텍스트 안에서 명백히 들뢰즈의 관심이 인간을 넘어선 다른 존재들의 양태들(이러한 의미에서 그 에세이는 매우 니체적이다)과 일반적으로 지각가능한 것을 넘어서는, 힘들 그리고 우주적 에너지들의 세계에 있음을 알 수 있다. 그럼에도 불구하고 두 에세이들은 같은 주제(곧 주체성)를 다룬다. 특히 가타리의 텍스트는 주체성의 생산을 다루는 데 반해서 들뢰즈의 에세이는 가타리의 텍스트의 균형추로서 작동을 함과 동시에 일종의 **후기** 주체성(주체/객체의 분리를 넘어서는 비-소외적인 생활 곧 삶/생명의 가능성들)의 생산에 초점을 맞춘다.

또한 두 에세이 모두 예술과 창조성에 관한 것이다. 사실 각각의 에세이는 정확하게 창조성의 부름, 곧 우리로 하여금 습관적인 자기들을 생산하고 변형시키는(게다가 아마도 심지어 넘어서는) 것을 허용하는 다양한 전략들과 실천들에 관련되는 부름으로 읽혀질 수 있다. 가타리가 어떤 다른 곳에서 언급하는 것처럼, 우리는 "서로의 상호작

---

51) 이 에세이는 "On the Production of Subjectivity"(Guattari, 1995b: 1~32)의 초판본이다. 가타리 단독 프로젝트의 상세한 내용과 인상적인 저작 목록은 게리 제노스코의 *Felix Guattari: An Aberrant Introduction*(Genosko, 2002) 참조. 또한 스티븐 J. 아르노트는 그의 가타리에 관한 유익한 에세이에서 빅터 터너의 의례에 관한 글과의 횡단적 연결을 보여 주고(Arnott, 2001 [http://limen.mi2.hr/limen1-2001/stephen_arnott.html] 참조), 폴 뱅은 들뢰즈와 가타리가 말하는 주체성의 윤리-감성론적 개념작용에 레몽 뤼이에르의 글이 얼마나 중요한지를 탐구한다(Bains, 2002).
52) 이 들뢰즈의 텍스트는 『의미의 논리』(*LS*)의 보론 중 하나이다.

용, 곧 다른 대상들과 다른 표현 수단들의 상호작용을 통해서" "예술
가가 팔레트 위에서 색으로 창조적인 작업을 하는 것처럼" 단지 삶/
생명의 가능성들을 창조한다(C 7). 그러므로 주체성(그리고 주체성을
'넘어서는' 무엇이든)의 생산은 엄격히 어떤 감성론적인 활동이다.

가타리의 주체성의 생태학

가타리에게 주체성은 다가적이고 다성적이다. 그러므로 우리의 사회
적 존재를 결정하는(예를 들어 경제적인 것과 같은) 어떠한 지배적인
요소도 없다(S 193).[53] 가타리가 지적하는 바와 같이 주체적 요소들은
종종 본래 자리에서 상호작용하며, 말하자면 그것들 자체 곧 더 큰 경
제적 운동들(예를 들면, 주식시장의 폭락을 생산하는 심리학적인 요소
들)을 결정한다(S 193). 그러므로 중요한 것은 주체성을 형성하는 과
정들의 복잡성을 통하여 사유하는 데 있어서 우리를 주체들로서 생
산하는 정신적이고 사회적인 생태학들이다.[54] 이러한 특별한 에세이
에서 가타리가 관심 있는 것은 그러한 생산과 그 후의 (오늘날 우리와
의 관련성 속에서) 생산의 증대에 대한 세 가지 측면들이다. 첫째, 일
반적으로 주체성은 세계의 무대에서 증대된 구심성과 가시성을 가지
는 것이다. 일례로 가타리가 우리에게 제시하는 것은 톈안먼 광장의
중국학생들이며, 또한 그럼에도 불구하고 가타리는 반대의 실례로서
우리에게 '이란의 주체혁명'과 그 후의 여성들에 대한 학대를 나타낸

---

53) 이는 물론 맑스를 — 더 정확히는 졸렬한 경제 결정론을 고집하는 맑스주의자들을 — 비
    판하는 것이다.
54) 이것들은 가타리의 마지막 저작인 『세 가지 생태학』(TE) 가운데 두 개다.

다(S 193~194). 이것은 결국 출현하는 주체화의 과정들은 전진할 수도 있고 후퇴할 수도 있다는 것을 말한다(간단히 말해서, 주체화의 과정들은 반작용적일 수 있다). 진실로, 우리 모두 유럽의 초기 민족주의의 출현과 그 결과로서 나타난 수난으로 서구에서의 주체화의 과정을 잘 알고 있다. 여기서 또한 우리가 명백히 배치할 수 있는 것은 서구와 동양, 말하자면 구미주의와 이슬람의 극단적으로 대립하는 주체성들이다. 이것은 오리엔탈리즘을 되살리는 것은 아니지만, 여기서 우리는 두 가지 명확한 체제, 곧 두 가지 상이한 주체성의 생산이라는 것을 가지고 있다는 것을 주목해야 한다. 사실, 진실로 가치가 있는 것은 그러한 주체성의 문제가 다루어질 때까지 그 두 가지 사이의 투쟁들(소위 테러리즘과 테러리즘에 대한 전쟁)이 언제나 해결될 수 있을 것인지를 고려하는 것이다. 확실히 주체성의 요소들(특히 종교)은 진행 중인 테러리스트와 반테러리스트 공격들의 임무에 있어서 그것들의 본분을 다하고 있다. 점점 더 문제로 떠오르는 것은 가타리가 언급하는 바와 같이 자본주의에 의해 구현된 "주체성에 대한 보편주의자의 재현" 그리고 동방에 대한 자본주의자의 식민지화가 파산인지 어떤지이다(S 194).[55] 많은 사람들이 빈약한 빛 속에서 그러한 특별한 주체성의 생산이 더 광범위한 지배와 개발의 역사적 논쟁점과 연계되어 있다는

---

55) 어떤 의미에서 '예술사'는 이러한 서구 중심적 주체성(곧 예술가 천재)을 전면에 내세우는 데에 종종 관여해 왔다. 가타리를 따른다는 것은 그러한 예술가 중심적인 모델(바로 반동적 모델)을 탈중심화하기 위해 이루어진 작업을 부인하는 것이 아니라, 예술가들의 다양한 재현들에 포함되어 있는 분명한 주체성의 생산을 탐구하는 것 —그리고 이것들이 더 광범위한 사회정치적 요소들과 어떻게 연루되어 있는지를 이해하는 것 —이리라.

것을 인식하고 있는 것은 아니다.[56] 가타리에게, 오늘날 우리는 그러한 것의 결과들을 측정할 수 없다. 물론 우리가 그러한 무지한 순진함의 상태에 더 이상 머물러 있지 않다는 것이 주장될 수 있다.

가타리의 두번째 측면에서 중요한 것은 현재 새로운 과학기술 특히 새로운 커뮤니케이션과 정보의 기계들(텔레비전으로부터 월드와이드웹의 편재에까지)이 의미작용적인 등록기와 또한 정서적인 등록기 위에서 주체성의 생산으로 실행되고 있다는 것이다(S 194).[57] 어디에나 존재하는 개인 컴퓨터로 양육된 세대들에게 주체성의 생산은 다른 것인가? 이것은 아시아 대륙과 인도 아대륙에서 이루어지고 있는 집단적 주체 혁명의 관점에서 사유하면 중요한 문제이다(컴퓨터 교육과 ──마이크로소프트사에 의해 선도된── 컴퓨터 산업들의 적극적인 실행). 또한 가상현실과 출현하는 인공지능(예를 들어)을 고려하는 더 새로운 과학기술도 있다. 단지 우리는 그러한 과학기술들에 의하여 생산될 기이하고 새로운 주체성들을 깊이 사유하는 것을 할 수 있다(간단하게 나는 5장의 끝부분쯤에서 이것으로 돌아갈 것이다). 게다가 그러한 것은 긍정적 결과들 곧 표현에 대한 새로운 수단들의 생산

---

56) 나아가 우리는 가타리와 마찬가지로, 냉전의 종말과 더불어 서구에서 주체성 ──그리고 주체성의 생산── 논쟁이 점점 중요해지고 있다는 점을 덧붙일 수 있을 것이며, 후자를 환경, 사회 그리고 정신이라는 세 개의 생태학과 관련하여 깊이 생각할 필요가 있다. 또한 이것은 가타리의 마지막 저작 『세 가지 생태학』의 주제이다. 여기서 그는 어떤 세계적 문제들의 해결책은 서구의 생활양식에 대해, 그리고 삶의 새로운 **스타일**을 창조하는 것에 대해 문제제기함으로써만 찾을 수 있다고 지적한다(TE). 이 가운데 환경적 재앙의 가능성 혹은 핵 참상의 가능성(자본주의가 만들어 낸 두 가능성)은 다른 수많은 급박한 문제들과 마찬가지로 주체성의 생산에 관한 문제와 밀접히 관련되어 있다.
57) 하트와 네그리도 또한 『제국』의 상당 부분을 이 논의에 할애하고 있다. 「비물질적 노동의 사회학」(E 289~294) 참조.

과 가타리가 '참조의 새로운 우주들'(예를 들어 월드와이드웹으로 이루어지는)이라고 부르는 것의 개시뿐만이 아니라 매스미디어의 하향식 프로그래밍에서 아주 명확한 부정적 결과들을 포함할 수 있다.[58] 그러한 새로운 과학기술들을 사용하고 실험하는 예술적 실천들은 과학기술적 주체성을 생산하는 '첨단'의 존재로 이해될 수 있다. 게다가 더 나아가서 우리가 말할 수 있는 것은 그러한 과학기술들에 의하여 개시된 참조의 새로운 우주는 예술적 실천과 일반적인 주체성에 대해서 덜 명확하고 더 애매모호한 충격을 가하는데, 이것이 말하는 것은 과학기술적 발전들은 현대의 주체성의 생산(특별한 주체들이 개인용 컴퓨터 사용자이든지 아니든지 간에)에 충격을 가할 것이라는 것이다.

가타리의 세번째 관찰은 주체성을 생산하는 데 있어서 행동학적이고 생태학적인 요소들의 중요성이다. 곧 예를 들어서 이것은 우리가 성숙함에 따라(이를테면 정신분석학이 제시하는 오이디푸스 단계, 곧 거울 단계 등) 정신적 삶의 다양한 단계들을 경험하는 경우가 아니라 그러한 각각의 단계들이 서로 동시에 존재하고 우리의 어떠한 '삶의 단계'에라도 '접근될' 수 있는 경우이다(S 195~196). 따라서 어떤 경우에서건 우리는 들뢰즈와 가타리의 자발적인 창조적 존재의 상태로 이해되는 '아이성性의 블록들' 곧, '아이-되기'의 개념을(이것은 퇴보나 향수어린 '어린 시절로의 회귀'와는 아무런 관계가 없는 것이다) 발

---

58) 이러한 기술의 이중적 본성은 새로운 것이 아니다. 아도르노와 호르크하이머는 『계몽의 변증법』(Adorno & Horkheimer, 1979)에서 더 과격하기는 하지만 이와 비슷한 주장을 펼치고 있다. 간단히 말해, 기술의 발전은 세계의 많은 고통을 줄이는 도구를 우리에게 주었는데도 불구하고 그 기술은 바로 극심한 고통을 가하는 데에 쓰이고 있다는 것이다.

휘할 수 있다. 또한 가타리는 자기와 타인 사이의 존재론적인 장막을 효과적으로 해체하는 탈-주체적 상태들(사랑의 상태로서 예를 들면 말벌과 서양란 사이의 분자적 사랑)의 가능성과 잠재력을 기술한다(*S* 195). 「1947년, 기관 없는 신체/탈기관체는 어떻게 만들어지는가?」의 고원은 명확하게 가능성과 잠재력의 기술로서 탈-주체적 상태들을 생산하는 일련의 전략들로 배치될 수 있다(*ATP* 149~166).

생태학적으로 사유할 때 우리는 다양체의 관점에서 주체성을 이질적 요소들의 복합적인 집합체로서 이해할 수 있다. 이런 점에서 중요한 것은 탈중심화된 관계(다시 말해서 어떠한 전문가도, 지도자도, 초월적 원리도 중요한 것이 아니다) 그리고 건축술과의 관계, 집단과의 관계(비록 이것이 사유된다 할지라도), 경제적 요소들과의 관계가 될 것이며 게다가 언제나 주체성은 개인이 우연히 일부분이 되는 모든 제도들의 바깥과 관련될 것이다. 진실로, 주체성의 생태학은 그러한 바깥과의 접촉과 소통을 강조할 것이다(이런 점에서 어떤 닫힌 체계, 완전히 독립된 개인들은 존재하지 않는다).[59] 중요하게도 그러한 주체성의 생태학과 행동학이 내포하는 것은 일종의 자기-구성 혹은 자기-조직, 자기-응집성 곧 가타리가 프란시스코 바렐라를 따라서 자기생산이라고 부르는 것이다(*S* 195). 그러므로 우리는 가타리의 주체

---

59) 그리고 주체성의 이러한 집단화는 단지 외재적 관계들뿐만 아니라 말하자면 내재적 관계들과도 관련이 있다. 가타리는 다음과 같이 기술한다.
"여기서 '집단적'이라는 용어는 개인의 (말하자면) 이러한 측면에 더해 **사회체**(socius)의 측면에서, 곧 제한적이고 포괄적인 논리보다는 정서들의 논리에서 더 많이 생겨나는 전-언어적 강도들의 측면에서, 개체 수준을 넘어 전개되는 다양체라는 의미로 이해되어야 한다"(*S* 196).

성의 개념notion을 '실존적 영토'로 간주할 수 있으며, 그 영역은 때로는 세계 안의 주체에 의하여 지배적으로 형성되거나 때로는 앞에서 행한 사례연구처럼 집단 구성체의 결과로서 형성된다(S 196).

이것은 프로이트학파 사람들에 반대하는 것이며, 오히려 더 정확히 말하면 프로이트 모델을 주체성의 생산에 대한 단지 하나의 체제(다른 것들은 기독교, 궁정풍 사랑, 볼셰비즘 등이 될 수 있다)로 이해할 수 있다. 사실 가타리에게 프로이트 자체는 주체성에 관한 어떤 종류의 진실을 발견하는 사람이라기보다는 주체성을 사유하고 조직하는 개념들의 비범한 창조자였다(S 196). 강조할 점은 우리는 살아가고 사랑하는 새로운 방법 곧 새로운 주체성의 지도제작들을 발명할 수 있으며, 게다가 남근 중심적이고, 길든 재현과 과거에 의지된 얼굴에 강박관념을 지닌 '프로이트주의'가 반드시 오늘날 우리를 위한 가장 적절하고 생산적인 것은 아니라는 것이다(S 197). 따라서 가타리는 다시 주체성의 개념notion을 느슨하게 하는 것을 생산하기 위하여 들뢰즈와 함께 작업을 수행했고 정신분석적인 것을 다중적 층들로 구성된 것, 곧 분열분석적인 지도제작으로 대체했다(S 197). 가타리가 언급하는 것처럼 이것은 과학적인 패러다임으로 이동하는 것이며, 그리고 여기에서 주체성은 윤리-감성론적 주체성을 향한 '연구'의 '대상'이 되고 또한 주체성은 언제나 진행 중이다(S 197). 게다가 그러한 것은 우리 자신이 주체성을 생산하는 것에 관련되도록 우리를 초대하는 것이고, 수동적 관객들로부터 능동적 참여자들로 움직이는 것이며 우리 자신의 '과정적 창조성' 프로젝트 안에서 가타리로부터(혹은 진실로 다른 경우로부터) 우리가 필요로 하는 것을 취하는 것이고 엄격히 말해서 우리의 삶들을 예술작품으로 대우하는 것이다.

사실, 이런 점에서 가타리가 주목하는 것은 칸트의 미학이며, 그
것도 무사심적인 반응의 개념notion에 시선을 돌리는 것이다(S 198).
가타리에게 무사심적인 반응의 개념notion은 대안적 주체성을 생산하
기 위한 일종의 모델, 곧 전략이다. 진실로, 가타리가 주장하는 것은
바흐친이 우리가 예술과 함께 대상에서 이탈한 부분과 관계성을 (특
히 리듬과 운동에 의해) 형성한다라는 제안에서 그러한 무사심적인 반
응의 방향으로 움직인다는 것이다(S 198). 그러한 감성론적 반응 자
체가 포함하는 것은 일종의 비전형적인 욕망, 곧 규칙과의 단절, 이미
존재하는 실존적인 '현실'과의(게다가 특히 이미 실존하는 시간성과의)
단절이다(S 199). 그러므로 "독특성은 어떤 의미에서 단절이며 기호
적 내용의 절단이요 분리이다('다다이스트'와 초현실주의자의 방식에
서처럼)"(S 200). 그런 것으로부터 '사건'이 일어나는 것은 새로운 종
류의 리듬을 생산하는 것 곧 가타리가 "주체화의 돌연변이적 중심들"
의 생산이라고 부르는 것이 될 것이다(S 200).[60] 가타리는 일관되게
새로운 종합을 위하여 단절이자 싹틈으로서 그러한 예술의 개념notion

---

60) 알랭 바디우는 그의 저서 *Ethics: An Essay on the Understanding of Evil*(Badiou,
2001)에서 사건의 단절적 특성과, 이 사건에 대한 계속적인 충실함을 다룬다. 바디우에게
사건은 항상 주어진 역사적 상황의 보충이며, 실로 인간을 동물에서 주체로 끌어올리는 하
나의 경험이다(Badiou, 2001: 41). 그는 다음과 같이 기술한다.
"어떤 사건에 충실하다는 것은 그 사건에 '따라' 상황을… 사유함으로써, 이 사건이 보충한
상황 내에서 이동하는 것이다. 그리고 이는 물론 ──사건은 상황의 모든 통상적 법칙들로부
터 배제되었기 때문에 ── 주체로 하여금 그 상황에서 존재하고 행동하는 새로운 방식을 발
명하도록 만든다"(Badiou, 2001: 42).

으로 돌아간다.[61] 예를 들어 『카오스모시스』(*Chaosmosis*)의 마지막 장에서 가타리는 예술에 대하여 다음과 같이 언급한다.

사회적 장 속에서 진부하게 순환하는 형식들(그리고 의미작용들)과 단절하는 기능. 이런 방식에서 예술가(그리고 더 일반적으로 감성론적 기능)는 현실의 분절을 떼어내고 탈영토화하여 그 분절이 편파적인 발언자의 역할을 하도록 한다. 예술은 지각된 세계의 부분집합에 의미와 별개임의 기능을 부여한다. [...] 예술작품은 그것을 이용하는 사람들에게 탈구성과 의미를 단절하는 행위 그리고 바로크적 증식 혹은 극단적인 곤궁의 행위이며, 그와 같은 것은 주체 자체를 재창조와 재발명으로 인도한다. (*C* 131)

이런 점에서 우리는 분명 습관에 있어 어떠한 실제적 단절이라도 어떤 수준에서의 무사심성과 종종 쾌와 고통에 대한 '비-반작용'을 포함해야 한다는 것을 강조할 수 있다. 또한 중요한 것은, 무엇보다도 먼저 습관과의 단절이 필요로 하는 것은 우리가 그러한 습관들을 알아챈다는 것 곧 다시 말해 우리는 이미 실존하는 반작용들과 반응들에 주목해야 한다는 것을 지적하는 것이다. 이러한 의미에서 연접

---

61) 예컨대 발뛰스의 회화 세 점을 분석한 가타리의 "Cracks in the Street"(*CS*, 82~85) 참조. 여기서 회화들은 — 그 조직화와 스타일(여러 표현적 요소들과 의미/탈의미 작용하는 많은 등록기들의 동원)에서 — 가타리가 "지배적 주체 형성을 방해하는 개체적인 그리고/혹은 집단적인 주체화 양상들"을 이끄는 "프랙털화, 과정화, 실존적 재구성"라 부르는 것을 생산해 낸다(*CS* 85).

들을 만드는 것, 마주침들을 생산하는 것은 신체-정신의 경계에 의해 병행되어야 한다는 것이다.[62] 가타리는 그러한 것에 주의하지 않지만 나는 당연히 [그것은—옮긴이] 그의 논변이 된다고 생각한다(실로 이러한 방식이 아닌 것으로 어떻게 우리가 습관들을 깨뜨릴 것인가?). 이와 관련해서 우리는 오늘날 주체성의 탁월한 생산은 두려움에 기반한다는 것을 주장할 수 있다. 두려움은 종종 언론에 의해 과장되고 크게 취급된다.[63] 그러므로 전형적인 주체성 안에는 타인(그리고 일반적으로 차이)에 대한 내생적인 두려움이 있다. 그러한 미시물리적 수준이라고 부를 수 있는 것에서 작동하는 메커니즘은 진행이 거시-수준에서 이뤄질 수 있기 전에 선별되어야 한다(결국 파시즘은 정확히 이러한 두려움으로부터 일어난다). 이것은 완전히 안쪽으로 향하는 것(혹은 안/바깥의 쌍을 설치하는 것)도 아니고 또한 우리 자신들과 우리 자체의 주체성의 생산에 주목하는 것이 모든 세계의 문제들을 해결할 수 있다는 것을 제시하는 것도 아니다. 그것은 그러한 주목이 언제나 그리고 모든 곳에서 명백한 정치적 전략을 동반해야 한다는 것을 말한다.

---

62) 크리스토퍼 그레이는 상황주의자들에 관해 이와 비슷한 주장을 한다.
"상황주의자 인터내셔널(SI)의 근본적인 문제는 오로지 사회의 지적 비판에만 몰두했다는 점이다. 감정이나 신체에는 전혀 무관심했던 것이다. […] 이해를 요하는 것은 모두가 처해 있는 마비상태이다. 틀림없이 모든 조건화는 사회에서 비롯되지만, 개인의 신체와 마음에 입각해 있으며, 바로 여기서 해소되어야 하는 것이다. 궁극적으로 문제는 지적인 것이 아니라 **감정적**(emotional)인 것이다(Gray, 1989: 75).

63) 여기에 이에 대한 조사를 더 진행시킬 공간은 없지만 이러한 공포는 또한 죽음의 공포(따라서 기피)로서 특징지어질 수 있다는 데에 주목할 수 있을 것이다. 유진 홀랜드는 *Deleuze and Guattari's* Anti-Oedipus: *Introduction to Schizoanalysis*(Holland, 1999)에서 이를 자본주의적 발전과 관련하여 간략히 다룬다(Holland, 1999: 8~9 참조).

그러므로 가타리에게 주체성은 반복구들의 다양체로부터 이루어진다. 진실로 그러한 의미에서 우리는 모두 음악적 존재들이다(*S* 199). 가타리는 우리가 텔레비전을 볼 때 포함되는 다양한 반복구들의 실례(주전자가 끓어오르고 있고, 아기는 울고 있고, 전화가 울리고 있으며 게다가 텔레비전 자체는 서술적 반복구뿐만이 아니라 정서적인 반복구들을 포함한다)를 제공한다(*S* 200). 한동안 나는 화면 속으로 '빠져들고' 그런 다음 화면은 탁월한 반복구로서 작동한다(이것은 나의 주체성이 조직되는 지점이다). 더 간단한 실례는 새의 노래(영토화하는 반복구로서 이해되는)이며, 이것은 일종의 집을 생산하고 그리하여 새를 위한 일종의 '주체성'을 생산한다(*S* 200). 또한 그러한 의미에서 우리는 누구나 겁에 질렸을 때 혹은 편안히 자신의 영토에 있을 때 어떤 곡조를 간단하게 콧노래 부르는 것과 같이 영토를 창조하는 음악의 사용을 사유할 수 있다. 각각의 경우에서 곡조는 영토-건설 기술로서 작동한다. 『천 개의 고원』에서 고원 「1837년: 리트로넬로에 대해서」는 특히 반복구들의 그러한 다양한 양상들을 다룬다(*ATP* 310~350). 이런 점에서 우리는 예술적 실천을 반복구의 특별한 유형 곧 특별한 종류의 주체적 영토를 생산하는 것(게다가 또한 아래에서 볼 것이지만 더 우주적인 탈영토화의 반복구를 생산하는 것)으로서 배치할 수 있다. 참으로, 가타리에게 근대와 전근대의 모든 인간 사회들은 그러한 반복구들 예를 들어 고대 사회들의 의식들과 실천들 혹은 '그리스 비극'의 반복구들을 포함한다(*S* 201). 그리스 비극에서 우리는 아주 분명히 순수하게 정서적인 반복구들의 실존 곧 정서적인 반응을 생산하는 소리와 리듬의 모듈의 생산을 볼 수 있다(*S* 198). 게다가 그러한 정서적인 반복구들은 '주체화의 돌연변이적 중심들'이다. 그러므로 그러한 반복구들은 우리를 다른 길 위로 던지는 단절이며, 우리는 그것들 때문에 오래된 습관과 절단하고 아마도 새로운 것들을 형성한다(*S* 200).

이러한 점에서 우리가 소유하는 것은 일종의 주체성의 화학적 작용 곧 엄밀히 다른 재조합들을 허용할 수 있는 실행으로서 상이한 요소들의 추출과 분리이다(*S* 200). 가타리는 다음과 같이 언급한다.

> 마치 화학적 작용이 동질적이고 원자적이며 분자적인 물질을 추출하기 위해 복잡한 혼합물들을 정제하는 것으로 시작하고, 그리하여 혼합물들로부터 이전에 존재하지 않았던 화학적 실체들의 무한한 배열을 창조해야만 했던 것처럼, 감성론적 주체들과 정신분석적 의미에 있어서 부분대상들의 '추출'과 '분리'는 주체성, 새롭고 전례 없는 실존적인 조화들, 다성부 음악들, 리듬들 그리고 관현악 편곡의 내적인 복잡화를 용이하게 한다. (*S* 200)

여기에서 다시 한 번 가타리는 예술 혹은 '시적 기능'을 지배적인 것에서 단절들을 생산할 수 있는 것으로 **그리고** 새로운 방식으로 이질적인 것을 결합시키는 새로운 반복구들을 생산할 수 있는 것으로 배치한다(*S* 201). 그런 의미에서 우리는 전쟁기계로 되돌아가고, 게다가 오래된 것과 절단하는 것뿐만이 아니라 중요한 조직화의 새로운 형식들(심지어 새로운 습관들이라고 말할 수 있다)로 되돌아간다. 그래서 스피노자와 함께 삶/생명의 세부적인 것들은 그것들의 원인들에 외양들과 '느껴진 변용들'을 넘어서는 것을 관련시킴으로써 우리의 기질을 변경할 수 있는 인식을 생산한다. 게다가 가타리에게 다른 존재들은 물론 다른 사물들과의 마주침이 바로 그러한 주체성의 화학적 '인식'을 동반하고 어떤 점에서는 생산한다. 그러므로 또다시 우리는 1장에서 본 것처럼 **라보르드** 병원은 정확히 그것이 마주침의 경기장이기 때문에 중요하다고 이해할 수 있다. 그러한 장소에서 개체들은, "개체-그룹-기계"는 물론 "표현의 새로운 물질들"에 접근하는 것이 허용되며, 이것들은 개체들이 지금까지 미지의 "참조의 우주들"에 접근하는 것과 나아가 개체들이 그들 스스로 재독특화하는 것을 허락한다(*C* 7).

덧붙여서, 또다시 유념할 가치가 있는 것은 네그리의 작업과 우리가 주체성들을 구축하는 데 있어서 경험된 시간의 특정한 중요성에 대해 그가 주목하는 것이다(Negri, 2003). 네그리에게 우리는 자본의 전적인 포섭의 시대에 살고 있으며, 자본은 우리 삶들의 모든 양상을 꿰뚫고 있고 우리가 경험하는 시간을 포함한다. 그러므로 나는 상이한 시간성들, 공상에 잠기는 것, 친구들과 함께하는 것, 창조적이게 되는 것을 탐구하는 것이 중요하다는 것을 주장한다(그러나 반드시 특정한 목적을 위한 것은 아니며 게다가 분명히 시장을 위한 것은 아니다). 이것은 자본주의자의 조건에 있어서 일종의 비-생산성이지만 그럼에도 이것은 엄격히 스피노자주의자의 의미에서는 더 이상의 생산적인 것이다. 예술실천은 영화와 다른 움직이는 이미지의 예술들뿐만이 아니라 예를 들면 회화의 시간 혹은 조각의 시간(우리가 예술과 보내는 시간)에서 그런 어떠한 상이한 시간성들을 탐구하기 위한 이름이다. 나는 다음 장에서 좀 더 상세히 이 점을 사유할 것이다.

게다가, 그러한 주체성 생산의 문제들 때문에 우리는 정치적인 전략을 재사유하는 것과 관련된다. 예를 들어 정치적인 전략이 반드시 최소한 하나의 의미에서 자본주의에 '저항하고', 자본주의의 '속도를 떨어뜨리는 것'의 문제는 아닐 것이다. 진실로, 우리는 더 필요하지 덜 필요한 것이 아니다. 다시 말해 우리는 더 많은 돌연변이들, 탈주선들, 대안적 시간성들이 필요하다고 할 수 있다. 우리가 필요로 하는 것은 더 이상의 실험과 표현이지 이것의 통제를 증식하는 것이 아니다. 주체성의 생산은 언제나 그러한 표현을 방해하는 포획 장치들을 경계하는 것을 포함한다. 진실로, 두 가지를 구별하는 사항들은 중대하고 세심한 주의(그리고 유연성)를 요한다. 결국, 예술은 그러한 실험법의 이름일 뿐만이 아니라 또한 단지 그러한 포획장치들의 이름일 수 있다. 또한 그런 의미에서 우리는 명백히 다른 '자유로운' 주체성들의 생산(예를 들면, 서구 자유민주주의 국가들에서 비서구의 주체성들에 대한 뿌리 깊은 편협을 감추는 자유스럽고 관대한 주체들의 생산)으로부터 생산적이고 창조적인 주체성들을 구별하는 것이 필요하다. 실제로, 우리는 기본적인 정치적 문제를 우리 자신들에게 묻는 것이 필요하다. 곧 오늘날 이의 있는/창조적인 주체들은 어디에 있는가? 그리고 그들은 어떻게 생산되고 있는가? 이 두 경우에서 내가 주장하는 것은, 그 해답은 주체성의 생산에 있어서 예술의 역할 그리고 일반적인 감성론적 차원에 대한 심각한 고려를 포함해야 된다는 것이다.

들뢰즈의 되기-세계

이제 나는 가타리로부터 들뢰즈로 방향을 바꾸고자 하며, 그것은 들뢰즈에게서 주체성 생산의 문제는 동등하게 중요하기 때문이다. 그런데 들뢰즈의 에세이에서 우리는 더 요소적인 것(심지어 더 우주적인 어떤 것이라고 말할 수 있다)을 확보한다. 들뢰즈가 미셸 투르니에의 소설 『프라이데이』(*Friday*)[64]에서 로빈슨 크루소의 이야기가 다시 개작된 것을 통하여 발견한 것은 최소한 어떤 종류의 주체성('타인'들을 통하여 생산된 것)을 극복하는 것에 대한 설명이다. 우리는 이것을 '되기-세계'라고 부를 수 있다. 참으로, 들뢰즈가 지적하는 바와 같이, 그러한 점에서 투르니에의 소설은 명확하게 디포의 소설과는 다르다. 그것은 기원들의 소설 그리고 현대 인간(말하자면 자본주의자)의 기원들이 아니라 오히려 목적들과 인간이 될 수 있는 것에 대한 명상이다(*LS* 302~303). 『천 개의 고원』에서 이용된 카를로스 카스타네다의 소설처럼, 투르니에 책의 특징은 프로그램적 작업이다. 더 나아가서 우리는 그러한 프로그램을 곧 이상한 실험들과 되기들의 특징을, 분명히 재현을 넘어선 모험들을 포함하는 것이라고 할 수 있다.

그래서 그 섬에서 로빈슨의 모험은 타인들 없는 세상에서 그리하여 어떤 종류의 주체-생산 없는 세상에서 거주하도록 강요된 사람에게 일어나는 이야기인데, 왜냐하면 분명히 전형적인 주체성을 생산하는 것은 타인들이라는 것이 투르니에와 관련된 들뢰즈의 독해이기 때문이다. 타인들과 **함께하는** 세상, 곧 우리의 세계에서는, 어떤 것도 많이 발생하지 않는다고 말할 수 있다. 우리는 일종의 자비로운 속삭임

---

64) [옮긴이] 미셸 투르니에의 『방드르디, 태평양의 끝』(*Vendredi ou les Limbes du Pacifique*) 의 영문판.

의 소리로 둘러싸여 있다. 나의 지각작용 바깥, 여백의 세계는 내가 그것이 타인들을 위한 하나의 세계로서 존재하는 것으로 생각하는 것처럼 어떠한 위협도 지니지 않는다. 확실히 타인들은 여백들과 내가 거주하는 세상의 변천들을 보증한다. 진실로, 타인은 다른 가능세계들을 표현하며, 그렇게 함으로서 내가 세상을 '알게' 되는 것은 타인을 통해서이다(*LS* 304~305). 더욱이 나의 모든 욕망은 타인들을 통해서 흐른다. 그러므로 나는 내가 지각하는 것을 타인들이 가지는 것으로 욕망한다. 이러한 의미에서 나의 바로 그 욕망들은 타인들에 의하여 생산되고, 타인들을 통하여 지나간다(*LS* 306).

중요한 것은, 그러한 기능을 수행하는 것은 반드시 구체적인 타인들이 아니라 오히려 어떤 주체성을 생산하도록 작동하는 구조적인 타인, 곧 타인에 의하여 구조화된 지각장이다(*LS* 307). 그러므로 타인은 나의 지각장에서 하나의 대상이 아니라, (비록 그렇다 하더라도) 사실 장 그 자체를 구성하는 것이다. 그러므로 이러한 지각장은 어떤 종류의 순서 그리고 배열 곧 엄밀히 나의 주체성을 생산하는 하나의 메커니즘 혹은 **패턴**으로서 작동한다. 그래서 로빈슨의 모험은 그러한 메커니즘이 붕괴되는 어떤 세계의 경험이다. 사실, 로빈슨이 섬에 도착했을 때 여전히 지각장은 작동 중이며, 현실적 타인들이 존재하지 않음에도 불구하고 로빈슨은 그의 섬에 (상상의) 사람들을 살게 하는 신경증적 무대를 경험한다(*LS* 309). 이러한 점에서 우리가 상기할 수 있는 것은 고독이 반드시 주체성의 대안적 생산을 생산하는 것은 아니라는 것이다. 그러나 로빈슨에게 사실 구조적 타인은 점차적으로 사라지고 그리하여 로빈슨의 변형은 시작되며 이것은 로빈슨을 무섭게 함에도 불구하고 기운을 돋우게 한다.

아마도 구조적 타인의 주요한 생산은 그 대상으로부터 의식을 분리하는 것이다. 그러므로 타인들 없는 세계에서 로빈슨은 점차적으로 섬과 융합하고, 섬이 **되는** 것이다. 따라서 주체와 객체의 분리는 점진적으로 와해된다. 이러한 의미에서 사실 바로 타인들이 세계를 **교란시킨다**. 그러므로 타인들 없는 세계에서 우리가 가지는 것은 욕망들의 해방, 더 요소적인 의식의 해방이다(*LS* 312~313). 이것은 반드시 자기와 세계를 재구축하는 것을 포함하는 "위대한 건강"이다(*LS* 315).

프라이데이, 곧 현실적 타인이 출현했을 때, 로빈슨에게 구조적 타인은 이미 작동하는 것을 멈추었다. 그러므로 프라이데이는 타인이라기보다는 그러한 새로운 세계의 표현으로서 작동한다. 참으로, 프라이데이는 로빈슨의 연속적인 변형에 있어서 동맹자가 된다. 우리가 말할 수 있는 것은 프라이데이는 존재의 다른 양태를 나타낸다는 것이다(*LS* 315-16). 그래서 로빈슨은 선험적인 타인에 의하여 구조화된 세계를 넘어서 더욱 괴팍한 구조의 세계로 이동했다. 사실, 들뢰즈에게 이것은 로빈슨의 매우 특정한 행위를—타인들 쪽으로 지향되지 않는 성^性— 생산하는 것이다(*LS* 319). 그러므로 우리는 로빈슨이 관여된 다양한 의식들과 실천들을 소유하며, 그것은 엄밀하게 변질자의 세계가 주체들을 넘어선 세계이며 타인들이 삶의 가능성들을 구조화하지 않는 세계이기 때문이다.

그것은 이른바 판타지 스토리 그 이상의 것이 아닌가? 그런데 정확히 어떤 주체/객체 분열을 극복하기 위하여, 확실히 타인들 없는 어떤 세상을 추구하는 사람들이 있으며, 이들은 의식의 상이한 상태와 서로 다른 공간-시간에 접근한다. 그러나 또한 미셸 투르니에의 로빈슨이 (그 자신이 관련되는 다양한 실천들 속에서) 우리에게 부여하는 것은 미술을 사유하는 다른 방식으로써 또한 상황들과 의식들의 생산으로써 일상생활과 습관적인 주체성을 넘어서는 상태에 접근할 수 있는 것이다. 우리는 그러한 상태를 세속적 시간으로부터 신성하고 우주적인 시간으로 우리를 데려가기 위해 의식의 부분으로서 작동하는 라스코 동굴회화들에 관하여 설명한 바타유를 통해서 앞서의 장에서 이해했다. 또한 우리는 설치미술을 마주침의 다중-감각적 공간의 **작동방식**인 변형으로서 기술한 크리스테바에 의해서도 그러한 습관적인 주체성을 넘어서는 상태를 알게 되었다. 각각의 경우에 미술은 다른 가능세계들을 개시하는 것으로 작동한다. 정확하게, 그것은 투르니에의 로빈슨과 함께 발생하는 것이다. 로빈슨은 어떤 상황들을 경험하고 나아가 다양한 경험들을 겪게 되는데, 그 모든 것은 그때까지의 비가시적인 세계를 개시하는 것과 관련된다. 또한 그것은 퇴보가 아닌데 왜냐하면 가타리가 지적하는 바와 같이 그러한 상태들은 우리의 삶/생명들을 통하여 공존하기 때문이다. 게다가 그 모든 실천들에 있어서 중요한 것은 **수행적** 측면이다. 따라서 주체성 혹은 심지어 주체성의 넘어섬에 대한 다른 종류의 생산은 세계에서의 행동들과 실천들을 포함한다. 나아가서 덧붙이자면, 그러한 생산은 과정적인 것이 필요할 것이고(존재의 습관들은 하루아침에 깨뜨려지지 않는다) 게다가 참으로 어떤 새로운 종류의 주체성은 결합성과 공속을 생산하기 위하여 새로운 습관들과 사유 그리고 감정의 방식들

을 필요로 할 것이다.[65]

　그러므로 우리는 들뢰즈와 가타리의 두 텍스트를 통해서 주체성에 관한 두 개의 논문을 소유하게 된 것이다. 둘 모두에게서, 주체성은 다양한 실천들을 통해서 생산된 것이다. 그것은 단순히 주어진 것도 그리고 우리의 통제 바깥에서 원리들에 의하여 결정되고 고정된 것도 아니다. 오히려 들뢰즈와 가타리는 우리 자체의 주체성들에 대한 물질적인 생산과 우리가 실용적으로 관련된다는 것을 강조한다. 아마도 이것은 무엇이 미술적 실천인가에 대한 확장된 개념notion을 요청하는 것인가? 확실히, 그것은 미술의 역할들(창조적으로 세계와 상호작용하는 행위로서 이해되는) 중 하나가 엄밀히 주체성의 생산임을 실재화하는 것이다. 심지어 우리는 **소수** 주체성은 이미 다수적인 것에 의하여

---

65) 전형적인 주체성을 극복할 가능성들에 대한 더욱 균형 잡힌 설명은 들뢰즈의 *Desert Islands, and Other Texts 1953-1974(DES)* 중 표제 에세이 참조. 이 에세이에서, 가타리의 존재론적 장막이 사람과 사물 사이에 쳐질 수 있는지는 들뢰즈에게 불분명하며, 실제 어떠한 가능성들도 단지 개인뿐만 아니라 집단적 상상 혹은 아예 신화를 동원할 필요가 있을 것이다. 들뢰즈를 길게 인용해 둔다.
"원숙한 탐험가들에게 그토록 소중한 질문 — '무인도에는 어떤 생물들이 사는가?' — 에 대해 다음과 같이 답할 수 있을 뿐이다. 거기에는 이미 인간이 살고 있다. 그 진기한 인간들은 완전히 독립된 절대적 창조자들이며, 요컨대 인간성의 이념, 원형, 거의 신과 같은 남자, 여신과 같은 여자, 훌륭한 기억 상실증 환자, 순수한 예술가, 대지와 대양의 의식(consciousness), 거대한 허리케인, 아름다운 마녀, 이스터 섬의 조각상이다. 스스로를 앞서 가는 인간인 것이다. 무인도에 있는 그러한 생물은 처음 움직일 때 자신을 상상하고 반성하는 한, 무인도 자체일 것이다. 대지와 대양의 의식은, 무인도가 그러한 것처럼, 세계를 새로 시작할 준비가 되어 있다. 하지만 인간들은, 심지어는 자발적으로, 그들을 섬에 들여보내는 운동과 동일하지 않기 때문에, 섬을 만들어 내는 **약동**(élan)과 함께일 수 없다. 그것은 늘 외부에서 마주치며, 사실 그들의 존재는 그 무인성(desertedness)을 손상시키는 것이다. 따라서 무인도와 그 주민의 단일성은 마치 커튼 앞에서 그 뒤를 보는 관념처럼 현실적이지 않고 오로지 상상적이다. 더욱 중요한 것은 개개의 상상이 도움을 받지 않고 그러한 경탄할 만한 동일성에까지 스스로 오를 수 있는지 의심스럽다는 것이다. 그것은 자신 안의 가장 심층적인 집단적 상상, 곧 의식(rite)과 신화를 필요로 할 것이다"(*DES* 11).

(그리고 특히 '매스미디어'에 의하여) 생산된 주체성과는 반대로 지향했다고 말할 수 있다. 그것은 당연히 습관적으로 말을 더듬고 갑작스럽게 말을 더듬는 새로운 언어들과 새로운 정서적인 배치들을 구축하는 데 있어서 세계의 재료^{stuff}를 사용하는 것을 포함하며, 게다가 또한 그것은 우리 자신의 주체성들이 현재 존재함으로서 주체성들에 주어진 것에 주목하는 것을 포함할 것이다. 진실로 우리의 주체성들은 그 자체로 배치들이며, 게다가 그러한 것으로서 다시 질서화되고 재배열될 수 있다. 우리가 이와 같이 주체성의 윤리감성론을 이해함으로서, 우리는 미술사를 새로운 복합체들과 그것들을 허용하는 삶/생명의 가능성들을 지도에 정밀하게 표시하는 것, 곧 이른바 미술 화학 작용 그리고 미술 지도제작으로 대체할 수 있다.

4장 · 지리철학에서 지리감성론으로
잠재적인 것과 내재면 대^對 거울-여행과 〈나선형 방파제〉

이번 장에서는 또다시 재현의 등록기로부터 벗어나서 미술을 사유하기 위해 존재론적 범주를 전환하고자 한다. 특히, 초월성의 지평과 가능적인 것의 논리와는 거리가 먼 미술의 윤리적이고 '정치적인' 효과성 그리고 특히 '다른 세속성'(현재의 환경에 대한 미술의 저항)을 사유하는 다른 방식들을 탐구하기를 원한다. 나는 그러한 것을 이중으로 가르고 다소 실험적인 접근으로 앞선 장과는 다소 상이한 방식으로 탐구할 계획이다. 그러므로 이번 장에서는 두 가지 철학적 논의들 혹은 들뢰즈와의 두 번의 마주침들을 담고 있으며 동시에 철학을 반영하고 어떤 의미에서는 철학을 '근거 짓는' 미술실천과의 비철학적 마주침을 포함한다. 나는 이러한 점에서 그러한 실천들을 사유하기 위해서 감각이나 정서에 관한 것보다는 철학에 관한 들뢰즈의 관념들을 사용한다는 점에서 들뢰즈를 고의적으로 오독한다는 비난을 어느 정도 받을 수 있다. 그래서 이번 장은 들뢰즈의 철학적 개념들을 다른 환경들 속으로 접목하는 (그리고 다른 환경들이 들뢰즈로 되돌아오는 것을 허용하는) 하나의 실험이다. 바로 이런 의미에서 미술의 '사례연구'

들은 개념적 작업의 예시가 아니라 개념적인 작업에 필적하는 것(어떤 의미에서는 일탈)을 의미한다. 또한 사례연구들은 미술이 그 자체로, 자연히 사유의 형식이라는 것을 충분히 나타낸다.

첫번째 철학적 논의는 들뢰즈를 아도르노와 한 번 더 짧게 대조하는 것으로 시작하며, 그것은 잠재적인 것의 개념notion에 관한 것이다.[1] 바로 그런 점에서 나는 들뢰즈의 베르그송주의를 통해서 추적하고 미술에 대한 베르그송주의의 적용과 함축을 사유한다. 두번째 철학적 논의는 내재성 특히 **내재면**에 관한 것인데, 이것은 일종의 비철학적인 것이지만 철학을 근거 짓는 계기로서 이해할 수 있다. 나는 또한 들뢰즈와 가타리의 중요한 개념인 **기관 없는 신체/탈기관체**로 우회한다. 보론인 다른 두 섹션들은 예술가 로버트 스미스슨의 실천과 관련되며, 스미스슨은 그의 대지 미술('비-장소'와 조각들) 그리고 풍부한 글쓰기에서 (내가 주장하는) 들뢰즈가 새로운 '사유의 이미지'라고 부르는 것을 우리에게 제시한다.[2] 앞으로 보게 될 것이지만, 우리는 스미스슨의 작품들을 기관 없는 신체/탈기관체의 구축으로 간주할 수 있다.

비록 스미스슨은 젊은 나이에 죽었지만 1960년대 후반에서 1970년대 초반까지 가장 영향력 있는 예술가의(그리고 여기에 최소한 들어

---

1) 2장에서는 잠재적인 것이 정서의 영역으로 설정되었다. 여기서는 일종의 교정으로서, 잠재적인 것의 시간적 측면을 더 많이 다룰 것이다. 곧 들뢰즈의 스피노자주의에서 베르그송주의로 전환할 것이다.

2) 스미스슨의 *Robert Smithson: Collected Writings*(Smithson, 1996) 참조. 스미스슨의 작품 개관은 홉스의 *Robert Smithson: A Retrospective View*(Hobbs, 1983) 참조.

갈 수 있는) 한 사람이었다. 이 시기에 예술가들은 미술로 받아들여진 가정들에 급진적인 의문을 제기하고 갤러리 바깥에 위치한(완전히 미술의 소관을 넘어서는) 실천들에 몰두하고 있었다.[3] 이러한 확장된 개념적 실천들은 1장에서 지적된 좀 더 관계적인 실천들의 선구자라고 말할 수 있다. 스미스슨은 도널드 저드, 로버트 모리스 등과 같이 가장 예리한 칼날로 재현과 단절했으며, 저드의 경우는 대상 외부의 어떠한 것도 참조하지 않고 배제해 버렸다.[4] 저드와 같이 스미스슨의 실

---

3) 갤러리를 넘어서는, 그리고 풍경과 건축과의 관계로 이어지는 조각의 운동에 대해서는 로잘린드 크라우스의 독창적인 에세이 "Sculpture in the Expanded Field"(Krauss, 1998) 참조. 확장된 영역에 내재하는 구조적 가능성들을 다루는 데에, 곧 다양한 실천들을 상관적으로 설명하는 데에서 우리는 크라우스가 각 작품의 독특성을 망각하고 있다고 주장할 수 있을 것이다. 스미스슨의 〈나선형 방파제〉에 대한 그녀의 논의는 이에 들어맞는 사례일 것이다. 분명, 우리는 크라우스가 방파제의 컨텍스트를 다룬다고 — 하지만 실제로 방파제 자체를 따라 걷는 것은 아니라고 — 할 수 있을 것이다(Krauss, 1998: 295~296).

4) 저드는 그의 에세이 "Specific Objects"(Judd, 1992)에서 '3차원성'과 그것에 수반되는 절단의 전환에 의해 나타나는 미술의 새로운 방향과 의인화된 형태, 곧 어떤 환영주의 혹은 재현의 형식을 동일시한다. 실제로 저드는 회화 안에 '나타나는' 재현에 대한 간결한 설명을 제공한다.

"색상 혹은 자국의 완벽하고 단조로운 영역을 제외하면, 평면 위 직사각형 안에 간격을 두고 놓여 있는 것은 어떤 것 안과 위에 있는 다른 것을 제시하고, 둘러싸인 어떤 것은 그 공간 안의 오브제 혹은 형상을 암시하며, 거기에 유사한 세계의 더 분명한 사례들이 있는 것이다 — 그것이 회화의 주요 목적이다"(Judd, 1992: 811).

스미스슨은 또한 에세이 "Donald Judd"(CW 4~6)에서 다음과 같이 언급한다.

"저드에게는 의인화된 것과 추상적인 것 사이에 어떠한 혼란도 없으며, 이는 유기적인 것과 먼 거리를 유지하는, 구조에 대한 향상된 의식에 기여한다. 그의 미술에 '무의식적인' 것은 들어설 여지가 없다. 결정체로 이루어진 그의 정신 상태는 '액션 페인팅'의 유기적인 범람과는 전혀 다르다. 그는 자신의 개념을 어떠한 환영적 재현도 이용하지 않고 사실의 책략으로 변형시킨다"(CW 5).

2장과 관련해서는 저드의 실천을 클리셰와의 철저한 절단을 수반하는 것이라 볼 수 있을 것이다. 저드에게 이는 또한 아직 미술사적 참조가 이루어지지 않은 재료의 선회를 의미했기에 철, 플렉시글라스 등에 관심을 가졌다. 또한 로버트 모리스의 "Notes on Sculpture: 1~3"(Morris, 1992a)와 "Notes on Sculpture: 4"(Morris, 1992b) 참조.

천은 세계의 그림들이라기보다는 대상들을 세계와 관련시켰으며, 그럼에도 불구하고 또한 그의 작품은 세계에 대한 어떤 '신화적' 특질을 가지고 있었다. 진실로, 앞으로 볼 것이지만 서사의 개념은 — 일종의 인간 이후의 지질학적 서사임에도 불구하고 — 스미스슨의 미술에서 일관된 요소이다. 이런 점에서 스미스슨은 그의 세대의 다른 작가들과 함께 분류될 수도 있지만, 다소 독특하고 비전형적인 작가로서 두드러진다. 또한 스미스슨의 미술작품들 자체는 그러한 보다 판타지적인(심지어 더 사이키델릭한 것으로도 말할 수 있는) 요소들을 무시할 때에는 미니멀리즘에 주어진 언제나 부분적이고 때로는 환원적인 독해들로 주의를 끌기도 한다. 이번 장은 스미스슨의 실천에서 더욱 판타지적인 측면에 집중하여 그의 단지 두 개의 프로젝트에 초점을 맞춘다. 그 두 개의 프로젝트, 〈유카탄 반도의 거울 전치들〉(1969)과 〈나선형 방파제〉(1970)는 그 고유의 방식으로 스미스슨의 예술가적 태도와 스타일의 전형을 이룬다.[5] 나는 그러한 현실적 작품들에 관심을 기울이지만 또한 그 작품들에 대한 스미스슨 자신의 글쓰기들과 그러한 글쓰기들이 그 자체 안으로 어떤 사유의 스타일을 압축하는 방법에 흥미가 있다.

물론, 1960년대 후반은 또한 정치적인 불안과 윤리적 실험이 더욱 확산된 시기였다. 진정, 안토니오 네그리와 마이클 하트에게 지리

---

5) 스미스슨의 실천에 대해 더욱 철저하게 조망한 것으로는 샤피로의 *Earthwards: Robert Smithson and Art after Babel*(Schapiro, 1997), 더 최근 것으로는 레이놀즈의 *Robert Smithson: Learning from New Jersey and Elsewhere*(Reynolds, 2004)와 로버츠의 *Mirror-Travel: Robert Smithson and History*(Roberts, 2004) 참조.

정치적인 의미로 이해되었던 내재면은 새로운 혁명적 에너지 속에서 다시 한 번 활성화되고 있었다. 곧 비전통적인 새로운 존재의 양태들과 삶/생명과 미술에 대한 비형식화된 새로운 실천이 모두 실험되고 있었다(E 260~279). 바로 그와 같은 순간에 들뢰즈의 철학은 재현을 넘어선 '사유의 이미지'를 구축하는 프로젝트를 공표하는 것으로서 『차이와 반복』을 출간하기에 이른다. 그러므로 이번 네번째 장에서는 차이의 철학과 내재성의 예술철학이 구축되고 있는 순간(각각의 경우에서 추상작용을 향한 움직임이라 부를 수 있는 것)을 나타낸다. 이것은 철학이 생산되는 첫번째 순간은 아니지만(우리는 단지 스피노자를 사유할 필요가 있다), 우리는 그러한 계기 속에서 철학과 미술은 하나가 또 다른 하나를 매우 밀접하게 따르고, 같은 뱀의 두 갈래로 갈라진 혀가 된다는 것을 주장할 수 있다.

잠재적인 것(혹은 들뢰즈의 베르그송주의)

들뢰즈는 『베르그송주의』의 난해한 구절에서, 실재적인 것과 가능한 것의 결합들과 대립하는 것으로서 현실적인 것과 잠재적인 것의 존재론적 결합들 사이에서 무엇이(그에게 그리고 그에 앞서서 앙리 베르그송에게) 중요하면서도 실제로 결정적인 차이인지를 개괄한다. 이 차이는 들뢰즈가 어디선가 언급했듯이 단순히 용어에 대한 질문이 아니라 그보다 "실존 그 자체의" 질문이다(DR 211). 그 구절 전문은 다음과 같다.

가능한 것은 (비록 현실성을 가질 수는 있지만) 실재성을 갖고 있지 않다. 반대로 잠재적인 것은 현실적이지는 않지만, **잠재적인 것으로서 실재성을 소유한다.** [···] 다른 한편, 또 다른 관점에서 보면 가능한 것은 '실재화되는' 것(혹은 실재화되지 않는 것)이다. 이제 실재화의 과정들은 유사성과 제한이라는 두 개의 본질적인 규칙에 따른다. 왜냐하면 실재적인 것은 그것이 실재화하는 가능한 것의 이미지에 존재한다고 여겨지기 때문이다(실재적인 것은 단지 실존 또는 실존에 덧붙여진 실재성을 갖고 있을 뿐인데, 이것은 개념의 관점에서 가능한 것과 실재적인 것 사이에는 차이가 없다고 말하는 것으로 번역된다). 그리고 모든 가능한 것이 실재화되는 것은 아니듯이 실재화는 하나의 제한을 내포하며, 그 제한에 의해 어떤 가능한 것들은 밀어제쳐지거나 방해받는다고 여겨지는 반면 다른 가능한 것들은 실재적인 것 안으로 '이행한다'. 다른 한편, 잠재적인 것은 실재화되어야 하는 것이 아니라 현실화되어야 한다. 그리고 현실화의 규칙들은 더 이상 유사성이나 제한이 아니라 차이나 갈라짐 그리고 창조이다. (*B* 96~97)

그러므로 가능한 것은 유사성과 제한을 통해 실재화되는 반면, 잠재적인 것은 차이와 창조를 통해 현실화된다. 진실로 (위에서 암시되고 『차이와 반복』에서 들뢰즈가 추구한) 가능한 것의 핵심적인 논점은 그것이 "자신과 유사한 것의 이미지에 따라 회고적으로 조작된"다는 것이다(*DR* 212). 간단히 말해서 가능한 것은 이미 언제나 그것에 먼저 존재하여 나타나는 실재적인 것에 대한 일종의 재현이다. 그러므로 우리는 그런 점에서 가능한 것은 책략에 의하여 생긴다고 말할 수 있다. 사실, 가능한 것은 단지 실재성을 결여하고 있다는 점에서 단순히 실재적인 것의 동위원소이다(가능한 것은 단지 "유사한 것을 통해서 유사한 것을 이중화한다")(*DR* 212). 그러므로 가능한 것은 실재의 거울 이미지로서 작동하며, 그렇지만 가능한 것은 마치 '실재적' 대안을 제시하는 것처럼 그 자체를 설정하는 것이다. 이것은 가상주의자의 순간이고, 가능한 것의 카메라 옵스큐라이며 그리고 '새로운' 어떤 것을 제공하는 것 같지만 사실은 단지 같은 것의 그 이상을 제공할 뿐이다. 진실로, 우리는 그러한 가능한 것의 논리를 유토피아의 논리로 다시 명명할 수 있는데, 왜냐하면 유토피아적 사유는 종종 그러한 이중운동 속으로 고착되기 때문이다. 유토피아는 (아무리 비틀더라도) 실재적인 것을 반영하는 그 이상의 어떤 것도 될 수 없다고 말할 수 있지만, 그럼에도 불구하고 우리는 유토피아가 반드시 그러한 방식으로 작동할 필요가 없다는 것을 [앞으로—옮긴이] 볼 것이다.

들뢰즈와 대조적으로, 우리는 아도르노가 특히 예술과 관련하여 어떻게 유토피아적 사유의 개념notion을 전개하는지를 간단하게 고찰할 수 있다. 아도르노는 『미학이론』에서 다음과 같이 언급한다.

> 예술의 유토피아 곧 언젠가는 도래할 반-사실적인 것은 **어둠**으로 꾸며진다. 예술의 유토피아는 실제적인 것에 대항하여 비판적 칼날과 함께 계속해서 가능한 것을 기억하는 것이다. […] 예술의 유토피아는 그것의 불가능성에 의하여 약속된 것으로써 가능한 것이다. 예술은 행복의 약속이며, 그 약속은 끊임없이 파괴되고 있는 것이다. (Adorno, 1984: 196)

아도르노에게 예술은 일종의 '유토피아의 깜박거림'이다. 예술은 실존하는 것과의 명백한 차이를 통해서 가능한 것을 제시한다. 진정, 아도르노에게 예술은 절대적으로 이 세상'으로부터 이루어진 것'이 아니며, 언젠가는 도래할 세계를 예시하고 약속한다. 예술은 당신이 좋아한다면 메시아적 시간 안에서 작동한다. 그럼에도 불구하고 예술은 불가피하게 좌절하게 되어 있다. 그러므로 (그 다른 세계의, 조화의) 약속은 끊임없이 파괴된다. 예술은 그러한 멜랑콜리한 영역에서 이미-언제나 패배된 논리 안에 위치한다. 사실, 주목할 가치가 있는 것은 아도르노에게 철학 또한 그런 등록기에서 작동한다는 것이다. 곧 "마땅히 절망 앞에서 실행될 수 있는 유일한 철학은 구원의 견지에서 모든 것들을 (그것들이 스스로를 나타내는 것처럼) 심사숙고하는 시도이다"(Adorno, 1978: 247). 그러므로 어떤 점에서 아도르노는 실존하는 것을 단념했다. 진정, 이것은 그의 작업에 특정한 방침을 부여하는 것이다.

하나의 수준에서 그것은 들뢰즈의 입장과 확실히 다른데, 그것은 가능한 것이 초월적 비평의 형식(곧 구원의 견지에서 이루어진 비평)을 포함하는 것처럼 생각되기 때문이다. 그러나 만약 우리가 아도르노의 파기된 약속을 내재적 비평의 형식(곧 예술을 통하여 '상이한' 어떤 것을 제시함으로서 실존하는 것에서 내속하는 모순들을 파악하고자 하는 것)으로 설정한다면, 그때 우리는 아도르노와 들뢰즈 사이의 어떤 공통의 영역을 확보할 수 있을 것이다.[6] 사실, 프랑크푸르트학파의 비판이론과 들뢰즈와 가타리의 후기 저작 사이에는 많은 연접의 지점들이 있는 것 같다. 진실로, 들뢰즈와 가타리 스스로 그들의 마지막 저서에서 유토피아의 개념notion 그리고 그들이 내재적이고 혁명적인 유토피아라고 부르는 것(권위적이고 초월적인 유토피아와 대립되는 것)의 개념notion에 주목한다.[7] 그러한 유토피아는 그들이 정치철학, 곧 "현재의 환경과 철학 또는 개념과의 통접"이라고 부르는 것과 같은 것이다(WP 100). 철학에 있어서의 이러한 유토피아적 충동은 (사실, 그러한 것이 철학이다) 현재에 대한 저항 그리고 그 자체로 미래의 형식과 아직 실존하지 않는 새로운 지구와 민중을 요구하는 개념들의 창조를 포함한다(WP 108). 그것은 엄격히 말해 '언젠가는 도래할 민중'을 긍정하는 혁명이다.

근본적으로 아도르노를 이러한 긍정적이고 창조적인 프로젝트로 이끌 수 있을까? 결국 어느 정도 들뢰즈와 아도르노 모두 분명히

---

6) 이는 아도르노의 비판 개념(notion)과 그에 대한 초월적·내재적 범주의 사용을 어느 정도 단순화하는 것이다. 사실 아도르노에게 비판의 이 두 가지 형태는 이점을 ── 문제점 또한 ── 지닌다. 초월적 비판은 이데올로기를 '넘어' 유리한 위치를 허용하기 때문에 전체의 비판이 가능하지만, 이를 통해 일종의 허구적 (그리고 유토피아적) 아르키메데스 점에 서게 된다. 또한 현실도피, 그리고 전면적인(거친) 일반화의 경향이 있다. 반면 내재적 비판은 구체적 현상들(곧 문화)에서 모순을 포착하려 한다. 그것은 대상의 관념과 겉모습(pretension) 사이의 모순을 드러내려 하지만, 그 나름대로 사회의 일반적인 이데올로기적 성질을 간과할 수 있다(대상을, 그것을 만들어 낸 삶의 과정과 다시 결합시키지 않는다). 물론 궁극적으로 이는 두 '관점' 사이를 오가는 **변증법적** 비판의 한 형태이며 아도르노는 이를 옹호한다(아도르노의 에세이 "Cultural Criticism and Society"(Adorno, 1981: 17~34, 특히 23~33 참조). 여기서 아도르노가 활용하는 비판의 개념(notion)은 들뢰즈와 가타리가 이해하는 철학의 개념(notion)과는 본질적으로 완전히 다르다는 것을 지적하는 것이 좋겠다. 첫번째는 거의 정의상 비판적이고, 두번째는 역시 정의상 창조적이고 긍정적이다. 이는 역사를, 예컨대 들뢰즈와 가타리의 철학을 만들어 내는 '삶의 과정들'을 망각해야 한다는 것이 아니라, 아도르노의 비판적 작업이 철학의 항상 이미 이데올로기적인 성질을 상정하고 따라서 일종의 사유함정을 작동할 수 있다는 것이다.
7) 감질나게 하는 각주에서 에른스트 블로흐가 내재적 유토피아 사상가의 예로서 다뤄진다(WP 224, n12).

현재에 대한 저항을 표현하고 있으며, 그렇게 함으로써 미래를 두드린다. 그러나 바로 그러한 아도르노의 철학적 태도(아마도 들뢰즈가 말하는 사유의 스타일)가 장애물이다. 일반적으로 말해서 사유자로서의 아도르노는 부정의 형식으로 꼼짝 못하게 되는 것 같다(오직 부정적 비판의 지지자들만 존재하므로). 그러므로 아도르노에게 (대상들에 대해서 매우 자율적인) 예술은 부정의 변증법 안에서/으로써 작동해야 한다(예술은 '불가능한 가능성'이다). 예술은 '존재하는' 것에 대한 비판(특히 현대세계의 소외)과 관련되어야 한다. 여기서 우리는 들뢰즈로 돌아갈 수 있으며 또한 우리 스스로 상기할 수 있는 것은, 가능한 것에 대한 들뢰즈의 논점은 그것이 결코 순수하게 창조적 범주가 아니라 사실은 이미 언제나 그것이 유사하고 유사할 수밖에 없는 실재적인 것에 의하여 제한된다는 것이다. 심지어 이러한 것은 아마 그 실재적인 것을 부정하고자 할 때 특히 사실이다. 이것은 예술작품들의 비판성을 거부하는 것이 아니라 그러한 비판성이 창조성을 수반해야 된다는 것을 말하는 것이다(사실, 비판성이 진정한 비평일 때 그것은 항상 창조성에 의하여 진정으로 생산될 뿐이다).

그러므로 들뢰즈로 돌아가서, 그가 가능한 것을 논고할 때 열중하는 것은 부정성을 함축하지 않고 진실로 완전히 '동일성 사유'를 벗어나는 차이의 개념notion을 구별하는 것이다. 들뢰즈는 부정적 변증법에 의지하지 않고 잠재적인 것의 개념notion에 의지하여 그러한 것을 이행할 것이다. 먼저, 그럼에도 불구하고 들뢰즈에게 특유한 가능한 것으로 한 번 더 돌아가면, "가능한 것은 개념 안의 동일성의 형식에 의존한다"는 것이다(DR 211). 이런 점에서 차이는 단지 "개념에 의해서 결정된 부정성"이다(*DR* 211). 이것을 달리 말하면, 가능한 것은 실재화되기 위하여 단지 그것에 덧붙여진 실존을 소유하며, 그러나 그럼에도 그러한 실존은 일종의 바깥으로서의 개념에 의하여 이미 결정된 것이다. 그러므로 이러한 점에서 가능한 것은 초월성의 점으로서 작동하는데, 그러나 이것은 모든 초월성과 함께 사실은 마치 어떤 딴 곳으로부터 온 것처럼 내재면 위에서 밖으로 추출되었고 그러고서 뒤로 '투사되었던' 내재성의 생산물이다.[8]

이에 반해서, 잠재적인 것은 개념에 의하여 포섭되지 않으며, 포섭될 수도 없는 차이의 장을 가리킨다. 잠재적인 것은 "순수 다양체를 가리키는데" 이것은 그러한 입장에서 "선행조건으로 행세하는 동일성을 근본적으로 배제한다"(*DR* 211~212). 그러므로 잠재적인 것은 실재적 장소를 가리키지만 그러나 그것은 언젠가는 현실화되어야만 하는 것이다. 실재적인 것과 가능한 것이 초월성의 철학을 유발시키는 반면 잠재적인 것과 현실적인 것은 내재성을 긍정한다. 우리는 이러한 것을 바꾸어서 가능한 것은 존재의 논리(정지의 존재론)를 가리키고 잠재적인 것은 생성의 논리(과정의 존재론)를 긍정하는 것이라고 말할 수 있다. 진정, 우리는 바로 이러한 잠재적인 것과 함께 그리고 그 안에서 순수차이를 그 자체로 자연히 소유한다(우리는 이것을

---

8) 초기 맑스에서 계획되었던 것처럼 이데올로기가 수행하는 것은 이와 동일한 작용 곧 전도(inversion)이다. 예컨대 종교의 경우, 인간의 생산물인 신은 추상화되고 외관상으로는 인간을 만드는 것으로 개편된다(여기에서 초월성은 바로 내재성의, 비록 가려져 있지만, 생산물이다). 루치오 콜레티의 "Introduction" to Marx's *Early Writings*(Colletti, 1975) 특히 p. 48를 참조할 것.

무근원적인 복잡성,[9] 순수 다양체, 무엇 존재,[10] 곧 간단히 미분화된 것의 영역이라고 부를 수 있다). 그러므로 잠재적인 것(곧 오히려 잠재적인 것의 현실화)은 창조적 행위이며, 엄격히 말해서 선-존재하는 잠재력들의 장에서의 차이, 요컨대 다양성의 생산(곧 현실화)이다.

달리 사유하면 그러한 현실화의 과정들은 문제풀기로서 존재한다. 들뢰즈는 이렇게 언급한다. "잠재적인 것이 지닌 실재성은 성취해야 할 어떤 과제의 실재성이고, 이는 마치 해결해야 할 어떤 문제의 실재성과 같다. 문제는 해들을 일정한 방향으로 인도하고 조건 짓고 분만한다. 하지만 이 해들은 문제의 조건들과 유사하지 않다"(DR 211~212). 바로 이러한 의미에서 생물학적으로 사유할 때 유기체는 문제의 해이다. 따라서 눈은 빛의 특정한 '문제'에 대한 해이고 발톱은 음식 등의 욕구에 대한 해이다. 미술 또한 이러한 의미에서 하나의 '해'로서 볼 수 있고 또한 엄격히 말해서 일반적인 창조적 진화의 부분으로서 미술의 형식들은 공간과 시간, 지각과 기억의 '문제들'(인간 실존의 문제들)에 대한 '해들'을 제공한다.[11]

---

9) '무근원적인'이라는 용어는 앤드류 벤저민의 작업에서 따왔으며, 거기서는 "근원적인 복잡성에 존재론적 토대"를 부여하기 위해 사용되었다(Benjamin, 1997[www.basilisk.com/V/virtual_deleuze_fold_112.html]). 벤저민은 다음과 같이 언급한다.
"그러한 시도의 요점은 문제의 그 복잡성이, 더 분해될 수 있는 단순한 것들의 혼합이 아니라는 것, 오히려 복잡성은 처음부터 존재한다는 것을 나타내는 것이다. 이 상이한 기원을 식별하기 위해 '비독창적'이라는 용어가 사용된 것이다. 요컨대 이름을 지으려는 것은 이러한 복잡한 가능성이다"(Benjamin, 1997: 5).

10) 『의미의 논리』에서 들뢰즈는 스토아학파에 대해 논의하는데, 신체와 사태(곧 실체 substance)는 효과들과 비물체적 사건들을 포함하는 더 큰 '바탕'(ground)의 한 요소로서 묘사된다(LS 6). "그러므로 최상위의 항은 존재가 아니라, 존재와 비존재를, 실존과 내속을 아우르는 한에서의 **무엇**(Something, aliquid)이다"(LS 7).

이러한 잠재적 다양체를 사유하는 한 가지 방식은 (2장에서 간단히 살펴본 것처럼) 베르그송의 논제인 '순수기억'으로서 존재한다. 이와 같은 입장에서 잠재적인 것은 대상의 시간적 차원으로 파악될 수 있다. 잠재적인 것은 '실재적 대상의 한 부분인데 이것은 마치 실재적 대상이 자신의 부분들 중의 하나를 잠재적인 것 안에 갖고 있는 것처럼, 그리고 어떤 객관적 차원에 해당하는 그 잠재성/잠재적인 것 안에 잠겨 있는 것처럼' 그렇다(DR 209). 그러므로 잠재적인 것은 일종의 프랙털적 영역이라고 말할 수 있다. 잠재적인 것은 언제나 이를테면 현실적인 것 안에 담겨지는데 그럼에도 잠재적인 것은 현존하는 것에 접근할 때 항상 더 수축된 상태로 존재한다. 사실, 현존하는 것에 더 가까이 접근할수록 간단한 형식들은 명백히 더욱더 복잡하게 되며, 또한 이것은 공간과 시간의 영역들이 모두 바로 프랙털적이라고 말하는 것이다.[12]

바로 이러한 점에서 들뢰즈의 개념notion인 잠재적인 것과 과학기술의 담론들 안에서 가상적인 것을 좀 더 일반적으로 사용하는 것(가상현실viturality reality/假想現實, 사이버 이론 등) 사이에는 명확한 차이들이

---

11) 이것은 바로 앙리 포시옹이 The Life Forms of Art(Focillon, 1992)에서 착수한 논의이다. 여기서 미술작품은 "고유한 어떤 것을 표현하려는 시도이며, 전체이고 완벽하고 절대적인 어떤 것의 긍정이다. 하지만 또한 대단히 복잡한 관계들로 이루어진 체계의 구성요소이기도 하다"(Focillon, 1992: 31). 미술은 이러한 복잡성에서 출현하지만, 꼭 이 조건들과 유사한 것은 아니다. 게다가 미술은 다시 이 조건들에, 예컨대 공간과 관련하여 작용한다. 포시옹은 다음과 같이 지적한다. "미술작품은 공간에 놓여 있다. 하지만 그것이 그저 공간에 존재한다고는 할 수 없을 것이다. 미술작품은 그 자체의 필요에 따라 공간을 다루고, 정의하고, 필요한 공간을 창조하기까지 하는 것이다"(Focillon, 1992: 65).

12) 이는 기억과 시간성에 대한 앙리 베르그송의 설명(유명한 원뿔)에 따른 것이다. 『물질과 기억』(MM 150~163) 참조.

있다. 이러한 과학기술 담론들의 장소들과 공간들에서 가상적인 것은 물질의 특성(정보에 의하여 상호침투되는 물질임에도 불구하고)으로 파악된다.[13] 그러나 들뢰즈와 함께 잠재적인 것은 본래적으로 현실적인 것과 다르다. 잠재적인 것은 물질에 '속하는' 것이 아니고 베르그송이 말하는 것처럼 정신에 '속하는' 것이다(들뢰즈가 언급하는 바와 같이, 베르그송은 가능한 것을 사용하는 것은 오직 물질 곧 닫힌 체계와 관련해서만 유지한다)(B 43). 어떤 의미에서 (필요한 것과 이익을 기반으로 하는 임의의 선별 '이전에' 만들어진) 순수지각작용의 영역은 잠재적 영역이다. 그러나 그 '순수지각작용'은 순수기억의 영역과 같은 종류의 잠재성은 아니다. 베르그송이 나타낸 것처럼 순수지각작용은 상이한 축 위에서 실존한다. 순수지각작용은 시간적이라기보다는 공간적이다.[14] 사실, 순수지각작용(물질 혹은 들뢰즈의 용어로 '운동-이미지')과 순수기억(시간 혹은 다시 들뢰즈의 용어로는 '시간-이미지') 모두 경험적으로 사태들의 혼합 상태인 것(재현과 재현적 사유의 습관들)으로부터의 직관적인 추상작용들이다. 그러므로 ('과거의 전체성과 동일한') 순수기억은 ('물질의 전체와 동일한') 순수지각작용과 비-

---

13) 자크 데리다에게 잠재적인 것의 개념(notion)은 훨씬 미묘하다 ── 대상(특히 예술적 대상)과 관련된다는 점에서. 그러나 잠재적인 것이 필연적으로 잠재적 담론으로서 이해되는 한, 그는 현실적인 것의 '닫힌 체계'를 유지하며, 이로써 가장 침묵하는 대상에 대해서조차 로고스 중심주의(후자는 탁월한 '닫힌 체계''이다')의 질서를 회복하게 된다.
　"곧 이 침묵의 작업은 사실 이미 수다스럽고, 잠재적 담론들로 가득 차 있으며, 그러한 관점에서 침묵의 작업은 훨씬 더 권위적인 담론이 된다 ── 침묵의 작업은 침묵하기 때문에 오히려 더 강력하고, 아포리즘이 그러하듯, 신학적으로 권위적이라는 의미에서 한없이 권위적인 담론적 잠재성을 내포하는 단어의 바로 그 장소가 된다"(Derrida, Brunette and Willis, 1994: 13에서 재인용).
14) 이에 대한 베르그송의 주요한 서술은 『물질과 기억』(MM 77~131) 참조.

인간 그리고 단지 직관적으로만 접근될 수 있는 (심지어 상상적으로 말할 수 있는) 상위의 객관적 상태와 비슷하다. 거칠게 말해서 주어진 현재의 인간적 배열에서 그러한 순수지각작용과 순수기억[15]에 접근하는 것은 어려우며, 그럼에도 불구하고 그러한 것은 우리 경험의 '배경' 같은 것이다. 우리는 본성상 (물질과 기억 사이에서) 차이들이 혼합된 상태에 살고 있다. 우리는 "**본성상 상이한** 사물들을 임의로 분류하는" "잘못 분석된 합성물들이다"(*B* 18). 그러므로 이와 같은 입장에서 들뢰즈의 경험론은 존재하며, 이것은 들뢰즈의 경험론이 경험의 조건들—가능한 경험의 조건들(칸트)이 아니라 실재적 경험의 조건들—을 향하여 경험을 넘어서는 것을 직관적으로 포함하기 때문이다.[16] 이것은 화용론적 탐구로써 파악되는 실재적 경험의 조건들, 곧 윤리적 명령을 우리의 특별한 시간-공간 좌표들(혹은 단순히 우리의 의식들)로 함축한다. 우리는 본성상 상이한 선들을 따라서 그러한 혼합된 합성물들을 분할해야 하며, 그런 다음 스피노자주의의 '인식'으로서 무장하여 순수상태들, 곧 혼합물들까지 (다시 귀환하기 이전에) 그러한 선들을 수행해야 한다.

또한 실제로 상이한 공간성들과 시간성들이 현실화될 때 과학기술이 중요한 역할을 한다. 들뢰즈에게 그러한 전형적인 경우가 바로 영화의 카메라이다. 『시네마 1』과 『시네마 2』에서 그러한 기계-눈-의

---

15) [옮긴이] 순수기억이 시간의 상태라면, 순수지각작용은 운동과 시간의 복합영역이다.
16) 들뢰즈는 다음과 같이 기술한다. "직관은 경험의 상태를 넘어 경험의 조건들로 향하도록 이끈다. 하지만 이 조건들은 일반적이지도 추상적이지도 않고, 조건 지어진 것보다 넓지 않다. 바로 실제 경험의 조건들인 것이다"(*B* 27).

식은 일종의 '현실화하는 기계'로서 그려진다. 그것은 분명히 인간을 넘어선 세계로 지각작용과 기억을 개방한다(카메라의 기계장치적 눈은 운동-이미지에서 순수지각작용의 상태로 움직이고 시간-이미지에서는 순수-회상의 상태로 움직인다). 들뢰즈에게, 그것은 베르그송을 따라서 바로 철학의 핵심에 이르는 것이며 인간을 넘어서서(재현을 넘어서) 사유하게 되는 것이다. 그러므로 우리가 말할 수 있는 것은 카메라 그리고 실제 모든 '가시적이게 하는' 과학기술들은 철학의 '바깥에서' 베르그송의 직관적 방법을 계속한다. 게다가 보다 엄밀히 말해서 그러한 과학기술들이 수행하고 생산하는 현실화들은 비-인간, 곧 의식들의 기계적 방식들이라고 말할 수 있다.

이와 동시에, 중요한 것은 이미 현실화된 것의 영역을 고찰하는 것이다. 또한 우리는 근본적으로 이러저러한 것이 어떻게, 왜 현실화되는가라는 윤리적인 질문을 요청해야 한다(우리는 어떻게, 왜 우리라는 혼합물이 되는가 그리고 어떻게, 왜 우리가 다루는 혼합물들을 지각하는가?). 진실로 브라이언 마수미를 따라서 우리가 주목해야 하는 것은 현실적인 것이 아니라(사실, 잠재적인 것도 아니다) 오히려 현실화의 과정들(달리 말하면 선별의 과정들)이라고 주장할 수 있다. 우리는 현실적인 것과 잠재적인 것 사이의 경계(곧 마수미가 말하는 '스며 나오는 가장자리')를 주목할 필요가 있는데, 왜냐하면 ── 또한 마수미가 언급하는 것처럼 ── 엄격히 말해 바로 그러한 가장자리에서 변형을 위한 포텐셜이 발견되기 때문이다.[17]

그러므로 다시 마수미를 따르자면, 사물들의 세계(객관 세계)는 단지 관계들, 곧 조건들의 영역으로부터 추출되었거나 출현했던 것이다.[18] 바로 신체-뇌 복합체가 그러한 '사물들'을 현실화하며 그럼에도 그러한 현실화는 단일하지 않은데, 왜냐하면 상이한 주체성들은 상이한 세계들에서 존재하며 그러한 세계들은 각각의 개체의 처분에 따라 다양한 '과학기술들'에 의하여 결정되기 때문이다. 그러므로 이런 점에서 과학기술은 가능하게 하는 것의 이름이며 또한 현실화/출현을 통제하고 조정한다. 그런 관점에서, 자본의 가장 사악한 측면은 그것이 비록 그러한 출현의 모체 전부 다는 아니라 할지라도 많은 것을 '통제하고', 다시 말하면 현실적이게 되는 것을 결정하는 것이다. 미술적 실천이 수행할 수 있는 역할은 그러한 과정들을 역전시키고, 우리를 전-객관적인 관계들/조건들과 재연접시키며 상이한 조합, 곧 말하자면 일련의 상이한 변조들이 출현하는 것을 허용하는 데 있다. 그러므로 미술적 실천은 철학과 같이 직관, 곧 우리가 새로운 현실화들로 귀환하기 이전에 우리를 현실적인 것을 '넘어서서' 데려가는 잠재적인 것 안으로 깊이 몰아넣는 재료들 안에서 구현된 직관을 포함한다. 진실로, 미술적 실천은 실존하는 사태들의 상태와 '언젠가는 도래할' 세계 사이에서 '스며 나오는 가장자리'에 그 위치가 정해질 수 있다.[19]

---

17) 마수미는, 적어도 에세이 "The Autonomy of Affect"(Massumi, 1996)에서는 잠재적인 것을 정서의 영역이라 이해했다고 지적해야겠다. 그때 "스며 나오는 가장자리"는 경험에 내재적인 것(정서)이 경험 안에서 개념화되는 점이다(Massumi, 1996: 217~239). 하지만 이는 정서와 그 분절 간의 관계가 필연적으로 시간적이기 때문에 잠재적인 것에 대한 더 베르그송적인 개념(notion)을 반박하려는 것은 아니다.

18) 마수미는 *Life's (Re)emergence: Philosophy, Culture, and Politics* Conference (Goldsmiths College, London, 2003)에 제출한 최근의 논문(Massumi, 2003)에서 이러한 논법을 추구했다.

19) 안토니오 네그리 또한 발명과 혁신이 일어나는 이 '가장자리' ── 그는 '카이로스'(kairos)라 부른다 ── 를 다룬다.

또한 이것은 미술을 초월적인 것으로 위치 짓는 것이 아닌데, 왜냐하면 우리가 보았던 것처럼 현실적인 것과 잠재적인 것의 존재론적 좌표들은 내재성(바로 이 세상 안에서) '안에서' 작동하기 때문이다. 잠재적인 것은 실재가 결핍된 것이 아니라 단지 언젠가는 현실화되어야하는 것이다.

보론 1: 거울-여행

로버트 스미스슨은 그의 에세이 「엔트로피와 새로운 기념비들」에서 정확히 순수물질과 순수기억의 관점에서 그와 동시대 사람들인 예술가들에 대해 글을 쓴다(이러한 입장에서 스미스슨은 그 자신에 관한 글도 쓴다). 이런 점에서 '새로운 기념비들' 곧 1960년대 후반에 새롭게 나타난 미니멀리스트적 사물들과 확장된 실천들은 현실적인 것으로 향해진 면과 동시에 잠재적인 것으로 깊이 돌진하는 면을 함께 갖춘 결정체 사물들로 기술되었다.[20] 진실로, 스미스슨에게 바로 그러한

"이러한 관점에서 내가 카이로스라 부르는 것은 전형적인 시간적 점이다. 존재는 제 시간에 개시되고 있기 때문이다. 그리고 그것이 개시되는 매 순간마다 발명되어야 한다──그 자신을 발명해야 한다. 카이로스는 존재의 화살이 쏘아질 때의 계기, 열림의 계기, 시간의 가장자리에서 이루어지는 존재의 발명이다. 매순간 우리는 끊임없이 구축되고 있는 존재의 가장자리에 살고 있다"(Negri, 2004b: 104).
또한 네그리의 Negri's *Time for Revolution*(Negri, 2003) 참조. 여기서 그는 다음과 같이 말한다. "카이로스는 시간이 스스로를 존재의 빈 공간으로 여는 순간에 시간성의 충만함을 관찰하는 힘이며, 이 열림을 혁신으로서 파악하는 힘이다"(Negri, 2003: 158).
20) 스미스슨의 결정체 오브제 개념(notion)에 대한 흥미로운 현대적 해석은 전시 카탈로그 (Bradley, Bretton-Meyer and Webster, 2002) 참조. 전시 자체도 스미스슨의 오브제 가운데 일부를 포함했을 뿐만 아니라 전시의 조직에 그의 글을 활용하여 '사이키델릭한 미니멀리즘'의 주제 아래 근현대 미술을 한데 모았다.

것이 '새로운 기념비들'을 특징짓는 것이다. 따라서 그것들은 물질에 대한 상이한 관점과 시간에 대한 서로 다른 입장을 다음과 같이 나타 낸다.

우리는 새로운 기념비들에 의하여 과거를 오래된 기념비들처럼 기억하는 것이 아니라 미래를 잊는 것 같다. 새로운 기념비들은 대리석, 화강암 혹은 다른 종류의 암석들과 같이 자연물들로 만들어진 것이 아니라 플라스틱과 크롬 그리고 전기적 빛과 같은 인공적인 물질에 의하여 만들어진다. 그것들은 동시대인들을 위해서 세워진 것이 아니라 동시대 사람들에 반대해서 세워진 것이다. 새로운 기념비들은 긴 세기의 공간들을 재현하는 것이 아니라 초의 파편들에 이르기까지 시간을 체계적으로 환원하는 것이다. 과거와 미래 모두가 현존하는 하나의 대상 안으로 놓여진다. 이러한 종류의 시간은 그것 안에 공간을 거의 내포하지 않는다. 그러므로 그러한 시간은 정지해 있으며 움직이지 않고, 어디에서도 나아가지 않으며, 찰나적일 뿐만이 아니라 반-뉴턴적이며 게다가 그것은 타임리코드 기계장치에 역행한다. [⋯] 고전적인 시·공간의 파괴는 전적으로 새로운 물질의 구조 개념에 근거한다.(*CW* 11)

그러므로 이러한 '새로운' 시간의 이미지는 과거가 현재와 공존하는 것이며, 또한 그것 자체는 미래와도 공존한다. 이것은 미래가 더이상 운동에 의해 결정되지 않는 시간의 이미지이다.[21] 움직이지 않는 시간은 바로 **크로노스**cronos의 시간이다. 또한 스미스슨이 언급하는 것처럼, 그것은 새로운 물질의 이미지를 생산하는 것을 포함한다. 진실로, 우리는 들뢰즈-베르그송을 따라서 새로운 사유의 이미지는 새로운 종합적 재료들에 의하여 생산된 물질의 '순수지각작용'과 같은 것이라고 말할 수 있다. 그래서 우리는 들뢰즈를 따라서 그러한 '새로운 기념비들'을 특별히 베르그송적 사유의 이미지를 생산하는 것을 포함하는 것으로 간주할 수 있다. 들뢰즈는 다음과 같이 언급한다.

> 시간에 대한 베르그송의 주요 논제들은 이렇다. 과거는 그 자체였던 현재와 공존하며, 과거는 일반적인(비연대기적인) 과거로서 그 자체로 보존된다. 그리고 시간은 매 순간 현재와 과거로 쪼개진다. 현재는 지나가고 과거는 보존된다. (C2 82)

스미스슨이 '새로운 기념비들'에게서 보는 것이 바로 그러한 현재 안에서 과거의 보존이다(시간의 '결빙' 같은 것).[22] 또한 사실, 스미스슨에게 '새로운 기념비들'은 현재 안에서 일종의 미래를 현실화할 때 한 발자국 더 나아간다(우리는 이러한 것이 새로운 기념비들의 미래적 정향 혹은 예언적 기능이라고 말할 수 있다).

스미스슨은 그러한 새로운 기념비들의 미래적 정향을 "뒤를 향

---

21) 시간에서의 이러한 혁명에 관한 논의(햄릿의 구절 "시간은 경첩을 벗어나 있다"로 압축된다)는 들뢰즈의 『칸트의 비판철학』(K) 참조.
"시간이 자신의 경첩에 머물러 있는 한, 운동에 종속되어 운동의 측정, 곧 간격 혹은 수가 된다. 이는 고대철학의 관점이었다. 하지만 경첩을 벗어난 시간은 운동-시간 관계의 전도를 뜻한다. 이제 운동이야말로 시간에 종속되는 것이다. 운동을 포함해서 모든 것은 변화한다. […] 이는 첫번째의 위대한 칸트적 전도이다"(K vii).

해 바라보는 미래"라고 부르고 게다가 이것을 SF적 미래와 "극단적인 과거"의 통접이 함께하는 "새로운 기념비들"의 많은 특징 중의 하나로서 이해한다(*CW* 15). 간단히 말해서, 스미스슨에게 '새로운 기념비들'은 상이하고 비-인간적이며 비유기적인, 곧 말하자면 지질학적인 지속을 활성화한다. 이러한 것은 스미스슨의 고유한 작품들에서는 전형적이며, 특히 나중에 스미스슨이 완성한 더 큰 규모의 대지예술, 예를 들어 〈깨진 원〉(1971), 〈나선형 언덕〉(1971) 혹은 〈나선형 방파제〉에서도 (이 두 작품 모두 우리가 그 안으로 들어가야만 했다) 나타난다. 또한 스미스슨의 규모가 큰 대지미술은 (물질의 조작을 포함할 뿐만이 아니라) 시간의 조작, 곧 상이한 시간성들의 결집을 포함하는 것으로 이해될 수 있다. 폴 우드가 〈깨진 원〉, 〈나선형 언덕〉과 관련하여 지적한 바와 같이 확실히 작동하고 있는 일종의 지질학적인 시간이 있다. 스미스슨은 깨진 원의 가운데에 위치한 돌의 블록(그는 본래 이 돌을 이동하고자 했으나 그렇게 할 수가 없었다)을 '빙하시대의 경고'라고 칭했다. 또한 사계의 시간과 하루의 시간 그리고 날씨의 '시간'이 있으며, 이 모두가 대지미술을 경험하는 데 있어서 중요하다(Wood, 1976). 물론, 결정적으로 인간의 시간이 있으며 이것은 우리, 곧 우리

---

22) 특히 일리야와 에밀리아 카보코프는 저드의 조각들이 수행하는 그러한 '결빙'과 조화를 이룬다. 다음은 "Donald Judd"(Kabokov & Kabokov, 2004)에서 발췌한 것이다.
"우리는 1990년 필라델피아 미술관에서 도널드 저드의 작품을 처음 보았다. 그 전까지는 그에 대해 잘 알지 못했다. 그의 작품과 마주치자마자 감명을 받았다. 우리에게 엄청난 영향을 준 것이다. 그의 작업에 관해 가장 놀라웠던 것은 마치 그 주위에서 시간이 사라진 것 같았다는 점이다. 그때 다른 모든 미술품들은 상당히 평범했던 반면, 저드의 조각들은 시간 속에서 결빙되었거나 심지어는 시간을 결빙시키고 있었다. 상자들은 이상하고 설명할 수 없는 어떤 예외 같았다"(Kabokov & Kabokov, 2004: 11).

의 신체가 기념비 주위를 움직이고 기념비를 경험하는 데 걸리는 시간이다(Wood, 1976). 게다가 여기에서 우리는 구축의 시간, 곧 대지미술을 건설하는 데 걸리는 시간이 있다는 것을 추가할 수 있다. 진실로, 그러한 점에서 대지미술은 '시간'의 침전 작용이다. 따라서 시간은 말하자면 그 고유의 '자기 충족적' 지속을 지닌다. 그러므로 베르그송을 따라서 우리가 말할 수 있는 것은 〈깨진 원〉, 〈나선형 언덕〉은 상이한 지속들을 근거 짓는 것과 그것들에 대한 우리 자신의 지속을 포함하며, 그리고 세계에 대한 우리의 특별한 시간적 관계를 반영하는 것을 허용한다. 또한 우드는 스미스슨의 고유한 사유들을 따라서 〈깨진 원〉, 〈나선형 언덕〉을 '먼 미래가 먼 과거와 만나는' 어떤 장소가 되는 것으로서 나타낸다. 확실히, 서서히 '자연적' 상태로 귀환하고 있는 기념비의 엔트로피적 질은 사실 기념비가 캡슐에 넣은 미래를 가리키는 것 같다. 그러므로 우드가 언급하는 것처럼 대지예술은 일종의 **삶의 덧없음**vanitas, **메멘토 모리**Memento mori로서 작동한다. 우리는 대지미술이 더 이상 '실존하지' 않는 미래의 기념비라고 말할 수 있다.

또한 스미스슨의 규모가 좀 더 작은 작품들에서 결정체적이고 반사된 대상들과 시간은 작용하는 물질이 된다. 진실로, 스미스슨이 「마음의 퇴적작용: 대지 프로젝트」에서 언급하는 것처럼 그는 매우 베르그송적 기질로서 다음과 같이 말한다.

어떤 **사물**이 시간성의 의식을 통해서 보여질 때 그것은 무가치한 것으로 변한다. 그러한 모든 것을 빨아들이는 의미는 대상에 정신적 토대를 공급하며 그렇게 함으로써 대상은 단순한 대상이 되는 것을 멈추고 미술이 된다. 대상은 점점 적게 되지만 더 명확한 것으로 실존한다. 모든 대상은 비록 정적이라 하더라도 (만약 미술이라면) 시간의 돌진으로 충만하게 되며, 또한 그렇지만 그 모든 것은 보는 사람에 의존한다. 모든 사람이 같은 방식으로 미술작품을 보는 것은 아니며, 오직 미술작품을 보는 예술가만이 환희와 공포를 안다. 그리고 그렇게 바라보는 것은 시간 안에서 일어난다. (CW 112)

그러므로 이러한 의미에서 미술을 생산하는 대상만큼 보는 사람 (특정한 종류의 관찰자)이 존재한다(우리는 보는 사람이 '대상'의 잠재성들을 현실화한다고 말할 수 있다). 스미스슨에게 미술은 어떤 대상이 이미, 언제나 하나의 부분이었던(단지 추출되었던) 시간의 흐름을 다시 결합시키는 그러한 마주침의 이름이다. 참으로 그러한 모든 대상들과 실천들 그리고 '새로운 기념비'들은 현실적인 것과 잠재적인 것 사이의 '스며 나오는 가장자리'에 그 위치가 정해질 수 있다. 또한 여기에서 우리는 그러한 것을 순수과거(그리고 미래)와 현재의 공존, 곧 간단히 대상으로서 대상을 보는 것과 과정 안에서 다시 말해 지속으로서 대상을 보는 것의 공존으로 바꾸어 말할 수 있다.

'새로운 기념비'에 대한 초기의 인용문과 일반적인 스미스슨의 에세이에는 (내가 주장하는) 일종의 철학이 진행되고 있는데, 왜냐하면 새로운 종류의 미술을 '사유하기' 위한 어떤 개념들의(예를 들어, 더 이상 운동에 의하여 결정되지 않는 '시간'의) 전개가 있기 때문이다. 진실로, 스미스슨의 글쓰기들은 그 특유한 아카이브들(SF소설들과 영화들로부터 지질학적 지도와 다른 인쇄물까지)을 이용할 때에 세상을 이해하기 위한 (그리고 그러한 세상에서 연접을 만들고 적합성을 제시하기 위해서) 상이한 개념적 시스템을 생산한다.[23] 들뢰즈와 가타리의 글쓰기처럼 스미스슨의 에세이는 근본적으로 창조적이고 긍정적인 측면이 있으며, 그러한 점에서 또한 그의 에세이는 글쓰기의 에너지와 속도 그리고 진실로 유머에 의하여 생산된다. 독학자인 스미스슨은 일상적으로 미술과 관련된 것이 아닌 다양한 자원들을 결집한다. 그렇게 함으로써 그는 어떤 다른 곳에서 발견된 것의 상이한 틀 구조를 통하여 세계 안에서 사물들의 '재해석'을 제시한다.[24]

　　그래서 '새로운 기념비들'에 관한 그의 에세이에는 그러한 미니

---

23) 예컨대 스미스슨은 예술가들에게 중요한 원천자료로서의 SF 영화에 대해 다음과 같이 기술한다.
　　"영화는 많은 예술가들의 삶에 의식적인(ritual) 패턴을 부여하는데, 일종의 '저예산 신비주의'도 그 중 하나이며, 이로써 끊임없이 무아지경에 빠지게 한다. 공포영화의 '유혈 폭력'은 그들의 '유기적 필요'를 제공하지만, SF 영화의 '날붙이'(cold steel)는 그들의 '무기적 필요'를 제공한다. 진지한 영화는 '가치'에 너무 구애받기 때문에 더욱 직관적인 예술가들에게 묵살되는 것이다. 그러한 예술가들은 X선 투시 눈을 지녀 오늘날 '깊고 심오한 것'으로 통하는 모든 진흙 같은 쓰레기를 간파할 수 있다"(CW 16).
24) 웃음의 결정학(crystallography)에 대한 스미스슨의 설명은 좋은 예가 될 것이다.
　　"이제 여섯 개의 주요한 결정계(crystal system)에 따라 일반화된 웃음의 상이한 유형들을 정의해 보자. 보통 웃음은 정육면체 또는 정사각형(등축정계), 낮고 부드러운 웃음(chuckle)은 삼각형 또는 각뿔(육방정계), 참는 듯한 점잖은 웃음(titter)은 각기둥(사방정계), 킥킥거리는 웃음(snicker)은 기울어진 도형(단사정계), 큰 소리 내는 웃음(guffaw)은 비대칭 도형(삼사정계)이다. 틀림없이 이 정의는 수박 겉핥기에 불과하지만, 여전히 유효하다고 생각한다. 이 '하하-결정체' 개념을 Park Place 그룹의 몇몇 예술가들이 만들고 있는 기념비적 모델에 적용한다면, 그들 작품의 사차원적 본성을 이해할 수 있을 것이다. 앞으로는 웃음을 웃는 물질로서가 아니라 '웃음-의-물질'(matter-of-laughs)로서 생각해야 한다"(CW 21).
　　스미스슨은 들뢰즈와 공명하여 루이스 캐럴과 "고양이 없는 웃음"을 이 "웃음-물질", 혹은 스미스슨-들뢰즈에 따라 '물질-사건'이라 부를 수 있는 것의 의인화된 예로서 언급한다. 스미스슨은 그러한 설명이 미니멀리즘의 '새로운 모뉴먼트'에 완전히 적합하다고 지적한다(CW 22).

멀리스트적 실천들이 단지 현실화 그 자체를 이행하는 것이 아니라 잠재적인 것을 현실화시키는 방법이 기술되어 있다. 진실로, 이 방법 때문에 우리는 스미스슨의 작품들을 현실적으로 경험해야 한다(예를 들어 〈깨진 원〉, 〈나선형 언덕〉 주위를 걸어라). 그러나 또한 우리는 스미스슨의 실천들 중 다른 것을 참조할 수 있으며, 게다가 사실 반드시 담화의 영역을 떠날 필요는 없다(결국, 스미스슨에게 담화는 임의의 지질적 재료만큼 미술의 물질들이다). 그러한 점에서 우리는 상이한 종류의 글쓰기요, 프로그램적 텍스트인 〈유카탄 반도에서의 거울-여행의 사건들〉을 참조하며, 이 텍스트에서 스미스슨은 그의 〈유카탄 반도의 거울 전치들〉[이하 '전치들' — 옮긴이]을 숙고한다.

〈전치들〉이 포함했던 것은 스미스슨과 그의 동료 여행자들이 운전하고 있었던 미국 남부 불모의 풍경 안에 9개의 상이한 성좌들로 11개 혹은 12개의 작은 정사각형 거울들을 배치하는 것이었다. 각 〈전치들〉은 자체의 독특한 질을 지니며, 이것은 그러한 전치가 놓여졌던 컨텍스트의 명세서(지질학, 식물지, 기후 등)로 귀착된다. 그러므로 각각의 〈전치들〉은 일련의 특별한 지속들을 추출하고 그린다. 그러나 〈전치들〉에 동반하는 탁월한 에세이는 스미스슨의 여행기록일 뿐만이 아니라 다른 잠재적 차원들을 이용하는 (곧 현실화하는) 방법에 관한 일련의 화용론으로 작용한다. 진실로, 그 에세이는 각 〈전치들〉과 함께 일어나는 것 그리고 시간과 공간의 붕괴(정확히 거울-여행)를 기록할 뿐만 아니라 그 〈전치들〉을 다시 수행하는 방법에 관한 설명서를 담고 있다. 그러한 실례가 〈세번째 거울 전치〉 (1969)로부터 다음과 같이 추출된다.

부서진 석회암 더미의 한쪽에 12개의 거울들이 석회암에 앉았던 큰 무리의 나비들 속에서 외팔보처럼 만들어졌다. 짧은 순간, 날고 있는 나비들이 비춰졌다. 그때 나비들은 자갈[사력층―옮긴이]의 하늘을 나는 것처럼 보였다. 거울들에 의한 그림자의 색조는 색채의 순간들과 대비되었다. 공간보다는 시간에 의한 어떤 장치가 발생했다. 거울 그 자체는 지속의 주체가 아니다. 왜냐하면 지속은 언제나 이용할 수 있고 영원히 진행 중인 추상작용이기 때문이다. 이에 반해서 반사는 측정되는 것을 벗어나는 잠깐 동안의 경우들이다. (CW 122)

각각의 〈전치들〉에서 스미스슨은 거울들을 대지 안으로 끼워 넣는다. 그러므로 거울들은 사막의 지질학적 폭심지 안에 존재하는 것처럼 배열된 풍경의 **일부분**이 된다. 그럼에도 불구하고 또한 거울들은 하늘을 (그리고 다른 동식물상을) 반영하고 게다가 그렇게 함으로써 유기적이고 비유기적인 삶/생명을 현실화한다는 점에서 대지**로부터의 일부분**이다. 스미스슨의 수중에서 거울은 전형적인 지속, 곧 인간적이고 선적인 시간을 '삭제하기' 위한 하나의 장치이다. 그 시간을 평평하게 만들기 위해서 정확히 말해서 시간을 다양체로 만들기 위해서, 단지 우리가 시간을 삭제할 만큼 영리하기를 원한다면 우리가 필요로 하는 것은 바위들이 아니라 거울들이다. 기이한 사물과 그렇게 분기하는 여행의 방식. 그것들은 바로 우리가 모든 지나간 순간에서 갈림길을 지각하는 것이며 고속도로가 두 갈래, 세 갈래로 갈라지는 지그재그형의 지역으로 펼쳐지는 것이다(CW 131).[25]

이러한 〈전치들〉을 통한 등록기들(들뢰즈에게 이것은 결정체에 해당한다)의 '전환'은 공간뿐만이 아니라 시간에서도 발생한다. 왜냐하면 그러한 등록기들은 대개 지각 불가능한 미세-우주들의 현실화를 포함하기 때문이다. 이러한 사례로 〈다섯번째 거울 전치〉(1969)에서의 시간을 스미스슨은 다음과 같이 언급한다.

팔랑케 유적의 교외에서 혹은 [마야족의 뱀의 여신 곧 대지의 어머니인—옮긴이] 코아틀리쿠에의 치마에서 바위들이 뒤집혀졌다. 그래서 먼저 바위는 사진 찍혀졌고 구덩이는 그대로 보존되었다. 코아틀리쿠에에는 이렇게 씌어져 있었다. "각 바위 아래에는 어떤 스케일의 주연이 있다." […] 각 구덩이는 작은 대지미술, 곧 곤충들과 다른 잡다한 작은 생물들의 지나간 자취들과 흔적들을 포함했다. 몇몇 딱

---

25) 들뢰즈가 『시네마 2: 시간-이미지』(*C2*)에서 시간에 대해 논의한 것과 이것을 비교할 수 있을 것이다. 하지만 여기서 '시간여행'을 가능케 하는 것은 거울이 아닌 결정체이다.
"시간은 스스로 시작하거나 펼치는 동시에 분열되어야 한다. 시간은 두 개의 비대칭적 분출을 통해 분열되어, 한편으로 모든 현재를 지나가게 하고 다른 한편으로 모든 과거를 보존한다. 시간은 이 분열로 이루어지며, 우리가 **결정체에서 보는** 것은 바로 이 분열, 시간이다. 결정체-이미지는 시간이 아니었지만, 우리는 결정체에서 시간을 보는 것이다. 우리는 결정체에서 시간의 지속적 토대, 비연대기적 시간, 크로노스(Chronos)가 아닌 크로노스(Cronos)를 보는 것이다. 이것은 세계를 움켜쥔 강력하고 비유기적인 삶/생명이다. 예언자 곧 견자는 결정체 속에서 바라보는 자이며, 그가 보는 것은 이중화, 분열로서의 시간의 솟구침이다" (*C2* 81).
또한 마수미의 "Painting: the Voice of the Grain"(Massumi, 2000) 참조. 여기서는 시간-결정체 개념을 현대미술, 특히 브라차 리히텐베르크 에팅거의 작품에 나타난 복사된/칠해진 표면들과 관련하여 흥미롭게 이용한다.
"리히텐베르크 에팅거의 회화는 사물의 소실을 보존하는 기능을 한다. 늘 너무 빨리 와서 되어야 할 것이 되지 못하고, 너무 늦어서 지금까지 되어 있었을 것을 유지하지 못한다. 너무-이르고-너무-늦은 것을 화면-정지하기(freeze-framing)는 들뢰즈가 시간-결정체라 부를 만한 것에서 이미지를 포착한다. 사물의 선적 펼침 속에서는 비트가 계속되고 뒤섞임의 리듬 속에서는 오르락내리락하는 측면들을 동반하면서 시간-결정체는 유지되는 것이다" (Massumi, 2000: 11).

정벌레의 똥, 거미줄들 그리고 익명의 끈적끈적한 것들에서. 또한 누에고치들, 거미 둥지들 그리고 날것의 뿌리들에서. 예술가가 모충의 눈으로 세상을 볼 수 있다면, 그는 어떤 매혹적인 미술을 만들 수 있다. 또한 비밀스런 동굴들 각각은 심연의 입구였다.(*CW* 126)

더욱이 스미스슨에게 각각의 〈전치들〉은 멕시코의 사막으로부터 마야족의 신을 '앞으로 소환하기' 위하여 작동하며, 그렇게 함으로써 마야족의 신은 특정한 〈전치들〉의 작용을 분절한다. 이런 점에서 미술적 실천은 재현의 영역들을 떠났으며 어떤 종류의 구현이 된다. 그리고 각각의 신은 세계에 대한 마야족의 지성을 구현하기 위해 나타난다. 이러한 신의 형상들(초월성의 형상들)은 내재면 위에 투사되었는가? 그러나 아마도 그러한 형상들은 또한 스미스슨의 **개념적 등장인물들로** 곧 어떤 존재의 양태를 구현하는 '미래의 민중'으로 파악될 수 있다. 예를 들어 〈아홉번째 거울 전치〉(1969)에서 [고대 아즈텍족의 주신인—옮긴이] 케찰코아틀은 다음과 같이 언급된다.

케찰코아틀의 이중적 양상은 사람이기보다는 토템적 지각작용의 작동이다. 케찰코아틀은 다른 한쪽을 찾는 좌우상(**코아틀**은 쌍둥이를 의미한다)의 한쪽이 된다. 거울은 그것의 반영을 찾는 것이지 결코 바로 그 자체를 발견하는 것이 아니다. [⋯] 케찰코아틀과 함께 여행함으로서 우리는 원시적 시간 혹은 궁극적 시간을 알게 된다. 그것은 바위들의 나무다.(*CW* 131)

그러므로 스미스슨의 에세이는 상상력의 작용이고 일종의 창조적 이야기 만들기이다. 그러나 또한 그의 에세이는 보잘것없는 매뉴얼로서도 작용한다. 이것은 일련의 '거울-여행'에 대한 주석들 곧 '여행'으로서 (들뢰즈적 용어인) 잠재적인 것 '안으로' 이동할 수 있는 임무를 제공한다. 중요한 것은, 거울-여행은 수행되어야 하고 그 지시사항은 추구되어야 한다. 스미스슨은 우리에게 그 자신의 여행을 설명하며, 또한 그렇게 함으로써 우리가 실험을 반복할 수 있는 방법을 우리에게 알려준다. 그러므로 이러한 점에서 우리는 실행적이고 실천적인 철학(말하자면 삶의 방식으로서의 철학)에 대한 어떤 사례를 소유한다. 결국 우리는 단지 잠재적인 것을 현실화하기 위하여 현실적인 것과 잠재적인 것의 개념들을 독해하고 이해할 수 있으며, 그런 다음 그러한 '개념들'은 다른 재료들 안에서 다른 실천들을 통하여 구현되어질 필요가 있다. 우리는 그러한 것이 우리를 일상적 공간/시간의 좌표로부터 [다른 곳으로—옮긴이] 데려가기 위해 곧 엄격히 말해서 우리의 습관적 방식을 다시 배열하기 위해 노력하는 스미스슨의 실천과 같은 그러한 미술적 실천의 의식적ritual 기능이라고 말할 수 있다.

내재면(혹은 철학의 비철학적인 계기)

요컨대, 최초의 철학자들은 카오스에 걸쳐진 체와 같이 내재면을 설치하는 사람들이다. 이러한 의미에서 그들은 종교적인 인물들이나 성직자들인 현인들과 비교되는데 왜냐하면 이들은 언제나 바깥으로부터 부여된 초월적 질서의 제도를 생각하기 때문이다. […] 천상에서건 지상에서건 초월성, 수직적 존재, 제국적 국가가 존재할 때마다 종교가 있으며, 또한 내재성이 존재할 때마다 철학이 존재한다. (*WP* 43)

들뢰즈와 가타리에게, 철학은 내재성을 사유하는 것이다. 철학은 내재면에서 그 자체로 면에 내재한 '형식들'을 통하여 작동한다(형식들은 '어떤 다른 곳에서' '도달하지' 않는다). 이러한 이유에서 철학은 초월적 지점으로부터 내재면에 형상들을 투사하는 종교와는 급진적으로 대립된다. 『철학이란 무엇인가』에서 들뢰즈와 가타리는 중국의 육선성형(六線星形, 헥사그램)들, 힌두교의 만다라들, 유대인의 세피로트, 이슬람교의 '성충상'成蟲像, 기독교의 성화상聖畫像 이 모두를 수직적 존재로부터 투사되는 것, 곧 엄격히 말해 형상들과 함께 면의 장소에 거주하는 것으로서 나타낸다(*WP* 89). 한편, 철학은 개념들과 함께 면에 거주하며, 이 개념들은 서로 그리고 어떤 의미에서는 그 개념들이 나타나는 면에 직접적으로 연접된다.

그러나 철학은 여러 형식들이 각각의 고유한 특수성과 함께하는 가운데에서 단지 사유의 한 형식이다. 분명, 『철학이란 무엇인가』는 들뢰즈와 가타리가 사유의 세 가지 형식으로서 파악한 것(곧 철학과 과학 그리고 예술)의 경계를 나타내며 그 각각은 '카오스 위로 면'을 던지고 그들 고유의 특별한 발명의 환경과 규칙들을 지닌다(*WP* 197). 사실, 『철학이란 무엇인가』에서 잠재적인 것의 개념들notions은 진실로 처음의 두 가지 사유의 형식들에만 관련된다. 그러므로 철학은 잠재적인 것을 개념에 의하여 하나의 사건 안으로 현실화한다(루이스 캐럴로부터의 들뢰즈의 유명한 실례 곧 '고양이 없는 미소'가 되는 것). 한편, 과학은 '감속'의 과정들과 '부분적 관찰자들'의 위치를 정하는 것에 의하여(단순히 '어떤 고양이'라고 말할 수 있다) 잠재적인 것을 지시면 위의 '사태들' 안으로 현실화한다(*WP* 197). 아무튼, 들뢰즈와 가타리가 어떤 다른 곳에서 언급하는 것임에도 불구하고 (게다가 내가 위에서 주장한 바와 같이) 『철학이란 무엇인가』에서 미술은 가능한 것의 개념들^notions^과 더 관련된다. 합성면/조성면에 거주하는 감성론적 형상들은 '가능세계들'을 표현한다. 나는 2장에서 미술의 작용에 관하여 『철학이란 무엇인가』가 언급해야만 하는 것을 다루었고 가능세계들을 표현하는 미술의 개념^notion^은 다음 장에서 한층 더 고찰될 것이다. 이런 점에서 나는 계속해서 철학, 곧 좀 더 정확히 말해서 어떤 의미에서는 철학적 기획에 의거한 철학의 **비철학적** 계기로 나타나는 것에 주목하기를 원한다. 사실, 우리는 그러한 계기가 모든 창조적 사유의 중심에 놓여 있다고 말할 수 있다.

그러나 계속해서 앞으로 나아가기 전에 중요한 것은 사유의 세 가지 형식들을 단순한 견해와 구별하는 것이다(사실, 이것이 『철학이란 무엇인가』의 공공연한 목적들 중의 하나이다). 견해가 현재의 환경을 생산하는 데 반해 미술과 철학 같은 사유의 형식들은 오히려 미래지향적이다. 그러한 사유의 형식들은 그것들이 구축되는 데 있어서 "새로운 대지, 새로운 민중을 앞으로 소환한다"(*WP* 99). 진실로, (우리가 파악한 것처럼) 그러한 것은 들뢰즈와 가타리에게 철학을 비록 혁명적인 것은 아닐지라도 정치적인 것으로 만드는 것이다. 철학의 (내재면에서 개념의) 절대적 탈영토화는 현재에 대한 저항(자본 그리고 견해가 수반하는 지배의 상대적 탈영토화)으로 현재의 환경과 결합한다. 이런 점에서 문제가 되는 것은 언제나 본성상 소수적인 새로운 생성들이다.[26] 그러므로 견해는 다수자의 **사이비** 사유 그리고 임의의 특별한 시간의 억견으로 특징지어질 수 있다. 그러한 견해의 **억견**적 특징은 다음과 같은 것을 제안함으로서 작용한다.

> 어떤 주체의 상태로서 외적 지각작용과 한 상태에서 다른 상태로 이행으로서의 내적 변용 사이의 어떤 관계(외적이고 내적인 지시관계). 우리는 우리가 지각작용하는 여러 대상들에 공통으로 전제된 어떤 질과, 대상들을 느끼고 우리와 함께 그러한 질을 파악하게 되는 여러 주체들에 공통으로 전제된 어떤 변용을 끌어낸다. (*WP* 144)

그러므로 철학이 견해(철학이 '이론'으로 칭해졌을 때 종종 수행하는 것)와 혼동되었을 때 사유 자체는 경쟁적 견해들과 대치하거나 혹은 (들뢰즈와 가타리가 언급하는 것처럼) '로티 씨의 즐겁고 공격적인 화젯거리' 정도를 겪으며 또한 그렇게 된다(*WP* 144).

들뢰즈와 가타리에게 철학을 한다는 것은 훨씬 더 명확하고 또한 훨씬 급진적인 것이라고 말할 수 있는 어떤 것을 포함한다. 진실로, 철학은 세 가지 상호 연접된 작동들을 포함한다. 곧 그것은 개념들의 창조와 **개념적 인물들**의 구축 그리고 내재면의 '전도시키기'이다. 몇몇 점들에 있어서 각각의 것은 다른 것들에 의존한다. 내재면은 철학자

---

26) 예술 실천과 관련된 소수적인 것의 논의는 3장을 참조할 것.

의 관점=시선의 점point of view/point de vue 혹은 태도이다. 이것은 개념들(영토들 자체)이 구축될 수 있는 대지 곧 영역을 펼치는 것이다. 개념들은 (항상 다른 개념들로부터 '차용한') 다양한 구축요소들의 조합을 통하여 구축되며, 그러므로 이 조합에는 어떤 공속共續이 부여된다. 이러한 공속의 과정 자체는 그러한 개념들에 '거주하는' **개념적 인물들** 그 이상의 발명을 포함한다(그러한 인물들은 철학자 자신의 철학적 화신들이다. 예를 들어 데카르트의 백치 혹은 니체의 차라투스트라). 그러나 그러한 공속의 과정은 절차상 처음에 도래하여 철학자의 특별한 스타일(들뢰즈가 『차이와 반복』에서 '사유의 이미지'로 부르는 것)로 파악되는 마지막의 것이며 내재면을 부설하는 것이다. 공속의 과정은 문제의 조건들이 되는 면과 그 면에 해결의 사례가 되는 것을 거주시키는 개념들을 펼치는 것이다. 중요한 것은, 그러한 과정이 비-철학적인 과업이라는 것이다. 사실, 그것은 철학의 비-철학적인 계기이다. 이런 점에서 들뢰즈와 가타리의 프로젝트는 (들뢰즈『차이와 반복』에서 나타내는 것처럼) 근대 '사유의 이미지' 특히 칸트의 사유의 이미지에 구멍을 내고 지도에 상세히 기록하는 것이다. 어떻게 칸트에 있어서 사유의 이미지는 언제나 닮음과 재인으로 돌아가고 결국은 (선善으로 독해되는) 공통 감각이라는 명백한 가정으로 되돌아가는가? 그러나 그런 것으로부터 당연히 다른 사유의 이미지들, 다른 내재면들이 설립될 수 있다. 진실로, 들뢰즈와 가타리가 언급하는 것처럼 "사유의 이미지를 새롭게 하지 않는 사람들은 철학자들이 아니라 기능인들이며, 그들 기능인들은 만들어진 사유의 지복 안에서 그러한 문제조차 의식하지 않으며 그들의 모델로서 삼는다고 내세우는 철학자들의 노고도 알지 못한다"(*WP* 51). 이러한 것이 마주침, 곧 비철학적인 마주침이 철학자에게 매우 중요한 이유이다. 곧 마주침은 이전의 사유에 대한 파괴를 야기할 수 있다. 그러므로 들뢰즈와 가타리는 그 마주침을 다음과 같이 사유의 '바깥'과 함께 언급한다.

> 그 이유는 정확하게 내재면이 선철학적이고 이미 개념들과 더불어서 작동하지 않으며 일종의 암중모색하는 실험을 함축하고, 내재면의 설계도는 드러낼 만한 것이 못 되고 합리적이거나 이성적이라 할 수 없는 방법들에 의존하기 때문이다. 그것은 몽상의 질서, 병리적 관계, 비교秘教적인 경험들, 도취나 방종의 질서에 따르는 방법들이다. […] 사유한다는 것은 언제나 주술의 선을 따르는 것이다. (*WP* 141)

그러므로 엄밀히 내재면은 실험의 형식이며 어떤 실험적 존재 상태를 함축한다. 내재면은 카오스에 펼쳐진 체이며, 사실은 카오스에 공속을 부여하는("무한의 그 어떤 것도 잃어버리지 않고 공속을 부여하는") 시도이다(*WP* 141). 이것은 "카오스에 참조점들을 공급하고자" 함으로서 무한한 운동을 일반적인 속도의 제한(과학과 그와 같은 것으로서 존재하는 것이 수행해야만 하는 감속) 안으로 버리는 과학에 대립된다(*WP* 42). 또한 철학은 면 위로 형상들을 투사하여 위로부터의 초월적 질서를 설치하는 종교에도 대립된다.

(결과적으로 철학을 새롭게 하는) 이러한 철학의 비철학적 계기는 직관과 어떤 상당한 분량의 '우리의 자기를 상실함'으로써만이 나아

갈 수 있다. 들뢰즈와 가타리는 앙리 미쇼 그리고 우리가 다른 무엇 곧 "동물, 분자, 미립자처럼 생각하지 않고 생각에 떠올랐다가 다시 되쏘아지는 어떤 것 되기"에 의해서만이 진실로 사유하는 개념notion을 실례로서 인용한다(WP 42). 여기에서 들뢰즈와 가타리는 미쇼의 작품을 참조하는 것('대체로 그러한 방법들은 결과로서 나타나지 않고 단지 그 자체로 조용히 파악되어야 한다')이 아니라 오히려 여행들과 모험들(마약이 영향을 미쳤든 안 미쳤든)을 참조하고 있으며(나에게는 그렇다) 어떤 의미에서 그것들이 허용하고 아마도 야기하는 것은 만들어지는 이러저러한 개념 혹은 진실로 여차여차한 미술작품이다(WP 41~42). 바로 이러한 장소에서 우리는 사유의 세 가지 형식으로부터 더 거칠고 더 혼돈된 어떤 것으로 물러간다. 진실로『철학이란 무엇인가』의 후반부에서 예술, 과학 그리고 철학은 "카오이드들"chaoids, 카오스를 다시 나타내는 사유의 형식들로 특성화되고 그리고 사실은 카오스(공속이 부여된 카오스)로서 존재한다(WP 208). 그러나 이러한 공속이 이루어지기 이전에 카오스와 마주치고 비-사유에 직면하는 순간이 있다. 바로 그러한 장소에서, 그러한 순간에서 내재면은 생존을 위한 메커니즘과 사유와 창조성이 전개하는 것을 허용할 것으로서 설립된다.

여기에서『철학이란 무엇인가』로부터 다시 매우 철학의 비-철학적인 모험들에 관한 책인『천 개의 고원』으로 전환하는 것이 유용하다. 그러한 초기의 (그리고 많은 의미들에 있어서) 더욱 실험적인 작품에서, 우리는 내재성에 '협조하기' 위한 일련의 전략들을 가지며(예상되는 것처럼), 그런 점들에서 그 전략들은 좀 더 구체적인 용어들로 기술된다. 『천 개의 고원』에서 내재면은 더욱 매끄럽고, (말하자면) 한층 액체적인 '장소'이다. 내재면은 스피노자의 '신/자연/실체'이며, 그것이 펼쳐졌을 때 내재면은 다음과 같은 장소가 된다.

> 어떠한 형식들이나 형식들의 전개도 없다. 또한 주체들이나 주체들의 구성도 없다. 구조가 없는 것은 기원이 없는 것과 같다. 오직 형성되지 않은 요소들 혹은 최소한 비교적 형성되지 않은 요소들, 분자들과 모든 종류의 입자들 사이의 운동과 정지, 빠름과 느림이 있다. 단지 집합적 언명을 구성하는 이것임들, 정서들, 주체 없는 개체화들이 있다. (*ATP* 266)

이런 점에서 내재면은 초월면(또한 이것은 조직면과 전개로 칭해진다)에 대립된다. 내재면은 그것으로부터 우리의 주체성이나 동일성과 같은 몰적 집합체들이 형성되는 분자적인 것(혹은 간단히 비유기적인 '생명')의 영역이다.[27] 바로 이러한 면 위에서 그리고 가로질러서 '기관 없는 신체/탈기관체'(BwO)는 움직이며, (아무튼 그런 점에서)

---

27) 들뢰즈는 그의 마지막 저작에서 이 비유기적 삶/생명의 개념(notion)으로 되돌아간다. *Pure Immanence: Essays on a Life*(*I*)에서 들뢰즈는 어리지만 독특성을 갖는 — 나름의 개체성을 아직 혹은 거의 갖지 않는(다들 서로 비슷한) — 아이들의 예를 제시한다. "미소, 제스처, 우스운 표정 — 주체적이지 않은 성질들이다. 어린 아이들은 모든 고통과 연약함을 통해 순수한 역량, 지복이기까지 한 내재적 삶/생명이 배어 있는 것이다"(*I* 30). 이 내재성의 삶/생명이 개체성의 심리사회학적 개념(notion)과 병행하는 것이다. 곧 "다른 누구와도 혼동되지 않을지라도 더 이상 이름을 지니지 않는 사람에 내재하는 독특한 삶/생명"이다(*I* 29). 들뢰즈에게 이 삶/생명 곧 '위대한 건강'은 문학의 적절한 주제이며, 또한 미술에 대해서도 그렇다고 할 수 있을 것이다(들뢰즈의 『비평과 임상』[*ECC*]과 그 영문판에 수록된 다니엘 W. 스미스의 유익한 입문적 에세이[Smith, 1998]도 참조할 것).

기관 없는 신체/탈기관체는 일종의 표면으로서 파악되고 이 표면 위에서 '나'는 단순한 홈이 된다. 바로 이러한 의미에서 기관 없는 신체/탈기관체는 다음과 같이 우리를 속박하는 실행하지 않는 층을 위한 메커니즘이요 과정이다.[28)

우리와 관계하는 세 가지 층들 곧 가장 직접적으로 우리를 속박하는 것들인 유기체, 기표화, 주체화를 고려하자. 유기체의 표면, 기표화와 해석의 각 그리고 주체화 혹은 예속의 점. 당신은 종속될 것이고, 유기체가 될 것이며 그리고 당신의 신체를 분절할 것이다. 그렇지 않다면 당신은 변태에 불과하게 된다. 당신은 기표와 기의, 해석자와 해석대상이 되어야 한다. 그렇지 않으면 당신은 일탈자에 불과하게 된다. 당신은 주체가 되고 곧 주체로 고착되고 언표의 주체로 전락한 언표행위의 주체가 되어야 한다. 그렇지 않으면 당신은 떠돌이에 불과하게 된다. 기관 없는 신체/탈기관체는 층들의 집합과 공속면의 성질로서의 탈구(또는 n개의 분절들), 이 면 위에서의 작용으로서의 실험(기표는 없다! 절대 해석하지 말라!), 운동으로서의 유목(설령 제

---

28) 기관 없는 신체/탈기관체를 우리의 신체뿐만 아니라 지구의 신체와 이를 가로지르고 실로 구축하는 비유기적 흐름으로서 이해하는, 상이하고 더욱 확장된 해석은 데란다의 *A Thousand Years of Nonlinear History*(Delanda, 1991) 참조. 데란다는 서구의 최근 1천 년에 걸친 역사/지질학이 흐름들과 그 층화와 관련하여 제공한다.
"용암, 바이오매스, 유전자, 밈, 규범, 돈(그리고 다른 '것'stuff)의 흐름들은 우리가 소중히 여기고 중요시하는 (혹은 반대로 우리를 억압하고 노예로 만드는) 거의 모든 안정된 구조의 원천이다. 어떤 주어진 시간과 공간에서 탈층화되었다고 간주되는 것은 상대적이라는 점을 잊지 않는 이상, 이러한 부정형의 탈층화된 흐름들과 관련하여 기관 없는 신체/탈기관체를 정의할 수 있을 것이다"(Delanda, 1997: 260~261).

자리에서라도 움직여라, 끊임없이 움직여라, 움직이지 않는 여행, 탈주 체화)을 대립시킨다. (*ATP* 159)

그러므로 기관 없는 신체/탈기관체는 일종의 감성론적 기계이지 만 그것의 작동 영역은 초월성보다는 내재성이다. 기관 없는 신체/탈 기관체는 주체/객체의 영역을 파괴하고, (다시 가타리의 인용문을 사 용하면) "존재와 사물들 사이의 존재론적인 철의 장막"을 해체시킨다 (*OM* 8). 그것은 언제나 **어떤** 기관 없는 신체/탈기관체이지, 결코 나의 것, 당신들의 것, 그(녀)의 것이 아니다. 기관 없는 신체/탈기관체는 다만 탈인격적인 정서들, 강도 깊은 역閾들 그리고 미분적인 빠름과 느림의 변화도들에 의하여 조성된다. 기관 없는 신체/탈기관체는 어 떤 의미에서 탈층화의 가능성을 허용하는 것(또한 층들을 자유롭게 하 는 것)의 부분인 층들과 관계한다.

물론, 요점은 당신 자신에게 기관 없는 신체/탈기관체를 건설하 는 것이며, 그러한 것으로서 기관 없는 신체/탈기관체는 강도들의 생 산이고 조성의 기술이다. 다시 말해서 "그러나 기관 없는 신체/탈기 관체가 발생하는 것이 정확히 당신이 당신 자신을 어떤 것으로 만드 는 방법과 같은 그러한 것은 아니다. […] 한 측면은 기관없는 신체/ 탈기관체의 제작에 관한 것이고 다른 측면은 기관 없는 신체/탈기관 체 위를 순환하거나 혹은 기관 없는 신체/탈기관체를 지나가고 가로 지르는 어떤 것을 만드는 것이다"(*ATP* 152). 『천 개의 고원』에서 들뢰 즈와 가타리는 조성된 기관 없는 신체/탈기관체들을 전체적으로 선 별하는 것에 대해서 나타내는데, 기관 없는 신체/탈기관체들 중 몇몇은 실패하고(간단히 '작용하지' 않는다), 또 어떤 것은 암과 같고(층들의 증식, 곧 파시즘을 생산하는 것) 그리고 나머지 것들은 파괴적이다(예를 들어, 마약은 공허해져 결국은 니힐리스트적인 기관 없는 신체/탈기관체, 곧 기관 없는 신체/탈기관체를 건설하지만 강도들이 발생하는 것을 전혀 깨닫지 못하는 마조히스트를 생산하는 것에 빠지게 한다). 아마도 가장 '성공적인' 기관 없는 신체/탈기관체들은 반복될 수 있고 '다시 사용될' 수 있는 것들이다. 미술은 그러한 존재의 실험적 방식들, 미지의 흥분시키는(때로는 깜짝 놀라게 하는) 사유의 '새로운' 이미지들일 수 있으며, 그럼에도 불구하고 미술은 또한 바로 봉쇄되었던, 실패했던, 그렇지 않다면 파괴되었던 그러한 기관 없는 신체/탈기관체들의 이름일 수 있다(또한 종종 그렇다). 이러한 것이 결국 드러내는 것은 초월성의 위험들은 어디에서나 항상 내재성을 사유하는 데 있어서 실험들과 모험들을 수반한다는 것이다.

보론 2: 〈나선형 방파제〉

스미스슨은 그의 에세이 「마음의 퇴적작용: 지구 프로젝트들」에서 일반적으로 사유를 '감속시키는 것'으로 파악되는 '추상적 지질학'이라는 그의 프로젝트를 펼친다.[29] 이렇게 해서 그 에세이는 다음과 같이

---

29) 스미스슨은 다른 에세이 "A Museum of Language in the Vicinity of Art"(CW 138~142)에서도 또한 유사한 '추상적 지도제작'의 프로젝트를 기획한다. 게다가 이 프로젝트와 들뢰즈-가타리의 프로젝트, 특히 1장에서 다룬 리좀론 사이에는 많은 유사점이 있다. 에세이에서 스미스슨은 다음과 같이 기술한다.

시작한다.

지구의 표면과 마음의 허구들은 불연속적인 미술의 영역들로 붕괴되는 경향이 있다. 허구적이고 실제적인 다양한 동인들이 어떻게 해서든지 서로서로 장소들을 교환한다. 따라서 우리는 대지 프로젝트곧 내가 '추상적 지질학'이라고 칭할 것에 도달하게 될 때 진흙투성이의 사유를 피할 수 없다. 우리의 마음과 지구는 일정한 침식의 상태에 있으며, 정신적 강들은 추상적인 강변을 닳아 없어지게 하고, 뇌파들은 사유의 절벽들을 몰래 손상시키며 관념들은 무지한 돌들로 분해되고, 개념적 결정화는 모래 같은 이성의 침전물들로 따로따로 부서진다. 광대한 움직이는 능력들은 이러한 지질학적인 불길한 분위기 안에서 일어난다. 게다가 그 능력들은 가장 물리적인 방식으로 움직인다. 그러한 움직임은 움직이지 않는 것처럼 보이며, 그렇지만 그것은 차가운 몽상가들 아래에서 논리의 풍경을 밀치고 나아간다. 우리는 그렇게 느린 유동 때문에 사유의 혼돈된 상태를 의식한다. 불경기, 잔해의 미끄러짐들, 눈사태들 모두 뇌의 열분해 한계들안에서 일어난다. 신체 전체는 뇌의 침전물 안으로 당겨지며, 그곳에

"오르텔리우스(Orrelius)의 〈세계의 무대〉(*Theatrum Orbis Terrarum*, 1570)부터 재스퍼 존스의 '안료'가 달라붙은 지도에 이르기까지, 지도는 예술가의 마음을 매료시켜 왔다. 사람이 살 수 없는 곳의 지도제작은 발전하고 있는 것 같다 ──유인체 도표(decoy diagram), 돌과 테이프로 만든 추상적 좌표 시스템(칼 안드레와 솔 르윗), 그리고 NASA의 전자 '모자이크' 사진 지도 등이 완비되어 있다. 루이스 캐럴은 이러한 추상적인 지도제작을 『스나크 사냥』(*The Hunting of the Snark*) ──여기서 지도는 '아무것도' 포함하지 않는다──과 『실비와 브루노 완결편』(*Sylvie and Bruno Concluded*) ──여기서 지도는 '모든 것'을 포함한다──에서 언급한다"(*CW* 92).

서 미립자들과 파편들은 견고한 의식으로 알려진다. 표백되고 부서진 세계가 예술가를 둘러싼다. 이러한 침식작용의 환란을 패턴들, 그리드들, 잘게 나누어진 것들 안으로 조직하는 것은 거의 우리가 접촉할 수 없었던 감성론적인 과정들이다. (CW 100)

이런 점에서 예술가는 카오스 혹은 스미스슨이 카오스를 칭하는 '미분화된 것'(이 앞에서 예술가는 그리드들과 패턴들을 조직한다) 곧 스미스슨의 '추상적 지질학'(이것은 사유와 창조성의 선조건이다)과 대면한다.[30] 이것은 "물질과 접촉하게 하는" "근원적 과정들"이며 스미스슨이 느끼는 과정은 종종 "완성된" 작품을 위하여 간과된다(CW 103). 분명 스미스슨에 의하면, 마이클 프리드 같은 비평가들은 그 마주침을 비난하고 대신에 두번째의 순간, 심연(생성들을 정지하는 것)을 "둘러싸는" 것을 구성하는 것에 그들의 시선을 던지는 것을 선택한다(CW 103~104). 스미스슨은 니힐리스트가 아니며 또한 심연으로 뛰어들지도 않지만 그가 선호하는 미술은 들뢰즈처럼 미술에 관한 심연과 카오스의 어떤 것을 소유하는 것이다.[31] 그러므로 그가 물질과 형식들을 선호하는 것은 지구 그 자체에서 생겨난다.

---

30) 여기서 스미스슨의 '이론적' 원천은 그 자신이 어디에선가 밝혔듯 프로이트('대양적'oceanic 인 것의 개념notion)와 프로이트주의 정신분석가인 안톤 에렌츠바이크('탈분화된' 것으로서의 무의식적인 것의 개념notion)이다(CW 102). 에렌츠바이크의 *The Hidden Order of Art: A Study in the Psychology of Artistic Imagination*(Ehrenzweig, 1993) 참조. 또한 "Beyond Representation"(Lyotard, 1989b)에 수록된 리오타르의 프랑스어판 서문 참조.

31) 스미스슨에게 미술이 수반하는 것은 거친 탈층화가 아니라, 층들과 외부 사이에 있는 실험 공간(사실상 외부와 마주칠 수 있는 장소) 곧 '전략적 구역'의 개발과 유지라 부를 수 있는 것이다. 들뢰즈의 『푸코』(FO), 특히 pp. 120~122 참조.

이러한 과정의 사례연구로서 우리가 다룰 수 있는 것은 스미스슨의 가장 널리 알려진 대지미술 〈나선형 방파제〉와 그것에 관한 글로 대지미술의 선별, 구축 그리고 '활성화'를 기록하고 열거하는 스미스슨 자신의 에세이이다. 또한 〈유카탄 반도에서의 거울 여행 사건들〉처럼 에세이 「나선형 방파제」는 일종의 철학, 곧 실천적 철학인데, 왜냐하면 그 에세이가 소금 호수에 대한 스미스슨의 태도 그리고 소금 호수 그 자체로서 파악되는 이미 이루어진 내재면을 가로지르면서 개념들(예컨대 '나선형의 것' 혹은 '헬리콥터')을 길어 올리기 때문이다.

그러므로 첫번째 단계는 (에세이에서 나타나는 것처럼) '장소'의 탐색이다 (이 장소는 기관 없는 신체/탈기관체에 대한 구축적 장소의 위치라고 말할 수 있다). 그 탐색은 주의 깊고, 어떠한 장소라도 충분할 뿐만 아니라 어딘가에서 스미스슨을 '움켜쥔다'(말하자면 스미스슨을 선택한다). 사실상, 바로 그러한 장소가 대지미술을 결정한다. 결국 스미스슨은 그 장소를 다음과 같이 드러낸다.

오일 지프차들로부터 대략 1마일 북쪽에 나는 장소를 선택했다. 석회암의 불규칙한 면들이 완만하게 동쪽으로 가라앉아 있고, 검은 현무암의 거대한 퇴적물들이 반도 전체에 부서져 있어 그 지역은 파괴된 모습처럼 보인다. 그 장소는 물이 대륙에 정면으로 도달하는 호수의 몇 안 되는 장소들 중의 한 곳이다. 얕은 연분홍색의 물밑에는 진흙 금들의 망이 조각그림 맞추기를 나타내면서 소금 모래톱을 구성하고 있다. 내가 그 장소를 보았을 때, 깜빡거리는 불빛으로 전체 풍경이 흔들리는 것처럼 보이는 동안 단지 움직이지 않는 사이클론을 연상시키는 것이 지평선으로부터 울려 퍼졌다. 잠복중인 지진이 요동치는 고요 속으로, 움직임 없이 회전하는 감각작용 안으로 펼쳐진다. 그 장소는 그 자체 거대한 원형 안으로 둘러싼 로터리였다. 그렇게 회전하는 공간으로부터 나선형 방파제의 가능성이 출현했다. 어떠한 관념들, 개념들, 시스템들, 구조들, 추상작용들도 그 증거의 현실성 안에서 그들 자체를 결합시킬 수 없었다. […] 분류들과 범주들을 알고 싶어 하는 어떤 의미도 일어나지 않았다.(CW 146)

그러므로 스미스슨에게 주어진 장소 안에서 **재현**될 수 있는 그만큼의 선별과 관념 이전은 없다. 사실, 장소 자체는 작품을 연상하는 기능을 하며, 그렇게 함으로써 우리는 그 장소가 그 안에서 이미 잠재력(정확히 말하면 〈나선형 방파제〉)을 유지한다고 말할 수 있고 그리하여 〈나선형 방파제〉는 결과적으로 구축 안에서 드러나게 된다.[32]

두번째 계기는 방파제 자체의 구축으로 시작한다. 꼬리와 나선은 말뚝을 박아 구분되고, 그런 다음 기계들이 — 두 대의 덤프트럭과 한

---

32) 크레이그 오웬스는 논문 "The Allegorical Impulse: Toward a Theory of Postmodernism"(Owens, 1998)에서 이와 비슷한 생각을 밝힌다. 여기서 그는 알레고리와 관련하여 〈나선형 방파제〉를 논의한다.
"장소 특정적 작업은 보통 선사시대의 유물성을 열망한다. 스톤헨지와 나스카 유적은 원형으로 여겨지는 것이다. 그 '내용'은 흔히 신화적인데, 〈나선형 방파제〉의 경우 그 형식은 그레이트솔트 호수 바닥의 소용돌이에 관한 토속신화에서 유래한다. 이처럼 스미스슨은 지형적 특성뿐만 아니라 그 심리학적 반향과도 관련하여 장소의 독해에 관여하려는 경향을 예증한다"(Owens, 1998: 318).
우리는 오웬스의 스미스슨에 대한 알레고리 개념에는 동의하면서도 과연 독해가 스미스슨이 말하는 장소와의 마주침을 정확히 나타내는 용어인지 묻고 싶을 것이다. 실제로 이에 대한 스미스슨의 대답과 태도는 바로 독해가 아닌 어떤 것일 것이다.

대의 트렉터 그리고 프론트 로더 — 대지를 움직이고 방파제를 안으로 메운다. 스미스슨이 기계들을 사용하는 것은 중요한데, 왜냐하면 그것은 어떤 구식의 전근대적인 실천으로의 회귀가 아니라 오히려 바로 그러한 전근대적 실천만이 아니기 때문이다. 진실로, 〈나선형 방파제〉가 포함하는 것은 모더니티의 기술을 결집하는 것이며, 그렇지만 그것은 **상이한** 어떤 것(새로운 배치)을 생산하기 위해서이다. 또한 스미스슨이 작업하는 그 풍경은 개발되지 않은 '자연'이 아니라 이미 언제나 '오염된' 지역, 요소적 힘들 그만큼의 근대적 인간에 의하여 형성된 지역이다. 분명, 스미스슨을 매혹시킨 것은 특히 그러한 산업적 황무지들이며 게다가 그것이 스미스슨의 구축을 위한 토대를 제공한다. 게다가, 그러한 종류의 지역들은 이미 잠재력들로 넘쳐흐르고 있으며 작품은 단지 그 잠재력들의 선별을 현실화한다고 말할 수 있다.

그런 다음 세번째 계기가 일어난다. 우리가 방파제 위에 서 있을 때 그리고 진정 호수 기슭에서 방파제를 볼 때 거기에는 등록기들의 교체, 스미스슨이 '스케일'이라고 부르는 것의 교체가 있다("나선형 방파제의 스케일에서 존재하는 것은 그 스케일을 벗어나서 존재하는 것이다. 눈의 수준에서, 그 꼬리는 우리를 미분되지 않은 물질의 상태 안으로 이끈다") (*CW* 147). 이것이 포함하는 것은 대지미술을 더 활성화하는 것, 기관 없는 신체/탈기관체를 가로지르면서 강도들이 통과하는 것이며, 이런 점에서 그것은 다음과 같은 신체-뇌-지구 배치로서 파악된다.

로젤 포인트 경사지에서 나는 눈을 감았고, 그리고 태양은 눈꺼풀을 통해서 진홍색으로 불타올랐다. 나는 눈을 떴고 그레이트솔트 호는 주홍색 줄무늬들로 흘러내리고 있었다. 호수의 중심에서 순환하는 붉은 말(조류藻類)의 색조가 나의 시각을 흠뻑 적셨고, 호수는 루비색 조류潮流들이 분출하고 있었다. 그 조류들은 희미한 퇴적물을 흡수하는 어떠한 동맥들이나 정맥들도 없었다. 나의 눈은 태양빛에 의해 타오르는 피의 구球들을 일어나게 하는 연소실이 되었다. 모든 것이 불타는 채층彩層으로 감싸여졌다. (*CW* 148)

끝으로, 방파제를 제압하는 헬리콥터 안에서 대지미술은 더욱 활성화된다. 다시 스케일은 도입된다(구현체들은 교체되었다). 이런 점에서 자연물 대對 인공물의 문제들은 스미스슨이 영도零度, 곧 명확히 여기서는 다음의 인용문처럼 비-유기적인 삶/생명의 상태[33]로서 파악되는 바로 그 내재면에 도달함에 따라 과도하게 된다.

헬리콥터는 나선형 방파제를 가로질러 중심에 도달할 때까지 태양의 반사를 책동했다. 물은 거대한 열거울처럼 기능했다. 그 지점에서, 타오르는 반사광은 부서진 물질로 이뤄진 나선형으로 확장되어

---

33) 현대 예술가 모리 모리코는 〈나선형 방파제〉에 관해 좀 더 시적이기는 하지만 이와 비슷한 의견을 피력한다.
　"〈나선형 방파제〉는 광활한 자연 안에서 가능한 가장 좋은 장소에 자리 잡고 시간과 공간을 초월한다. 나는 그로부터 지구의 생명력과 재생능력을 느낀다. 나는 깊은 데서 우러나오는 어떤 야생적인 것, 열정적인 것에 의해 깨어났다. 다른 차원의 신성한 세계로 통하는 문, 자연 내의 역동적인 장치. 모든 생물을 지배하는 삶과 죽음의 자연법칙과, 삶과 죽음의 지속되는 연쇄에서 해방되어 외재적인 것과 내재적인 것이 하나로 합쳐졌다"(Mori, 2004: 14).

사이클로트론의 이온원을 연상시켰다. 가속된 에너지의 모든 감각은 반사열이 잔물결을 일으키는 고요 속으로 소멸되었다. 헬리콥터가 고도를 높였을 때 압도적인 광원이 나선형의 암석 미립자들을 삼켰다. 모든 실존은 임시적이고 정체된 것처럼 보였다. 헬리콥터 모터의 소리는 희미한 대기의 시계視界를 진동시키는 원시적 신음소리가 되었다. […] 나는 다시 나 자신의 바깥으로 미끄러지고 있었고, 단세포의 시원으로 용해되었으며, 나선형의 끝에 세포핵을 위치시키고자 노력했다. 마음을 뒤흔드는 첫 경험을 하게 하는 모든 것은 우리에게 원형질적 해결책들, 형성된 것과 비형성된 것 사이의 근본적인 물질들 그리고 대부분 물, 단백질, 유기질, 탄수화물, 그리고 비유기적인 소금들로 구성되는 세포 덩어리들을 깨닫게 한다.(CW 149)

우리는 위의 설명이 단지 어떤 허구이며, 결국 〈나선형 방파제〉는 최소한 어떤 수준에서 단지 호수에 침전된 토양과 바위들이라고 말할 수 있을 것이다. 그러나 〈나선형 방파제〉는 또한 상이한 세계의 경험, 곧 새로운 신화 그리고 바꾸어 말한다면 상이한 의식을 생산하는 하나의 기계이다. 또한 방파제가 건설된 후에 비교적 빨리 그것이 사라지는 것은 그 자체에 그러한 신화적 질, 곧 좀 더 미래지향적 사건의 특질을 방파제에 부여하는 바로 그 비가시성을 제공하는 것이다.[34] 또한 그러한 질은 방파제가 제기하는 어떤 질문들, 문제들과 관련된

---

34) 여기서 우리는 나스카 유적처럼 인간이 아니라('지상에서는' 볼 수 없다) '불가능한 존재', 감추어진 과거 혹은 아직 오지 않은 미래로부터의 존재를 위해 만들어진 다른 '선사시대' 유물을 언급할 수 있을 것이다.

다. 〈나선형 방파제〉는 누구를 위하여 세워졌는가? 여기에 어떤 화물이 내려질 수 있는가?[35] 이러한 질문들에 대한 대답은 우리를 습관적인 세계 너머로, 익숙한 공간-시간 너머로 움직이게 한다. 최근에 방파제는 수면 위로 떠올랐고, 흰 소금 결정체로 덮여 있었다. 게다가 거기에는 어떤 시간성이 작동하고 있으며, 그것은 인간의 시간성이 아니라 태양의 시간성이다(방파제는 유타주의 가뭄이 길어져서 다시 나타났다).[36] 그러므로 다시 한 번 방파제는 참여를 요구하고, 우리가 방파제를 따라서 걷고 신화적 시간성과 지질학적이고 탈인간의 지속 안으로 들어가기를 요구한다.

바로 이러한 탈인간적 세계들을 개방하는 의미에서 〈나선형 방파제〉의 영화는 에세이만큼 중요하다. 사실, 영화(일종의 지리-시네마)는 단지 에세이와 방파제 자체가 존재하는 것처럼 하나의 구축이다(모든 것은 물질의 조작을 포함한다). 사막을 거쳐 호수를 향해 속도를 내는 자동차의 상이한 '시점들', 방파제를 건설하는 덤프트럭들의 느린 움직임과 낮은 카메라 각도, 그리고 방파제 바로 위 헬리콥터의 조감도뿐만이 아니라 몽타주, 클로즈 업 그리고 스틸들(예를 들면 지도와 차트, 호수의 잔물결 그리고 햇빛의 파동)의 사용을 통하여, 영화는 방파제의 경험에서 그리고 에세이에서 작성된 문제가 되는 상이한 지속들과 상이한 스케일들을 현실화한다. 그러므로 카메라는 여기서

35) J. G. 발라드의 에세이 "Robert Smithson as a Cargo Cultist"(Ballard, 2000: 31) 참조.
36) 방파제의 재출현에 대한 설명과 그곳의 여행에 대한 기록(과 지금은 흰색의 방파제 사진)은 S. 허즈번드의 "Ever Decreasing Circlers"(Husband, 2004, 22~29) 참조.

우리를 인간을 넘어선 세계로 개시하는 기계눈으로 작동한다.[37] 또한 영화의 사운드 트랙은, 나침반의 방향에 대한 스미스슨의 만트라와 같은 독해로부터 헬리콥터의 날개소리와 실로 국립역사박물관의 침묵까지, 상이하고 파손된 시간성 등을 생산하기 위하여 작동한다. 그러므로 우리는 영화가 에세이의 작업과 유사하며, 그 자체로 바로 방파제 그것의 구축, 경험과 유사하다고 말할 수 있다. 각각은 나선형 방파제 기계의 구축요소이며, 여기서 우리는 그 기계의 작동 영역에 **지리감성론**이라는 새로운 이름을 부여할 수 있다.

---

37) 스미스슨은 에세이 "A Cinema Atopia"(*CW* 138~142)에서 들뢰즈의 사유를 반영하며 다음과 같이 말한다.
"모든 영화에 공통적인 한 가지는 다른 곳의 지각을 취할 수 있는 능력이다"(*CW* 138). 이 에세이에서 스미스슨은 "모든 영화가 평형 ─ 영원히 움직이지 않는 이미지의 광활한 진흙탕 ─ 에 이르게 될" 지리-시네마라는 형식의 윤곽을 그린다(*CW* 142). 스미스슨은 또한 크고 작은 동굴 안에서, 그리고 가공되지 않은 재료로 만들어진 문자 그대로의 지리-시네마에 대해서도 구축의 윤곽을 그린다. 이 지리-시네마는 단 하나의 영화, 곧 그 자체가 구축되는 기록을 보여 준다.

5장 · 가능세계에서 미래주름들까지

추상화, 상황주의자 도시들 그리고 미술에서의 바로크

4장에서 미술은 일종의 실천철학으로 그려졌다. 그것이 잠재성의 현실화든, 내재면의 발생이나 우리를 묶고 있는 층을 해체하는 지역적인 기관 없는 신체/탈기관체의 구축이든 미술은 실험화의 과정, 궁극적으로 변형의 과정을 제시하였다. 그러나 만약 우리가 들뢰즈를 충실하게 따른다면 우리는 4장과는 거리를 두는 가능적인 것의 개념^{notion}으로 되돌아가야 한다. 왜냐하면 들뢰즈가 그의 저술 전체에서 언급하는 바와 같이 미술은 또한 **가능세계들의 표현**으로서 사유되어야 하기 때문이다. 사실, 이 개념^{notion}은 2장에서 제시되었다. 감각의 블록으로서 미술은 특별하고 상이한 세계관(반드시 예술가의 세계관은 아니다)을 표현한다. 이 마지막 장에서 나는 프루스트와 특히 라이프니츠에 대한 들뢰즈의 저작에서 전개된 가능세계 개념^{notion}을 통해서 사유하고자 한다. 또한 현대미술에 대해 들뢰즈의 사유와 많은 면에서 평행하는 장-프랑수아 리오타르의 에세이를 간단히 고찰한다.

특히, 4장과 함께 (**모나드**와 **주름** 같은) 철학적 개념들과 특정한 미술적 실천(독일 현대미술가 게르하르트 리히터의 회화) 사이의 마주침을 생산하고자 한다. 리히터의 실천은 색도표, 도시풍경화, 그리고 모노크롬을 통해서 이른바 포토페인팅으로부터 가장 최근의 추상화까지 다양하고 상이한 요소들을 포함한다. 바로 그 추상화들을 이번 장에서 다룰 것이며, 그 중에서도 1980년대에 제작된 작품들을 다룰 것이다.[1] 게다가 미술실천은 철학의 예증으로서 의미되지 않고, 철학 또한 회화의 '들뢰즈적 인수'로서 의도되지 않는다. 사실, 이번 장은 들뢰즈-리히터의 통접을 사유하고자 하며, 서로 곁에 두고자 함으로써 둘 사이의 새로운 종류의 배치를 생산하고자 한다.[2] 이런 의미에서 진정 이번 장은 하나의 실험이며, 비록 논리적으로는 별개임에도 불구하고 창조적이고 긍정적인 특징으로 서로 평행하는 것처럼 보이는 두 사유 사이의 공명에 대한 탐구이다.

나는 이러한 통접으로부터 이번 장을 이끌어 내면서 '새로운' 혹은 확장된 바로크에 관해 잠깐 사유하고자 하며, 게다가 그것의 특징은 도시 특히 이반 츠체글로브의 저술에서 이론화된 상황주의자 도시라고 할 수 있다. 우리는 그러한 허구적이고 유토피아적인 도시가 상호연접성의 확장된 영역으로 개방된 들뢰즈-라이프니츠적인 모나드의 사례라고 말할 수 있다(이와 같은 입장에서 우리는 1장의 영역으로 되돌아간다). 그리고 우리는 그러한 새로운 바로크를 미술실천 안으

---

1) 이 추상화들의 모음집으로 전시회 카탈로그 『게르하르트 리히터』(Richter, *Gerhard Richter*, London: Tate Gallery, 1991)를 참조할 것. 4장에서처럼 미술과 철학은 시기적으로 일치한다 (『주름: 라이프니츠와 바로크』의 프랑스어 원작은 1988년에 출판되었다).
2) 아마도 리히터에게 접근하는 가장 '들뢰즈적인' 태도는, 그의 작업 전체를 들뢰즈가 베이컨의 전작을 검토한 것과 동일한 방식으로 검토하고 그로부터 개념을 추출해 내는 것이리라. 이는 책 한 권을 요하는 작업이므로 다음 기회로 미룬다.

로 참여의 논리를 도입하는 것으로 간주할 수 있다. 또한 나는 여기에서 새로운 기술들에 대한 그러한 '새로운 바로크'의 관계에 대해서 간단하게 논평을 한다. 또한 그런 각각의 계기들에서 문제가 되는 것은 많은 미술이론의 언어적 전환으로부터 현실적인 미술의 물질로 향하고 또한 그 물질의 표현적 특징으로의 전환이다. 더불어서 이번 장은 리히터와 관련해서 그의 회화에 대한 해체적/탈구축적이고, 멜랑콜리적이며, 그리고 애도적인 '해석'을 하는 경향이 있는 것들보다는 상이하고, 보다 더 긍정적인 독해를 제시한다.

다른 세계들

프루스트에서 라이프니츠로

들뢰즈의 프루스트에게서 미술의 본질은 차이이며, 그와 같은 입장에서 미술의 본질은 미술작품에 의하여 표현된 상이한 (곧 우리 고유의 것과는 다른) 관점으로서 파악된다. 우리는 미술 덕분에 다른 세계에 접근할 수 있고 다른 세계를 경험할 수 있으며, 그렇지 않다면 그러한 세계는 여전히 우리에게 닫혀 있을 것이다. 따라서 "예술만이 우리가 친구에게서 헛되이 기대했던 것, 헛되이 애인에게서 기대했던 것을 우리에게 줄 수 있다"(P 42).[3] 그러므로 프루스트 자신이 언급하는

---

3) 이런 의미에서 예술작품은 타인의 '목소리'로서 이해될 수 있다. 예컨대 들뢰즈의 논문 "The Exhausted"(ECC 152~174)에서는 "타인은 가능세계"(ECC 157)라는 생각과 관련하여 베케트를 논의한다. 또한 본서 4장 끝부분에서는 비록 미셸 투르니에의 소설 『프라이데이』(Friday)을 통해서이기는 하지만 타인 없는 세계(곧 가능세계 없는 세계)에서는 무엇이 일어

것처럼, "독창적인 예술가들이 많으면 많을수록, 우리가 마음대로 할 수 있는 세계들을 더 많이 가진다"(*P* 42). 더욱이, 사실상 이런 관점들은 표면상 같은 세계에서 "서로 가장 멀리 떨어져 있는 세계들에 비교할 수 있을 정도로 각각이 서로 다르다"(*P* 42). 분명, 바로 그러한 환원할 수 없는 차이, 판명한 관점이 세계를 표현한다(그리고 그러한 것으로서 예술을 구축한다) (*P* 41). 그러므로 예술의 본질은 일종의 고장 혹은 풍경, 존재의 영역이다(*P* 43).[4] 이러한 의미에서 본질은 어떤 신비하고 초월적인 예술의 질이 아니라 오히려 예술의 내적인 공속, 곧 우리가 예술의 '세계-건설'적 특성이라고 부르는 것을 나타낸다. 진실로, 본질은 주체들에 의하여 설명되지 않고, 오히려 본질 자체가 판명한 예술적 주체성들을 구축한다. 들뢰즈가 언급하는 것처럼, "본질은 단지 개별적인 것이 아니라 **개별화하는 것이다**"(*P* 43).[5]

들뢰즈의 라이프니츠에게, 그러한 개별화는 모나드 그리고 모나드들 사이의 관계들, 사실은 일종의 모나드들 위계 사이의 관계들에 의하여 완성된다. 들뢰즈는 그러한 것에 대해서 그의 마지막 뛰어난 철학 저서 『주름』에서 언급을 하고, 라이프니츠의 **지배하는 것**과 **지배받는 것**의 디아그람적 개념notion, 어떤 방법의 설명, 과잉적이고 프랙털적인 우주에서 우리의 세계를 구축하고 우리 자신들이 함께 '몽

나는지 논의했다.
4) 바로 이런 의미에서 모든 회화는 풍경화로서 이해될 수 있다. 실제 모든 예술은 그 자체의 가능세계를 표현한다는 점에서 풍경을 생산한다고 할 수 있을 것이다.
5) 그리고 예술적 주체성뿐만 아니라 주체성 일반도 그러한데, 주체성 일반은 삶의 특정 스타일을 통해 표현된 뚜렷한 세계관의 산물로서 이해된다.

치는' '것'stuff을 전면에 내세운다(F 110~111). 그러므로 그와 같은 수준에서 우리는 물질에 대한 바로크적 입장, 곧 점점 작은 부분들로 그리고 그러한 부분들 사이에서 포획의 관계성으로 합성된 재료적 구조의 세계를 견지한다. 우리는 그것을 세계에 대한 일반적인 **텍스처학**texturology/texturologie이라고 부를 수 있다. 그런데 모나드는 두 개의 층, 곧 두 개의 영역으로 구성된다. 곧 우주에 대해 개방된 물질의 세계(외부성)와 창이나 문이 없이 그 자체 안에 갇힌 정신의 세계(내부성). 모나드의 아래층은 세계 속에서 (베르그송이 언급했던 것처럼 신체들의 '흔적'을 수용하는) 하나의 신체로서 다른 모든 신체들에 연접된다.[6] 그러나 모나드의 위층에서는 어떠한 연접도, 소통도 없다. 판명한 모나드들의 위층은, 각 모나드들이 "같은 내부 장식의 변이체들

---

6) 이 두 층은 베르그송의 용어로 물질과 기억 곧 현실적인 것과 잠재적인 것이다. "각 모나드는 다른 것들과 무관하게 유입(流入) 없이 자기 나름대로 온 세계를 표현하는 반면, 신체 전체는 다른 것들의 인상과 유입을 받아들이며, 여기에서 세계를 표현하는 것은 신체들의 집합이자 물질적 우주"(F 106)라는 들뢰즈-라이프니츠의 주장과, 이미지와 **재현된** 이미지를 구별하는 베르그송의 입장을 비교할 수 있다.
"바로 여기에 내가 물질적 대상이라 부르는 이미지가 있고, 나는 그것의 표상을 가지고 있다. 그렇다면 그것이 내게 보이는 모습이 그 자체의 모습처럼 보이지 않는 것은 왜인가? 그 이미지가 다른 모든 이미지들과 밀접히 관련되어 있으며 그보다 앞선 이미지들을 연장시키는 것처럼 뒤따르는 이미지들 속에서 연속되기 때문이다. 그 이미지의 실존을 표상으로 변형시키기 위해서는 그것을 뒤따르는 것과 앞서는 것, 그리고 그것을 채우는 것을 없애고 오로지 그 외재적 껍질, 그 얇은 껍질만을 유지시키면 충분할 것이다. 현존하는 이미지로서의, 객관적 실재성으로서의 그것을 다른 이미지와 구별시키는 것은, 자신의 각 점들을 통해 다른 이미지들의 모든 점들 위에 작용하고, 받은 것 전체를 전달하고, 방향만 반대인 동일한 반작용을 각 작용에 대립시키고, 요컨대 방대한 우주 전체에 전파되는 변양들이 모든 방향으로 통과하는 그저 하나의 길에 지나지 않게 만들어야 할 필요성이다. 만일 그것을 분리할 수 있다면, 특히 그 껍질을 분리할 수 있다면 그것을 표상으로 변환시킬 수 있다"(MM 35~36).
베르그송에게 이미지/대상은 다른 모든 이미지/대상과 잠재적 연접으로 관련하여 존재하지만, 내게 이 잠재성의 부분들인 "비결정성의 중심"은 현실적 이미지, 라이프니츠의 용어로 말하면 나의 특정한 세계를 드러내기 위해 삭제된다.

variants/variantes" 또한 같은 어두운 배경 위의 변이체들을 포함함에도 불구하고 마치 개인적인 방들처럼 존재한다(*F* 100). 라이프니츠에게 위층은 영혼 곧 말하자면 가타리를 따라서 주체성의 비물체적인 측면이다. 들뢰즈는 어느 인터뷰에서 이렇게 언급한다.

> 라이프니츠의 가장 유명한 명제는 모든 영혼이나 주체(모나드)는 창문과 문이 없이 완벽히 닫혀 있고 가장 어두운 깊이에서 전체 세계를 포함하며, 또한 동시에 그 세계의 어느 작은 부분, 각 모나드, 상이한 부분을 비춘다. 그래서 세계는 각각의 영혼 안으로 오직 상이하게 접혀지며, 이것은 각 모나드가 전체 접힘의 단지 어느 작은 측면을 조명하기 때문이다. (*N* 157)

바로 이러한 의미에서 모나드는 일종의 자아로서 파악될 수 있으며, 그렇기 때문에 모나드는 '귀속의 영역', 명석한 지대, 혹은 베르그송의 용어로 (단지 특정한 모나드에만 '흥미 있는' 것을 '함유하는') '지각작용의 지대'를 포함한다.[7] 그러한 지대 바깥의 모든 것은 더 큰 어두운 배경, 희미한 것, 지각 불가능한 것을 구성하며, 그리고 그것은 그 자체로 다른 모나드들의 명석한 지대를 구성할 것이다. 그러므로 모나드는 그것의 명석한 지대에 의하여(그리고 그 가운데에서 차이들의 관계에 의하여) **결정된다**.[8] 예를 들어 진드기의 명석한 지대는 인간

---

7) 베르그송은 다음과 같이 언급했다. "내 신체를 둘러싸는 대상들은 그것들에 대한 내 신체의 가능적 행동을 반영한다"(*MM* 21).
8) 앤드류 머피는 이 '명석한 지대'의 개념을 특히 신기술과 관련하여 잘 표현했다. 그의 논문

의 명석한 지대보다 더 작으며, 그렇기 때문에 진드기는 각각의 존재를 위해 세계 전체를 표현함에도 불구하고 더 작은 명석함의 지대(빛의 지각, 먹이의 냄새, 표면 ——혹은 은신하기에 가장 좋은 장소)의 촉감을 포함한다.[9]

　우리는 지각작용의 이러한 개념notion을 일종의 소유권으로 재배열할 수 있다. 나의 '명석한 지대' '안에서' 존재하는 것은 **나의** 세계이다. 바로 이러한 의미에서 들뢰즈는 라이프니츠를 존재를 넘어서서 소유하는 것의 존재론을 나타내는 것으로 독해한다.[10] 삶은 소유권과 그것의 위기가 문제 되는데(라이프니츠와 자본주의를 연계하는 재산의 위기)[11], 왜냐하면 부분들은 끊임없이 떠나고 있으며 종종 다른 모나드에 의하여 포획되기 때문이다.[12] 이것은, 들뢰즈가 언급하는 것

"Putting the Virtual back into VR"(Murphie, 2002) 참조. 그의 논문에서 단 하나의 계기만을 들어 올리면, 그는 미사일 방어체계가 전세계로부터 얻은 특정 데이터에서만 추출한 그 자체의 특정 세계를 표현한다고 지적한다. 머피가 언급하듯이, 그 특정한 '명석함의 지대' 때문에 더 효과적이고 더 파괴적으로 작동할 수 있다고 할 수 있다(Murphie, 2002: 189~190).

9) 진드기의 세계를 이러한 행동학(그리고 웩스퀼)과 관련하여 논의한 것으로 다음을 참조(*ATP* 257).

10) 들뢰즈는 다음과 같이 라이프니츠를 인용한다. "우리의 신체는 역시 생명의 가치가 있는 한 없이 많은 생물로 가득한 세계의 한 유형이다"(*F* 109). 우리의 신체는 우리의 기관들을 이루는 다른 모나드들을 포함하고 기관들은 또 다른 모나드들을 포함하고 이는 무한히 계속된다. 이것들을 결합시키거나 밀착시키는 것은 바로 매듭(*viniculum*), 일종의 끈적거리는 막이다. 들뢰즈는 지배 관계에 '포착'되지 않는 이러한 세번째 유형의 모나드에 관해서도 언급한다. 그것들은 펠트처럼 물질 안으로 주름-접힌 무기체다(*F* 115). 들뢰즈는 또한 이것들을 "밖에서 기다리는" "결함 있는" 모나드로 특징짓지만, 그 자체의 "내부법칙"이나 "힘"을 가진 경향으로 이해될 수도 있다(*F* 116~117).

11) 들뢰즈는 다음과 같이 언급한다. "바로크가 자본주의와 결부되어 온 것은 그것이 소유의 위기, 곧 사회적 지평에서 새로운 기계가 등장하고 유기체에 있어서 새로운 생물이 발견됨에 따라 즉시 출현하는 위기와 관련되어 있기 때문이다"(*F* 110).

12) 들뢰즈-라이프니츠가 "유율"(fluxion)이라 부르는 것, 혹은 단순히 '탈주선'을 따라(*F* 115).

처럼 "니체가 그 자신이 라이프니츠와 매우 가깝다고 느꼈던" 이유로서, 소유권(지배되는 것에 대한 누군가의 지배)은 권력 그리고 누군가의 존재의 "무리"라고 부를 수 있는 것을 지배하는 누군가의 사적인 권력의 문제이기 때문이다(F 110). 이러한 소유권 개념[notion] 자체는 접힘의 문제로 재배열될 수 있다. 그러므로 소유하는 것은 언제나 주름 접는 것이다. 우리는 바깥에 있는 것을 안으로 주름 접는다.[13]

들뢰즈-라이프니츠에게 바로 이 두 층, "내재적인 수직적 인과성"(인상)과 "수평적인 타동적 인과성"(표현), 모나드 안으로 접혀진 세계와 물질 안으로 주름 잡혀진 세계의 수렴이 존재를 구축한다(F 100). 개별적 존재들 곧 라이프니츠의 표현으로서 영혼들은 단순히 기능적인 것으로 만족하지 않고 충분한 복잡성으로 존재하는 이성적인 모나드들이며, 세계에 대한 반성과 개관을 허용하는 충분히 큰 '명석한 지대'를 소유한다. 그러므로 이러한 모나드들은 베르그송에 있어서 비결정성의 복잡한 중심들과 유사하다. 따라서 일종의 자기인식과 자기 반성성은 증대하는 지각적 장치와 총체적인 뇌-신체 복잡성을 통하여 완성된다.[14]

이러한 개별자들, 곧 "진정한 형식들"은 "잠재성 또는 포텐셜을

---

13) 들뢰즈는 이러한 주체성의 접힘에 관해 『푸코』(FO), 특히 pp. 94~103에서 빈틈없이 설명했다. 그는 푸코 만년의 저작을 특히 (그리스인들에게서 시작된) 근대 주체성의 접힘에 관한 것으로 독해한다. 거기서는 이에 대한 삽화가, 바다의/에서의 접힘(바깥쪽이 접혀서 이루어지는 안쪽)에 불과한 것으로 이해되는 배의 개념과 함께 제공된다. 뒤에서 등장할 『푸코』의 부록에 관한 나의 논의도 참조할 것.
14) 이에 관한 베르그송의 주된 서술로 『물질과 기억』 3장 「이미지들의 존속에 관하여」(MM 28~32)를 참조할 것.

현실화한다"(*F* 110).[15] 간단히 말해서 각각의 모나드는 자신의 고유한 세계를 산출한다. 중요하고도 아마도 놀라운 것은, 그러한 것이 반드시 유기적인 것 대 비유기적인 것의 문제는 아니다. 왜냐하면 사실 진실된 혹은 '진정한 형식들'은 살아 있는 유기체뿐만이 아니라 물리적이고 화학적인 미립자들, 분자들, 원자들 그리고 광자에 적용되는 근원적 힘들이기 때문이다(*F* 103). 이러한 점에서 유기적인 것과 비유기적인 것 사이에는 본성상 어떠한 질적인 차이도 없으며, 그것은 둘 사이에 명확한 경계가 없다는 것을 말하는 것이다. 그러므로 회화들이 개별적 존재들로서 파악될 수 있는 것을 우리가 알게 되는 것과 마찬가지로, 우리는 집합적이거나 무리의 현상들 그리고 어떤 의미에서 물질을 조직하고 주름 접는 개별적 형식(근원적 힘들)의 두 층들을 소유하게 될 것이다. 따라서 그러한 두 체제들은 서로 위로/안으로 접혀진다. 그것들은 함께 공명하여 조화를 형성한다. 우리는 그러한 조화, 곧 더 큰 주름이 세계 안에서의 존재들의 스타일(특정한 주체성들의 생산) 곧 진실로 예술작품들의 스타일이라고 말할 수 있다.

그러므로 라이프니츠의 모나드는 프루스트의 본질과 평행한다. 이 둘의 경우에 소통은 논점이 아니며, 그것은 다른 작동 곧 **해석**으로 대체된다(*P* 23).[16] 그러나 이것은 기표화하는 체제들(소쉬르적인 그리고 후기-소쉬르적인 의미에서)의 **해석**이기보다는 오히려 기호들의

---

15) 잠재적과 포텐셜이라는 들뢰즈의 용어법에는 많은 어긋남이 있다. 『주름』에서는 자주 동의어처럼 쓰였지만, 나는 브라이언 마수미가 포텐셜의 정의를 "잠재적인 것과 현실적인 것 간의 전이 상태로 이 두 가지와 별개의 것"이라 내린 데 따를 의향이 있다(Massumi, 2002b: xiii~xxxix, 특히 p. xxxvi 참조).

전개, 함축된 것을 펼치는 것이다. 우리는 예술이 주름 접혀진 것이라고 말할 수 있다. 예술은 실체 안에서 예술가의 스타일에 의하여 주름 접혀진 가능세계이다. 우리는 예술작품을 마주쳤을 때 그러한 세계를 펼치도록, 곧 사유하도록 강제된다. 이런 점에서 사유는 마주침 이후에 도래하는 그러한 과정들이다(사유는 그 만남에 의하여 생산된 파문이다).[17] 그러므로 예술은 '자르기'와 같은 것이라고 말할 수 있다. 곧 예술은 우리를 습관적인 존재의 양태들 바깥으로 잡아 흔들고 다른 조건들이 작동하게 한다(분명, 이것은 감성론적 역량이다).[18] 예술은 기호에 의하여 생산된 "외력적 효과"이며, 사유 자체가 아니라 "사유의 음식"이다(P 23). 물론 프루스트가 제시하는 것과 같이 그러한 사유를 강제하는 것, 해석에 대한 그러한 욕망은 우리가 사랑에 빠졌을 때도(라이프니츠 표현으로는, 우리가 다른 모나드를 마주쳤을 때) 마찬

---

16) 상위의 모나드는 완전히 고립되어 소통이 이루어지지 않지만, 하위의 모나드는 항상 그리고 어디서나 일종의 소통이 이루어지며 세계의 모든 것들과 서로 침투하고 서로 접속하는 것으로 이해된다.

17) 예술과 그 산물을 혼동하는 것은 예술을 철학이나 정치로 대체하는 것이 될 수 있다. 그러한 작업에서 예술 특유의 성질과 힘은 간과된다. 원인으로서 존재론적으로 우선적인 것이 결과로 간주된다고 할 수 있다. 이에 대한 귀결로 예술사는 예술의 실제 작업을 뺀 모든 것(곧 예술품에 대한 담론적이고 제도적인 문맥과 함의)을 다룰 수 있게 된다. 사건의 **장면**과 **효과**에 대해 철저히 조사하는 가운데 사건은 실종된다. 이와 관련된 것으로 해체/탈구축의 작동을 들 수 있다. 여기서 사건, 혹은 새로운 형식의 생산은 결코 진정으로 '새로울' 수 없고 이미 알고 있는 형식으로 '나타나야' 한다. 그러므로 데리다에게 즉흥은 불가능하지만 그럼에도 이 불가능성을 시도하는 것은 중요하다. 이는 리히터에 관해 쓴 많은 작가들이 따라온 길로, 제시할 수 없는 것의 제시로서의 회화, 불가능한 가능으로서의 회화를 표현하려 했다. 아래의 각주 24를 참조할 것.

18) 여기서 한 사건으로서의 예술과, 마찬가지로 감성론적 특징을 갖는, 곧 우리의 세계를 파열시키는 다른 사건들(예컨대 더 분명히는 '정치적' 예술) 사이의 관련성에 관해 주목할 수 있다.

가지로 생산된다. 처음에 사랑의 대상이 우리를 사유하도록(정확하게 해석하도록) 강제한다고 우리는 생각하고, 그런 다음 우리는 그 대상으로부터 주체로 움직이고 그런 힘의 기원을 우리 자신들 안으로 위치시킨다. 사실 그 힘의 기원은 대상과 주체 둘 모두이면서 또한 둘 다가 아니다. 그 힘의 기원은 오직 우리가 사랑의 도제살이로부터 우리에게 사유를 강제했던 차이, 다른 세계의 차이를 이해하는 예술과의 마주침으로 움직일 때에만 존재한다. 그러므로 예술은 우리에게 새로운 사유의 이미지(새로운 **접힘**)를 그리고 재인(또한 닮음)이 마주침보다 덜 중요하다는 것을 나타낸다. 또한 예술은 우리에게 외력이 '선의지'를 대체한다는 것(그러므로 프루스트의 사랑에 대한 고결함보다는 오히려 우정을 넘어서 '사랑에 **빠지는 것**')을 드러낸다.[19] 이러한 사유의 이미지에서 재현과 재인을 대체하는 것이 바로 차이 그리고 차이를 포용하는 것이다. 우리를 감동시키는 예술의 힘과 역량을 구성하는 것은 바로 이러한 차이라고 우리는 간명하게 말할 수 있다.

간주곡: 리오타르와 다양체

리히터로 선회하기 전에 간단한 간주곡으로서, 들뢰즈와 일종의 평행한 논제를 다루는 리오타르의 현대미술에 관한 저작을 고찰하는 것이 유익하다. 리오타르는 「실험시대에 있어서 철학과 회화」라는 에세이에서 평평한 면, 곧 우리가 현대미술의 내재면으로 부를 수 있는 것을

---

19) 들뢰즈가 프루스트에 관해 쓴 부분을 인용한다. "우정은 오해들에 기초한 잘못된 의사소통 밖에 만들어 내지 못하며 오로지 잘못된 창만을 틀 짓는다. 이 때문에 우정보다 더 현명한 사랑은 모든 의사소통을 포기하는 원칙을 세우는 것이다"(*P* 42).

자세하게 나타낸다. 그러한 확장된 영역에서 미술은 내속적으로 풍자적인 것이 된다. 그러므로 미술은 그 '관점=시선의 점'point of view/point de vue을 잘 전달하기 위해 어떤 장르라도 채택할 것이다. 장르들의 그러한 "한없는 다양성", 곧 다양체는 "말할 수 없는 것들 그리고 볼 수 없는 것들을 탐구하는 것"을 포함하고, 그렇게 함으로써 "독특한 기계들이 집합되며, 거기에서 우리가 말하기의 이념 혹은 느끼는 물질을 가지지 못했던 상황은 그 자체를 들릴 수 있게, 경험할 수 있게 만들 수 있다"(*LYO* 190). 리오타르는 계속해서 다음과 같이 언급한다.

> 요점은 상황, 사건, 대지의 구멍, 빌딩을 감싸는 것, 대지에 놓인 돌들, 신체의 상처, 분열증 환자의 삽화가 있는 다이어리, 눈속임 조각들 기타 등등이 어떤지를, 또한 그런 것들이 우리에게 어떤 것을 말하는지를 언제나 엄격히 시험하는 것이다. 감지하기 그리고 말로 표현하기의 역량들은 가능한 것의 한계들에서 탐구되고 있으며, 그리하여 지각 가능한 ── 감지와 말할 수 있는 ── 담화의 영역은 확장되고 있다. (*LYO* 190)

리오타르에게 그러한 예술적 모험들은 존재에 대한 주체의 관점들=원근법들perspectives/perspectives이 아니라 오히려 그것들은 "예술가의 눈앞에서가 아니라 존재 안에서 이루어진다"(*LYO* 190).[20] 그러므

---

20) 리오타르는 이러한 태도를 ── 뱅상 데콩브를 통해 ── 라이프니츠의 덕분으로 여기는 것과 대립시킨다("이 실험들 각각이 존재에 관한 주체의 관점=원근법, 곧 하나의 전체성 혹은 하나의 왕국에 불과하며, 라이프니츠는 결국 형이상학적 담론에서 원근법주의의 진실을 표현했다고 말

로 각각의 작품은 미세-우주(혹은 미물학 微物學)를 나타낸다. 매번, 존재는 특별히 상이한 현시들, 곧 "횡설수설하고 야단치며, 우쭐대게 하고 서로 시기하는" 일련의 사유실험들 가운데에서 단지 하나에 불과하다(LYO 191). 들뢰즈와 함께 가타리에게도 각각의 미술작품은 그 자체 안으로 우주와 세계를 압축한다.[21] 분명, 이러한 의미에서 미술은 정확히 반-시스템적이다. 사실, 리오타르는 다른 글에서와 마찬가지로 이 에세이에서 존재에 대한 하나의 목소리를 확인하고자 하는 철학자들(그리고 그들의 거만)에 반대한다. 리오타르는 이렇게 언급한다. "누구도 존재가 이해하는, 언급하는, 참조될 수 있는 어떤 '언어'를 알지 못한다. 심지어 누구도 단지 하나의 존재가 있는지 아니면 많은 존재가 있는지 그리고 존재에 대한 단지 하나의 언어가 있는지 아니면 많은 언어가 있는지 알지 못한다"(LYO 190). 물론, 엄밀히 리오타르에게는 바로 상이한 미술작품들이 서로 다른 존재들, 곧 우리가 상이한 생성들이라고 말할 수 있는 것을 '현시한다'.

리오타르처럼 들뢰즈는 생성의 철학자이고 다양체의 사유자이

해서는 안 된다"(LYO 190]). 지금까지 보아 왔듯이 들뢰즈의 라이프니츠 독해는 그러한 독해에 맞서는 것이고 사실상 라이프니츠를 리오타르에게 훨씬 더 가까이 위치시킨다.

21) 이에 관해 들뢰즈와 가타리는 『철학이란 무엇인가』의 예술 관련 장 끝부분에서 명쾌하게 다뤘다.
"서로 다른 면들이 우주들, 저작들 혹은 작품들만큼 많이 존재하지 않는가? 실제 동일한 하나의 예술에서도, 하나의 예술로부터 또 하나의 예술을 향해서도 각각의 우주는 다른 우주를 파생시키거나, 혹은 파생과는 독립적으로 몇몇 포획관계에 들어가고 우주의 별자리를 형성할 수 있다. 뿐만 아니라 더 이상 공간도 시간도 아닌 질적인 거리에 따라 서로 다른 항성계의 성운으로 흩어질 수도 있다"(WP 196).
들뢰즈와 가타리는 이 다양체에 관한 단락을 일자와의 관계를 언급하면서 끝맺는다. "우주들은 자신들의 탈주선 위에서 결부되거나 분리되므로 우주들이 환원 불가능하게 다양함과 동시에 평면은 유일한 것일 수 있다"(WP 196).

다. 그럼에도 불구하고 주석가들은 들뢰즈를 존재의 철학자, 일종의 역전된 플라톤주의의 철학자라고 자리매김했다. 들뢰즈를 가장 기민하게 독해하는 사람들 중의 한 명인 알랭 바디우는 (『차이와 반복』에서 나타나는 것처럼) 들뢰즈의 철학을 정확히(들뢰즈로부터의 인용문, "지금까지 존재는 일의적이라는 존재론적 명제만이 있었다"[DR 35]로 요약되는) 일자의 철학으로 설명한다.[22] 어떤 의미에서 바디우는 옳다. 들뢰즈의 존재에 대한 철학적 위치는 다소 환원적임에도 불구하고 일의적인 것으로 파악될 수 있다. 이러한 의미에서, 진정 들뢰즈가 그의 선임자로 간주하는 철학자들 또한 일의적이다. 예를 들어 라이프니츠(분명, 또한 스피노자)의 '신'의 믿음(게다가 분명한 자리매김)은 그들을 일의적인 것으로 만들며(결국 라이프니츠와 함께 모나드들은 신의 표현이 되고 신에 의하여 결정된다), 들뢰즈 또한 마찬가지로 이들에 대해서(혹은 이들과 함께) 글을 쓸 때 일의적이다. 상황은 이런 것보다 더 복잡한데, 왜냐하면 들뢰즈는 라이프니츠와 마찬가지로 하나 **그리고** 여럿의 철학자이기 때문이다. 진정, 이런 것들이 관련된 방식은 들뢰즈의 철학 **모든 저서**의 주요한 문제들 중 하나이다. 그러므로 들뢰즈에게는 다자 안에 일자가 있고 다자는 일자 안에 있다. 나는 이 핵심으로 돌아갈 것이다.

---

22) 많은 다른 주석가들이 바디우의 이러한 주장을 따른다. 예컨대 피터 홀워드는 그의 저서 *Absolutely Postcolonial: Writing Between the Singular and the Specific*(Hallward, 2001)에서 들뢰즈의 철학을 이슬람 문학, 불교 문학, 아방가르드 문학과 함께 묶어 특정한 것을 넘어선 단일한 것의 철학을 구상한다. 홀워드가 언급하듯이 그러한 '체계'에서 "양태들은 순수하게 내포된 신성한 강도가 연장된 혹은 전개된 정도만큼 존재한다"(Hallward, 2001:8).

그러나 또한 우리는 다른 관점=원근법perspective으로부터 그러한 존재론적 문제를 고찰하기를 원한다. 왜냐하면 앞에서 언급한 것처럼 어느 누구도 하나 이상의 존재들이 있는지 혹은 거기에 얼마나 많은 존재의 언어들이 있는지를 알 수 없기 때문이다. 그러므로 우리는 들뢰즈의 일의성에 관해서 현실적으로 얼마나 생산적인 논쟁이 있는지 묻기를 원한다. 들뢰즈에 관한 바디우의 책에서 들뢰즈의 (거짓된) 유기적/생기론적 다양체 대對 자신의 (진실된) 수학적 다양체에 관한 그의 논고는 흥미롭지만 몇몇 의미에서 요점을 놓치고 있다. 사실, 아마 그러한 존재의 문제, 정말로 우리의 '기원'의 문제는 좀 더 실천적인 어떤 것, 곧 살아가는 방법(다시 말해, 우리가 가고 있는 곳)에 의하여 대체되는 것이 필요하다.[23] 그러므로 들뢰즈의 고유한 철학뿐만이 아니라 들뢰즈의 책들, 다른 철학자들에 대한 그의 심사숙고는 기원의 문제에 대한 '해답'을 위해서가 아니라 전략 곧 윤리학의 측면에서 살아가는 방법(우리의 제한된 인간조건을 '넘어서서' 움직이는 방법)에 관한 다른 세계들, 특히 일의적 철학자들의 상이한 세계들의 탐구로서 파악될 수 있다. 실천적으로 말해서, 우리의 친구들이나 적들로부터 전략들이나 개념들을 취하는 것, 곧 전술적으로 또 다른 사유의 이미지에 거주하는 것이 당연히 이치에 맞다. 라이프니츠의 표현으로,

---

23) 여기에는 이 세계에서 인간의 고통은 그에게 박힌 화살과 같다는 불교의 유명한 우화가 적합해 보인다. 그 화살이 어디서 왔느냐는 물음은 그것을 어떻게 제거하느냐는 물음에 비하면 덜 중요하고 어떤 의미에서는 사실상 무관하다. 또한 들뢰즈의 흄 연구의 마지막 부분에 주목할 만하다. "철학은 존재하는 것의 이론이 아니라 실행하는 것의 이론으로서 구성되어야 한다. 실행하는 것은 그 원리를 갖지만 존재는 바로 그 실행하는 것의 원리와의 종합적 관계의 대상으로서만 포착될 수 있다"(H 133).

우리는 들뢰즈를 정확히 상이한 사유의 접힘들을 탐구하는 것으로 볼 수 있다. 바로 그러한 의미에서 들뢰즈와 가타리의 공동연구는 들뢰즈의 연구 가운데에서 가장 중요한 작업들 사이에 있으며, 그들이 수행하는 것처럼 그 작업들은 그 자체로 다른 주름들, 다른 종류의 사유를 탐구하는 두 개의 주름 사유를 포함한다.

우리는 다른 실천들과 더불어 철학자들(여기서는 라이프니츠)에 대한 들뢰즈의 저술들을 독해하여 들뢰즈의 탐구를 계속하기를 원한다. 들뢰즈-라이프니츠는 우리가 미술과 마주칠 때 무엇을 개시하는가(또한 그 반대는 어떠한가)? 여기에서 미술은 존재의 재현(이미 실존하는 세계의 재현) 혹은 분명, 이미 쓰여진 철학 논문의 재현이 아니라 오히려 과정 중에 있는 세계들의 생산, 다른 종류의 주름을 생산하는 것으로 파악되는 것이다.

리히터의 추상화들

모나드적 회화

나[게르하르트 리히터―옮긴이]에게 레디메이드의 발명은 실재의 발명, 다시 말해서 실재가 세계 이미지의 모습과는 대조적으로 오직 중요한 것이라는 근본적인 발견처럼 보인다. 그러므로 회화는 이제 더 이상 실재를 재현하지 않기 때문에, 이제 회화 그 자체가 바로 (회화 그 자체에 의해서 생산된) 실재이다. 그리고 머지않아 (전과 같이) 더 좋은 세상의 그림을 생산하기 위해서 그러한 실재의 가치를 부정

하는 것이 다시 문제가 될 것이다.(*RIC*, 124)

미술비평가 벤저민 부흘로와의 인터뷰에서 화가 게르하르트 리히터는 (부흘로의 소견, 곧 리히터의 추상화들은 일종의 연출된, "이차-질서"의 회화들이라는 것에 대한 반론으로서) 사실 그의 추상화들은 "분위기"를 환기시키고, 진정 그 분위기에 대해서 "예견하는" 것을 포함한다고 언급한다(Righter, 1992: 1042). 그러한 추상화는 단지 '의례적인 추상작용의 왜곡'도 아니고, '아이러니한 것도 아니며', 리히터에게는 '더 좋은 세계'를 위한 '어떤 종류의 열망을 표현한다'. 이러한 열망은 리히터의 추상화를 멜랑콜리하게 만드는가? 우리는 그 추상화를 좌절된 희망으로서, 열망했지만 끊임없이 연기된 구원의 파기된 약속으로서 메시아적인 시간 안에 놓을 수 있는가?[24] 리히터의

---

24) 예컨대 슈테판 게르머는 "Retrospective Ahead"(Germer, 1991)에서 리히터의 작업을 일종의 지연된 열망에 사로잡힌 것으로 설명한다. 게르머에게 이는 개별적인 그림에 관해서도 마찬가지다. 예컨대 그는 리히터의 포토페인팅을 데리다의 차연/차이(différance)의 예로서 읽는다. "주어진 그림에 리히터의 개입이 남긴 자취는 자크 데리다가 만든 '차연/차이'라는 용어를 사용하여 정의할 수 있다. 그것은 이미 존재하는 의미에서 벗어난 것이지만, 그와 동시에 새로운 의미를 받아들이는 것을 미룬다"(Germer, 1991: 26). 게르머는 다음과 같이 이어간다.

"포토페인팅에서 초점이 맞지 않고 흐려진 부분은 그처럼 전략적으로 기능하며, 대체할 것을 정식화하지 않고도 주어진 내용을 무효화한다. 항상 우리는 오로지 부정적으로만 묘사될 수 있는 그림과 어색하게 대면한다. 그것은 사진과 회화의 일부 특징을 갖고 있지만 사진도 회화도 아니다. 포토페인팅의 흐려진 부분은 모순을 해결하여 분명한 해석에 이르려고 하는 — 의미에 대한 작자의 지시가 없어 좌절하는 — 감상자로 하여금 '이해하기를 그만두'도록 만든다. 이러한 노력은 실패할 수밖에 없다. 리히터의 그림은 기표냐 기의냐의 딜레마를 해결 불가능하게 만들기 때문이다. 내용은 오로지 형태, 곧 내용의 부정에 불과한 형태의 부정에 의해서만 도달된다. 이는 재현의 기획 전체에 의문이 제기된다는 것을 의미한다"(Germer, 1991: 26).

비슷한 해석은 리히터의 도시풍경, 컬러차트, 그레이페인팅에 대해서도 가능하며, 이것들

추상화들은 좌절된 알레고리인가?[25] 사실, 리히터의 추상화는 훨씬 더 긍정적인 공간 안에서 작동하는 것 같다.[26] 회화는 어떤 다른 세속적인 것을 공표하고 표현하는 것 같다. 나는 리히터의 회화는 창조적이거나 그것의 바로 그 존재 안에서 창조적인 세계라는 것을 주장한다. 이러한 표현의 관념은 교묘한데, 왜냐하면 회화는 리히터 주체성의 표현이 아니기 때문이다(전통적 미술사의 예술가 중심의 모델로 회귀도 아니고 또한 그러한 모델을 해체/탈구축하는 것으로의 회귀도 아니다).[27] (앞으로 보게 될 것이지만) 오히려, 표현은 분명 리히터의 주체성에 속하는 것이 아니다.

은 모두 나름대로 차연/차이의 우울한 논리에 관계된다. 게르머는 결국 추상화에 도달하여 다시 완전히 알레고리적으로 '읽는다'. "추상회화는 경험과 그 재현 간의 차이로 정의된다. 다시 말해 사실상 알레고리적이다"(Germer, 1991: 31). 그는 다음과 같이 이어간다.

"리히터의 회화는 회화를 통해 감상자와 소통하려는 화가의 욕망은 지속될지라도 바로 그 현장에서 취소되는 의사소통의 형식으로서 이해될 수 있다. 그러한 생산의 우울한 특징은 유토피아의 필요성 — 리히터는 회화를 "희망의 최고 형식"이라 불렀다 — 과 그 접근 불가능성을 동시적으로 인식하는 데서 비롯된다"(Germer, 1991: 31).

다른 주석가들은 이런 우울한 딜레마에 대한 리히터의 감수성을 예컨대 "한없이 이상주의적이고 한없이 환멸적인 독일의 산물"로서 위치 지었다(Ascherson, 1991: 38). 리히터의 추상화에 관한 본 장은 그것을 이러한 우울하고 해체적인 과학에서 어느 정도 구출하고자 쓴 것이다(그리고 물론 이것은 리히터 자신에 반하여 읽는 것이기도 하다).

25) 앞으로 보게 되겠지만 들뢰즈는 사실 『주름』에서 알레고리의 개념(notion)을 다뤘다 — 특히 발터 벤야민의 저작에서 구상된 것처럼. 들뢰즈의 '알레고리적 충동'을 위의 것들과 비교하는 것은 본서의 범위를 벗어난다. 다만 말할 수 있는 것은, 그가 세계에 대한 서로 다른 관점들을 알레고리의 더 일상적인 (그리고 내 생각에는 부정적인) 활용보다 중요하게 여긴 점을 고려하면, 알레고리에 관심을 가지고 있었다는 점이다. 위와 같은 알레고리의 활용은 비록 위기에 처해 있을지라도 현존을 미루고 재현의 개념을 중요하게 여기는 것으로서 특히 폴드 만이 전개했다.

26) 리히터의 추상화에 관한 이러한 대안적 해석을 처음으로 제안해 주신 데 대해 로버트 가닛 (Robert Garnett)에게 감사드린다.

27) 전형적인 미술 표현론에 대한 전형적인 해체/탈구축에 관해서는 할 포스터의 에세이 "The Expressive Fallacy"(Foster, 1985) 참조.

그러므로 추상회화로서 그것은 확실히 우리가 경험하는 세계의 재현이 아니라 오히려 다른 것의 그림들, 가능세계들이라고 말할 수 있다. 사실, 그러한 것은 아마 회화의 본질적인 본성이다. 그러므로 회화는 유토피아적인가(테오도르 아도르노가 유토피아의 용어를 사용한다는 의미에서)? 다시 말해서 리히터의 추상회화는 사물이 회화 안에서 그려짐으로서 존재하는 ── 또한 거짓말(곧 이데올로기적인)이 진실을 포함하는 거짓말임에도 불구하고 ── 일종의 구원의(화해의) 미리보기 같은 것을 나타내는가? 게다가 분명히 그러한 것은 회화를 '유토피아적 깜빡거림들'로 데려가는 하나의 방법이다. 그러나 내가 주장하는 것은, 이것이 반드시 가장 생산적인 것은 아니라는 것인데, 왜냐하면 리히터의 추상화는 상이한 어떤 것, 동등하게 유토피아적인 것을 단지 상이한 관점=원근법으로부터 나타내는 것 같기 때문이다. 그 이유는 그러한 유토피아는 약속된 가능성이 아니라 지연된 가능성(언제나 우리의 통제를 넘어서서 존재하는 세계)이며, 사실은 지금 여기 존재하는 것으로서 세계 안의 가능성이기 때문이다. 들뢰즈-라이프니츠의 표현으로, 우리는 리히터의 추상화가 특정한 회화의 특정한 **내용**으로 귀착하는(회화의 유기화) 일련의 잠재성들의 현실화, 다른 한편으로는 회화의 현실적 **물질**(그림물감, 캔버스 등) 안에서 일련의 가능성들의 실재화라고 말할 수 있다. 그러므로 추상화는 모나드들, 들뢰즈-라이프니츠의 두 개의 층으로 된 바로크 집의 경우들로서 파악될 수 있다.[28] 이 복잡한 작동의 역학을 살펴보도록 하자.

---

28) 들뢰즈 자신은 추상회화를 외부로의 창은 없지만 "암호화된 정보의 불투명한 격자"가 있는

들뢰즈가 언급하는 것처럼, 다른 세계들은 그것들을 표현하는 모나드들 안에서 현실성을 가지며 또한 여전히 가능하지만 아직 외압적으로 실재화가 안된 현실성("아담이 죄를 짓지 않거나 루크레티아를 능욕하지 않는 섹스투스"의 세상[F 104])을 포함한다. 우리는 이것을 언젠가는 틀림없이 실재화될 현실성, 분명히 도래할 세계라고 부를 수 있다. 그러므로 현실화의 문제에 실재화의 문제가 추가된다. 그래서 우리는 리히터의 회화들은 진실로 어떤 잠재성들의 **현실화**라고 말할 수 있다. 그러나 우리는 또한 어느 정도 리히터의 회화들이 **실재화**인 것을 고려할 필요가 있다. 사실, 나는 우리가 리히터의 회화들과 더불어서 실재화와 비실재화의 두 수준들을 상정할 수 있다고 생각한다. 한편, 회화들로서 그것들은 이미 실재화된 현실화들이며 또한 세계 안에서의 대상들이다(회화들은 객관적이고 구체적인 현실이다). 다른 한편, 또한 회화들로서 그것들은 어떤 다른 것/어떤 다른 장소의 **그림들**이다. 회화들은 아직 실재화되지 않은 것으로서의 세계를 표현한다. 이것이 회화의 유토피아적 특징이다.

중요한 것은, 현실화와 실재화의 과정들은 특성상 서로 다르다는 것이다. 현실화는 분배(차이)를 통하여 작동하고 실재화는 닮음(재현)을 통하여 작동한다(F 105). 이런 점에서 우리는 리히터의 실천에 대한 하나의 공식을 소유한다. 곧 회화들은 반복 안에서 차이를 수행한다. 분명, 바로 이러한 것이 화가로서 리히터의 스타일을 조성하고, 회화 '안에서'부터, 더 명확하게는 리히터가 실천하는 상이한 계열들

─────────────

모나드로서 이해할 가능성을 제안한다(F 27).

안에서부터 차이의 생산을 다음과 같이 조성한다.

나는 무엇을 그려야 하는가, 어떻게 그려야 하는가. 그 '무엇'은 가장
어려운 것이고, 사실은 가장 본질적인 것이다. 그에 반해, '어떻게'는
간단하다. '어떻게'로 시작하는 것은 사소하지만, 타당하다. '어떻게'
곧 기술과 물질의 조건들을 적용하는 것은 의도와 관련된 신체적 가
능성들의 조건들과 함께하는 것이다. (*RIC* 118)

리히터에게 회화는 역설적으로 현실화('무엇')보다는 오히려 실
재화('어떻게')와 함께 시작하는 것을 의미한다. 이러한 의미에서 회
화는 (최소한 철학적으로) 반-직관적이다. 여기에서 예를 들어 순수
수학, 프랙털 방정식들에게서 발견되는 것과 같은 반대의 전략은 현
실성을 지니지만 이미지들 안에서 실재화되지 않는다는 것을 우리는
주목할 수 있다.[29] 이러한 의미에서 수학은 최소한 리히터가 추구하
는 것과 같은 회화에 완전히 대립된다. 그러므로 리히터는 좀 더 낮은
수준과 함께, 무엇보다는 어떻게와 함께 그리고 회화가 언제나 이미
조성된 배경으로부터 출현하는 것을 허용하는 전략과 함께 시작한다.
게다가 그림물감을 연속적으로 겹겹이 쌓아 올리고 해체하는 것을 포
함하는 그러한 기술은 리히터의 스타일을 조성하며 또한 우리는 리히
터를 특별히 바로크 화가로 간주한다고 말할 수 있다. 들뢰즈는 다음

---

29) 물론 새롭고 더 빠른 기술과 더불어 이 세계들은 점점 더 인식된다. 만델브로의 프랙털 세계
가 좋은 예일 것이다.

과 같이 언급한다.

> 바로크는 탁월한 비정형 미술이다. 그러므로 밑바탕, 밑바탕의 표면 가까이에, 손이 미치는 곳에서, 바로크는 재료의 텍스처를 포함한다. […] 그러나 비정형은 형태의 부정이 아니다. 곧 그것은 주름 접힌 것으로 형태를 제시하며, 높은 곳, 영혼 또는 머리 안에서 오로지 '정신적인 것의 풍경'처럼 실존한다. 따라서 비정형은 비재료적인 주름들을 포함한다. 물질은 바로 바탕이고, 반면 주름 접힌 형태들은 양식들이다. (F 35)

결국 '작용하는' 회화 안에서, 조화는 회화의 재료와 출현하는 그림 사이에서 생산된다. 바로 그러한 재료에서 작동하는 힘의 조화, 곧 공명의 발견이 추상미술을 조성한다. 이런 점에서 우리는 물질에서 양식으로 밑바탕과 토대에서 거주지와 살롱, 영토들의 생산이라 부를 수 있는 것으로 나아간다(F 35).[30] 우리는 여기서 지금까지 파악한 것처럼 스타일(위의 의미에서 조화의 생산)이 바로 미술을 조성하는 것으로 그려지는 『철학이란 무엇인가』로 다시 움직일 수 있다. 2장에서 주목했고 들뢰즈와 가타리가 언급하는 것처럼, 그러한 '스타일'은 회

---

30) 『천 개의 고원』에서 제안된 용어로 말하면, 우리는 환경에서 영토로 움직인다.
　　"[영토]는 본래 '지표들'에 의해 표시되며, 이 지표들은 환경의 성분, 곧 재료, 유기적 산물, 피부나 막의 상태, 에너지원, 작용-지각작용 응축물 등에서 취해진다. 바로 환경 성분이 방향적이기를 그만두고 차원적이게 될 때, 기능적이기를 그만두고 표현적이게 될 때 영토가 존재하는 것이다"(ATP 314~315).

화와 관련하여 사유될 때 그것은 정확히 '그리기' 혹은 힘들의 **포획**에 해당한다.[31]

그러므로 우리는 미술 오브제가 리히터 추상화의 경우처럼 사건의 특징이 있는 것을 알 수 있다.[32] 일련의 잠재성들을 현실화하는 사건은 그렇게 이행함으로서 하나의 가능세계를 **표현한다**. 사건들의 순수 저장고, 이념적으로 선-실존하는 세계의 순수 잠재성("사건의 조용하고 감추어진 부분"[*F* 106])으로부터 이끌려진 것이 사건이다. 추상화는 들뢰즈-라이프니츠의 표현으로 큰 스크린을 통해서 '걸러진' **공존 가능한 것**이다. 그 공존가능한 것들은 모든 가능성들의 전체로서 파악되는 혼돈된 다양체로부터의 추상작용(나아가서 추출작용이라고 말할 수 있다)이다. 그러므로 회화는 클레멘트 그린버그 등과 같은 식으로 텅 빈 캔버스 위의 회화가 아니다. 분명, 이러한 의미에서 캔버스는 결코 공백의 것, 곧 텅 빈 것이 아니라 오히려 이미 언제나 잠재력들로 '가득 차' 있다. 그래서 회화는 라이프니츠의 '어두운 배경', 지각 불가능한 것의 검은 먼지로부터 빼기 작용의 과정이 된다. 진실로, 그러한 것이 들뢰즈와 라이프니츠 존재론 특유의 특징이다. 우리가 '목

---

31) "그리고 무엇보다 이는 추상회화를 만드는 것이다. 곧 힘들을 소환하기, 무지의 단색을 그것이 낳는 힘으로 가득 채우기, 보이지 않는 힘들을 그 자체로 보이도록 하기"(*WP* 181).

32) 해럴드 로젠버그는 그림 그리기에서 사건**으로서** 그리기로의 이러한 이행을 가장 분명히 확인했다. 그의 "The American Action Painters"(Rosenberg, 1970)에서 인용한다.
"어느 특정한 순간 캔버스는 실제적이든 상상적이든 대상을 재생산하거나 재설계하거나 분석하거나 '표현할' 공간이 아니라 행동할 무대로서 미국인 화가들에게 잇달아 나타난다. 캔버스에서 일어나야 할 것은 그림이 아니라 사건이다"(Rosenberg, 1970: 36).
리히터의 회화는 사건이**자** 그림이지만, 그는 현대 화가로서 이러한 전통을 계승하고 있다고 할 수 있다.

격하는' '세계'의 풍부함과 가득함의 존재론 그것은 바로 추상작용/빼기작용이다. 그것은 들뢰즈-라이프니츠에게 잠재력들의 영역을 위한 '여과기'로서 작동하는 미분적 관계들(또한 그 관계들의 상호결정)이다. 이런 점에서, 지각 가능한 것은 지각 불가능한 것으로부터 출현하고 또한 지각 불가능한 것과 융합한다. 명확함은 애매함으로부터 빠져나오고 또한 애매함과 병합하며, 마찬가지로 의미sense는 무의미nonsense로부터 나타나고 또한 무의미와 합류한다. 우리는 이러한 복잡하고 과잉적인 존재론 **그리고** 그 존재론을 조직하는 미분적인 것들을 리히터가 그의 초기 추상화들 배후의 동기부여에 관해 언급하는 것과 비교할 수 있다.

> 그림들은 비교적 최근의 색 도표들(특히 준비 중인 것들)과 관련되며, 여기에서 무한한 다양성의 혼합물들과 가능한 배열들로 이루어진 몇몇 사례들은, 끝없는 수의 결코 실재화되지 않는 가능성들과 광대함 그리고 내가 어떤 슬로건으로서가 아니라 희망적인 것으로 간주하는 완전한 무의미함을 나타낸다. 따라서 '모든 것은 무의미하지' 이데올로기로 존재하는 것이 아니다. […] 그러나 이 관점=시선의 점으로부터 몬드리안의 그림은 구성주의적인 것이 아니라 정치적이다. […] (*RIC* 110)

색도표들 그리고 그것들을 직접적으로 따르는 추상화들은 단순한 미분적 식들(예/아니오의 결정들)에 의하여 '생산된' 세계들을 표현한다.[33] 마찬가지로, 같은 주석에서 리히터는 그의 '정글' 추상화들도 그와 같은 것으로 간주한다고 언급하는데, 왜냐하면 그의 정글 추상화들은 유기적인 정글과 비슷한 조건들 아래에서 작동하기 때문이다. 따라서 거기에서 "모든 것은 계획되지 않고, 의미가 없으며, 요구되거나 필연적인 것이 아니라 (어떤 조건들, 공간, 영양물 등이 우연히 거기 있기 때문에) 좋지도 나쁘지도 않고 자유롭지도 않으며 목적이나 목표를 의도하지 않는 것처럼 성장한다"(RIC 110). 이러한 회화들은 — 우리는 그것들을 단순히 비유기적인 정글이라고 부를 수 있다 — 단지 세 가지 기본적인 색들로 구축되며, 이 색들은 조합과 재조합을 통하여 다음과 같이 삶/생명이 일종의 목적 없는 목적성으로 수행하는 형식들을 생산하는 것과 같은 방식으로 '그림들'을 생산한다.[34]

> [베니스] 비엔날레에서의 '정글' 그림들은 자연의 색을 이용한다. 따라서 나는 모든 것을 제작할 수 있는 물질들, 곧 붉은색-푸른색-노란색(게다가 밝은 흰색) 그리고 과정으로부터 출현하는 그림을 고려하는 데 긴 시간이 필요했다. 세 가지 주요한 색들은 색조들의 끝없는 연쇄를 위한 출발점이다. [⋯] 출현하는 그림들은 창작물들이 아닌 것, 곧 허위적 언어라는 의미에서 창의적인 것들이 아닌 분명 생물적인creaturely 것을 만드는 것에서 성장한다. (RIC 123)

---

33) 그리고 사실상 차후의 모든 추상화들은 언제 '완성'되는지 결정하는 데 관해 예/아니오의 결정을 필요로 한다.

34) 모든 생명의 형태가 동일한 네 가지 요소의 상이한 조합(곧 DNA)으로 이루어진다는 의미에서 그렇다.

창조적 진화에 대한 베르그송의 존재론이 생물적이라는 의미에서, 곧 끝없는 새롭고 다양한 형식의 생산(삶/생명의 현실화)이라는 의미에서 회화는 생물적이라고 우리는 말할 수 있다(Bergson, 1988). 그러므로 진실로 추상화의 유토피아적이고 정치적인 측면은 그것이 우리가 매일 경험하고/거주하는 것에서 상이한 세계, 서로 다른 **조합**을 표현한다는 사실로부터 생기는 것이다.[35] 추상화가 비록 세상과 결합되고, 같은 물질로 만들어진다 하더라도 그것은 '어떤 다른 장소' 혹은 우리를 그쪽으로 데려가는 약속으로부터 '나타나는' 것이 아니다. 물론, 리히터의 추상화와 더불어서 추상화는 색들의 조합 혹은 미분적 관계일 뿐만이 아니라 사용된 솔과 주걱의 상이한 크기들 그리고 회화의 서로 다른 속도 혹은 강도이다.[36] 다시 언급하지만, 이러한

---

35) 마찬가지로 하나의 추상화가 하나의 세계 이상을 표현할 수 있다. 숀 레인버드는 다음과 같이 언급한다.

"[리히터의] 저서 *128 Details from a Picture*(1978)는 [리히터가] 현실의 매개체로서 회화가 가진 효력과 잠재성을 검토했다는 추가적인 증거를 제공한다. 하나의 추상화가 서로 다른 각도에서 128회 촬영되어, 현실의 모방적 재현이 아니라 그와 동등하고 마찬가지로 설득력 있는 회화적 현실을 포함하는 각 추상화로부터 무한한 지각적 가능성 — 그리고 무수한 현실들 — 이 생겨난다는 것을 설교적인 스타일로 제안한다"(Rainbird, 1991: 13).

새로운 '세계'가 각각의 마주침으로 그려지는 리히터의 거울 페인팅에도 주목할 수 있다(빌바오의 구겐하임미술관에 전시된 것으로 예컨대 감상자뿐만 아니라 대규모의 천장 창문을 통해 상이한 기상조건까지도 비추는 것이 있다). 이는 극단적인 예이지만, 리히터의 모든 회화(그리고 아마도 모든 미술작품?)는 이처럼 '외부' 조건과 상호 작용하여 각각의 마주침을 단일화한다고 할 수 있다.

36) 숀 레인버드는 또 다음과 같이 언급한다.

"리히터는 또한 주의 깊게 제한된, 하지만 본질적으로는 유연한 범위의 도료 도포를 선택한다. 처음에는 마르거나 젖은 솔들을 폭과 강도를 달리해 사용했다. 나중에는 끝부분이 곧고 유연한 긴 주걱도 사용하여 팔과 상반신으로 쓸면서 도료를 퍼뜨렸다"(Rainbird, 1991: 20). 레인버드는 계속해서 음악에 비유했다. "만일 캔버스, 솔, 주걱이 음악의 스코어 및 기보법과 유사하다면, 색상은 음악의 터치, 음색, 음조, 음역에 해당하는 것을 질적으로 결정할 것이다"(Rainbird, 1991: 20).

것은 리히터 스타일의 일부분이다. 이런 의미에서 추상화는 색도표들에 새로운 요소를 도입하며, 우리는 이것을 리히터의 새로운 기법, 캔버스 흐리게 하기라고 명명할 수 있다.[37]

여기서 리히터의 기법과 들뢰즈와 가타리가 『철학이란 무엇인가』에서 언급하는 유화의 '두번째' 양식 곧 일종의 '상향식' 내재적 회화라고 하는 것과의 유사성을 찾아보는 것이 생산적이다. 진정, 들뢰즈와 가타리에게 확실히 '어떻게'와 '무엇', 기술적인 면(곧 회화의 실재화라고 하는 것) 그리고 감성론적인 합성면/조성면(현실화) 사이의 관계가 바로 상이한 종류의 회화를 생산한다. 사실, 들뢰즈와 가타리에게 미술사는 그러한 연관성 특히 다음과 같은 기술적인 면과 감성론적 조성면/합성면, 두 유형 사이에서 진동의 설명으로 배열될 수 있다.

서로 대립될 수 있는 유화의 두 상태를 고려하자. 첫번째의 경우, 그림은 분필로 흰 바탕의 애벌칠이 가해진다. 그리고 그 위에 소묘를 한 뒤 엷게 채색한다(밑그림). 마지막으로 거기에 색채와 명암을 넣는다. 다른 경우에는, 바탕은 점점 더 두껍고 불투명하고 흡수적이게 된다. 그러고는 밑칠을 조금씩 씻어 냄으로서 차츰 엷은 색채를 띠어가게 되며, 작업은 갈색조를 바탕으로 하여 반죽하듯 두터운 덧칠로

---

37) 각각의 화가에게는 이러한 의미에서 '캔버스에 도료를 칠하는' 특별한 기법이 있다. 여기서 잭슨 폴록의 '드립'(drip) 기법, 헬렌 프랑켄탈러의 '스테이닝'(staining), 혹은 더 최근의 것으로 전동공구로 층으로 된 표면을 파헤치는 DJ 심슨의 '페인팅'을 들 수 있을 것이다(심슨의 작품 컬렉션은 다음을 참조. Riese, 2003).

이루어짐으로써 '수정'의 과정들이 밑그림을 대신한다. 결국 화가는 색채 위에다 그림을 그리고 또한 색채 옆에 색채를 가하게 됨으로써 색채들은 점점 더 강한 색조들을 띠게 되며, 구축물은 '보색의 대비와 유사색들의 일치'에 의해 균형을 잡게 된다(반 고흐). 따라서 색상의 전반적인 통일성을 구축하려면 강한 색조를 포기해야 할지라도, 구축물은 색채를 통하여 색상 안에서 찾아질 것이다. (*WP* 192)

들뢰즈와 가타리는 계속해서 이렇게 언급한다. "첫번째 경우에, **감각은 재료 안에서 실재화되며**, 그러한 실재화의 바깥에서는 존재하지 않는다. 감각(감각의 복합물)은 잘 준비된 기술적 구성면 위에 투사되며, 그 결과 감성론적 합성면/조성면이 기술적 구성면을 완전히 뒤덮는다"(*WP* 193). 이러한 점에서 "예술은 재현되는 사물 안에서가 아니라 투사의 전형적인 특징 안에서 그리고 관점=원근법의 '상징적' 특징 안에서 표현되는 초월성의 외양을 향유한다"(*WP* 193). 그런 종류의 회화는 들뢰즈가 철학과 구별하는 투사들(특히 신학적인)의 특징을 포함한다는 것을 우리는 주목할 수 있다(*WP* 88~90). 이것은 재현적인 것으로서, 이미 언제나 '사유된' 것으로서 그리고 심지어 시작하기 전에 미리 결정된 것으로서의 회화이다.

두번째 경우에, 이제 감각은 더 이상 재료 안에서 실재화되지 않고 **오히려 재료가 감각으로 이행된다**. […] 이것은 예술의 형상들이 겉으로 드러난 초월성 혹은 계열적 모델로부터 해방되어 그것들의 순진무구한 무신론과 이교성을 고백하는 순간이다. […] 뒤덮을 것이

아니라, 끌어 올리고, 모으고, 쌓고, 가로지르고, 일으키고, 접어야 한다.(WP 194)[38]

이러한 의미에서, 우리는 리히터의 추상화를 엄밀히 초월성에 저항하는 이교도로, 공격적인 파업으로 위치 지을 수 있다. 사실, 우리는 리히터의 회화의 특징이 내재적 미학의 역설적 개념notion 곧 일종의 바로크적인 감성론적 지반면을 포함하는 것으로 파악할 수 있다. 이러한 것이 리히터의 색들의 조합에 대해 이미 언급되었던 것, 그리고 그 색들의 조합이 허용하는 차이의 생산과 결합될 때 회화는 결국 '내재적 유토피아'의 종류로서 자리 잡게 된다. 이런 점에서 리히터는 분명히 그의 물질주의자의 태도 그리고 유토피아적 충동과 매우 비슷한 것을 1986년에 다음처럼 언급하고 있다.

기본적으로 나는 물질주의자이다. 정신, 영혼, 원하는 것, 느낌, 감각하는 것 등은 '물질적인 원인들'(기계적·화학적·전기적 원인 등)을 지닌다. […] 미술은 그러한 물질적 조건들에 기반한다. 미술은 외양과의 일상적 관계에 대한 특별한 양태이며, 그러한 관계에서 우리는 우리 자신들과 우리를 둘러싸는 모든 것을 재인한다. 그러므로 미술은

---

38) 근대미술은 특히 이러한 두번째 유형의 회화로 치우치는 경향이 있다(들뢰즈와 가타리는 쇠라, 몬드리안, 뒤뷔페를 언급한다)(WP 194). 이러한 의미에서 리히터는 분명히 근대화가로 이해되어야 할 것이다. 들뢰즈와 가타리가 언급하듯이, 문학과 음악 또한 그 두 극 사이를 진동하며, 그 역사 또한 기술적 구성면과 감성론적 합성면/조성면 간 관계의 역사이기도 하다(WP 195).

실제의 외양들과 비교할 수 있는 외양들을 생산하는 것의 욕망이며, 이것은 외양들의 생산이 실제의 외양들과 다소 비슷하기 때문이다. 그러므로 미술은 모든 것을 상이하게 사유하는 것, 외양을 근본적으로 부적합한 것으로서 재인하는 것의 가능성이다. 따라서 미술은 우리에게 닫혀진 그리고 접근 불가능한 사물들(근본적으로 재인 불가능한 형이상학적인 것들뿐만이 아니라 진부한 미래까지)에 접근하는 방식이다. 그러므로 그런 것 때문에(미술은 교육적이고 치료적이며, 위안이 되고 계몽적인, 탐험적이고 사색적인 기능을 포함한다) 미술은 실존적 즐거움이자 유토피아이다. (*RIC* 118)

차이에서 반복으로. 리히터의 시리즈는 — 포토페인팅들과 추상화들(리히터가 그의 '작품목록'을 칭하는 것)의 계속적인 생산 — 그 시리즈 안에서의 더 작은 시리즈와 더불어서 분명 반복들이다.[39] 각각의 회화는 진행 중인 과정에서 어떤 계기의 특징, 말하자면 거의 같은 문제적인 것(그린다는 것은 무엇인가?)이 작용하는 것을 나타낸다. 이것은 회화, 특히 추상화를 어떤 모순으로 밀고 나아간다. 많은 주석가들은 리히터의 회화들을 아주 진지한 것, 곧 아이러니의 역할과 관련된 것으로 파악하며, 그렇지만 또한 그들은 리히터의 회화들이 바로 그 밝음(우리는 심지어 유머라고까지 말할 수 있다)을 나타내는 것으로 본다. 유머(특성상 한없이 긍정적이다)는 망상에 사로잡힌 사람에게서 비롯되지만 그것은 차이의 즐거운 반복이다.

---

39) 1962년 이후 발표된 리히터의 모든 작품목록.

들뢰즈가 『차이와 반복』에서 명확히 하는 것처럼 반복은 두 종류가 있을 수 있다. 곧 같은 것의 반복(다시 말해서, 재현과 유사성) 그리고 차이의 반복(재현될 수 있는 것이 아니라 단지 반복될 수 있는 것).[40] 차이를 머금은 반복 곧 독특한 것의 반복. 확실히 이러한 의미에서 리히터의 회화들은 반복들이다. 분명, 각각의 회화와 함께 그때마다 리히터는 새롭게 시작한다(이것이 회화의 일상적 실천이다). 그러므로 들뢰즈의 반복의 개념notion에 대한 다음과 같은 클레어 콜브룩의 사유는 리히터의 실천에 동등하게 적용될 수 있다.

> 우리는 차이와 사유를 반복하는 것이 필요하다. 그런데 어떤 사유와 차이가 존재한다는 것을 우리가 포착한 것을 느끼자마자, 그때 우리는 바로 그 차이의 역량을 상실한 것이다. 반복은 계속해서 같은 오래된 것이 재발하는 것이 아니다. 따라서 어떤 것을 반복한다는 것은 다시 시작하는 것이고, 새롭게 하는 것이며, 의문을 갖고, 같은 것으로 남아 있는 것을 거절하는 것이다. (Colebrook, 2002: 7~8)

---

40) 앤드류 벤저민은 그의 논문집 *Object Painting*(Benjamin, 1994)에서 이 두 가지 유형의 반복을 다룬다. 간단히 말해서 벤저민에게 재현이란 단순한 것의 반복이자 항상 이미 결정되어 있는 내용의 반복이다. 이는 "생성/되기의 존재론과 일시성이라는 측면에서" 반복과 대조적이다(Benjamin, 1994: 24). 벤저민은 다음과 같이 언급한다. "생성/되기는 예술품에 적합한 존재론이다. 오로지 생성/되기와 관련해서만 작업이 작업으로서 가능하기 때문이다"(Benjamin, 1994: 24). 벤저민의 이후 논문들에서는 바로 이 '작업'이 서로 다른 대상들과 관련하여 무엇을 수반하는지 논의한다. 중요한 것은, 동일한 것의 반복이 다른 가능성들로 바뀌는 현재를 고려함으로써 이 두번째 유형의 반복이 "부정적인 것의 작업을 극복하는" 방식에 벤저민이 주의를 기울이는 것이다(Benjamin, 1994: 11).

또한 콜브룩은 들뢰즈를 따르면서 반복이 언제나 사건의 '반시대적인 역량'의 반복인 것, 곧 재현보다는 **재활성화**의 방식에 주목한다. 물론, 이것은 혁명의 그리고 반란을 일으키려는 **부름들**의 비밀스런 반복이다. 덧붙이자면, 3장으로 돌아가서 우리는 그러한 사건의 반복은 또한 다양한 모더니티의 성명서들(미래주의자들과 소용돌이파 지지자들로부터 계속해서 다다와 상황주의자들까지)이 오늘날 여전히 나타내는 역량과 잔존하는 영향이라고 언급할 수 있다. 그러므로 우리가 그 성명서들을 읽을 때마다 그것들은 재활성화된다(성명서들은 분명, 모든 미래의 활성화를 반복하는 것을 앞으로 반향한다).[41] 성명서들의 미래적 정향, 곧 '미래세계'로의 요청이 아마도 그 성명서들의 결정적인 특성이다.

들뢰즈는 『차이와 반복』의 도입부에서 곧바로 기이하고 비밀스런 작동을 거론한다. 들뢰즈는 또한 이어지는 구절에서 그러한 반복의 역량은 회화에서 존재하는 것처럼(모네의 수련들을 위해 우리는 단지 리히터의 추상화들을 간파하기만 하면 된다) 혁명에서도 같은 것이라는 것을 다음과 같이 입증한다.

반복한다는 것은 행동한다는 것이다. 그러나 그것은 유사한 것도 등가적인 것도 갖지 않는 어떤 유일무이하고 독특한 것, 관계하면서 행동한다는 것이다. 그리고 외적인 행동에 해당하는 이 반복은 그 자체

---

41) 근대 도시는 이러한 반복에 포함되어 있다고 할 수 있다. 다시 말해 전세계의 다양한 근대성들(아시아의 근대성, 아프리카의 근대성 등)은 본원적인 유럽 근대성의 **재현**이 아니라 근대적인 것의 **반복**인 것이다.

로 아마 더욱 비밀스러운 어떤 떨림의 반향일 것이다. 그것은 더욱 심층적이고 내면적인 어떤 반복의 반향, 다시 말해서 그것에 생명을 불어넣어 주는 단독자 안에서 일어나는 반복의 반향이다. 축제에는 바로 그런 역설, 곧 '다시 시작할 수 없는 어떤 것'을 반복한다는 명백한 역설이 놓여 있다. 첫번째 것에 두번째, 세번째 것을 더하는 것이 아니라 다만 첫번째 것을 'n승'의 역량으로 고양시키는 것. 이런 역량의 관계 안에서 반복은 어떤 내면성을 획득하는 가운데 전도된다. 페기가 말한 것처럼, 국가에서 정한 7월 14일 축제가 바스티유 감옥의 점령을 기념하고 재현하는 것이 아니다. 바스티유 감옥의 점령이 축제를 벌이는 것이며 모든 축제일들을 미리 앞서서 반복한다. 또는 모네의 첫번째 수련이 그 뒤에 이어지는 다른 모든 수련들을 반복한다. (DR 1)[42]

그러므로 우리는 리히터의 첫번째 회화는 여전히 도래할 회화들을 미리 반복한다고 말할 수 있다. 이런 이유로 시작이 중요하다.[43] 따라서 반복은 축하의 특성, 창조의 에너지를 긍정하는 것을 나타낸다. 니체의 표현으로 리히터의 회화들은 영원회귀의 긍정이며 각각의 회화는 새로운 주사위 던지기라고 우리는 말할 수 있다. 좀 더 평범한 표

---

42) 이와 관련하여, 그리고 현대미술의 영역에서 제러미 델러의 〈오그레브 전투(The Battle of Orgreave)〉(2001)에 주목할 필요가 있다. 이는 본래 1984년에 벌어진 영국 광부와 경찰 간의 '전투'를 재연한 것으로, 원래의 파업투쟁의 재현일 뿐만 아니라 사실상 그 사건의 일종의 반복이기도 했다.

43) 리히터가 1962년 이전의 모든 작품을 폐기하고 이 '시작'을 기점으로 이후 작품들에 번호를 매기기로 결정한 예를 들 수 있다.

현으로는 리히터의 회화들 각각은 상이한 조합, 우리가 친숙한 것들에 대한 요소들의 다른 선택들을 제공한다고 말할 수 있다. 또한 그것은 회화의 상이한 시간성, 사실은 사건으로서 회화의 지성을 함축한다. 진실로 이러한 것이 회화의 시간이다(또한, 바로 그대로 혁명의 시간이다).

　　리히터의 회화들은 가능한 것의 생산, 심지어 유토피아의 세계일수 있다. 그렇지만 그것들은 리히터의 세계가 아니다. 우리가 기억할것은 들뢰즈의 프루스트에게서 가능한 것의 생산은 상이한 세계를 표현하는 소설의 특징이라는 것이다. 그러나 이러한 의미에서 만약 리히터의 회화가 특징을 나타낸다면 그것은 리히터가 '발명한' 특징은아니다[44](물론, 리히터가 만들었다 할지라도)[45]. 왜냐하면 리히터의 '의

---

44) 그러나 회화는 들뢰즈가 프랜시스 베이컨에 관한 저작에서 말했듯이 "리드미컬한 성질"을 가진 것으로서 생각될 수 있다.
　　"리듬은 형상에 붙거나 의존하기를 그만둘 것이다. 리듬 자체가 형상이 될 것이고 형상을 구성할 것이다. 이는 정확히 올리비에 메시앙이 음악에 관해 말한 것이다. 그는 능동적 리듬, 수동적 리듬, 부수적 리듬을 구별했고, 그것들이 더 이상 리듬을 가진 성질과 관계되지 않고 스스로 리드미컬한 특성들을 구성한다는 것을 증명했다"(*B* 71~2).
45) 리히터를 인용한다.
　　"나는 아무것도 계획하지 않는다는 것을 받아들여라. 내가 그림의 '구성'에 관해 고려하는 것은 모두 틀렸으며, 설령 그 실행이 성공적일지라도 그것을 부분적으로 폐기했거나 그것이 어떻게든 작동하기 때문일 뿐이다. 그것이 아무것도 방해하지 않고 계획되지 않은 것처럼 보이기 때문이다. 이를 받아들이는 것은 보통 견딜 수 없고 또 불가능하기도 하다. 왜냐하면 하나의 사상으로서 인간을 계획하는 것은 내게 굴욕감을 주고 그만큼 무기력하게 만들며 나의 능력 및 구성력을 의심하도록 만들기 때문이다. 유일한 위안은 그럼에도 내가 그림을 **그렸다**고 나 자신에게 말할 수 있다는 것이다. 심지어 그림이 제멋대로 제재를 가하고, 내가 원치 않는데도 내게 원하는 것을 시키고, 단순히 어떻게든 존재할 때조차 말이다"(*RIC* 123).
　　리히터는 여기서 의도와 비-의도 간의 복잡한 관계를 다룬다. 우리는 이를 들뢰즈-라이프니츠가 제기한 어려운 인과관계 개념(notion)과 생산적으로 비교할 수 있다. 후자에서 인과관계는 물질과 영혼의 두 층이 서로 구별되는 한에서 허구다. 하지만 '이상적 원인'이, 우리

도'는 언제나 그의 작품(포토페인팅들이건 추상화들이건 간에)으로부터 그 자신을 추출하는 것이었기 때문이다(이런 점에서 리히터는 자신을 그의 특성을 구성하는 믿음들, 태도들의 체계로서 —— 존재 혹은 클리셰들의 습관들로서 —— 이해했다).[46] 그러므로 회화들은 리히터'의' 표현들이 아니라 오히려 리히터를 표현하지 않는다. 사실, 리히터의 회화기법은 그가 작품으로부터 자신을 추출하는 것을 —— 아마 특히 포토페인팅[47]에서 사진(종종 발견된 이미지들)을 이용할 때 —— 방해한다. 리히터의 추상화들과 함께 회화기법은 이미 놓여진 그림의 유기화를 넘어서는 연속적인 회화를 포함한다. 그러므로 삭제의 방식뿐만이 아니라 '새로운' 그림들에서 출현하는 계시의 방식 또한 리히터의 회화기법이 된다. 이러한 기법은 비록 경계들 내부(회화의 직사각형, 붓질과 주걱을 이용하는 리히터의 기술)에서 이루어짐에도 불구하고 우연을 생산적으로 이용하는 것을 포함한다. 또한 우리는 이러한 것을 2장으로 돌아가서 그리고 베이컨에 대한 들뢰즈의 논의를 따라서,

---

가 영혼 안에서 일어나는 무언가(예컨대 고통)가 원인이라 생각할 때는 물리적 원인으로서, 혹은 '세계 안에서' 일어나는 무언가(예컨대 자발적 운동)가 원인이라 생각할 때는 비재료적 원인으로서 작동한다. 이러한 '이상적 원인'이야말로 바로크식 건물의 두 체제 혹은 두 층 간의 주름으로서 작동하는 것이다. 그래서 리히터는 특정한 특성을 의도하거나 제어하지 않았는데도 그림을 그렸다는 '위안'을 받는 것이다.

46) 리히터는 말한다. "말하자면 나를 회화로 몰아가는 나의 방법이나 기대는 저항이다. […] 내가 알지 못하는, 내가 계획할 수 없는 무언가가 나타날 것이다. 그것은 나보다 더 낫고 더 창의적인 것이다"(Richter, 1992: 1042). 이는 구상과 서사로 이해되는 (그리고 특히 사진으로 구현되는) 클리셰에 명시적으로 대항하여 그리는 들뢰즈의 베이컨에 대해서도 마찬가지다 (FB 87~92 및 이 책 2장 참조).

47) 발견된 사진은 리히터의 주체성을 비워 버린다. 동시에 리히터는 그림을 그리기 위한 토대 혹은 출발점으로서 사진을 필요로 한다. 그래서 리히터의 이미지 아카이브가 중요하다(전시/카탈로그 Gerhard Richter: Atlas[Richter, 2003]에 보이듯이).

계획되고 이미 물감 칠해진 구조/표면을 완전히 덮는 다음과 같은 디아그람diagram/diagramme의 회화라고 부를 수 있다.

> (사람들이 스스로 그렇게 생각해 낼 수 있는 모든 것, 백치 같은 모든 행위, 어리석은 것들, 가치 없는 구성들과 사색들, 기가 막힌 발명들, 난폭하고 놀라운 병치들 —— 물론 이것들은 누구나 하루도 빠짐없이 자꾸만 보도록 강제되는 것이다 —— 그리고 정신적으로 결핍된 고통, 어리석게도 대단히 대담하고 서투른 솜씨) 내가 끊임없이 그리는 이 모든 것은 처음의 몇 안 되는 지층들에서 다루는 그림(곧 나의 토대)을 시작할 때 나의 머리를 떠나며, 이윽고 나는 모든 시시하고 형편없는 것이 파괴될 때까지 그림을 층상적으로 소실시킨다. 그래서 결국 내가 소유하는 것은 파괴의 작품이다. 나는 그러한 우회로 없이는 수행할 수 없고, 궁극의 상태를 시작할 수 없다는 것은 두말할 필요도 없다. (*RIC* 121)

그러므로 리히터의 회화는 동시에 어떤 잠재성들의 현실화(게다가 결과적으로 회화로서 가능세계들의 실재화) 그리고 동시에 어떤 실제(이 경우는 리히터의 주체성, 혹은 최소한 그러한 측면)의 **탈현실화**를 포함한다고 말할 수 있다. 이상적으로 말해서, 같은 작동이 우리가 리히터의 추상화를 마주칠 때 특히 전형적인 '시각의 습관들', 달리 말해서 미술의 클리셰(사실, 일반적인 소비문화)들로부터 리히터의 추상화에 접근할 경우에 발생한다.[48] 따라서 회화들은 모든 가능성들로부터 상이한 조합, 서로 다른 **추출**을 생산한다/수행한다. 바로 이와 같은 것이 회화들에 그것들의 정치적이자 윤리적이고 감성론적인 특성을 부여한다. 그러므로 회화들은 단순히 부정의 행위를 하는 것이 아니라 끝없이 삶/생명을 긍정하는 것이다.

새로운 바로크

모나드로부터 노마드로

리히터의 추상화는 들뢰즈가 현대회화의 특징 곧 "전면 주름"으로 파악하는 것의 사례라고 말할 수 있다(F 123). 그런 전면 주름으로서 리히터의 추상화는 어떤 다른 곳에서 발견된 것에 대한 상이한 종류의 접힘, 세상 그 자체에 대한 서로 다른 방식의 접힘을 우리에게 보여 준다. 그러므로 가능세계로서 리히터의 회화는 전형적이고 습관적인 주체성(곧 그의 것 혹은 우리의 것)의 모나드가 아니라 좀 더 비인간적인 어떤 것이다. 심지어 우리는 리히터의 회화가 비유기적인 삶/생명의 형식이라고 말할 수 있다. 또한 이러한 의미에서 회화는 사유의 무전형적인 형식으로서 파악되며, 혹은 무전형적인 형식으로서 무전형적인 사유를 생산한다. 이것을 다른 방식으로 언급하면, 회화는 그것의 관람객(여기서는 새로운 종류의 주체성으로 이해된다)을 존재로 소환하는 미래로 정향된 모나드로서 작동한다(우리는 리히터의 미술이 야기하는 어떤 주체성을 우리 자신에게 요청할 수 있는가? 누가 리히터 예

---

48) 이런 의미에서 칸트의 미학, 그리고 특히 예술에 대한 '무사심적인' 반응의 개념(notion)이 현대미술을 단절시키고 변화시키는 힘에 관해 생각하는 데 계속해서 중요하다.

술의 '행방불명된 민중'인가?).

그러나 이것이 스토리의 끝은 아니다. 리히터의 추상화는 여전히 회화이며, 또한 미술 안에서 바로크의 한계를 표현하지 않기 때문이다. 왜냐하면 들뢰즈가 언급하는 것처럼 바로크의 특징은 더 나아가서 어떤 '과잉'이며 경계를 흔들리게 하거나 선명치 않게 하는 것이기 때문이다. 그렇게 함으로서 회화는 그것이 프레임을 '넘어서서', 조각으로 스며들 때 그리고 회화 자체가 건축과 도시계획으로 번질 때 바로크가 된다(F 123). 그러므로 바로크는 서로 다른 미술들 '사이'에서 존재하는 것, 다음과 같이 미술의 탈영토화, 곧 힘을 허용하는 것을 일컫는다.

> 아마도 두 미술 '사이에', 회화와 조각 사이에, 조각과 건축 사이에 자리하는 취향, 그래서 '퍼포먼스'로서의 미술들의 통일성에 도달하고 관객을 이 퍼포먼스 자체 안에서 받아들이는 이러한 취향은 현대의 비정형에서 다시 발견될 것이다(미니멀 아트는 당연히 극점법칙에 따라 이름 붙여졌다). 접힘-펼침, 포괄-전개는 바로크에서와 마찬가지로 오늘날에도 이러한 작업에서 변함없는 것들이다. 이 미술들의 극장은 라이프니츠가 기술한 것과 같은 '새로운 기계'의 살아 있는 기계이다. 곧 '상이하게 접혀 있으면서도 얼마간 전개된' 기계들을 모든 부분들로 가지는 무한기계.(F 124)

그러나 이것은 하나의 시스템이 아니라, 중심 없는 우주이다. 왜냐하면 바로크는 "외연의 가장 넓은 통일성"이자 "가장 수준 높은 내적 통일성"을 일컫기 때문이다(*F* 124). 만약 아래층이 잔물결을 일으키는 다양체(세계, **도시**)라면 그것은 여전히 위층의 관점=시선의 점으로부터 존재한다. 그러므로 바로크는 원뿔과 같으며 원뿔의 토대는 아직 현실화되지 않은 잠재성들의 비등하는 세계이고, 사실 이 잠재성들의 비등하는 세계영역은 그것을 조망하는 오직 원뿔 정상의 관점=시선의 점으로부터만 현실화된다. 이러한 의미에서 바로크는 동시에 다자 **그리고** 일자이며 일정한 상호작용, 곧 둘(바로크 집의 두 층들) 사이의 공명이다. 그러므로 우리는 바로크가 중심 없이 **존재**하며 (다시 말해서 **탈**-구조적이다), 그렇지만 언제나 어떤 관점=원근법으로부터 '보여진'다고 말할 수 있다. 이런 이유로 바로크적 세계는 본성상 알레고리적이며, 개별적인 "관점=시선의 점"의 다양체를 포함한다(*F* 125~126). 그러므로 간단히 리히터로 돌아가면, 우리는 추상화가 실행하는 추출은 선-실존하는 잠재성들의 영역에서 특정한 관점=시선의 점으로서 파악될 수 있다고 말할 수 있다.

그러나 그러한 관점=원근법적이거나 투사된 통일성은 완전히 사라지는 것은 아니지만 변화하고 있다. 그것은 이제 독특한 모나드의 통일성이 아니라 오히려 들뢰즈가 '퍼포먼스'라고 명명하는 미술들에서 일종의 분기하는 계열들, 곧 궤적의 역설적인 통일성이다. 비록 퍼포먼스가 미술사의 관점에서 새로운 용어는 아님에도 불구하고 들뢰즈가 이용하는 퍼포먼스를 우리가 함께 이용하는 것은 1960년 이후 계속해서 '새롭게' 확장된 실천들에 대한 특별한 철학적 기술이다. 곧 관람객이 함께하는 게다가 관람객이 미술로서 존재하는(그러한 참여 없이는 불완전하다) 더 넓은 세계를 포함하는 기술이다.[49] 이런 점에서 거의 마치 모나드 윗방의 부분이 다른 모나드들이나 다른 세계들로 개방되어 찢어지고 있거나 억지로 열려지고 있는 것처럼 어떤 것이 닫힌 모나드에서 발생하고 있다. 사실, 들뢰즈는 토니 스미스의 자동차 장거리 여행, "어두운 고속도로를 질주하는 닫힌 자동차"를 새로운 종류들의 기술 그리고 속도의 새로운 관계들을 포함하는 새로운 종류의 모델로서 언급한다.[50] 그러한 새로운 세계들은 바로크 집

---

49) 예컨대 앨런 캐프로가 1960년에 발표한 논문(Kaprow, 1992)에서 윤곽을 드러낸 '해프닝'을 들 수 있다. 그를 인용한다.

"결정적인 전환점은 아방가르드 활동의 주요 분야에서 이루어졌다. 나는 이것이 전적으로 좋은 일이라 생각하지만 다른 한편으로 조형예술의 성질에 관해 품고 있는 추정들을 변경하는, 우리에게 내키지 않는 일을 강요한다. 이때 이루어진 진보적 작업들 중 일부는 그 전통적인 정체성을 급속히 잃고 있으며 그 의미에 있어서 상당히 중요한 다른 일이 일어나고 있다"(Kaprow, 1992: 703).

캐프로에게 이 새로운 유형의 미술은 그 "가옥의 구조에 의해 정해진 조건"과의 단절 및 그에 수반되는 확장된 개념의 발달을 포함한다(Kaprow, 1992: 704). 캐프로는 그러한 종류의 미술에 대한 일련의 지시문을 제공하며, 그것은 모두 들뢰즈의 퍼포먼스 정의와 관련된다. 곧, "A 예술과 삶 사이에 그어진 선은 가능한 한 유체로서, 그리고 희미하게 유지되어야 한다. [⋯] B 그러므로 그것들 간의 테마, 재료, 작용 그리고 관계의 원천은 미술과 그 파생물 및 환경을 제외한 장소나 시기에서 유래되어야 한다. [⋯] C 해프닝의 퍼포먼스는 넓게 펼쳐진, 때때로 움직이고 변화하는 몇몇 무대에 걸쳐 이루어져야 한다. [⋯] D 공간 문제에 바짝 뒤따르는 시간은 가변적이고 불연속적이어야 한다. [⋯] E 해프닝은 오직 한 번만 실행되어야 한다. [⋯] F 결론적으로 청중은 전적으로 무시되어야 한다"(Kaprow, 1992: 706~8). 캐롤리 슈니먼의 "from The Notebooks"(Schneeman, 1997)도 참조할 것. 여기서 퍼포먼스(혹은 퍼포먼스 작업)는 "회화나 건축 안에서 가능한 형식적−은유적 활동의 확장", 따라서 청중이 서로 다른 "감각이 중심이 되는 관여의 잠재력들"을 제공받는 것으로서 정의된다(Schneeman, 1997: 9).

50) 들뢰즈는 인터뷰에서 이러한 논의를 더 발전시킨다.

"토니 스미스의 미니멀아트는 다음과 같은 상황을 제공한다. 어두운 고속도로를 질주하는 자동차의 헤드램프만이 빛나고 자동차의 앞 유리에 아스팔트가 돌진한다. 그것은 모나드의 현대판이며 자동차의 앞 유리는 빛나는 작은 영역의 일부를 연기한다. [⋯] 창과 외부세계의 체계를 폐쇄된 방의 컴퓨터 화면의 체계로 바꾸려는 움직임이 우리의 사회적 삶에서 일어나고 있다. 우리는 세계를 보기보다도 읽는 것이다"(N 157~158).

덧붙이자면 본 장의 뒷부분에서 논의하겠지만 우리는 월드와이드웹을 통해 이 닫힌 모나드가 확장된 바로크, 곧 노마돌로지(nomadology)로 개방되는 것을 목격한다.

의 두 층들 사이에서 상이한 종류의 조화, '새로운 조화'를 표현하는 것이다. 여기서 우리는 마이클 프리드가 미술이 아니라 연극으로 명명한 그러한 새로운 실천의 형식과 관계 맺는 것을 거부하는 것(혹은 관계 맺을 수 없음)을 주목할 수 있다. 들뢰즈는 또한 익살꾼들의 실천(정확히 열린 텍스트의 생산)과 함께하는 새로운 종류의 접힘 혹은 "안으로 접힘"의 주창자들로서 지신과 버로스를 각주에서 덧붙여서 말한다(F 164, n37). 우리는 바로크 집 그리고 미술 오브제의 자율성으로부터 더 개방적이고 더 복잡한 것으로 움직이고 있는 중이다. 바로크 집은 적어도 부분적으로 밖으로 개방되어 있었고 이러한 것이 새로운 종류의 모나드가 표현하는 주체성의 종류에 심오한 영향을 끼칠 것이다.

츠체글로브의 도시

우리는 이러한 변화를 바로크 집에서 바로크 도시로의 개방으로 특징지을 수 있다. 여기에서 "화가는 도시계획 입안자가 된다"(F 123). 이런 점에서 리히터의 유토피아적 회화로부터 상황주의자들의 초기 유토피아적 도시의 '계획들', 곧 콩스탕의 '도시모델들' 또는 아스게르 요른의 더 큰 도시회화들(둘 모두 이젤 회화로부터 도시 계획으로 움직였다)로 움직일 수 있다. 일찍이 그러한 심리지리학자 이반 츠체글로브의 저작물은 한층 더 적절하다. 사실, 그러한 '새로운 바로크'에 대한 들뢰즈의 공식화는 츠체글로브에 의하여 요구된 새로운 심리지리학적 실천들과 평행한 성명서처럼 읽힌다. 들뢰즈는 다음과 같이 언급한다.

이러한 예술들의 외연적 통일성은 공기와 땅, 불과 물까지 나르는 우주적 극장을 형성한다. 여기에서 조각들은 진정한 등장인물이고 도시는 장식이며, 이곳의 관객들은 그 자체로 색칠된 이미지 또는 조각들이다. 예술 전체는 「사회」(Socius), 곧 바로크 무용수들로 가득한 공적인 사회적 공간이 된다.(*F* 123)

이것과 '새로운 도시주의'들을 위한 츠체글로브의 성명서를 비교하라, 그러면 그 성명서에서 도시는 다음처럼 우리의 주체성을 표현하기 위한 장소, 표현하는 바로 그 수단이 된다.

건축은 시간과 공간을 **분절**하고 현실을 **변조**하며, 꿈들을 생기게 하는 가장 간단한 수단들이다. 그것은 조형적 분절과 순간의 아름다움을 표현하는 변조일 뿐만이 아니라 인간의 욕망들과 진보들을 현실화할 때 그것들의 영원한 스펙트럼에 부합되게 영향을 끼치는 사물들을 생산하는 변조의 물질이다. 내일의 건축은 시간과 공간의 현존 개념작용들을 변형시키는 수단이 될 것이다. 그것은 **지식**의 수단 그리고 **행위의 수단**이 될 것이다. 건축적 복합체는 변형할 수 있다. 건축의 양상은 그곳 거주자들의 의지에 따라 전체적으로 혹은 부분적으로 변화할 것이다.(Chtcheglov, 1989: 24)[51]

---

51) 기 드보르는 '통합적 도시주의'를 비슷하게 정의한다.
   "무엇보다 환경의 필수적 구성요소에 기여하는 수단으로서 예술과 기술의 총체를 이용하는 것에 의해 정의된다. 이 총체는 전통적 예술에 대한 건축의 오래된 우위보다 훨씬 더 중요하다고 봐야 한다. [⋯] 통합적 도시주의는 예컨대 다양한 음식물의 분포뿐만 아니라 음향적 환경까지 지배해야 한다. 그것은 새로운 형식의 창조 그리고 건축, 도시주의, 시, 영화

들뢰즈와 츠체글로브에게 도시들은 실험과 놀이를 위한 무대들, 상이한 잠재성들의 현실화, 서로 다른 가능성들의 퍼포먼스를 위한 무대들이다.[52] 또한 이 두 필자에게 그러한 도시들은 아직 만들어지지 않았고, 더 정확히 말하면 그들에게 민중은 아직 도달하지 않았다(들뢰즈는 상황주의자들과 함께 그러한 예언적 정향을 공유한다).[53] 그러한 방식으로 진술된 도시(곧 건축의 확장된 영역으로 부를 수 있다)는 접힘, 곧 물질에서뿐만이 아니라 생산하는 사람들 그리고 환경에 의해 생산된 사람들의 정신(욕망들)에서도 일어나는 접힘의 영역이다. 들뢰즈는 다른 곳에서 이렇게 언급한다.

건축은 항상 하나의 정책이었으며, 새로운 건축은 모두 혁명적 힘을 필요로 하고 있습니다. 건축이야말로 '우리는 민중을 필요로 한다'라고 말할 수 있는 것입니다. 비록 건축가 자신은 혁명적이지 않다 하더라도 말입니다. […] 민중은 언제나 사회 조직 속의 새로운 물결,

---

에 대한 선형식들의 방향전환을 포함해야 한다. […] 통합적 도시주의의 가장 기본적인 단위는 집이 아니라 건축적 복합체이다"(Debord, 1989: 26).

52) 이런 의미에서 상황주의자는 초현실주의자의 태도를 계승했다고 볼 수 있다. 후자에 관한 항을 인용해 둔다.
"[초현실주의자]는 매우 적절히 보였다. 혁명적 아방가르드가 맡을 수 있는 가장 필수적인 역할은 새로운 삶의 방식을 실험하는 일관된 그룹을 창조하는 것, 자기 표현적인 동시에 사회적 분열을 초래하는 새로운 기술에 의지하여 체험의 경계를 확장하는 것이었다. 예술은 새로운 자유주의적 질서 구축을 위한 일련의 자유로운 실험이었다"(Clarke et al., 1994: 6).

53) 가타리는 그의 논문 "Space and Corporeality: Nomads, Cities, Drawings"(*SC* 18G1~25G8)에서 이와 비슷한 '새로운 도시계획'을 요청한다. 하지만 가타리에게 이는 현재 시작될 수 있고 시작되어야 하는 프로젝트다. "사실 삶을 바꾸고 새로운 스타일의 활동을 창조하는 수단, 새로운 사회적 가치는 우리의 손이 미치는 곳에 있다. 그러한 변화를 수행하려는 욕망과 대중적 의지가 부족할 뿐이다"(*SC* 120G3).

새로운 주름이며, 작품은 항상 새로운 재료들에 부합하는 접힘입니다. (*N* 158)

그러므로 도시는 새로운 종류의 주름 **그리고** 새로운 종류의 접힘을 위한 플랫폼이다. 이것은 많은 방식들에서 모더니티의 기술이며, 그렇지만 또한 우리를 도시의 근대적 개념작용을 넘어선 곳으로 데려간다. 사실, 보들레르의 **산책자**는 독립되었지만 이미 두 층의 모나드와 연접된 것의 전형으로 파악될 수 있다(산책자는 군중/세계의 **부분**이기도 하고 군중/세계와 **떨어져** 있기도 하다). 새로운 바로크의 새로운 산책자는 아마도 보들레르, 포 등을 특징지었던 그러한 분리를 상실했다.[54] 새로운 **산책자**는 철저히 도시에 참여하며(내재하며), 심지어 우리는 그것이 도시의 표현이라고 말할 수 있다.[55] 필연적으로 이러

---

54) 사실 더 정확히는 발터 벤야민의 **산책자**가 열린 모나드를 향해 **움직인다**고 할 수 있다(예컨대 대마초를 피울 때). 벤야민의 샤를 보들레르 역시 상호연결성의 계기를 갖는다. 벤야민은 보들레르에 관해 새로운 기술과 관련지어 다음과 같이 인용했다.
"이 교통을 뚫고 움직이는 것은 일련의 충격과 충돌을 겪는 개인을 포함한다. 위험한 교차로에서 신경질적 충동들이 배터리에서 나오는 에너지처럼 잇따라 그를 통과해 흐른다. 보들레르는 마치 전기에너지 저장소에 뛰어들 듯이 군중에 뛰어든 한 사람에 관해 이야기한다. 그는 충격의 경험을 규정하면서 이 사람을 '의식을 갖춘 **만화경**'이라 부른다"(Benjamin, 1974: 133).
실제로 보들레르/벤야민의 **산책자**는 프리드리히 엥겔스가 말하는 도시의 거리감과 혐오감보다는 즐거운 긍정과 더 (그리고 에드거 앨런 포보다는 덜) 관계된다. 다만 이들에게 마주침은 여전히 특권적이다. 여기서 **산책자**는 사실상 서로 다른 세계와 마주치는 예술이라 할 수 있을 것이다.
55) 도시는 소외된 주체성들 곧 '폐쇄된' 모나드들을 생산할 수 있다는 것 또한 주의해야 한다. 따라서 게오르그 짐멜이 언급하고 오늘날 도시에서도 여전히 볼 수 있는 도시 거주자의 '싫증난' 태도가 생겨난다.
"싫증난 태도는 먼저 빠르게 바뀌고 단단히 압축된 서로 대조적인 신경들의 자극에서 비롯된다. [⋯] 끝없이 쾌락을 추구하는 삶은 싫증나게 되는데, 결국 반응하기를 완전히 중단하

한 새로운 도시(그리고 새로운 도시 거주자)는 미래지향적이다. 츠체글로브의 도시는 유토피아적이다. 그렇지만 그것은 새로운 방식, 곧 다음과 같은 **연속적인 표류**^{Continuous Dérive}의 실천임에도 불구하고 이미 실존하는 도시를 활용함으로서 철저하게 현재와 결부된 유토피아이다.

> 미래를 구축하는 이론적 기반이 될 그러한 시간과 장소의 새로운 비전은 여전히 애매하며, 게다가 그렇게 계속 존속하여 결국은 실험과 행위의 패턴들이 그러한 목적을 위해 특별히 설립된 도시들에서 [⋯] 좋은 역량으로 또한 욕망들을, 힘들을, 과거와 현재 그리고 다가올 사건들을 재현하는 상징적 체계들로 채워진 건물들에서 발생할 것이다. [⋯] 모든 사람은 말하자면 그 자신의 개인적인 '대성당'에서 살 것이다. 그 어떤 약물보다 꿈꾸는 것에 도움이 되는 방들과 우리가 사랑할 수밖에 없는 집들이 있을 것이다. 다른 것들은 여행자들에게 너무나 매혹적일 것이다. [⋯] 거주자들의 주요한 행위는 **연속적인 표류**가 될 것이다. 매시간 풍경들이 변화하는 것은 완전한 탈정향을 야기할 것이다.(Chtcheglov, 1989: 25)

덧붙여서, 또 다른 상황주의자 기 드보르에게 **표류**는 건축적 탈영토화일 뿐만이 아니라 다음과 같은 현실적 인간관계들을 변조하는 방

기까지 긴 시간 동안 가장 강력한 반응성에 대해 신경이 곤두서기 때문이다. [⋯] 대도시의 싫증난 태도에 대한 이러한 심리학적 근거는 화폐경제에서 흘러드는 다른 근거와 접속된다. 싫증난 태도의 본질은 판별을 둔화시키는 데 있다"(Simmel, 1992: 132).

법, 바로 닫힌 것을 개방시키는 것, 소외를 혁파하는 것이라는 점은 주목할 가치가 있다.[56]

새로운 방식의 행위를 향한 힘든 실험은 우리가 **표류**로 일컬었던 것과 함께 이미 이루어졌으며, 또한 표류는 일상적인 것에서 분위기의 과격한 변화들을 통한 열정적 여행의 실천이자 심리지리학과 상황주의적 심리학에 대한 연구의 수단이다. 그러나 그러한 의지를 유쾌한 창조에 적용하는 것은 모든 알려진 형식들의 인간관계들로 확장되어야 하며, 우정과 사랑처럼 감정들의 역사적 진화에 영향을 미친다.(Debord, 1989: 27)

이런 점에서 라이프니츠의 집은 사실 츠체글로브가 ── 라이프

---

56) 『천 개의 고원』에서 도시는 아무리 홈 파여 있을지라도 마찬가지로 탈영토화의 장소로서 특징지어진다.
"동일한 것을 도시 자체에 관해서도 말해야 하지 않을까? 바다와 달리 도시는 특히 홈 파인 공간이다. 바다는 근본적으로 홈 파임에 열려 있는 매끈한 공간이고, 도시는 다른 요소들에서, 도시 자체의 안팎에서 어디서든 매끈한 공간을 다시 부여하고 가동시키는 홈 파임의 힘이다. 도시에서 발생하는 매끈한 공간은 세계적 조직의 공간일 뿐만 아니라 홈 파인 공간과 구멍 뚫린 공간을 조합하여 마을을 향해 되돌리는 반격의 공간이기도 하다. 뻗어나가고 일시적이고 종잡을 수 없는 판자촌은 유목민과 혈거인, 고철, 직물, 패치워크로 이루어지며, 화폐, 노동, 주거의 홈 파임과 더 이상 관련 없는 것이 된다"(*ATP* 481).
『철학이란 무엇인가』에서 도시의 개념(notion)은 더 발전되고 철학의 전제 조건으로서 특징지어지며 창조적 탈영토화의 형태로서 이해된다. "이 첫번째 측면에서 철학은 그리스적인 것으로 보이고 도시[국가 ── 옮긴이]의 기여와 일치한다. 도시[국가 ── 옮긴이]란 친구나 대등한 사람들로 이루어지는 사회의 형성이자 도시[국가 ── 옮긴이]들 사이에서 그리고 그 안에서 발생하는 경쟁 관계의 촉진이다. [⋯]"(*WP* 4). 위의 두 저서에서 들뢰즈와 가타리에게 도시란 탈영토화된 땅 위에 영토를 생산하는 것을 포함하며, 그로써 새로운 상대적 탈영토화(따라서 자본주의)와 절대적 탈영토화(따라서 철학)를 위한 장소로서 작동한다(특히 *WP* 85~113의 「지리철학」 항목 참조).

니츠 자체의 울림으로 — 특히 "바로크적 무대"라고 명명하는 새로운 도시주의의 형식으로 증식되었고 개방되었다(Chtcheglov, 1989: 25).[57]

미래의 주름들

그래서 도시에서처럼 예술에서도 오래된 주름은 새롭고 또 다른 종류의 주름들에 의해 추월된다. 주름들은 독립된 모나드와는 덜 관련되고 열린 모나드들 그리고 모나드들 사이의 관계들과 더 관련 있다. 이러한 새로운 조화는 어떻게 발생하는가? 들뢰즈가 우리에게 상기시키는 것은 라이프니츠의 모나드들은 다음처럼 "두 가지 조건들, 곧 울타리와 선별을 따른다는 것이다"(F 137).

---

57) 콩스탕의 「뉴 바빌론」 프로젝트는 츠체글로브가 공식화한 것을 실현하는 것, 혹은 들뢰즈-라이프니츠로 돌아가는 것이다. 그것은 분명 한 세트의 잠재성을 현실화하는 것, 적어도 하나의 수준에서 실재화하는 것이다(나머지 수준에서는 비실재화된 채로 남아 있을지라도). 피터 볼렌은 이 프로젝트에 관해 다음과 같이 기술했다.
"콩스탕은 기능적 도시주의가 아니라 놀이가 가득한 도시주의를 요청했다. 그것은 실제 존재하는 도시를 통과하여 환경('분위기')의 급속하고 목적 없는 변화 및 그에 따른 심리학적 상태의 변화를 경험하는 **표류**라는 레트리스트적 방법에 의한 발견들의 상상적 미래로 투영하는 것이다. 콩스탕은 알바(Alba)를 방문한 집시들의 정치적 대표가 되어 유목적 야영의 모델을 구축한 피노 갈라지오에게 영감을 얻었다. 이로부터 그는 공상적 도시(「뉴 바빌론」)의 건축 모델을 구축하고 그림에서 완전히 빠져나올 평면 및 입면의 청사진을 제작했다"(Wollen, 1989: 15~16).
츠체글로브의 "통합적 도시주의"를 다르게 실현한 것으로 **아키그램**(Archigram) 그룹의 작업이 있으며 특히 이동식 건축에 대한 츠체글로브의 정의("이동식 주택은 태양과 함께 돈다. 움직이는 벽이 초목을 삶에 침입시킨다. 트랙 위에 장착되어 아침에는 바다로 내려가고 저녁에는 숲으로 되돌아올 수 있다"[Chtcheglov, 1989: 24])를 따른다고 볼 수 있는 "도시 걷기"와 같은 '유토피아적' 프로젝트에서 이루어졌다. 아키그램은 다음과 같이 언급한다. "만일 '도시 걷기'가 동원된 건축의 영웅적 표현이라면 항상 구부리기, 움직이기, 옮기기를 중심으로 다루는 일련의 아키그램 프로젝트의 가장 훌륭한 뻔뻔함을 대표할 뿐이다"(Herron, 1998: 118).

한편으로 모나드들은 온 세계를 포함하고 세계는 모나드들 밖에서 실존하지 않는다. 다른 한편 이 세계는 수렴이라는 일차적인 선별을 상정하는데, 왜냐하면 이 세계는 위의 모나드들에 의해 배제되는, 발산하는 다른 가능세계들로부터 구분되기 때문이다. (F 137)

게다가, "이 세계는 협화음이라는 이차적인 선별을 이어 야기하는데, 왜냐하면 언급된 각 모나드는 자신이 포함하는 세계 안에서 명석한 표현지대를 잘라내어 지니기 때문이다(미분적 관계들 또는 인접한 조화연산자들에 의해 만들어지는 것이 바로 이차적 선별이다)"(F 137). 그러한 두번째 선별, 어떤 조화에 기반해서 이루어진 선별, 어떤 통일성의 생산은 변경 중에 있는 작동이다. 오래된 종류의 조화, 오래된 종류의 접힘이 우선적 지위를 상실하고 있다. 곧 "불협화음들"은 더 이상 '해결'될 필요가 없으며, 결과적으로 "발산들이 긍정될 수 있다"(F 137).[58] 이러한 것은 차례로 첫번째 조건 위에 다시 작용한다. 따라서 독립된, 자율적 모나드는 동료 모나드들 쪽으로 피를 흘린다.

이러한 기이한 세계에서, 사실 우리의 세계, 안과 바깥 그리고 공적인 것과 사적인 것 사이의 차이들은 점점 더 비상관적이게 되고, 대신에 변이와 궤적의 관계들이 그것들을 대체한다. 이러한 세계 혹은 **카오스모스**는 "분기하는 계열들", 순수 차이로 구성되며, 또한 그러한

---

58) 들뢰즈는 이를 특히 음악과 관련지어 논의하고 전후의 음렬주의로 '옮겨 간다'(예컨대 불레즈의 경우). 여기서 들뢰즈가 '새로운 화성'을 음악적으로 명시적인 정의를 한 것과 '행위예술'의 확장된 영역을 명명한 것 사이의 가교 역할, 곧 1960년대의 아방가르드 실천을 존 케이지가 했다고 할 수 있다.

것으로서 "모나드는 이제 마치 닫힌 원에서처럼 온 세계를 포함할 수 없다"(F 137). 이제 모나드는 궤적으로 열려 있다. […] 수직적 조화로움[원뿔 혹은 관점=시선의 점의 정상]은 더 이상 수평적 멜로디와 구별될 수 없고", 지배적 모나드의 사적 조건과 무리 속 모나드들의 공적 조건 사이의 선은 흐릿하기보다는 오히려 하나의 해석의 시스템 그리고 일시적인 포획의 순간들 안으로 "융합"된다(F 137). 들뢰즈는 이제 더 이상 부피를 포함하지 않고(독특한 세상을 표현한다) 모든 방향들로 경계 없는 공간을 껴안는 칼 안드레의 "평면 조각들"에 각주를 단다(F 160, n4). 또한, 분명히 우리는 그러한 조각들은 그것들이 활성화될 수 있도록 **참여** 그리고 수평면을 따라서 개방하는 것을 필요로 한다는 것을 덧붙일 수 있다.

그래서 모나드들 곧 **노마드들**은 이제 상이한 토대(혹은 도시 경관)에서 상이한 관점=시선의 점을 표현한다. 내가 앞에서 제시한 것과 같이 그러한 것은 확장된 퍼포먼스적 예술 실천들 혹은 상황주의자들의 심리지리학뿐만이 아니라 단순히 약물사용/성적 취향/공동체적 생활 등의 더 넓은 실험들과 탐험들('닫힌 집'을 개방하는 것)에서 1960년대 이후 출현하는 새로운 종류의 접힘이다. 이것은 『제국』에서 하트와 네그리가 논의한 내재면의 현실화와 활성화이다(E 260~264). 분명, 이 지점에서 우리는 역사(이 자체는 일종의 배경이고 예술적 사건에 대한 '장면'이다)를 다시 받아들일 수 있다. 지리 정치적인 조건들(경제적이고 사회적이며 또한 환경적이고 생태적인 것)은 사건에 '속하는 것'이 아님에도 불구하고 사건의 배경을 제공한다. 이러한 측면에서 우리는 그러한 새로운 주름이 출현하는 데 역할을 하는 것으로서 새로운 기술의 전개를 알 수 있다. 토니 스미스의 사례에서 질주하는 차를 본 것과 마찬가지로, 우리는 들뢰즈가 영화에 대한 책들에서 증명한 것처럼 새로운 사유의 이미지, 바로 공간과 시간의 재배열(새로운 접힘) 그리고 우리 주체성의 닫힌 모나드를 다른 비인간적 세계들로 개방하는 것(카메라-기계의식)을 제공하는 영화를 추가할 수 있다. 같은 것이 한층 더 새롭게 시각화하고 소통하는 기술 곧 VR 그리고 월드와이드웹에 의해 개방된 비물체적인 우주에 대해 말해질 수 있으며, 게다가 VR과 월드와이드웹은 '새로운 바로크'(이것은 노마드적 주체성을 수반하는 생산이다)의 거의 정확한 경우다. 이러한 것과 평행하는 것이 로봇모나드들의 계속되는 생산이며, 로봇모나드들의 접힘들은 우리 자체의 접힘(이것은 로봇모나드들이 상이한 공간적·시간적 리듬들에 대해서 수행하는 것처럼 움직인다)들보다 훨씬 더 제거되었고 더욱 기이하다. 사실, 다른 사람들 중에서도 도나 해러웨이가 지적했던 것과 같이 그러한 새로운 인공기관의 기술들이 실리콘 배치들의 접힘을 우리 자체의 탄소 배치들과 관련시킨다는 점에서 우리는 이미 이 새로운 접힘의 부분이다. 이런 점에서 우리는 일반적으로 조직공학과 분자생물학에서의 실험들, 모든 종류의 이상한 존재들을 생산하는 많은 유전적 접힘들, 그리고 심지어 그러한 것들이 표현하는 더 이상한 세계들을 추가할 수 있다(게다가 또한 여기서 우리는 오늘날 유비쿼터스 진료 그리고 '오락적' 약물사용 혹은 실제 어떤 다른 개인적이고 의도적인 분자 개변molecular alteration도 포함해야 한다). 바로 이러한 새로운 모든 형성과정들에서 들뢰즈가 언급하는 것처럼 모나드론은 노마드론에 의해 추월되며, 이런 점에서 새롭고 상이한 유

형의 세상에서 새롭고 또 다른 종류의 접힘을 생산하는 것으로 파악된다.[59]

초주름

들뢰즈는 푸코에 관한 그의 책 마지막 두 페이지에서도 마찬가지로 그러한 새롭고 미래적인 종류의 주름들을 고려한다. 들뢰즈가 새로운 종류들의 주름들을 언급하는 것으로서 '초주름'은 세 가지 주름들의 결과가 될 것이다. 첫째, 분자생물학의 주름으로 부를 수 있는 것, 유전적 코드의 발견. 둘째, 탄소실리콘 주름과 '제3세대 기계들'의 출현, 인공두뇌학과 정보기술. 셋째, 언어의 접힘, "언어 안에서 낯선 언어"를 드러내는 것 — "언어의 끝을 나타내는 표현의 무전형적 형식"(*FO* 131). 이 세번째는 나머지 두 개와 함께함으로써 인간을 비인간적인 것으로까지 개방시키는 주름이며, 따라서 인간을 그 자체 '안으로' 다시 주름지게 할 수 있는 힘들과 접촉하게 한다. 이것은 푸코와 마찬가지로 들뢰즈에게 다음처럼 초인 혹은 인간 안에서부터 '삶을 자유롭게 하는' 것과 동의어이다.

---

59) 이는 하트와 네그리가 예견한 "새로운 야만인"의 도래이며(*E* 213~218) 도나 해러웨이에게서 가장 분명하게 나타났을 것이다(Harraway, 1991). 기술적 발전 자체가 불협화적이고 급진적이고 해방적인 주체성을 규정하는 것은 아니라는 점을 지적해야 한다. 실제로 사이보그와 인공지능 기술의 군사적 발전을 추적하기만 하면 된다(예컨대 데란다의 *War in the Age of Intelligent Machines*[Delanda, 1991] 참조). 본 장과 관련하여 어떤 종류의 모나드나 주체성(파시스트? 공산주의자? **혁명주의자?**)이 그러한 기술들을 생산하거나 그러한 기술들을 통해 생산되는지 관심을 돌릴 필요가 있다(3장 참조).

초인이란 랭보의 공식을 따르자면 심지어 동물들(측면 혹은 역행 진화의 새로운 도식에서처럼 다른 코드의 단편들을 포획할 수 있는 코드)을 담지하고 있는 인간이다. 초인은 바위 자체, 곧 무기질적인 것(실리콘이 지배하는 영역)을 포함하고 있는 인간이다. 초인은 언어 존재(언어가 심지어 자신이 말해야만 하는 것으로부터 '자유롭게 되는' 비정형적인, '무언의, 비기표화하는 지역')를 담지하고 있는 인간이다.(*FO* 132)

그러한 주름들의 첫번째는 과학의 소관(그러한 주름에는 예술이 있음에도 불구하고)이다.[60] 또한 두번째는 비록 과학일지라도 예술로 스며든다(동시대 사례로는 퍼포먼스 예술가 스텔락이 있다).[61] 그러나,

---

60) 현 시대의 명백한 예로 제이크와 다이노스 채프먼의 실천을 들 수 있다. 예컨대 두 사람의 , *Hell*(Chapman & Chapman, 2003)을 참조할 것.

61) 스텔락이 1970년대에 선보인 퍼포먼스는 신체의 한계(곧 고통)에 대한 탐구, 신체가 무엇을 할 수 있는지 발견하기 위한 실험이라 볼 수 있다. 이처럼, 스텔락의 퍼포먼스들은 행동학적 윤리적 실험으로서 스피노자의 렌즈를 통해서 읽힐 수 있다. 통신기술과 로봇 보철물이 결합된 스텔락의 더 최근 작업에서는 신체(지배하는 것과 지배되는 것 간의 관계)에 관한, 그리고 신체가 자율적이고 폐쇄된 모나드에서 더 개방된 모나드로 이행하는 방식(스텔락에 따르면 이 이행은 주체성의 정신분석학적 설명으로부터 사이버네틱적 설명으로 전환하는 것이다)에 관한 라이프니츠적 이론화를 더 분명히 볼 수 있다.

"전기가 들어오면 원격 행위주체의 행동을 유도하고 전기가 나가면 신체의 주변기기를 제어할 수 있는 분할 신체가 되는 것의 중대성과 장점을 생각해 보라. 이는 더 복잡하고 흥미로운 신체일 것이다──이 신체는 행위주체성이 하나인 단일 실체일 뿐만 아니라 생리적으로 상이하고 서로 다른 곳에 위치하는 원격적이고 생경한 행위주체들의 다양체를 위한 주인이기도 할 것이다"(Stelarc, 1997: 66).

물론 이러한 확장된 신체가 생산되는 것은 월드와이드웹을 통해서다. 실로 월드와이드웹은 모나드의 두 가지 수준 간에 새로운 유형의 공명 ── 곧 폐쇄된 주택이 열리는 것 ── 을 발생시키는 '새로운 바로크'의 모델이라 할 수 있다. 바로 여기서 1장의 주제로 되돌아간다. 예술의 '새로운 바로크'는 특히 다양체와 상호 연결성의 전경화에서 리좀적으로 이해되는 예

우리가 3장에서 이해한 것처럼 세번째는 바로 예술의 영역이며, 여기서 예술은 일종의 소수주의자 되기로서 파악된다. 예술은 그것에 이용할 수 있는 재료들을 습관적으로 또한 우발적으로 더듬거린다. 게다가 그렇게 할 때 자기 안으로 세상을 주름 접는 것의 새로운 방식들 곧 더 간단히 말해 새로운 종류들의 주체성을 생산한다. 이런 점에서 우리는 리히터의 추상화들, 상황주의자들의 좀 더 창조적인 실험들로 되돌아갈 수 있으며, 이 둘은 그러한 물질의 조작을, 그런 새로운 종류들의 주름을 생산하는 것을 포함한다.

물론 여전히 다른 접힘들이 있을 수 있다. 예를 들어 동양의 주름은 들뢰즈가 언급하는 것처럼 아마도 전혀 주름이 아니며, 결과적으로 주체화의 과정이 아니다(*F* 36). 이것과 관련해서 들뢰즈가 말하는 것처럼 "바로크가 완전히 동양과 대면해야 할 것일지도 모른다"(*F* 36). 그러한 비-주름에 대한 미술의 관계는 **의식적인 것**의 하나라고 주장될 수 있다. 이것은 말하자면 가능세계들의 생산(이야기 만들기) 그리고 주체성의 생산이 아니라 ── 오히려 이 둘 모두 단지 어떤 다른 것에 접근을 허용하는 한에 있어서 ── 세계들과 주체성이 출현했던 틈, "토대"이다.[62] 그러므로 언제나 주름을 동반하는 것으로서 **비**접힘은 새로운 주름들을 생산하고 또한 아직 주름 접히지 않은 것으로 우리를 개방시킨다.

술이다.

62) 그리고 주체가 이러한 (접힘이 접히지 않은 것을 동시에 경험할 수 있는) 토대에 접근할 수 있느냐는 문제는 우리 시대의 종교적 문제일 것이다.

결론
세 가지 결말

결론을 대신하여 나는 세 가지 상이한 결말을 제안하고자 한다.

이야기 만들기는 신화-과학이다

신화-비판 그리고 신화제작

이 책의 모든 장들을 통해서 내가 시도했던 것은 이른바 들뢰즈-가타리적인 렌즈를 통하여 재현을 넘어서서 미술을 사유하는 방법의 윤곽을 그리는 것이었다. 일반적으로, 그것은 미술의 기표화하는 내용과 대비해서 미술의 정서적이고 탈기표화하는 포텐셜을 전면에 내세우는 것을 포함했다. 그러한 책략은 어느 정도 전략적이었으며, 또한 미술을 '기표'로서 위치 짓고 해석하는 매우 최근의 미술사에서까지 하나의 조정책으로서 작동하였다. 그럼에도 불구하고, 2장의 끝부분에서 내가 지적한 바와 같이 현대미술은 당연히 종종 서술적 내용을 포함한다. 사실, 진실로 그러한 기표화하는 요소들은 결코 한층 더 정서적인 미술의 등록기로부터 분리될 수 없으며, 각 요소들은 타인을 위한 플랫폼으로서 작동한다. 진실로, 우리는 앙리 베르그송으로 돌아갈 수 있으며, 한 번 더 미술에는 스토리를 말하는 것, 곧 이야기 만들기 그리고 진정한 창조성이라는 두 종류들 혹은 두 기능들이 있다는 그의 관찰을 주목할 수 있다.[1] 들뢰즈는 이야기를 말하는 그러한 종류의 미술에는 덜 유용하지만 특히 회화에서 발생하는 것과 같이 형상적인 것과 추상에 초점을 맞추지 않는가? 진실로, 그것은 어느 정도 미술에 대한 들뢰즈의 현실적 글쓰기들의 한계이다. 사실, 어쨌든 들뢰즈는 얼핏 보기에 그가 미술과 대상들을 선택하는 데 있어서 매우 보수적인 것으로 보여질 수 있다. 그러나 우리는 (살펴본 것처럼) 예를 들어 분명히 영화와 문학에 관한 다른 글쓰기들을 볼 수 있고 게다가 창조적으로 개념들을 상이한 매체들과 환경들로부터 오늘날 존재하는 확장된 시각예술의 영역에 적용할 수 있다. 그와 같은 것은 철학에 관한 들뢰즈의 글쓰기들에도 해당한다. 그것들은 복잡하게 작동하는 미술의 지대를 사유하기 위해 이용할 수 있는 풍부한 개념적 정맥으로 실존한다. 진실로, 우리가 특별히 그러한 횡단적 작동을 정말로 수행하지 않는다면, 그때 우리는 들뢰즈의 글쓰기들과 미술(그리고 참으로 들뢰즈의 렌즈로 탐구될 수 있는 미술)의 관련성을 연극적으로 축소할 것이다.

그래서 첫번째 결말로서, 내가 원하는 것은 서술의 개념notion과 특히 현대미술의 **신화제작적** 특징으로 일컬어질 수 있는 것으로 회귀하여 미술의 창조적이고 존재론적인 생산성을 계속해서 탐구하는 것

---

1) 이 책 2장의 116~118쪽 참조.

이다. 어떤 의미에서, 그러한 것은 지금까지 고찰된 다양한 실천적 미술에서 많은 부분 주제가 되어 왔는데, 왜냐하면 신화제작(내가 이 용어를 사용하고 있는 것처럼)은 허구를 통한 **상상적 세계의 변형**을 가리키기 때문이다. 우리는 그것을 로버트 스미스슨에게서 보았으며, 그는 특히 그의 〈유카탄 반도의 거울 전치들〉의 이야기를 언급할 때 신화적 언어를 사용한다. 마찬가지로 〈나선형 방파제〉에 대한 에세이와 영화는 방파제 자체를 신화적 컨텍스트라고 부를 수 있는 것에 위치시키는 일종의 '신화-기계'로서 작동한다. 그러한 신화들은 은유들도 또한 분명히 퇴보들도 아니며, 오히려 그것들은 새로운(게다가 미래라고 부를 수 있는) 주체성들을 위한 새로운 서술들의 창조적 구축이다. 우리는 비슷한 구축적 태도를 게르하르트 리히터의 추상화들에게서 보며, 그것들은 비록 본래 서술적이지 않음에도 불구하고 신화적 '세계-건설' 특징을 지니는 것으로 이해될 수 있다. 회화들은 진행 중인 세계들을 그린다. 따라서 회화들은 미래의 주체성들을 도해한다. 또한 상황주의자들도 마찬가지로 신화제작자들로서 그려질 수 있다(특히 그들의 미술적인 주변운동들에 있어서). 이런 점에서 신화-구축은 스펙터클에 의하여 증식된 것에 대한 '반-지식'의 형식이다.[2] 또한 우리는 2장에서 이러한 신화제작을 알았다. 따라서 미술은 지각과 정서들의 블록으로서 우리가 전형적으로 지각하는 것에 상이한 세계를 제공한다. 끝으로 3장에서의 미술의 '정치적인' 기능 또한 미술의 신화

---

2) 이러한 '반-지식'의 실례로 아스게르 요른의 *Open Creation and its Enemies*(Jorn, 1994) 참조. 여기에는 대안적 과학 체계의 구성이 포함되어 있다.

적 질로서 간주될 수 있다.

진실로, 대부분 마치 거의 그러한 미술이 세계를 창조하기 위하여 뒤쪽으로 투사된 미래 세계의 파편인 것처럼, 바로 그러한 미래적 정향이 근대와 현대의 미술을 정의하는 것 같다. 바로 이러한 의미에서 미술은 언제나 관객을 창조한다(그 관객이 비록 이미 부분적으로 구성되었다 할지라도, 미술은 여전히 어떤 상술된 컨텍스트에서 새로운 것을 앞으로 끌어당긴다). 사실, (신화제작으로서의) 미술은 민중을 창조하기보다는 민중을 **염원한다.** 들뢰즈는 인터뷰에서 다음과 같이 언급한다.

> 가장 위대한 예술가들은 (대중적 예술가들이라기보다) 민중을 염원하는 사람들이며, 그들은 '민중이 부족하다'는 것을 발견한다. […] 예술가들은 단지 민중을 염원할 수 있으며, 예술가들이 민중을 요구하는 것은 바로 그들이 수행하는 핵심적인 것에 이르는 것이다. 민중을 창조하는 것은 예술가의 일이 아니며, 그들은 민중을 창조할 수도 없다. 예술은 저항이다. 예술은 죽음에 저항하고, 굴종에 저항하며, 불명예와 치욕에 저항한다. 그러나 민중은 예술을 걱정할 수 없다. 민중이 어떻게 […] 형성되겠는가? 민중이 만들어지는 것은 고유의 자원들을 통해서이며, 그렇지만 예술에 있어서 무엇인가와 연결하는 그런 방식을 통해서이거나 […] 혹은 예술이 스스로에게 결핍된 것에 연결하는 그런 방식을 통해서이다.(N 174)

그러므로 민중의 구축(명백히 이것은 정치적인 실천임은 물론 감성론적 행위이다)과 예술작품(분명히 이것은 감성론적 실천임과 동시에 정치적인 행위이다)은 비슷한 무엇인가가 있다. 예술이 이후에 도래하는 민중에 앞선다고 언급하는 것이 간단하지 않은 것임에도 불구하고, 의미가 있는 것은 예술이 작동하는 장은 미래이며 반면에 민중의 구축은 언제나 현재에서 시작해야 한다는 것이다.[3] 그러므로 우리는 미술이 그러한 현재를 넘어서 움직이기 위하여 현재의 것을 이용하는 것, 그것이 바로 미술의 특성이라고 말할 수 있다. 간단히 말해서, 미술은 새로운 조합 그리고 아마도 들뢰즈가 언급한 새로운 주사위 던지기를 포함한다. 그러한 미술은 일련의 지식들을 제공하기보다는 여전히 도래할 미래의 지식들을 위하여 조건들(말하자면 윤곽들)을 제시한다. 바로 이러한 의미에서 미술은 새로운 질문을 하는 것을 포함하고, 그렇게 함으로써 언제나 존재하는 어떠한 관객에게라도 항상 압력을 가한다.

정확히, 바로 이 상상력 곧 단순히 현실로 나타나는 것(곧 우리의 습관적인 지각작용과 실천들)을 '넘어서는' 능력이 혁신과 발명의 근본적인 역량을 구성한다. 들뢰즈는 다음과 같이 언급한다. "유토피아는 올바른 개념이 아니다. 그것은 차라리 민중과 미술이 공유하는 '이야기 만들기'의 문제이다"(N 174). 그러한 이야기 만들기 곧 허구들의

---

3) 안토니오 네그리는 *Time for Revolution*(Negri, 2003)에서 민중의 구축이 이러한 미래 지향도 포함한다고 설득력 있게 주장한다. 네그리에게 미래의 잠재성을 이처럼 창조적으로 열어 젖히는 것은 **이름짓기**에서 시작된다(Negri, 2003: 147~158). 네그리의 작명행위와 미술작품을 비교하면 흥미로울 것이다. 여기서 중대한 물음은 민중이 언어학적 발언 없이(곧 의미작용으로 환원될 수 없는 감각연합을 통해) 창조될 수 있느냐는 것이다.

생산이 미술의 신화제작적 특징이다. 그러므로 우리가 말할 수 있는 것은 신화는 다른 장소, 다른 시간으로부터 대안적인 관점=시선의 점, 상이한 관점=원근법을 제공한다는 것이다.

이런 점에서 중요한 것은 상이한 종류의 신화가 있다는 것을 주목하는 것이며, 게다가 마찬가지로 포괄적인 신화들로부터 파시스트적일 수 있는 신화들(이것은 말하자면 배타적이다)을 구별하는 것이 중요하다. 배타적인 신화는 나치의 '피와 불'의 신화('지배자 민족') 혹은 진실로 배제에 기반하여 전제로서 말해진 어떠한 신화도('그들에게 그리고 우리에게'의 논리) 포함한다. 포괄적인 신화는 3장의 갑자기 더듬거리는 그리고 습관적으로 더듬거리는 소수자들을 포함한다(이러한 점에서 명백히 도래할 민중은 어떤 다른 곳에도 속하지 않기 때문에 함께 '속한다'). 물론 신화-비판(이데올로기 비판)의 역할은 ── 그것이 롤랑 바르트의 『신화학』이든 테오도르 아도르노의 『진정성의 말무덤』이든 ── 종종 강력한 프로토파시스트의 신화들이 될 수 있는 '진리'와 '진정성'에 대한 허세들을 비판하는 것이다. 이것은 1장에서 고찰한 코드들이 서로 다투는 것(또한 새로운 자율적인 코드들이 수반하는 발명까지)을 포함한다. 게다가 이러한 점에서 우리가 신화-분석에 관한 것에 대해 주목할 것은 역사적으로 특정한 존재의 결정적인 중요성이다. 예를 들어 나치 신화는 그것의 컨텍스트 곧 독일의 1930년대와 1940년대의 풍족한 토대와 분리될 수 없다. 마찬가지로, 우리는 신화시스템의 구축요소들과 그 시스템이 어떻게 작동하는지를 주의할 필요가 있다. 나치독일의 경우에 있어서 그러한 것은 전근대적(그리고 사실은 종종 비-서구적) 특징의 특별한 조합, 어떤 신화들 곁에서 과학기술 진보의 원형들 그리고 연속적인 기계적 투쟁을 포함하는 것 같다.

우리가 4장에서 보았던 것처럼, 또한 들뢰즈와 가타리는 자유를 더 주장하는 기획들로부터 잠세적으로potentially 파시스트적인 신화들을 구별하는 것에 열중한다. 이것은 더 내재적이고 혁명적인 신화들로부터 초월적 유토피아를 구별하는 것이다. 그리고 이 구별은 어려울 수가 있는데, 왜냐하면 하나가 끝나면서 동시에 다른 것이 시작하는 곳은 언제나 전적으로 명확하지 않기 때문이다. 들뢰즈와 가타리는 아마도 하이데거와 관련해서 다음과 같이 언급한다. "모든 개념들은 이러한 분간불가능성의 회색지대를 포함하며, 그곳에서 전투원들은 대지 위에서 일순간 뒤범벅이 되어 버리고 사색가들의 피곤한 시선들은 이것을 저것으로, 독일인을 그리스인으로, 뿐만 아니라 파시스트를 현존과 자유의 창조자로 착각한다"(WP 194). 하이데거의 철학은 '그러한 전회'의 적절한 경우일 것이다. 들뢰즈와 가타리는 다음처럼 언급한다. "하이데거는 민중, 땅, 혈통을 착각했다. 왜냐하면 예술과 철학에 의해 소환된 인종이란 스스로 단일하다고 자처하는 인종이 아니라, 억압받고 사생아적이며 열등하고 무정부적이며 유목적이고 회복할 수 없는 소수 인종이기 때문이다"(WP 109).

그러므로 이러한 점에서 내재적 유토피아(혹은 공산주의자의 신화로 칭할 수 있는 것)는 반드시 퇴보는 아니며 사실은 정리되어 있지 않은 진보다. 그래서 그것은 언제나 이미 결정되고 구성된 스토리들(이것은 다음과 같은 신화들이다. 핵가족, 오이디푸스 콤플렉스적 성, 목가적인 과거, '영광스러운 죽음'의 민족국가, 회사원의 출세주의와 상품

강박관념)로 되돌아가는 것이 아니라 지배적인 것의 이야기들 안에서 스스로 재인할 수 없는 민중을 위한 새로운 이야기들의 발명이다. 2장과 3장을 계속 이어서 우리는 그러한 신화적 기능이 서로 다른 '탐색하는 머리들'을 위한 상이한 서술들의 생산이며 서로 다른 전쟁기계들을 위한 상이한 삶/생명의 과정들의 발명이라고 말할 수 있다. 신화제작은 합의된 현실로부터 탈주선들을 위치 짓는 것과 구축하는 것을 일컫는다.

사실, 이러한 미래지향적 실천은 지난 신화들을 이용하는 것 ── 비록 그것이 새롭고 진기한 조합이더라도(그러한 신화들은 분명히 사생아로 인정될 것이다) ── 을 포함할 것이다. 진실로, 일찍이 레이먼드 윌리엄스가 지적했던 것처럼, 잔존문화들, 잔존신화들은 지배문화의 신화들에 대해서 어떤 상당한 양의 포텐셜 저항을 유지할 수 있으며, 그럼에도 불구하고 여전히 잠세적으로patentially 저항적인 신화들(곧 소수자)과 '합병되었던' 신화들(말하자면 다수자가 되었던 신화들)을 구별하는 것이 중요하다.[4] 들뢰즈는 가브리엘 로차의 영화와 관련하

---

4) 윌리엄스는 다음과 같이 언급한다.

"'잔존'이란 지배문화를 통해 확인될 수 없고 표현될 수 없지만 이전 사회적 형성의 ── 사회적인 그리고 문화적인 ── 잔존물을 기반으로 살아 있고 실천되는 경험, 의미, 가치를 뜻한다. [⋯] 잔존문화는 보통 실질적 지배문화와 거리를 두고 있지만 그 안에 포함될 수도 있다는 것을 인식해야 한다. 실질적 지배문화와 의미가 통하는 영역에서는 ── 그리고 특히 잔존물이 과거의 다수 영역에서 비롯된 것이라면 ── 잔존문화의 일부나 이형이 포함되는 경우가 많기 때문이다. 또한 특정 지점에서는 지배문화가 이러한 외부의 실천 및 경험 자체를 적어도 위험 없이는 지나치게 용인할 수 없기 때문이기도 하다. 그러므로 압력은 실재하지만, 일부 순수하게 잔존적인 의미와 실천이 살아남는 중요한 경우가 있다"(Williams, 1980: 40~41).

윌리엄스는 이어서 그가 '신생' 문화라 부르는 것의 원천을 서술하는 동시에 잔존문화가 포함된 것과 포함되지 않은 것 간, 신생문화가 포함된 것과 포함되지 않은 것 간의 "매우 정확

여 어제의 신화들의 생산적인 사용에 관하여 『시네마 2』에서 비슷한 무엇인가를 다음과 같이 언급한다. "문제는 낡은 의미meaning 혹은 낡은 구조를 드러내기 위하여 신화를 분석하는 것이 아니라 낡은 신화를 완전히 현대사회에 있어서 욕동들의 상태, 곧 기아, 목마름, 성욕, 권력, 죽음, 숭배에 연접하는 것이다"(C2 219).

이것은 조심스러운 임무인데, 왜냐하면 민중은 종종 언제나 기원이 아닌 신화들에 의하여 식민화되기 때문이다(이것들은 바깥으로부터 민중에게 부과된 신화들이다). 『시네마 2』에서 들뢰즈는 다음처럼 언급한다. 제3세계에서 "영화작가는 문화의 관점=시선의 점으로부터 이중적으로 식민화된(곧 다른 곳에서 온 역사들에 식민화됐을 뿐만 아니라, 식민지 지배자를 위해 비인칭적인 실체가 되어 버린 그들 고유의 신화에 의하여 식민화된) 민중 앞에 선 자신을 발견한다"(C2 222). 그러한 상황에서 예술가는 다음을 주의해야 한다.

자신의 민중의 민족지학자가 되어서는 안 되며, 마찬가지로 사적 이야기에 불과할 어떤 허구를 만들어서도 안 된다. 왜냐하면 모든 사적 허구들은 모든 비인칭적 신화와 마찬가지로 '주인'의 편이기 때문이다. […] 작가에게 남은 것은 스스로에게 '중계자'의 역할을 부여할 가능성, 곧 허구적이지 않은 실제 인물을 취해 그들을 '허구화하고', '전설을 만들고', '이야기를 만드는' 상황으로 데려가는 가능성이다.

___

한 분석"이 중요하다고 경고한다(Williams, 1980: 41). 이러한 정치사상의 특정한 내부/외부 패러다임에는 점점 더 의심의 여지가 생기지만, 그럼에도 모든 주어진 현재가 각각 고유의 특수성과 잠재성을 갖는 '시간들'의 다양체로 이루어진다는 것은 여전히 중요하다.

작가는 그의 인물들을 향해 한 걸음 나아가야 하고, 인물들 역시 작가를 향해 한 걸음 나아가야 한다. 이것은 이중적인 되기이다. 이야기 만들기는 비인칭적인 신화도 아니고 개인적인 허구는 더더욱 아니다. 이는 사적인 문제와 정치적인 것을 분리하는 경계를 끊임없이 뛰어넘는, 그리고 그 자신 집단적 언표들을 생산하는 인물의 행동하는 발화, 발화의 행위이다.(*C2* 222)

이러한 점에서 신화-만들기는 비인칭적이지도 중성적이지도 않으며, 그렇지만 또한 순수하게 인칭적인 것도 아니다. 사실 신화-만들기는 명백히 집단적이다. 따라서 집단적 선언들의 생산 그 자체는 정치적이게-되기 그리고 실로 다른 이상한 되기들을 포함한다. 그것들은 소수 신화들이며, 여기에는 신화에 말을 거는 민중의 부름이 언제나 존재한다.

배반자 예언자들

1장의 회답으로, 우리는 그러한 신화제작을 미술에 있어서 문학과 문학적 계기의 프로그램적 특징이라고 부를 수 있다. 들뢰즈는 공동연구 에세이인 「영미문학의 탁월함에 대하여」에서 이렇게 언급한다. "**프로그램들은 선언서들이 아니며 환상은 더더욱 아니다. 그렇지만 예견하는 우리의 능력들 저 너머에 있는 실험을 위한 참조점들을 공급하는 수단이다.** [⋯]"(*DI* 48). 문학 저자들 그리고 문학을 지향하는 예술가들은 그러한 프로그램적 기능들에 관련된다. 그러므로 그들은 예견할 수 있는 것 그리고 전형적인 것을 넘어서서 실험적인 모험들을 제공한다. 그들은 일상적으로 우리에게 제공된 것들에게서 상이한 서술을 생산한다. 진실로, 문학이 지금까지 존재해 왔고 부여했던 서술적 구성을 통하여 엄격하게 작동하는 언론의 지배적인 권력(점점 정서적인 등록기에서 작동함에도 불구하고)보다도 그러한 문학적 생산은 아마 오늘날 더욱 중요하다. 새롭고 또 다른 종류의 서술과 규범과의 절단을 생산하는 데 있어서, 저자/예술가 자체는 탈주선을 따라야 한다. 이것은 오이디푸스 콤플렉스적 배열로부터 그리고 마이크로 파시즘들로부터의 탈주이며, 줄곧 "모래더미와 블랙홀들"을 회피하는 것이다(DI 39). 저자 **그리고** 그의 등장인물들은 재현을 넘어서는 모험들과 독자 또한 가담되는 되기들에 몰두하게 된다.[5]

분명, 이러한 의미에서 새로운 무엇이든 지배적인 것과의 절단을 포함해야 한다. 따라서 절단 혹은 단절 그 자체는 보호되어야 한다. "진정한 절단은 시간 속에서 펼쳐질 수 있으며, 지나친 기표화하는 자르기와도 다른 것이며, 그것의 허상들과 단절 그 자체 및 단절을 위협하는 재영토화로부터 끊임없이 보호되어야 한다"(DI 39). 이러한 것

---

5) 폴 리쾨르는 이를 그의 논문 "Life in Quest of Narrative"(Ricoeur, 1991)에서 잘 표현했다. 리쾨르에게 이처럼 신화제작적 기능(내가 계속 불러왔듯이)은 문학 텍스트, 그리고 특히 그 텍스트에 대한 독자의 관여가 만들어 낸 세계로 이해되어야 한다.
"서사의 의미 혹은 기표화는 텍스트의 세계와 독자의 세계와의 교차점에 기인한다. 따라서 읽는 행위는 분석 전체의 결정적인 계기가 된다. 그 위에서 독자의 경험을 변모시키는 서사의 능력이 성립하는 것이다. […] 텍스트의 세계에 관해 말하는 것은 가능한 경험의 지평, 그것이 살 수 있는 세계를 그 앞에 여는 모든 문학작품에 속하는 특색을 강조하는 것이다. 텍스트는 그 자체로 닫힌 것이 아니라 우리가 살고 있는 곳과 전혀 다른 새로운 세계의 투영이다. 작품을 읽음으로써 유용한 것은 그 안에 내포된 세계 지평을 펼치는 것이며, 거기에는 이야기에 나타난 행동, 인물, 사건이 포함된다. 그 결과 독자는 그 작품의 상상 속 경험의 지평에, 그리고 그 자신의 실제 행동의 지평에 즉각적으로 속하게 된다. 기대의 지평과 경험의 지평은 계속해서 서로 맞서고 또 융합한다"(Ricoeur, 1991: 26).

은 들뢰즈에게 영미적 글쓰기의 전통이며, 이것은 언제나 단절을 축하하며, 그렇게 함으로써 "중단된 선을 다시 잡고 끊어진 선에 하나의 선분을 덧붙이도록" 우리에게 요청한다(*DI* 39). 그러므로 들뢰즈에게 "흥미로운 시작과 끝은 결코 존재하지 않는다. 시작과 끝은 점들이다. 흥미로운 것은 중간이다"(*DI* 39). 게다가 이것은 1장의 지대로 돌아가는 것이며, 나무들을 넘어 풀을 긍정하는 것이고 미술과 주체성의 리좀적 본성을 축하하는 것이다.

이것과 관련해서 들뢰즈는 토머스 하디의 예를 다음과 같이 우리에게 제시한다.

> 그의 등장인물들은 인격들이나 주체들이 아니라 강도적 감각들의 채집들이며, 각각의 등장인물들은 그러한 채집, 한 다발, 변이 가능한 감각들의 블록이다. 거기에는 개체를 향한 이상한 존경 그리고 […] 특별한 존경이 있다. 왜냐하면 개체는 자기 자신과 타인들을 '독특한 기회들' 곧 이러저러한 조합이 끌어당겨지는 독특한 기회로서 보았기 때문이다. 그것은 주체 없는 개체화이다.(*DI* 39~40)

그러한 풍경에서 '중심적인' 위치를 차지하는 사람은 배반자이다. 곧 그는 "지배적인 의미작용의 배반자이며, 설립된 질서의 배반자이다"(*DI* 41).[6] 배반자는 2장의 얼굴성 기계와 반대로 그를 혹은 그녀

---

6) 이런 의미에서 리히터의 추상화를 배반자로 이해할 수 있다. 배반자-주체성을 위한 배반자 회화.

자신을 구성하고, "흰/검은 구멍 시스템으로 불릴 수 있는 것을 제거한다"(*DI* 45). 따라서 우리는 언제나 지배적인 의미작용들의 흰 벽에 꼼짝 못하게 되며, 또한 항상 주체성의 구멍 그리고 어떤 것보다도 더 귀중한 자아의 검은 구멍 속으로 빠져들게 된다(*DI* 45). 배반자는 (들뢰즈가 언급한 것처럼) 언제나 상이한 종류의 대상을 선택하는 것을 포함하는, 이상한 불법적인 되기들에서 그를 혹은 그녀 자신을 포함한다(예를 들어 에이허브 선장의 흰 고래의 선택).[7] 우리가 말할 수 있는 것은 바로 배반자가 그의 혹은 그녀 자신의 탈주선을 따르고 신화들을 만들고 그리고 실재를 생산하는 사람이라는 것이다.

그러므로 신화제작의 문제는 '얼굴을 만들지 않는 방법'이고 지배적인 신화를 절단하는 방법이며 그리고 대안적 신화들과 새로운 되기들을 생산하는 방법이다. 이것은 많은 현대의 미술실천의 **존재이유**이다. 곧 그것은 특유한 아카이브들과 목록들의 생산이며, 배반자 예언자들에 의한 대안적 서술들과 신화들의 구축이다.

---

7) 들뢰즈와 가타리는 「1730년 강도-되기, 동물-되기」에서 다음과 같이 언급한다.
"우리의 첫번째 원리는 무리와 전염, 무리의 전염이었으며 이는 동물-되기가 거쳐야 할 경로다. 그러나 두번째 원리는 정반대의 것을 말하는 것처럼 보였다. 곧 다양체가 있는 곳에서는 반드시 예외적인 개체가 발견되는데, 동물-되기를 위해서는 바로 그 개체와 동맹을 맺어야 한다. 한 마리의 늑대와 같은 것은 있을 수 없지만, 무리의 지도자, 무리의 통솔자, 혹은 폐위되어 홀로 남겨진 예전의 지도자가 존재하고 외톨이, 악마가 존재한다. 윌러드(Willard)에게는 좋아하는 쥐 벤(Ben)이 있는데, 그와의 관계를 통해서만 곧 애정에서 증오로 변하는 일종의 동맹을 이뤄야만 쥐가 될 수 있다. 『모비딕』 전체는 생성/되기의 최고 걸작 중 하나다. 에이허브 선장은 고래-되기에 저항할 수 없지만, 고래-되기는 무리나 떼를 피해 바로 유일자이자 레비아단인 모비딕(Moby-Dick)과의 가공할 동맹을 통해 작동한다"(*ATP* 243).

집단적 신화: 메튜 바니의 〈크리매스터〉 사이클

이러한 종류의 집단적 신화에 대응하는 사례연구는 메튜 바니의 〈크리매스터〉 영화들에서 발견될 수 있다. 그러한 영화들은(특히 가장 최근의 〈크리매스터 3〉[2002]) 명백히 새로운 신화들을 발명하기 위해 지난 신화 및 실로 비-신화적 요소들도 이용한다. 낸시 스펙터는 〈크리매스터〉 회고전이 실린 카탈로그에서 이렇게 언급한다. "바니는 형식의 창조를 탐구하기 위한 방법으로 생물학을 넘어서서 고찰함과 동시에 전기, 신화, 지질학 같은 다른 영역으로부터 서사적 모델들을 이용했다"(Spector, 2003: 5). 진실로, 우리가 말할 수 있는 것은 그러한 영화들은 이미 실존하는 서사들과 친숙한, 이미 실존하는 관람객보다는 미래의 관람객, 곧 언젠가는 도래할 민중에게 초점이 맞춰지며, 그와 같은 입장에서 도래할 민중들은 특별히 새로운 서사들과 현대의 신화들을 요구한다.

이러한 의미에서 바니는 바로 스미스슨의 후계자이다. 곧 그는 현대세계를 위한 현대신화의 생산자이다. 진실로 〈크리매스터〉 영화들은 혼종적 서사들의 생산과 특히 현대적 의식들의 각색과 관련된다(우리는 이러한 것을 2장의 끝부분에서 영화에 대한 스미스슨 고유의 견해와 비교할 수 있다). 바니 자신은 이렇게 언급한다. "〈크리매스터〉 사이클은 영화적 언어를 띠도록 노력한다. […] 나는 그러한 조각적 프로젝트가 — 바로 그러한 이유에서 — 어떻게 여전히 조각으로서의 본성이 드러나면서도 영화적 형식과 제휴될 수 있는지를 알고 싶어 했다"(Barney, 2002: 59). 그러므로 영화들(서사들과 마찬가지로)은 감각들의 블록들이라고 말할 수 있다. 확실히, 이것은 바로 신화가 기표화하고 탈기표화하는 물질을 통하여 작동하는 방식이다.[8] 이러한 의미에서 영화들은 신화-기계들이고, 새롭고 구축적인 방식으로 이종적 요소들을 연결하는 것이며, 다른 배치들에서 이미 실존하는 부서진 조각들을 이용하는 새로운 배치의 구성이다.

또한 〈크리매스터 3〉에는 리처드 세라도 포함되어 있다. 세라는 (현대예술가 중 가장 신화적이다) 확실히 바니의 조정자(영화의 허구와 세계의 '현실' 사이의 중개자)로서 작동한다. 세라는 바니가 —— 견습생(또한 배반자)으로서 또한 그의 고유의 신화로서 —— 자신의 과정적 자기창조에 있어서 극복해야만 하는 뛰어난 건축가이다. 들뢰즈의 자기 창조가 하디의 성질을 지니는 것처럼, 바니의 자기 창조는 세라의

---

8) 이 끝맺는 말의 범위 내에 있지는 않지만 바니의 영화 복합체 〈크리매스터〉 사이클을 들뢰즈의 영화'사' 안에 위치시키는 것은 흥미로운 프로젝트가 될 것이다. 예컨대 광학기호(opsign)와 음향기호(sonsign)의 개념은 바니와 관련하여 특히 타당해 보인다.
"순수한 광학적 이미지, 음향적 이미지, 고정 쇼트와 몽타주-커트는 운동 너머를 정의하고 함축한다. 그러나 그것들은 인물을 통해서도, 심지어 카메라를 통해서도 결코 운동을 멈추게 하지 않는다. 운동은 감각-운동적 이미지 속에서 지각되는 것이 아니라 다른 유형의 이미지 속에서 포착되고 사유되어야 한다는 것을 의미한다. […] 순수한 광학적 이미지, 음향적 이미지, 그 시각기호들과 음향기호들은 운동에 종속되어 있던 시간-이미지에 직접 연결된다"(C2 22).
이 시간-이미지, 그리고 감각-운동적 도식(곧 서사)과의 절단은, "더 이상 반응할 수 없는 상황, 오로지 우연적 관계만이 존재하는 환경, 질화된 연장된 공간을 대체하는 공허하거나 탈구된 임의의 공간의 등장을 포함한다. 여기서 상황은 더 이상 운동-이미지의 요구에 부합하는 행동이나 반응으로 연장되지 않는다. 여기에 존재하는 것은 인물이 어떻게 반응해야 하는지 모르는 순수한 광학적·음향적 상황, 그리고 자신에게 무엇이 일어나는지 막연히 무관심하며 해야 할 일에 대해 결정하지 못하여 경험하고 행동하기를 그만둔 채 탈주하고 여행하고 왕래하는 버려진 공간들이다"(C2 272).
〈크리매스터〉 영화가 운동-이미지를 완전히 버렸다고는 할 수 없다. 〈크리매스터 3〉와 같은 영화는 시각기호 및 음향기호에 포함되어 있지만 계획적으로 일종의 **과도한**(hyper) 운동-이미지, 심지어는 터무니없는 운동-이미지까지 연출하기도 한다(크라이슬러 빌딩 등반, '건축가'의 극복).

특성을 띠며, 그렇지만 그 영화들에서는 바니가 사용하는 또 다른 '아이콘들'이 있다. 바니에게 그러한 특성들은 "전개된 서사적 특성들"만큼이나 "물리적 상태들"이다(Barney, 2002: 59). 또한 이러한 의미에서 〈크리매스터〉 영화들의 야외촬영지와 풍경들은 일종의 특성들로서 작용한다. 바니는 이렇게 언급한다. "분리된 대상으로서 끌어당길 수 있다는 것이 그러한 풍경에서 중요하다. 캐나다의 로키산맥 혹은 유타주 소금평원으로부터 조각적 형태를 만든다는 것이 가능해야 한다"(Barney, 2002: 59). 물론, 우리가 살펴본 것처럼 스미스슨은 단지 유타주 풍경으로부터 그러한 조각적 형태를 생산한다. 분명, 이러한 점에서 바니의 영화들은 스미스슨의 대지예술을 반영하고, 둘 모두 서사적 스케일로 작동하며 풍경-조각들이고, 도래할 민중들을 위하여 새로운 신화들의 구축을 포함한다.

신화—과학: 오이빈트 팔슈트룀에 대한 마이크 켈리

현대미술에서 신화제작의 또 다른 사례연구는 오이빈트 팔슈트룀의 기괴하고 복잡한 실천이다(이것은 특히 화가 마이크 켈리가 그의 주목할 만한 에세이인 「신화-과학」 — 앞으로 살펴볼 것이지만 이 용어는 음악가 선 라에게서 가져온 것이다 — 에서 언급한 것이다). 또한 켈리에게 팔슈트룀의 미술은 신통찮은 비판(켈리가 해체/탈구축이라고 부르는 것에서)과 관련됨에도 불구하고 창조적이고 근본적으로 구축적이다. 켈리는 이렇게 말한다. "팔슈트룀은 자신이 '구축적 다다이즘(그래서 전혀 다다가 아닌)으로서' 파열과 수평화를 사용하는 것을 알았다"(Kelley, 1995: 19). 켈리는 계속해서 다음과 같이 언급한다.

팔슈트룀의 실천은 일종의 해체/탈구축으로서 곧 '낮은' 문화적 물질을 순수미술의 고상한 영역으로 고양시키고자 실행하는 것이라기보다는 매일 우리를 둘러싸는 대중적 기호들을 이용하여 세계를 해체/탈구축하는 것으로서 보는 것이 더 용이하다. 이러한 세계의 해체/탈구축은 예술적 세계의 구축 ── 세계의 모델 ── 에 의하여 생산된다. 팔슈트룀이 선택한 것은 다양한 요소들이 시스템과 서사를 암시하는 복잡한 상호관계성과 관련되면서 다중적 역할을 하는 작품들이다. 이러한 것은 그의 작품을 연극적인 것 쪽으로 그리고 공간적이고 시간적인 양상을 띠는 미술 쪽으로 밀고 나아간다.(Kelley, 1995: 19)

팔슈트룀의 아상블라주들은 바니의 영화들처럼 "일종의 모델 우주로서 독해"될 수 있다(Kelley, 1995: 20). 그것은 "높고/낮은 전치들과의 놀이가 아니라 [⋯] 시간성과 서사와의 놀이"를 포함한다(Kelley, 1995: 20). 예를 들어, 팔슈트룀이 만화책에 흥미를 가진 것은 만화책들이 "현대적 신화들, 가치들, 믿음 체계들을 반영하는 풍부한 그림의 자원을 공급했기" 때문이었다(Kelley, 1995: 20). 이것은 패스티쉬와 패러디에 있어서 발견된 이미지가 아니라 새로운 어떤 것을 생산하기 위해서 세계의 재료^{stuff}를 사용하는 것이다. 그러므로 팔슈트룀은 그의 삶/생명의 재료^{stuff}를 이용하여 그 자신의 목록과 아카이브(결국은 그의 고유의 세계들)를 생산하며, 이러한 것에서 그 어떤 것도 미리 배제되지 않는다.[9] 그것은 "토탈아트"의 생산이며 팔슈트룀이 그렇게 오페라에 심취되었던 이유이기도 하였다. 켈리는 팔슈트룀을 인용하면서 다음과 같이 언급한다.

오페라는 그의 모델이었는데, 그 이유는 오페라는 종합을 열망하기 때문이며 또한 팔슈트룀이 말했던 것처럼 이러한 이유 때문이었다. "오페라는 예술의 '초도덕성'과 우리의 자각을 자극하고 넓히기 위해 그 무엇으로부터도 기꺼이, 이득을 취하고자 또한 예술 속으로 변형시키고자 하는 것을 나타낸다. […] 그것은 번갈아 가며 정치적인 목적에 도움이 되게 만들어질 수 있거나 만들어질 필요가 없다.(Kelley, 1995: 20~22)

켈리에게 이러한 두 가지 추진력들, 곧 지배적 신화의 해체/탈구축과 대안적 신화의 구축은 서로 협력한다. 우리는 사람은 타인에 의하여 생산될 수밖에 없다는 것을 말할 수 있다(3장에서 보았던 것처럼, 하나의 세계를 제거하는 불찬성은 다른 세상으로 돌아서는 긍정을 생산한다). 그러한 입장에서 켈리는 다음과 같이 언급한다.

유일하게 진실된 정치적인 이미지는 기이한 것, 곧 현실의 전형적이고 명백한 그림들에 도전하는 것임에 틀림없다. 그러한 '기이주의'는 그림적인 것으로부터 탈출일 필요가 없다. 왜냐하면 추상미술과 마

9) 이러한 실천의 매우 최근의 예로 2004년 ICA 런던에서 열린 욘 보크의 '회고전' *Klutterkammer*(Bock, 2004)를 들 수 있다. 여기서는 전작의 통람보다는 미술작품에서 대중문화에 이르기까지 예술가들의 영향에 관한 특이하고 혼란스러운 컬렉션을 연출했으며 집에서 만든 건물 및 파사주라는 역시 특이한 시리즈의 일환으로 전시되었다. 이 쇼와 관련하여 보크는 "이는 내 역사다"(Bock, 2004)라고 언급했다.

찬가지로 기이주의는 그림적인 것의 **해부**일 수 있기 때문이다. 그림의 관습들의 비밀스런 언어는 하나의 구조물로서 드러내져야 하며, 그렇지 않다면 우리는 여전히 그 비밀스런 언어가 형성하는 영향력에 대해서 '의식하지 못하는 저당물'로서 남을 것이다. (1995, 23)

켈리에게 주요한 것은 그러한 것을 이해하는 것이다. "역사적인 사실들은 문학적 구성들처럼 신화적이다. 그런데 정신적인 수준에서 미술은 단지 세속적인 자료들만큼 '실제적'이다. 화가는 상징적 세계 안에서 기능을 하지만 그럼에도 불구하고 일상세계의 지각작용에 영향을 끼친다"(Kelley, 1995: 25). 그러므로 이것은 화가가 신화를 생산하는 것이다. 켈리는 선 라를 인정하면서 그와 같은 것을 추구하는 것에 신화–과학이라는 이름을 부여한다. 왜냐하면 선 라가 나타내는 것처럼 켈리는 다음의 것을 인용하기 때문이다.

모든 것은 특별한 과학의 하나다.
그리고 신화도 예외가 아니다.

증인은 '사이언스 픽션'이다.
그리고 그 고유의 현시
현실이라고 불리는 생생한 것에서
혹은 이른바 현실에서.

과학–신화는 많은 차원들을 가지는 것처럼

많은 정도들도 지닌다.

내일은 신화의 차원으로 말해진다.

혹은 심지어 바로 신화 그 자체의 영역이다.(Kelley, 1995: 26)[10]

필연적으로 과학기술은 그러한 신화-과학에서 역할을 한다.[11] 진실로 새로운 과학기술들은 가타리가 말하는 것처럼 새로운 비물체적인 우주들을 개시하는 것을 허용한다(가상현실은 세계 건설의 거의 즉자적 사례이기 때문에, 그곳에서 민중의 기도는 그들의 구성과 일치하기 시작한다). 우리는 새로운 미디어가 필연적으로 새로운(포스트 인간

---

10) 코도 에슌이 선 라의 신화-과학에 관해 설명한 것도 참조할 것(Eshun, 154~163). 에슌이 언급하듯이 선 라의 신화는 **포스트**휴먼의 하나다.
   "영혼은 인간을 긍정한다, 라는 인간에 진절머리가 난다. 그는 이스라엘보다 이집트를, 인간보다 외계인을, 과거보다 미래를 강조함으로써 외계인이 되기를 욕망한다. 그의 신화-과학 체계에서 고대 아프리카인은 전제적 미래에서 온 외계의 신이다. 선 라는 영혼의 종말, 파라오 신전에 의한 신의 대체다"(Eshun, 1998: 155).
   이러한 신화-과학을 SF와 '아프로퓨처리즘'(Afrofuturism)과 관련하여 더욱 탐구한 것으로 존 아캄프라(J. Akomfrah) 감독, *Last Angel of History*(1995) 참조.
11) 이런 점에서도 코도 에슌은 선 라의 음악과 관계되어 있기 때문에 흥미롭다. 앞서 언급한 논문에서 그는 다음과 같이 말한다.
   "전통적으로 20세기 과학은 모든 신화를 살균한다. 곧 과학이 멈추는 곳에서 신화가 시작된다. 하지만 기록매체는 과학과 신화 간의 인터페이스로서 기능한다. 모든 매체는 기술에서 마술로의, 또 그 반대로의 연속체를 가능케 한다. 마술은 미래, 아직 알려지지 않은 매체, 아서 C. 클라크("충분히 발전된 기술은 마술과 구별할 수 없게 된다")와 사무엘 딜레이니("재료 수준에서 우리의 기술은 더욱더 마술처럼 되어가고 있다")가 발견한 논리의 다른 이름일 뿐이다. 라의 신화-과학은 기술 마술 연속체를 음향으로 확장시킨다"(Eshun, 1998: 160).
   에슌에게 새로운 기술, 특히 신시사이저에서 턴테이블에 이르는 음악기술은 새로운 세계를 열어젖힌다. 에슌의 설명과 유사한 것으로 폴 D. 밀러의 *Rhythm Science*(Miller, 2004)도 참조할 것. 새로운 기술과 관련된 신화 생산의 흥미로운 예로는 잡지 뮤트(*Mute*)와 웹사이트(www.ccru.net)에서 이루어지는 CCRU의 활동을 참조. 또한 CCRU의 논문 "Who is Pulling Your Strings?"(CCRU, 2001)도 참조할 것.

의) 주체를 위해 새로운 신화들, 새로운 서사들을 포함한다고 말할 수 있다. 그러나 첨단의 과학기술은 대개 지배적인 신화에 헌신하며, 그러므로 미술은 당연히 어제의 과학기술들을 고찰하거나, 의도하지 않고 예측할 수 없는 방식으로 과학기술을 이용한다. 여기서 우리가 1장과 3장의 지대로 되돌아가면, 미술은 다수자에게 더듬거리며 말을 건네고 또한 단지 **상이한** 방식으로 새로운 세계를 창조하기 위하여 그리고 그러한 기획으로부터 도래하는 희망을 창조하기 위하여 임의로 모든 수단들을 이용한다.

결국 그러한 희망은 단지 새로운 스토리, 새로운 신화를 위한 것만이 아니다. 왜냐하면 만약 우리가 여기서 들뢰즈의 베르그송주의를 충실히 따르자면 우리는 그러한 미술의 '스토리 텔링' 기능은 어떤 다른 것, 곧 우주(우리가 간단히 잠재력의 영역 ―더군다나 허구의 가능성― 으로 이해할 수 있는 것)로의 플랫폼, 발사대로서 작동하기 때문이다. 우리는 3장의 관점에서 이렇게 사유할 수 있다. 미술은 그 자체로 특별한 주체성을 넘어서는 것 혹은 오히려 '바깥'으로의 접근을 허용하는 특정한 주체성의 생산으로서 작동한다. 그러므로 미술의 이야기 만들기라는 역량은 두 가지 방향으로 작동한다. 그 역량의 얼굴은 우리와 세계를 향하고 또한 정확히 또 다른 세속적인 것을 향한다.

책을 쓴다는 것

이 책은 대략적으로 들뢰즈 **그리고** 미술의 통접을 탐구해 왔다. 나는 미술에 관한 들뢰즈 고유의 사유들에 주목했음에도 불구하고, 특히 들뢰즈의 개념적 자원들과 근대와 현대미술의 확장된 장(그리고 일반적인 미술사의 방법론적인 장) 사이에서 마주침을 생산하는 데 열중했다. 내가 말해야만 했던 것의 대부분은, 언제나 기표화하는 등록기에서 미술을 해석하기를 원하는(혹은 해체적/탈구축적 태도로부터의) '기표 열광'에 반대해서 쓰여졌다. 또 어떤 때는 프랑크푸르트 학파, 특히 테오도르 아도르노의 '멜랑콜리 학문'에 반대해서 나의 주장을 폈었고 그리고 부정의 논리 안에 위치한 것으로부터 미술을 구하고자 했다. 그러한 것은 어느 정도 전략의 문제였고, 나의 주장을 선-존재하는 추론적 장들에 관련시켜 나 자신의 위치를 이해하는 방식이었다. 그 후의 장들에서는 특정한 실천들과 관련해서 들뢰즈의 더욱 실험적인 독해들에 착수하기 위하여 그러한 다소 반대적인 논조를 그만두었다(위의 결말이 적절한 사례이다).

되돌아보면, 각각의 장들이 언제나 포함했던 것은 들뢰즈 사유의 창조적이고 긍정적인 측면들과 특히 우리 고유의 주체성들의 연속적인 생산과 우리 자신의 과정적 자기 창조를 위해서 들뢰즈와 가타리의 글쓰기가 지니는 적절성에 주목하는 것이었다. 그러한 것과 관련해서 미술이 가지고 있는 역량은 습관을 단절하고 세상 속에서 특히 중요하게 생각되는 존재의 새롭고 더 자발적인 방식들을 생산하는 것이다. 이런 점에서 창조성과 재결합(차이와 반복)은 미술의 **작동방식**으로서 비판을 대신한다. 이것은 단지 전형적인 것으로부터 작은 일탈을 포함할 수 있지만, 그러나 그러한 **클리나멘**clinamen은 새로운 어떤 것의 싹틈으로서 작동한다.

이러한 의미에서 소수 문학의 개념에 대한 들뢰즈와 가타리의 연구는 — 갑자기 말을 더듬고 습관적으로 말을 더듬을 필요성 그리고 탈의미작용을 최전면에 내세울 필요성 — 여전히 나에게 현대미술의 장을 사유하기 위한 그들의 가장 중요하고 생산적인 텍스트들 중 하나인 것 같다. 그러한 정서적인 갑자기 말을 더듬기는 그 자체로 이미 존재하는 정서적이고/기표화하는 체제들을 거스르는 일종의 독특성으로서 작동하며, 그럼에도 한편으로는 동시에 (순수한 과거와 미래의 기대들로서 이해되는) 창조성이 시작할 수 있는 틈을 개방한다. 진실로 우리는 그러한 것을 자유의 정의, 최소한 습관으로부터의 자유라고 이해할 수 있다. 그러한 작은 문제들, 곧 불확정의 점들은 경로들에 대한 다양체의 가능성을 개시하며, 그리하여 가능세계들의 다양체를 개시한다. 진실로 그것은 미술에 영감적인(심지어 희망적인) 행로를 부여하는 '정서적인 사건'으로서 또한 — 내가 생각하기에는 — 점점 미술과 평행한 논리로서 작동하는 다른 정서적 배치들에 의하여 수행되는 조정으로부터 탈출을 제공하는 포텐셜로서 기능하는 것이다.[12] 내가 고찰했고 게다가 내가 생각하기에 더 많은 연구에 생산적으로 착수될 수 있었던 다른 개념들은 탐색하는 머리들과 전쟁기계들이며, 이 둘 모두 이미 존재하는 조직화의 양태들과의 단절일 뿐만이

---

12) 브라이언 마수미는 이러한 정서의 복합적 활용에 참여해 왔다. 특히 런던 골드스미스 칼리지에서 열린 '신경감성론'(Neuroaesthetics) 컨퍼런스와 리즈 대학에서 열린 '잠재성과 지표성의 윤리와 정치'(The Ethics and Politics of Virtuality and Indexicality) 컨퍼런스에서 최근의 논문 두 편을 매스미디어를 이용하여 발표했다. 마수미가 펼친 논의의 복잡성을 과감히 줄이면, 갈수록 매체는 — 일종의 신경계로서 — 의식적으로 정서적인 등록기 위에서 작동하며, 그 등록기는 계속 확장되는 권력 행사(잠재적인 것의 식민지화라 부를 수 있는 것)에서 일시적으로 규정할 수 없는 사건의 측면을 특이점으로서 활용한다고 할 수 있다.

아니라 새롭고 더 실험적인 양태들의 생산을 가리킨다. 진실로 우리는 단절을 위한 이름인 것은 물론 미술 또한 재조직화와 재독특화에 양립하는 미세-과학기술들의 이름이라고 말할 수 있다.

그러므로 마지막으로 나는 다시 한 번 이 프로젝트에 있어서 나 자신의 컨텍스트와 투자들 그리고 앞의 통접에 대한 책을 쓰는 것이 의미하는 것으로 되돌아가기를 원한다. 한편, 특히 오늘날 우리는 아카데미적 풍토에서 직업을 유지하기 위해 글을 쓴다. 자본의 전적인 포섭과 관련된 안토니오 네그리의 논변이 우리의 꿈조차 연구 할당량을 충족시키기 위해서 이용되는 학계보다 더 명백한 곳은 없다. 그럼에도 불구하고, 다른 한편 우리는 사유의 부속물로서 그리고 상이하게 세상을 사유하기 위한 버팀목이자 플랫폼으로서 글을 쓴다. 이러한 의미에서 글을 쓰는 것은 주체성의 생산에 대한 과학기술 그 자체이고 때로는 감성론적 프로젝트이며 또 다른 때에는 더 층화되고 신경증적인 연구이다. 진정, 우리는 글을 쓸 때 우리 자신의 주체성과 강제로 충돌하고 다시 한 번 우리 자신의 한계들과 단점들을 상기하게 된다. 책은 언제나 —최소한 하나의 의미에서— 실패들과 아포리아들의 기록이다. 그렇지만 이것은 슬퍼할 것이 아닌데, 왜냐하면 우리의 자기나 습관에 대한 이해나 자각이 바로 새로운 어떤 것의 생산을 위한 실행을 해명하는 근거이기 때문이다. 그러므로 특히 이 책은 과정들의 기록이며 또한 서투른 것들과 모순들의 공정한 몫도 포함한다. 이 책은 어떤 곳에서든지 결집될 수 있는 어떤 것(기대되는 것)을 생산하는 데 있어서 다른 이미 존재하는 배치들과의 마주침(또한 그 배치들의 추출과 재결합)을 기록한다. 진실로, 내가 매우 희망하는 것은 이 책이 들뢰즈 그리고 미술과의 어느 특별한 마주침의 생산적인 사례연구로 작동할 것이라는 것이다. 이 책이 한 사람의 독자라도 들뢰즈를 더 깊이 독해하고, 독자들 고유의 횡단적인 실험들로 인도하도록 한다면 그때 이 책은 용도 이상으로 쓸모가 있을 것이다.

허구는 미래의 예술실천을 위한 선언이다

1. 내재성을 활성화하라. 초월적 양태들과 조직화의 점들, 특히 종교와 예술뿐만이 아니라 유행, 매스미디어 그리고 다른 텔레마틱 표준화들을 제거하라. 성직자들과 경찰을 거절하고 상향식 구성체들과 배반자-예언자들을 긍정하라. 모든 사물의 '있음'isness을 축하하라. 우리는 물질로 회귀하기를 그리고 물질의 독특성들과 잠재력들을 탐지하기를 요구한다. 실천은 단지 새롭고 특별히 **상이한** 결합들을 생산하는 데 있어서 이미 존재하는 것(그 밖에 무엇이 거기에 있는가?)을 이용하는 것이다. 언제나 영원회귀를 긍정하라.

2. **정서를 활용하라.** 실천은 세계의 강도적이고 정서적인 특성들을 전면에 내세우는 것이다. 우리는 타인들에 의하여 발생된 두려움으로 주위의 정서에 종속된다. 우리는 그러한 두려움-정서-배치를 그 자체로 되돌아가게 하며, 타인의 언어들과 기교들을 흉내내고 그 가치를 떨어뜨린다. 정서들은 ①우리의 실천의 대상들을 구축하는 것이며, ②실천의 작품을 통하여 '소통되는'것이다. ①실천은 견해와 습관 그리고 소위 문화의 클리셰들(일상적인 기반 위에서 우리에게 제공된

정서적인 배치들)과는 거리가 먼 정서들의 참신한 배열들을 생산하는 것을 포함할 것이다. ②실천은 몹시 불안하고 편집증적이며 층화된 존재의 습관들에서 단절로 작동한다(실천은 새로운 종류들의 즐거움, 새로운 종류들의 되기를 긍정할 것이다). 이것은 감성론이다. 우리는 그러한 정서를 활용할 때 스타일의 필요성을 긍정한다.

3. 탐색하는 머리들을 건설하라. 실천은 '인간'(존재와 응답의 습관적인 상태들)으로써 우리를 묶고 구성하는 층을 해체시키는 것을 목표로 겨냥된 실험적인 장치이다. 우리는 얼굴성에 반대해서 탐색하는 머리들을 건설할 것이다. 그러한 실천에서 구상과 추상 둘 모두 사용될 것이다(우리는 구상적인 것 안으로부터 추상적인 것을 해방할 것이다). 우리는 지각가능한 것이 출현하고 융합하는 지각불가능한 것으로의 접근을 제안한다. 우리는 사유 안에서 비사유로, 의미 안에서 무의미로의 접근을 제안한다. 게다가 반대쪽의 흰 벽은 어떠한가? 거기에는 새로운 영토들, 새로운 다발성들polyvocalities이 있다.

4. 잠재적인 것을 현실화하라. 우리는 실천을 현실적인 것과 잠재적인 것 사이의 '스며 나오는 가장자리'에 위치시킨다. 우리는 미술을 위한 존재론적 좌표들로서의 실재적인 것과 가능적인 것(곧 성직자들과 제자들)을 제거한다. 우리는 '출현의 매트릭스' 곧 어떤 것들은 지나가도록 하고 또 다른 것들은 계속해서 숨어 있도록 하는 거대한 스크린(곧 자본주의)에 주목한다. 그러므로 또한 우리의 실천은 **탈현실화**의 하나이다(실천은 이렇게 요구한다. 어떻게 우리를 에워싸고 있는 현실

적인 것으로부터 '탈출할' 수 있는가?). 우리의 실천은 시간적 등록기들을 교체하는 것, 속도를 빠르게 하는 것, 어떤 초월적 포획장치보다도 더 빠르게 움직이는 것, 그리고 또한 때로는 속도를 느리게 하는 것, 여전히 잔존하는 것을 포함한다. 우리는 자극과 반응 사이에서 틈(곧 창조성)을 개시한다. 우리는 속도뿐만이 아니라 느림과 망설임도 긍정한다. 우리는 거울-여행과 결정체적 대상들의 생산에 관련된다.

5. 언제나 갑자기 그리고 **습관적으로 말을 더듬어라**. 우리의 실천은 단지 하나일 때조차도 집합적 선언이다(우리는 언제나 그룹이다). 우리의 실천은 언제나 더 큰 정치적 환경과 연계되어 있다(어떠한 오이디푸스콤플렉스 작용들이나 핵가족들도 없다). 우리의 실천은 다수 언어, 다수 전통에 대한 일반적인 비틀기요 구부리기이다. 원심력적인 것으로서의 실천은 역설적으로 실천의 가능성의 조건을 생산하는 것에 반응을 하면서 공격한다(**기생적인** 기능). 구심력적인 것으로서의 실천은 같은 것 안으로부터 존재의 새로운 형식과 새로운 양상들을 생산한다(**배아적** 기능). 언제나 불찬성 **그리고** 긍정이 있다. 우리의 실천은 도래할 그 내재적 유토피아의 선구자이며, 내재적 유토피아 안에 이미 포함된 새로운 세계의 전형이다. 우리의 실천은 시간 안에서 뒤로 투사된 미래의 파편이다. 갑자기 그리고 습관적으로 더듬거리는 우리가 불러내는 것은 실천의 수용인들로서의 민중과 같은 새로운 익살꾼이다.

6. 언제나 **접어라**. 안은 바깥의 주름이다(우리는 내면성 그리고 이른바

'본질'을 거부한다). 우리가 주장하는 것은, 실천은 새로운 주름들의 생산이고 그러한 주름들로부터 생기는 새로운 세계들이며 그러한 미래의 세계들에 알맞은 새로운 신화들이라는 것이다(우리는 과거의 형식들 그리고 어제의 코드들을 이용할 것이며 그렇지만 그것들은 차례대로 재인할 수 없게 만들어질 것이다). 주름은 프랙털적이고 잉여적인 우리의 존재론을 가리킨다(우리는 현시점에서 인도된 공간과 시간 여행을 믿는다). 주름은 주체화의 과정들과 우리 자신 스스로를 고수하는 관계 그리고 바깥 힘들의 포획을 가리킨다(모든 곳에서 우리는 생산하는 것에 종속되고 또한 그것을 종속시킨다). 게다가 우리의 실천은 실리콘-탄소의 '새로운' 주름들과 분자적인 것의 '새로운' 주름들을 긍정하고, 더욱이 언어의 중심에서 곧 의미^{meaning} 없는 언어가 단절하는 곳에서 그리고 부상당한 늑대처럼 울부짖는 곳에서 비밀스런 주름의 '새로운' 주름들을 긍정한다.

우리의 실천은 언제나 의식儀式의 하나이다. 우리는 노동의 시간(유용성)으로부터 신성한 시간(놀이)으로 움직이는 것에 용기 있게 참여하는 사람들을 허락할 어떤 이행을 의도한다. 우리의 실천은 변형을 긍정한다. 우리는 세속적 의식보다는 우주적 의식과 관계한다. 우리는 바로크적 실천을 이러한 뒤숭숭하고 공포에 사로잡힌 시대에 유일하게 적합한 응답으로 믿는다.

옮긴이 후기

이 책(Simon O'Sullivan, *Art Encounters Deleuze and Guattari: Thought Beyond Representation*, Palgrave Macmillan, 2006)은 현대 미술과 들뢰즈·가타리의 접속을 통해서 비재현으로서의 미술 영역의 작동방식을 설명하고, 미술이란 무엇인가, 창조란 무엇인가, 주체성이란 무엇인가라는 질문을 제기하고 그것을 표면으로 드러낸다.

클레멘트 그린버그(Clement Greenberg)는 모더니즘을 재현의 후벼파기에서 그 홈을 제거하면서 도달한 매체 특정성, 매체의 평면성이라고 하였다. 곧 서사가 전개되고 기표가 활동하는 재현에서 무의미가 나타나는 비재현으로의 여정이 모더니즘인 것이다. 들뢰즈와 가타리의 비재현적 미술론은, 그린버그의 형식적 모더니즘이 맞닥뜨린 재현이 제거된 텅 빈 캔버스가 한편으로는 이미 진부한 것으로 가득 차 있고 다른 한편으로는 힘과 강도로 넘쳐흐르고 있다는 것이다. 저자 사이먼 오설리번(영국 골드스미스 대학)은 이 책에서 들뢰즈와 가타리를 가로지르면서 비재현이 나타내는 것은 텅 빈 캔버스 그리고 단순한 매체가 아니라 힘으로 가득한 포텐셜로서 어떤 표면이자 새로운 가능세계라고 한다. 이 가능세계가 모더니즘을 넘어 확장된 실천적 미술의 신화로서 그리고 회화를 넘어서 조각으로, 설치미술로, 건축으로, 도시로 나아가는 퍼포먼스로서 제시된다.

서론과 1장에서 비재현으로서의 미술작품은 마주침의 대상이며 리좀으로서 작동한다. 마주침은 우리가 재인할 수 없는 단절과 긍정의 대상이다. 단절한다는 것은 기표와 텍스트를 넘어서 강도의 차이를 내포하고 문제를 제기하는 것이다. 긍정한다는 것은 대상과 융합하고 함께 변신하는 것이다. 차이에서 생성하는 것이 사건이며, 이 사건과의 마주침이 다른 종류의 세계, 새로운 배치, 새로운 조건을 작동시킨다. 또한 마주침은 물질의 표현적인 잠재력에 주목하도록 한다. 이 잠재력과 함께 마주침은 세상과 리좀을 형성한다. 리좀은 탈중심적인 뿌리시스템으로서 하나의 시스템이라기보다는 중심적인 조직화의 동인이 없는 반–시스템이다. 리좀적으로 미술을 사유하는 것은 미술을 효과성의 영역을 통하여 사유하는 것이다.

2장에서 작품의 효과는 물질에서 생산되는 독특성으로 나타난다. 독특성은 바로 순수사건이며, 이것이 바로 정서이다. 정서는 힘이 증가하고 감소하는 것으로 어떤 효과이다. 이 지각불가능한 정서를 지각가능하게 하는 것이 미술작품이다. 사건으로서의 정서 때문에 미술작품은 세상과 따로 떨어져 존재하며, 내적 결합력으로 이루어진 하나의 대상으로서 감각의 블록이다. 감각은 신체와 힘의 결합이며, 감각의 블록은 지각들과 정서들의 복합물이다. 지각들은 비인간적 풍경으로서 작품의 바탕이나 풍경이고 정서들은 비인간적 생성으로서 형상刑象이다. 이러한 감각의 블록은 작품의 스타일을 이룬다. 스타일은 작품의 재료가 감각으로 변화해 가는 합성면/조성면으로서 감성론적 형상figure, 刑象, 곧 형상Figure, 形狀이다. 형상形狀은 감각의 수준 차이에 의한 리듬이며 또한 엄격한 의미에서 기관 없는 신체이다. 이러한 미술작품은 이미 구성된 관객에게 말을 거는 것이 아니라 새로운 관객을 창조한다. 관객으로 하여금 새로운 방식으로 느끼고 사유하도록 하는 것이다.

3장에서 지은이 오설리번은 이제 미술작품을 상대하는 관객의 주체성의 문제를 제기한다. 감성론적 형상 곧 미술작품에 대한 관객은 모델과 기원으로 작동하는 다수에 대한 소수 되기, 소수적 실천을 수행한다. 소수자의 주체성은 불찬성과 긍정으로 작동하고 유머의 언어를 구사한다. 이때의 주체성은 작품에서 사건의 생성과 서로 진동되어, 작품과 관람객이 통접되는 개별적인 새로운 주체성의 생산일 뿐만 아니라 주체성의 집단화, 새로운 공동체, 민중을 호출한다.

4장과 5장에서 저자는 마주침, 리좀과 정서, 주체성을 다른 방식으로 전치하여 개별 작품의 작동에서 나타낸다. 4장에서는 로버트 스미스슨의 작품을 잠재적인 것의 현실화와 가능세계의 공존으로 제시한다. 잠재적인 것의 현실화는 내재면으로 구축된다. 내재면은 카오스에 펼쳐진 체이며 카오스에 공속을 부여하는 것이다. 그리고 이 내재면에서 활성화되고 작동되는 것이 기관 없는 신체이다. 기관 없는 신체는 탈인격적인 정서들, 강도 깊은 역閾 그리고 미분적인 빠름과 느림의 변화도들에 의하여 조성된다. 곧 기관 없는 신체는 순수사건을 나타내고 표면으로서 제시된다. 스미스슨의 설치작품이 바로 기관 없는 신체이며, 또한 이것은 잠재적인 것과 현실적인 것의 경계에서 스며 나오는 가장자리에 위치하는 합성면/조성면으로서의 작품이다. 그러므로 스미스슨의 작품은 기념비로서 순수사건을 구현한 내재면이자 어떤 가능세계로서 드러난 합성면/조성면이다. 가능세계로서 스미스슨의 작품은 다른 세계의 경험, 새로운 신화, 상이한 의식儀式의 생산이다.

5장에서 오설리번은 게르하르트 리히터의 작품을 모나드와 바로크의 비정형으로 제시한다. 기관 없는 신체는 라이프니츠의 모나드로 나타나고, 그것의 표면을 바로크의 주름과 동일시한다. 모나드는 아래층의 우주에 개방된 물질의 세계 그리고 위층의 비물체적인 영혼/정신으로 이루어진다. 이 두 개의 층들은 서로 위로/안으로 접혀진다. 그것들은 함께 공명하여 조화를 형성한다. 이것은 다시 말해서 잠재성들의 현실화(무엇)임과 동시에 회화의 현실적 물질 안에서 일련의 가능성들의 실재화(어떻게)이다. 리히터에게는 무엇을 그리는가의 문제보다는 어떻게 그리는가의 문제가 더 중요하다. 그러므로 리히터의 회화는 탁월한 바로크의 비정형 회화이다. 형태를 부정하는 것이 아니라 주름 접힌 것으로 형태를 제시한다. 이러한 모나드의 회화는 바로크 힘의 충만함으로 모나드에서 노마드로 전개된다. 바로크는 과잉이고 경계를 흔들리게 하거나 선명치 않게 한다. 바로크는 프레임을 넘어서 도시로 나아가는 퍼포먼스로서의 미술이 되고 상황주의자 츠체글로브의 도시들과 연접된다.

결국 오설리번은 들뢰즈와 가타리가 사유하는 미술작품은 비재현의 지대를 탐험하면서 하나의 다양체로서 사건을 구현하고, 동시에 이야기 만들기이자 신화제작으로 작동하여 새로운 관객을 창조하고 민중을 염원하는 것임을 제시하고 있다. 1960년대 이후 확장된 실천적 미술은 비재현의 지대와 무의미의 의미 영역을 다양하고 강도 깊게 표현하고 있다. 이러한 지대를 탐구한 미술사가와 미술이론가는 일찍이 이폴리트 텐Hippolyte Taine, 앙리 포시용Henri focillon, 아비 바르부르크Aby Warburg가 있었고 또한 근자에 들어와서는 조르주 디디-위베르만Georges Didi-Huberman, 로도윅D. N. Rodowick, 조너선 크래리Jonathan Crary 그리고 오설리번과 함께 줄리아나 부르노Giuliana Bruno 등이 있었으며, 이들은 현대미술의 이론적 지평을 확장하고 있다. 이 책은 이미 수년 전 일차번역을 하였으며 여러 가지 이유로 출간이 늦추어졌다가 비로소 빛을 보게 되었다. 이규원이 각주를 일차 번역했으며 안구가 그 외의 부분 그리고 이후를 진행하였다. 이 책의 가치는 들뢰즈와 가타리 이미지론의 충실한 분석이기도 하면서 아울러 미술사와 미술이론의 새로운 연구방식을 제시하고 있는 것이라고 할 수 있다.

옮긴이를 대표하여 안구

참고문헌

Adorno, T. (1973) *The Jargon of Authenticity* (Trans. K. Tarnowski and F. Will) (London: Routledge, Keegan and Paul).

Adorno, T. (1978) *Minima Moralia: Reflections from Damaged Life* (Trans. E. F. N. Jephnott) (London: Verso).

Adorno, T. (1981) "Cultural Criticism and Society", in *Prisms* (Trans. S. Weber and S. Weber) (Cambridge, MA: MIT Press), pp. 17-34.

Adorno, T. (1984) *Aesthetic Theory* (Trans. C. Lenhardt) (London: Routledge, Keegan and Paul).

Adorno, T. and M. Horkheimer (1979) *Dialectic of Enlightenment* (Trans. J. Cumming) (London: Verso).

Agamben, G. (1993) *The Coming Community* (Trans. M. Hardt) (Minneapolis: University of Minnesota Press).

Alÿs, F. (2005) *Walking Distance from the Studio* (Ostfildern: Hatje Cantz Publishers).

Ansell Pearson, K. (1997) *Viroid Life: Perspectives on Nietzsche and the Transhuman Condition* (London: Routledge).

Ansell Pearson, K. (1999) *Germinal Life: The Difference and Repetition of Deleuze* (London: Routledge).

Arnott, S. J. (2001) "Liminal Subjectivity and the Ethico-Aesthetic Paradigm of Felix Guattari", available at http://limen.mi2.hr/limen1-2001/stephen_arnott.html, accessed 12 October 2005.

Ascherson, N. (1991) "Revolution and Restoration: Conflicts in the Making of Modern Germany", in *Gerhard Richter* (London: Tate Gallery), pp. 33~39.

Association Metaworx (ed.) (2004) *Metaworx: Approaches to Interactivity* (Zurich: Birkhauser).

Attali, J. (1985) *Noise: The Political Economy of Music* (Trans. B. Massumi) (Manchester: Manchester University Press).

Atelier Van Lieshout (2005) available at http://ateliervanlieshout.com, accessed 15 October 2005.

Aust, S. (1987) *The Baader-Meinhof Group: The Inside Story of a Phenome-non* (Trans. A. Bell) (London: The Bodley Head).

Backhouse, J. (2004) "The Invisible Insurrection of a Million Minds: Networking and Cultural Resistance from *The Sigma Project* to *Luther Blisett*", dissertation, Goldsmiths College, University of London (unpublished).

Badiou, A. (1999) *Deleuze: The Clamour of Being* (Trans. L. Burchill) (Minneapolis: University of Minnesota Press).

Badiou, A. (2001) *Ethics: An Essay On the Understanding of Evil* (Trans. P. Hallward) (London: Verso).

Badiou, A. (2002) paper presented at *Return(s) to Marx* Conference, London, Tate Modern Gallery, May 31-June 1.

Badiou, A. (2003) "Seven Variations on the Century", *Parallax*, vol. 9, no. 27, 72~80.

Bains, P. (2002) "Subjectless Subjectivities", in *A Shock to Thought: Expression After Deleuze and Guattari*, Ed. B. Massumi (London: Routledge), pp. 101~116.

Ballard, J. G. (2000) "Robert Smithson as a Cargo Cultist", in *Robert Smithson: Dead Tree*, Ed. B. Conley and J. Amrhein (Brooklyn: Pierogi), p. 31.

Bank (2000) *Bank* (London: Black Dog Publications).

Bann, S. (1998) "Three Images for Kristeva: From Bellini to Proust", *Parallax*, vol. 4, no. 8, 65~79.

Barney, M. (2002) "Artists Project", *Tate: International Arts and Culture*, no. 2, 58~60.

Barthes, R. (1973) *Mythologies* (Trans. A. Lavers) (London: Palladin).

Barthes, R. (1977a) "From Work to Text", in *Image/Music/Text* (Trans. and Ed. S. Heath) (London: Fontana) pp. 155~164.

Barthes, R. (1977b) "The Death of the Author", in *Image/Music/Text* (Trans. and Ed. S. Heath) (London: Fontana), pp. 142~148.

Bataille, G. (1980) *Prehistoric Painting: Lascaux or the Birth of Art* (Trans. A. Wainhouse) (London: Macmillan).

Bataille, G. (1991) *The Accursed Share: An Essay on General Economy Volume 1: Consumption* (Trans. R. Hurley) (New York: Zone Books).

Becker, J. (1978) *Hitler"s Children: The Story of the Baader-Meinhof Gang* (London: Panther Books).

Benjamin, A. (1995) "Introduction", in *Complexity: Architecture/Art/ Philosophy*, Ed. A. Benjamin (London: Academy Editions), p. 7.

Benjamin, A. (1994) *Object Painting* (London: Academy Editions).

Benjamin, A. (1997) "Time, Question, Fold", available at http://www.basilisk.com/V/virtual_deleuze_ fold_112.html, accessed 12 October 2005.

Benjamin, W. (1974) "Some Motifs in Baudelaire", in *Charles Baudelaire: A Lyric Poet in the Era of High Capitalism* (Trans. H. Zorn) (London: Verso), pp. 109~154.

Benjamin, W. (1997a) "A Berlin Chronicle", in *One Way Street* (Trans. E. Jephcott and K. Shorter) (London: Verso), pp. 293~346.

Benjamin, W. (1997b) "Critique of Violence", in *One Way Street* (Trans. E. Jephcott and K. Shorter) (London: Verso), pp. 132~154.

Benjamin, W. (1999a) "The Storyteller: Reflections on the Work of Nikolai Leskov", in *Illuminations* (Trans. H. Zorn) Ed. H. Arendt (London: Pimlico), pp. 83~107.

Benjamin, W. (1999b) "The Work of Art in the Age of Mechanical Reproduc-tion", in *Illuminations* (Trans. H. Zorn) Ed. H. Arendt (London: Pimlico), pp. 211~244.

Bergson, H. (1988) *Creative Evolution* (Trans. A. Mitchell) (London: Dover Publications).

Bergson, H. (1991) *Matter and Memory* (Trans. N. M. Paul and W. S. Palmer) (New York: Zone Books).

Bock, J. (2004) *Klutterhammer*, exhibition handout, London, ICA, 27 September-7 November.

Bogue, R. (1989) *Deleuze and Guattari* (London: Routledge).

Bogue, R. (1996) "Gilles Deleuze: The Aesthetics of Force", in *Deleuze: A Critical Reader*, Ed. P. Patton (Oxford: Basil Blackwell), pp. 257~269.

Bogue, R. (1999) "Art and Territory", in *A Deleuzian Century?*, Ed. I. Buchanan (Durham: Duke University Press), pp. 85~102.

Bogue, R. (2003) *Deleuze on Music, Painting and the Arts* (London: Routledge).

Bogue, R. (2004) *Deleuze's Wake: Tributes and Tributaries* (Albany: State University of New York Press).

Bonami, F. and M-L. Frisa (eds.) (2003) *Dreams and Conflicts: The Dictatorship of the Viewer* (50th Venice Biennale) (Venice: Marsillo), pp. 319~415.

Bourriaud, N. (1998) *Relational Aesthetics* (Trans. S. Pleasance, F. Woods and M. Copeland) (Paris: Les Presses du Reel).

Bourriaud, N. (2002) *Postproduction* (Trans. J. Herman) Ed. C. Schneider (New York: Lukas and Steinberg).

Bracewell, M. (2003) "New Image Glasgow to Young British Art: Introducing the 1990s", *New Formations*, no. 50, 22~27.

Bradley, W., H. Bretton-Meyer and T. Webster (2002) *My Head is on Fire but my Heart is Full of Love* (Copenhagen: Charlottenborg Udstillingsbygning).

Brown, K. M. (2002) "Djungel Dwelling", in *Simon Starling: Djungel* (Dundee: Dundee Contemporary Arts), pp. 23~36.

Brunette, P. and D. Willis (1994) "The Spatial Arts: An Interview with Jacques Derrida", in *Deconstruction and the Visual Arts*, Ed. P. Brunette and D. Willis (Cambridge: Cambridge University Press), pp.

9~32.

Buchanan, I. (2000) *Deleuzism: A Metacommentary* (Edinburgh: Edinburgh University Press).

Buhlman, V. (2004) "Volatile Milieu: The Poetics of Interactivity", in *Metaworx: Approaches to Interactivity*, Ed. Association Metaworx (Zurich: Birkhauser).

Burgin, V. (1986) "The End of Art Theory", in *The End of Art Theory* (London: Macmillan), pp. 140~204.

C. CRED (2005) available at http://ccred.org, accessed 15 October 2005.

CCRU (2005) available at http://ccru.net, accessed 15 October 2005.

CCRU (2001) "Who is Pulling Your Strings?", in *Frozen Tears*, Ed. John Russell (Birmingham: Article Press), pp. 329~345.

Celant, G. (1992) "from *Art Povera*", in *Art in Theory 1900-1990: An Anthology of Changing Ideas*, Ed. C. Harrison and P. Wood (London: Blackwell), pp. 886~889.

Chapman, J. and D. Chapman (2003) *Hell* (London: Jonathan Cape/ Saatchi Gallery).

Chtcheglov, I. (1989) "Formulary for a New Urbanism (1953)", in *An Endless Adventure ... An Endless Passion ... An Endless Banquet: A Situationist Scrapbook*, Ed. I. Blazwick (London: Verso), pp. 24~25.

Cilliers, P. (1998) *Complexity and Postmodentism: Understanding Complex Systems* (London: Routledge).

Clark, T., C. Gray, C. Radcliffe and D. Nicholson-Smith (1994) *The Revolution of Modern Art and the Modern Art of Revolution* (London: Chronos Publications).

Clarke, T. J. (1992) "On the Very Idea of a Subversive Art History", paper presented at *Association of Art Historians* Conference, University of Leeds.

Clarke, T. J. (1999) *Farewell to an Idea: Episodes from a History of Modernism* (New Haven: Yale University Press).

Colebrook, C. (2002) *Gilles Deleuze* (London: Routledge).

Colletti, L. (1975) "Introduction" to *Early Writings*, by K. Marx (London:

Penguin), pp. 7~56.

Cremaster 3 (2005) Written and directed by M. Barney, and B. Gladstone, distributed by Palm Pictures.

Debord, G. (1989) "Toward a Situationist International", in *An Endless Adventure ... An Endless Passion ... An Endless Banquet: A Situationist Scrapbook*, Ed. I. Blazwick (London: Verso), pp. 26~28.

Delanda, M. (1991) *War in the Age of Intelligent Machines* (New York: Zone Books).

Delanda, M. (1997) *A Thousand Years of Nonlinear History* (New York: Zone Books).

Delanda, M. (2002) *Intensive Science and Virtual Philosophy* (London: Continuum).

de Man, P. (1983a) "The Rhetoric of Temporality", in *Blindness and Insight: Essays in the Rhetoric of Contemporary Criticism* (London: Methuen), pp. 187~228.

de Man, P. (1983b) "Literary History and Literary Modernity", in *Blindness and Insight: Essays in the Rhetoric of Contemporary Criticism* (London: Methuen), pp. 142~165.

Deleuze, G. (1977) "Nomad Thought" (Trans. J. Wallace), in *The New Nietzsche*, Ed. D. B. Allison (New York: Dell Publishing), pp. 142~149.

Deleuze, G. (1983) *Nietzsche and Philosophy* (Trans. H. Tomlinson) (London: Athlone Press).

Deleuze, G. (1984) *Kant's Critical Philosophy: The Doctrine of the Faculties* (Trans. H. Tomlinson and B. Habberjam) (London: Athlone Press).

Deleuze, G. (1988a) *Bergsonism* (Trans. H. Tomlinson and B. Habberjam) (New York: Zone Books).

Deleuze, G. (1988b) *Foucault* (Trans. S. Hand) (Minneapolis: University of Minnesota Press).

Deleuze, G. (1988c) *Spinoza: Practical Philosophy* (Trans. R. Hurley) (San Francisco: City Light Books).

Deleuze, G. (1989) *Cinema 2: The Time-Image* (Trans. H. Tomlinson and R.

Galeta) (London: Athlone Press).

Deleuze, G. (1990) *The Logic of Sense* (Trans. M. Lester and C. Stivale) Ed. C. V. Boundas (New York: Columbia University Press).

Deleuze, G. (1991a) *Empiricism and Subjectivity: An Essay on Hume's Theory of Human Nature* (Trans. C. V. Boundas) (New York: Columbia University Press).

Deleuze, G. (1991b) *Masochism: Coldness and Cruelty* (Trans. J. McNeil) (New York: Zone Books).

Deleuze, G. (1992a) *Expressionism in Philosophy: Spinoza* (Trans. M. Joughin) (New York: Zone Books).

Deleuze, G. (1992b) *Cinema 1: The Movement Image* (Trans. H. Tomlinson and B. Habberjam) (London: Athlone Press).

Deleuze, G. (1993a) *The Fold: Leibniz and the Baroque* (Trans. T. Conley) (Minneapolis: University of Minnesota Press).

Deleuze, G. (1993b) "Language: Major and Minor", in *The Deleuze Reader* (Trans. and Ed. C. V. Boundas) (New York: Columbia University Press), pp. 145~151.

Deleuze, G. (1994) *Difference and Repetition* (Trans. P. Patton) (New York: Columbia University Press).

Deleuze, G. (1995) *Negotiations: 1972-1990* (Trans. M. Joughin) (New York: Columbia University Press).

Deleuze, G. (1998) *Essays Critical and Clinical* (Trans. D. W. Smith and M. A. Greco) (London: Verso).

Deleuze,. G. (1999) "Cold and Heat", in *Photogenic Painting* (Trans. D. Roberts) Ed. S. Wilson (London: Black Dog Publishing), pp. 61~77.

Deleuze, G. (2000) *Proust and Signs* (Trans. R. Howard) (London: Athlone Press).

Deleuze, G. (2001) *Pure Immanence: Essays on a Life* (Trans. J. Rajchman) (New York: Zone Books).

Deleuze, G. (2003) *Francis Bacon: The Logic of Sensation* (Trans. D. W. Smith) (London: Continuum).

Deleuze, G. (2004) *Desert Islands and Other Texts: 1953-1974* (Trans. M.

Taormina) Ed. D. Lapoujade (New York: Semiotext(e)).

Deleuze, G. and F. Guattari (1984) *Anti-Oedipus: Capitalism and Schizophrenia* (Trans. R. Hurley, M. Seem and H. R. Lane) (London: Athlone Press).

Deleuze, G. and F. Guattari (1986) *Kafka: Towards a Minor Literature* (Trans. D. Polan) (Minneapolis: University of Minnesota Press).

Deleuze, G. and F. Guattari (1988) *A Thousand Plateaus* (Trans. B. Massumi) (London: Athlone Press).

Deleuze, G. and F. Guattari (1994) *What is Philosophy?* (Trans. H. Tomlinson and G. Burchell) (London: Verso).

Deleuze, G. and C. Parnet (1987) *Dialogues* (Trans. H. Tomlinson and B. Habberjam) (London: Athlone Press).

Derrida, J. (1976) *Of Grammatology* (Trans. G. C. Spivak) (Baltimore: John Hopkins University Press).

Derrida, J. (1987) *The Truth in Painting* (Trans. G. Bennington and I. McLeod) (Chicago: University of Chicago Press).

Derrida: The Movie (2002) Directed by A. Z. Kofman and K. Dick, distributed by Jane Doe Film.

Ehrenzweig, A. (1993) *The Hidden Order of Art: A Study in the Psychology of Artistic Imagination* (London: Weidenfeld).

Easton Ellis, B. (1998) *Glamourama* (London: Picador).

Elsaesser, T. (1999) "Antigone Agonistes: Urban Guerrilla or Guerrilla Urbanism? The Red Army Faction, *Germany in Autumn and Death Games*", in *Giving Ground: The Politics of Propinquity*, Ed. J. Copjec and M. Sorkin (London: Verso), pp. 276~302.

Eshun, K. (1998) *More Brilliant Than the Sun: Adventures in Sonic Fiction* (London: Quartet Books).

Fietzek, G. (ed.) (2002) *Documenta XI: The Catalogue* (London: Art Books International).

Focillon, H. (1992) *The Life of Forms in Art* (Trans. C. Beecher Hogan and G. Kubler) (New York: Zone Books).

Ford, S. (2000) *Wreckers of Civilisation: The Story of COUM Transmissions and Throbbing Gristle* (London: Black Dog Publications).

Foster, H. (1985) "The Expressive Fallacy", in *Recodings: Art, Spectacle, Cultural Politics* (Seattle: Bay Press), pp. 59~77.

Foster, K. (1972) "Critical History of Art or a Transfiguration of Values", *New Literary History*, vol. 3, no. 1, 459~470.

Genosko, G. (2002) *Felix Guattari: An Aberrant Introduction* (London: Continuum).

Germer, S. (1991) "Retrospective Ahead", in *Gerhard Richter* (London: Tate Gallery), pp. 31~39.

Goodchild, P. (1996) *Gilles Deleuze and the Question of Philosophy* (Madison: Fairleigh Dickinson University Press).

Gray, C. (1989) ""Those Who Make Half a Revolution Only Dig Their Own Graves": The Situationists Since 1969", in *An Endless Adventure ... An Endless Passion ... An Endless Banquet: A Situationist Scrapbook*, Ed. I. Blazwick (London: Verso), pp. 73~75.

Guattari, F. (1987) "Cracks in the Street" (Trans. A. Gibault and J. Johnson), *Flash Art*, 135, 82~85.

Guattari, F. (1992) "Space and Corporeality: Nomads, Cities, Drawings" (Trans. H. and H. Zeitland), in *Semiotext(e)/Architecture*, Ed. H. Zeitland (New York: Semiotext(e)), pp. 118G1~125G8.

Guattari, F. (1995a) "On Machines" (Trans. V. Constantinopoulos), in *Complexity: Architecture/Art/Philosophy*, Ed. A. Benjamin (London: Academy Editions) pp. 8~12.

Guattari, F. (1995b) *Chaosmosis: An Ethico-aesthetic Paradigm* (Trans. P. Bains and J. Pefanis) (Sydney: Power Publications).

Guattari, F. (1996a) "Subjectivities: for Better and for Worse" (Trans. S. Thomas), in *The Guattari Reader*, Ed. G. Genosko (Oxford: Basil Blackwell), pp. 193~203.

Guattari, F. (1996b) *Soft Subversions* (Trans. D. L. Sweet and C. Wiener) (New York: Semiotext(e)).

Guattari, F. (1998) "Pragmatic/Machine: Discussion with Félix Guattari (19 March 1985)", in *The Two-Fold Thought of Deleuze and Guattari:*

Intersections and Animations, by C. J. Stivale (New York: Guilford Press), pp. 191~224.

Guattari, F. (2000) *The Three Ecologies* (Trans. I. Pindar and P. Sutton) (London: Athlone Press).

Hallward, P. (2001) *Absolutely Postcolonial: Writing Between the Singular and the Specific* (Manchester: Manchester University Press).

Hardt, M. and A. Negri (2000) *Empire* (Cambridge, MA: Harvard University Press).

Harraway, D. (1991) "A Cyborg Manifesto: Science, Technology, and Socialist Feminism in the Late Twentieth Century", in *Simians, Cyborgs and Women: The Reinvention of Nature* (London: Routledge), pp. 149~ 165.

Hemment, D. (1997) "E is for Ekstasis", *New Formations*, no. 31, 23~38.

Herron, R. (1998) "Mobile Projects", in *Concerning Archigram*, Ed. D. Crompton (London: Archigram Archives), pp. 118~121.

Hirschorn, T. (2003) Paper presented at *Field Work: Reports from the Fields of Visual Culture* Conference, London, Victoria Milo Gallery, 16-17 May.

Hobbs, R. (1983) *Robert Smithson: A Retrospective View* (Duisberg: Wilhelm Lehmbruck Museum).

Holland, E. (1999) *Deleuze and Guattari's Anti-Oedipus: Introduction to Schizoanalysis* (London: Routledge).

Husband, S. (2004) "Ever Decreasing Circlers", *Observer Magazine*, 25 April, 22~29.

In Love with Terror (2002) Directed by B. Lewis, distributed by BBC/ Mentorn.

Jameson, F. (1977) "Afterword: Reflections in Conclusion", in *Aesthetics and Politics*, Ed. R. Taylor (London: New Left Books), pp. 196~213.

Jorn, A. (1994) *Open Creation and Its Enermies* (Trans. F. Tompsett) (London: Unpopular Books).

Judd, D. (1992) "Specific Objects", in *Art in Theory 1900-1990: An Anthology of Changing Ideas*, Ed. C. Harrison and P. Wood (Oxford:

Blackwell), pp. 809~813.

Kabokov, I. and E. Kabokov (2004) "Donald Judd", *Artists' Favourites: Act 1*, exhibition handout, London, ICA, 5 June-23 July, p. 11.

Kaprow, A. (1992) "from Assemblages, Environments and Happenings", in *Art in Theory 1900-1990: An Anthology of Changing Ideas*, Ed. C. Harrison and P. Wood (Oxford: Blackwell), pp. 703~709.

Kelley, M. (1995) "Myth Science", in *Öyvind Fahlstrom: The Installations* (Ostfildern: Hatje Cantz Publishers), pp. 19~27.

Krauss, R. (1998) "Sculpture in the Expanded Field", in *The Art of Art History: A Critical Anthology*, Ed. D. Preziosi (Oxford: Oxford University Press), pp. 281~298.

Krauss, R. (1999) *A Voyage on the North Sea: Art in the Age of the Post-Medium Condition* (London: Thames and Hudson).

Kristeva, J. (1989) "Jackson Pollock's Milky Way: 1912-1956", *Journal of Philosophy and the Visual Arts* (London: Academy Editions), pp. 35~39.

Lambert, G. (2002) *The Non-Philosophy of Gilles Deleuze* (London: Continuum).

Land, N. (1993) "Making it With Death: Remarks on Thanatos and Desiring Production", *Journal of the British Society for Phenomenology*, vol. 24, no. 1, 66~76.

The Last Angel of History (1995) Directed by J. Akomfrah, distributed by Black Audio Film Collective.

Lotringer, S. (2004) "Foreword: We, the Multitude" to *A Grammar of the Multitude: For an Analysis of Contemporary Forms of Life*, by P. Virno (Trans. I. Bertoletti, J. Cascaito and A. Casson) (New York: Semiotext(e)), pp. 7~19.

Lowndes, S. (2003) *Social Sculpture: Art, Performance and Music in Glasgow; A Social History of Independent Practice, Exhibitions and Events since 1971* (Glasgow: Stopstop).

Lyotard, J-F. (1984) *The Postmodern Condition: A Report on Knowledge* (Trans. G. Bennington and B. Massumi) (Manchester: Manchester

University Press).

Lyotard, J-F. (1988) *Peregrinations: Law, Form, Event* (New York: Columbia University Press).

Lyotard,J-F. (1989a) "Philosophy and Painting in the Age of Their Experimentation: Contribution to an Idea of Postmodernity" (Trans. M. Minich Brewer and D. Brewer), in *The Lyotard Reader*, Ed. A. Benjamin (Oxford: Basil Blackwell), pp. 181~195.

Lyotard, J-F. (1989b) "Beyond Representation" (Trans. J. Culler), in *The Lyotard Reader*, Ed. A. Benjamin (Oxford: Basil Blackwell), pp. 155~168.

Lyotard,J-F. (1991) "Critical Reflections" (Trans. W. G. J. Niesluchawski), *Artforum*, vol. 29, no. 8, 92~93.

Lyotard, J-F. (1993) *Libidinal Economy* (Trans. I. H. Grant) (London: Athlone Press).

Marx, K. and F. Engels (1970) *The German Ideology: Part One*, Ed. C. J. Arthur (London: Lawrence and Wishart).

Massumi, B. (1993) *A User's Guide to Capitalism and Schizophrenia: Deviations from Deleuze and Guattari* (Cambridge, MA: MIT Press).

Massumi, B. (1996) "The Autonomy of Affect", in *Deleuze: A Critical Reader*, Ed. P. Patton (Oxford: Basil Blackwell), pp. 217~239.

Massumi, B. (2000) "Painting: The Voice of the Grain", in *Bracha Lichtenberg Ettinger: Artworking 1985-1999* (Amsterdam: Palais des Beaux-Arts), pp. 9~32.

Massumi, B. (2002a) *Parables for the Virtual: Movement, Affect, Sensation* (Durham: Duke University Press).

Massumi, B. (2002b) "Introduction: Like a Thought", in *A Shock to Thought: Expression After Deleuze and Guattari*, Ed. B. Massumi (London: Routledge), pp. xiii~xxxix.

Massumi, B. (2003) "Living Memory", *Life's (Re)emergence: Philosophy Culture, and Politics* Conference, paper presented at Goldsmiths College, University of London, 23 May.

Massumi, B. (2005a) "First Dialectic: Edges of the Envelope",

Neuroaesthetics Conference, paper presented at Goldsmiths College, University of London, 12 May.

Massumi, B. (2005b) "The Future Birth of the Affective Event", *The Ethics and Politics of Virtuality and Indexicality* Conference, paper presented at University of Leeds, 30 June~3 July.

Meinhof, U. (2001a) "Armed Anti-Imperialist Struggle", in *Hatred of Capitalism: A Semiotext(e) Reader*, Ed. C. Kraus and S. Lotringer (New York: Semiotext(e)), p. 63.

Meinhof, U. (2001b) "Armed Anti-Imperialist Struggle (and the Defensive Position of the Counterrevolution in its Psychologic Warfare Against the People)" (Trans. S. Huth), in *Hatred of Capitalism: A Semiotext(e) Reader*, Ed. C. Kraus and S. Lotringer (New York: Semiotext(e)), pp. 273~280.

Melville, S. (1981) "Notes on the Re-emergence of Allegory, the Forgetting of Modernism, the Necessity of Rhetoric, and the Conditions of Publicity in Art and Art Criticism", *October*, no. 19, 33~48.

Michaux, H. (1999) *Henri Michaux* (London: Whitechapel Art Gallery).

Miller, P. D. (2004) *Rhythm Science* (Cambridge, MA: MIT Press).

Mori, M. (2004) "Robert Smithson: Spiral Jetty", *Artists' Favourites: Act 1*, exhibition handout, London, ICA, 5 June~23 July, p. 14.

Morris, R. (1992a) "Notes on Sculpture 1-3", in *Art in Theory 1900-1990: An Anthology of Changing Ideas*, Ed. C. Harrison and P. Wood (Oxford: Blackwell), pp. 813~822.

Morris, R. (1992b) "Notes on Sculpture 4", in *Art in Theory 1900-1990: An Anthology of Changing Ideas*, Ed. C. Harrison and P. Wood (Oxford: Blackwell), pp. 868~873.

Mulholland, N. (2002) "Learning from Glasvegas: Scottish Art after the "90"", *Journal of the Scottish Society for Aesthetics*, vol. 7, 61~69.

Murphie, A. (2002) "Putting the Virtual Back into VR", in *A Shock to Thought: Expression After Deleuze and Guattari*, Ed. B. Massumi (London: Routledge), pp. 188~214.

n55 (2005) available at http://www.n55.dk, accessed 15 October 2005.

Nacking, Å. (1999) "Interview with Superflex", *Afterall*, 0, 52~61.

Negri, A. (1991) *The Savage Anomaly: Tile Power of Spinoza's Metaphysics and Politics* (Trans. M. Hardt) (Minneapolis: University of Minnesota Press).

Negri, A. (2003) *Time for Revolution* (Trans. M. Mandarini) (London: Continuum).

Negri, A. (2004a) *Subversive Spinoza: (Un)contemporary Variations*, Ed. T. S. Murphy (Manchester: Manchester University Press).

Negri, A. (2004b) *Negri on Negri: Antonio Negri in Conversation with Anne Dufourmantelle* (Trans. M. B. DeBevoise) (London: Routledge).

Nelson, M. (2000) *Extinction Beckons* (London: Matt's Gallery).

Nelson, M. (2001) *A Forgotten Kingdom*, Ed. W. Bradley (London: ICA).

Nietzsche, F. (1997) *A Nietzsche Reader* (Trans. and Ed. R. J. Hollingdale) (London: Penguin).

Olkowski, D. (1999) *Gilles Deleuze and the Ruin of Representation* (Berkeley: University of California Press).

O'Sullivan, S. (2000) "In Violence: Three Case Studies Against the Stratum", *Parallax*, vol. 6, no. 2, 104~109.

O'Sullivan, S. (2001) "Writing on Art (Case Study: The Buddhist Puja)", *Parallax*, vol. 7, no. 4, 115~121.

O'Sullivan, S. (2003) "Review of Political Physics", by John Protevi, *Parallax*, vol. 9, no. 1, 126~127.

O'Sullivan, S. (200Sa) "Four Moments/Movements for an Expanded Art Practice (Following Deleuze, Following Spinoza)", *The Issues* (in Contemporary Culture and Aesthetics), vol. 1, 67~68.

O'Sullivan, S. (2005b) "The New Moderns", *The Showroom Annual* (London: The Showroom Gallery), pp. 46~51.

O'Sullivan, S. (2005c) "Ten Concepts Following Cathy Wilkes' Practice", *Afterall*, vol. 12, 65~70.

Owens, C. (1998) "The Allegorical Impulse: Toward a Theory of Postmodernism", in *The Art of Art History: A Critical Anthology*, Ed. D. Preziosi (Oxford: Oxford University Press), pp. 315~328.

Patton, P. (2000) *Deleuze and the Political* (London: Routledge).

Patton, P. and J. Protevi (eds.) (2003) *Between Deleuze and Derrida* (London: Continuum).

Paz, O. (1990) "Nature, Abstraction, Time", in *Alternating Currents* (Trans. H. Lane) (New York: Arcade Publishing), pp. 28~31.

Pollock, G. (1993) "The "View from Elsewhere": Extracts from a Semi-public Correspondence about the Visibility of Desire", in *Twelve Views of Manet's Bar*, Ed. B. R. Collins (New Jersey: Princeton University Press), pp. 278~315.

Preziosi, D. (1991) *Rethinking Art History: Meditations on a Coy Science* (New Haven: Yale University Press).

Protevi, J. (2001) *Political Physics* (London: Athlone Press).

Rainbird, S. (1991) "Variations on a Theme: The Paintings of Gerhard Richter", in *Gerhard Richter* (London: Tate Gallery), pp. 11~21.

Rajchman, J. (1998) *Constructions* (Cambridge, MA: MIT Press).

Rajchman, J. (2000) *The Deleuze Connections* (Cambridge, MA: MIT Press).

Read, H. (1974) *A Concise History of Modern Painting* (London: Thames and Hudson).

Rees, A. L. and F. Borzello (eds.) (1986) *The New Art History* (London: Camden Press).

Reynolds, A. (2004) *Robert Smithson: Learning from New Jersey and Elsewhere* (Cambridge, MA: MIT Press).

Ricoeur, P. (1991) "Life in Quest of Narrative", in *On Paul Ricoeur: Narrative and Interpretation*, Ed. D. Wood (London: Routledge), pp. 20~33.

Richter, G. (1991a) *Gerhard Richter* (London: Tate Gallery).

Richter, G. (1991b) "Notes 1996-1990", in *Gerhard Richter* (London: Tate Gallery), pp. 108~124.

Richter, G. (1992) "from "Interview with Benjamin Buchloh"", in *Art in Theory 1900-1990: An Anthology of Changing Ideas*, Ed. C. Harrison and P. Wood (Oxford: Blackwell), pp. 1036~1047.

Richter, G. (2003) *Gerhard Richter: Atlas* (London: Whitechapel).

Riese, V. (ed.) (2003) *New Abstract Painting Painting Abstract Now* (Leverkusen: Museum Morsbroich).

Roberts, J. L. (2004) *Mirror-Travel: Robert Smithson and History* (New Haven: Yale University Press).

Rogoff, I. (2000) *Terra Infirma: Geography's Visual Cultures* (London: Routledge).

Rogoff, I. (2003) "Engendering Terror", in *Geography and the Politics of Mobility*, Ed. U. Bieman (Wien: Generali Foundation), pp. 48~63.

Rosenberg, H. (1970) *The Tradition of the New* (London: Paladin).

Schapiro, G. (1997) *Earthwards: Robert Smithson and Art after Babel* (Berkeley: University of California Press).

Schmitz, E. (forthcoming) *Ambient Mode: Poetics and Politics of Dispersed Engagements* (New York: Lukas and Steinberg).

Schneeman, C. (1997) "From The Notebooks", in *More than Meat Joy: Performance Works and Selected Writings*, Ed. B. R. McPherson (Kingston: McPherson and Co.), pp. 9~19.

Serres, M. (1995) *Genesis* (Trans. G. James and J. Nielson) (Ann Arbor: University of Michigan Press).

Simmell, G, (1992) "The Metropolis and Mental Life", in *Art in Theory 1900-1990: An Anthology of Changing Ideas*, Ed. C. Harrison and P. Wood (Oxford: Blackwell), pp. 130~135.

Smith, D. W. (1998) "Introduction: "A life of Pure Immanence": Deleuze's "Critique et Clinique" Project', in *Essays Critical and Clinical*, by Gilles Deleuze (Trans. D. W. Smith and M.A. Greco) (London: Verso), pp. xi-lv.

Smithson, R. (1996) *Robert Smithson: The Collected Writings*, Ed. Flam (Berkeley: University of California Press).

Spector, N. (2003) *Matthew Bantey: The Cremaster Cycle*, exhibition handout, New York, Guggenheim, February 21~June 11.

Spinoza, B. (1951) "A Political Treatise", in *Works of Spinoza: Volume One* (Trans. R. H. M. Elwes) (New York: Dover Publications), pp. 287~387.

Stahl, O. (2001) *"Die Meinhof hat Alles Verraten*: Ulrike Meinhof: Memories, Forgettings, Remembrances", dissertation, University of Leeds (unpublished).

Stelarc, (1997) "Parasite Visions", *Art and Design*, no. 56, 66~69.

Stammheim: The Trial of the RAF (1985) Directed by R. Hauff, distributed by Bioskop.

Stivale, C. (1998) *The Two-Fold Thought of Deleuze and Guattari: Intersections and Animations* (New York: Guilford Press).

Superflex (2005) available at http://www.superflex.net, accessed 15 October 2005.

Toscano, A. (2004) "Preface: The Coloured Thickness of a Problem", to *The Signature of the World: What is Deleuze and Guattari's Philosophy?*, by E. Alliez (Trans. E. R. Albert and A. Toscano) (London: Continuum), pp. ix-xxv.

Tormey, S. (2004) "Difference, "Creative Power" and Contemporary Political Practice: The Case ofthe Zapatistas", paper presented at *Experimenting with Intensities: Science, Philosophy, Politics, the Arts* Conference, Trent University, 12~14 May.

Transnational Republic (2005) available at http://www. transnationalrepublic.org, accessed 15 October 2005.

Tournier, M. (1985) *Friday*, (Trans. N. Denny) (New York: Pantheon Books).

Vague, T. (1994) *Televisionaries: The Red Army Faction Story 1963-1993* (Edinburgh: AK Press).

Virno, P.(2004) *A Grammar of the Multitude: For an Analysis of Contemporary Forms of Life*, by (Trans. I. Bertoletti, J. Cascaito and A. Casson) (New York: Semiotext(e))

Warburg, A. (1998) "Images From the Region of the Pueblo Indians of North America", in *The Art of Art History: A Critical Anthology*, Ed. D. Preziosi (Oxford: Oxford University Press), pp. 177~206.

Wilkes, C. (2001) *Cathy Wilkes* (Glasgow: The Modern Institute).

Williams, R. (1980) "Base and Superstructure in Marxist Cultural Theory", in *Problems in Materialism and Culture: Selected Essays* (London: Verso), pp. 31~49.

Wollen, P. (1989) "Bitter Victory-The Situationist International", in *An Endless Adventure ... An Endless Passion ... An Endless Banquet: A Situationist Scrapbook*, Ed. I. Blazwick (London: Verso), pp. 9~16.

Wood, P. (1994) "Truth and Beauty: The Ruined Abstraction of Gerhard Richter", in *Art has No History: The Making and Unmaking of Modern Art*, Ed. J. Roberts (London: Verso), pp. 180~199.

Zizek, S. (2004) *Organs Without Bodies: Deleuze and Consequences* (London: Routledge).

찾아보기

가능세계/가능세계들(possible world,
possible worlds) 135, 136, 168, 182,
225, 227, 261, 279, 281, 282, 288, 297,
301, 314, 315, 326, 331, 355
가타리, 펠릭스(Guattari, Félix) 23, 29,
33, 34, 39~42, 44~47, 54, 59~61, 63,
71~73, 76~81, 83, 88, 93, 97~99, 108,
114, 119, 124, 127~129, 131~133,
135, 138, 140~143, 146, 149, 150,
161, 165, 166~170, 176, 177, 183,
186~188, 192, 194, 200, 205, 206,
209~223, 227, 228, 232, 238, 239,
254, 260~265, 268, 269, 284, 291,
294, 300, 305~307, 321, 324, 333,
339, 345, 352, 354
감각/감각들(sensation, sensations)
22, 96, 97, 109, 128, 129, 131~136,
139~144, 152, 154, 156, 199, 231,
276, 279, 306, 307, 318, 344, 346, 347

감성론/미학(aesthetics) 29, 33, 34, 40,
47~50, 56, 57, 66~69, 76~79, 81, 90,
96, 97, 100~103, 105, 110, 113, 114,
120, 121, 124, 126, 127, 129~131,
136, 140, 141, 160~162, 171, 182, 187,
199, 205, 206, 210, 211, 216~218,
221, 223, 229, 231, 237, 261, 268, 271,
278, 288, 305~307, 315, 336, 337,
355, 356, 358
감성론적 형상/감성론적 형상들
(aesthetic figure, aesthetic figures) 140,
261
강도(intensity, intensité) 38, 41, 55,
60~63, 85, 90, 94, 99, 103, 104, 107,
109, 111, 112, 125, 157, 162, 167, 174,
175, 177, 188, 199, 205, 215, 268, 269,
274, 292, 304, 344, 345, 357
개념/개념들(concept, concepts) 25,
27, 28, 30, 33~35, 39, 41, 42, 45, 49,
53, 55, 57, 76, 82~84, 88, 106, 107,
141~143, 165, 177, 231~234, 236,

인식(knowledge) 29, 41, 48, 81, 98, 99, 101, 106, 107, 108, 110, 112, 158, 179, 197, 213, 222, 245, 286, 296, 299, 340

ㅈ

자기(self) 53, 54, 74, 77, 80, 107, 108, 124, 173, 215, 226, 264, 321, 331, 344, 347, 354, 356

자기생산(autopoiesis) 79, 108, 173, 215

자르기(cut) 22, 288, 343

자아(ego) 284, 345

자율(autonomy) 73, 126, 160, 169, 175, 176, 206, 240, 319, 326, 330, 338

자코메티, 알베르토(Giacometti, Albert) 132

잠재력(potentiality) 29, 65, 84, 102, 115, 125, 163, 187, 215, 242, 273, 274, 301, 302, 318, 353, 357

잠재성(virtuality, virtualité) 91, 95, 125, 243, 244, 253, 279, 283, 286, 297, 298, 301, 304, 314, 317, 321, 325, 337, 341, 355

잠재적인 것(the virtual, le virtuel) 34, 35, 91, 109, 114, 127, 136, 231, 232, 235, 236, 240~244, 246~248, 253, 255, 259~261, 283, 287, 355, 358

장소 특정성(site specificity) 57, 160

재현(representation) 21~24, 26, 27, 31, 38~41, 44, 48~54, 60, 61, 74, 80, 82, 84, 86, 88, 90, 91, 93, 94, 96~99, 102~104, 109, 111~113, 120, 121, 124, 126, 129, 133, 135~138, 140, 142~145, 147, 151, 153~155, 158, 159, 168, 174, 181, 182, 192, 200, 208, 212, 216, 224, 231, 233, 235, 236, 244, 246, 249, 258, 273, 283, 289, 294~298, 304, 306, 309~311, 323, 333, 343

저드, 도널드(Judd, Donald) 54, 233, 251

적군파(Red Army Faction, RAF) 34, 195~201, 203~206

전쟁기계(war machine, machine de guerre) 28, 34, 74, 75, 165, 166, 177, 190~195, 200, 202, 221, 340, 355

절대적 탈영토화(absolute deterritorialisation) 74, 89, 153, 261, 324

정서/정서들(affect, affects) 27, 33, 41, 43, 60~65, 67, 68, 81, 84, 94, 95, 97~100, 103~112, 114~117, 119, 120, 122~127, 129~133, 135~140, 147, 149, 161~163, 174, 177, 199, 213, 215, 220, 229, 231, 232, 247, 266, 268, 333, 335, 343, 355, 357, 358

제노스코, 게리(Genosko, Gary) 210

제임슨, 프레드릭(Jameson, Frederic) 39, 98

존스, 제스퍼(Johns, Jasper) 270

주름(fold, pli) 27, 35, 36, 160, 279, 280, 282, 285~288, 294, 296, 300, 313, 315, 322, 325, 327, 329~331, 359, 360

주체성(subjectivity) 22, 29, 34, 35, 40,